예언자들의 메시지

The Message of the Prophets/ Die Botschaft der Propheten
English Copyright ⓐ 1967 by Oliver and Boyd Ltd. German Copyright ⓐ 1967
by Siebenstern Taschernbuch Verlag, Munich and Hamburg. All right reserved.
Translated by ther persmission of Siebenstern Taschernbuch Verlag throught the
arrangement of rMaeng2, Seoul, Korea. Korean Copyright ⓐ 2011 by Vision Book,
Kyonggido, Korea.

이 책의 한국어 저작권은 알맹2를 통해 Siebenstern Taschernbuch Verlag와 독점
계약한 비전북에 있습니다. 저작권법에 의해 한국 내에서 보호를 받는 저작물이므로
무단 전재와 복제를 금합니다.

예언자들의 메시지

게르하르트 폰 라트 지음 | 김광남 옮김

Vision
BOOK

일러두기
1. 이 책은 영어책 *The Message of the Prophets*를 번역한 것이다.
2. *The Message of the Prophets*는 독일어 서적 *Die Botschaft der Propheten* 을 번역한 것이다.
3. *Die Botschaft der Propheten*는 폰 라트의 대작 『구약성서신학』(*Theologie des Alten Testament I, II*) 중 예언서 부분을 폰 라트 자신이 그의 조교 Eduard Haller와 함께 비신학도들을 위해 개작한 것이다.
4. 본문 중 장제목을 제외한 모든 다른 제목들은 독자들의 이해를 돕기 위해 역자가 임의로 넣은 것이다.

The Message of the Prophets

by Gerhard von Rad

| 추천사 |

예언서 연구의 고전을 만난다

김회권(숭실대 기독교학과 교수)

폰 라트의 『예언자들의 메시지』는 예언서 연구의 고전이다. 폰 라트 이전의 19세기 낭만주의 구약학자들은 이스라엘의 예언자들을 탈혼脫魂 상태의 예언자들로 여겼다. 그들은 성경의 예언자들을 고대 메소포타미아의 일반적인 종교적 중개자들과 동일한 범주 아래 분류했다. 그들은 각 예언자들의 개성과 종교적 배경을 무시한 채 모든 예언자들을 심리주의적 관점에서 파악했다.

폰 라트는 전 시대의 그런 예언자 이해를 극복하기 위해 두 가지 중요한 방법론을 제시했다. 첫째는 이스라엘의 예언자들을 고대 이스라엘의 구원사 전승의 빛 아래서 해석하는 것이었다. 둘째는 각 예언자들의 메시지를 그들의 독특한 개성과 지리적·종교적 배경을 고려하여 해석하는 것이었다.

폰 라트는 또한 예언자들의 메시지를 전통적 기독교신학이라는 보다 큰 맥락에서 해석하고자 했다. 그는 예언자들이 선포했던 다양한 메시지를 소명, 계시, 역사관, 그리고 종말론 같은 기독교신학의 틀 안에서 이해하려 했다. 그럼에도 그는 각 예언자들을 설명하는 과정에서 전기적 자료나 배경 연구에 치중하기보다는 그들이 선포했던 고유한 메시지들을 분석하는 일에 집중했다. 그는 예언자들의 메시지들을 과도하게 통합함으로써 하나의 단일한 메시지를 찾아내려 하지 않았다. 오히려 그는 각 예언자들의 고유하고도 독특한 메시지들 하나하나에 주목했다. 그렇게 함으로써 그는 구약의 예언자들이 하나의 단일한 악기와 음폭을 가진 연주자들의 동아리가 아니라, 그들 하나하나가 거룩한 마에스트로(하나님의 지휘자)인 동시에 저마다의 음색과 음보로 자신의 음악을 연주하는 개성 있는 오케스트라 단원들이었음을 알려주었다.

한국의 보수적 신앙에 친숙한 독자들은 폰 라트의 역사적이고 때로는 비평적인 예언서 이해가 낯설게 느껴질 수도 있을 것이다. 그러나 폰 라트의 구약신학은 철저하게 복음적이고 보수적이다. 그는 구약과 신약의 연속성과 구속사적 일관성을 다루지 않는 그 어떤 구약신학도 참된 기독교신학이 아니라고 단언할 정도다. 실제로 우리는 폰 라트의 예언서 연구에서 이미 신약성경의 여러 주제들이 깊이 다뤄지고 있음을 발견할 수 있다.

역자 김광남은 아주 치밀하고 꼼꼼한 번역을 통해 국내에 번역된 폰 라트의 그 어떤 저작물보다도 쉽고 경쾌하게 읽히는 책을 만들어 냈다. 그는 숭실대 기독교학대학원에서 공부하며 기독교 신학의 폭과 넓이와 깊이와 입체적 다면성에 눈을 떠가고 있는 진지하고도 열정적인 신학도다. 역자의 수고와 헌신을 통해 폰 라트의 고전이 한국의 그리스도인들과 신학도들 곁으로 한결 가까이 다가온 것을 기뻐하며 일독을 권한다.

예언자들의 메시지 목차

제1부 예언서 이해를 위한 준비

　제1장 서론 … 15
　제2장 예언자들과 전승 … 25
　제3장 예언자들의 소명과 계시의 수납 … 50
　제4장 예언자들의 자유 … 84
　제5장 여호와의 말씀에 대한 예언자들의 이해 … 101
　제6장 히브리적 역사관의 기원 … 129
　제7장 예언자와 종말론적 역사관 … 148
　제8장 여호와의 날 … 157

제2부 주전 8세기의 예언자들

　제9장 예언자들의 "메시지" … 169
　제10장 아모스 … 173
　제11장 호세아 … 187
　제12장 이사야와 미가 … 201
　제13장 주전 8세기 예언의 새로운 요소들 … 248

제3부 바벨론과 페르시아 제국 초기의 예언자들

제14장 바벨론 시대로의 이행: 나훔, 하박국, 스바냐 … 271

제15장 예레미야 … 277

제16장 에스겔 … 324

제17장 제2이사야 … 353

제18장 바벨론과 페르시아 제국 초기 예언의 새로운 요소들 … 391

제4부 포로기 이후의 예언자들

제19장 페르시아 제국 후기의 예언자들:
　　　　제3이사야, 학개, 스가랴, 말라기, 요나 … 421

제20장 새 예루살렘에 관한 예언들 … 443

제21장 예언과 역사: 회고 … 452

제22장 묵시문학: 묵시문학과 지혜문학 … 463

제23장 다니엘 … 469

제24장 기대에 관한 책 … 480

제1부

예언서 이해를 위한 준비

제1장

서론

흔히 "예언자"라는 오래된 호칭으로 불리는 이들이 무대에 등장했을 무렵, 이스라엘 백성은 이미 자신들과 하나님 사이의 오랜 역사를 돌아볼 만한 시점에 이르러 있었다. 그들은 여러 세대에 걸쳐 족장 설화, 시내 산 계시, 가나안 진입, 사사들과 다윗의 시대 등에 관한 이야기들을 기록했을 뿐 아니라, 그 다양한 형태와 배경 때문에 혼란스러울 정도였던 그들의 하나님 경험에 문학적 형태를 부여해 오고 있었다. 그와 같은 경험에 근거한 놀라운 종교적 유산은 예언자들이 그들의 동시대인들을 향해 발언할 때 활용할 수 있었던 자원이었다.

그러나 그 유산은 이미 그들의 동시대인들에게는 얼마간 낯선 것이 되어 있었다. 왜냐하면 그동안 그들은 갖가지 정치적 혹은 종교적 영향들에 노출되어 왔기 때문이다. 사실 이스라엘 백성은 "하나님의 큰일"(행 2:11)에 관한 오랜 전승들을 무시하지 않았다. 아니 오히려 그들은 그동안 늘 해왔던 대로 계속해서 그들의 하나님께 예배와 기도를 드렸다. 하지만 어느덧 국가가 되어 있던 이스라엘은 특별히 종교적인 활동을 제외하고는 각종 사회적 혹은 정치적 일들을 나름대로 도모하고 또한 처리하고 있었다. 역사서들은 간혹 레위인들이 그런 종교적 해방에 맞서 대항 운동을 일으켰음을 보여 준다. 그러나, 만약 신앙을 옹호하는 일이 그런 식의 산발적이며 아마도 별다른 영향력도 지니지 못했던 노력들에만 맡겨졌다면, 과연 이스라엘의 여호와 신앙은 어떻게 되었겠는가!

예언자들의 출현

이제 우리는 이스라엘의 전 역사를 통해 가장 놀라운 현상과 마주하게 된다. 여호와 신앙이 급격하게 훼손되고 거의 붕괴 직전에 이르렀을 무렵, 놀랍게도 그것은 예언자들의 메시지를 통해 마치 화산의 폭발과도 같은 힘을 갖고서 다시 솟아올랐다. 역사가의 입장에서 나는 이런 예언자들의 출현이 그 무렵에 지속적으로 나타났던 네 가지 현상들과 밀접하게 관련되어 있다고 믿는다.

첫째는 혼합주의로 인한 여호와 종교의 퇴보였다.

둘째는 정치적 성격을 지닌 것으로 국가의 형성 과정에서 발생한 여호와와 그분이 제공하는 보호로부터의 조직적인 해방이었다. 이스라엘은 무장과 동맹을 통해, 다시 말해, 정치적 책략을 통해 여호와의 보호의 손길을 벗어나 정치적으로 자율적인 존재가 되었다.

셋째는 남북 왕국 모두가 겪었던 경제적·사회적 변화였다. 두 왕국 모두 세금을 거두고 공무원들을 보유함으로써 이스라엘 부족들 안에 존재하던 오래된 사회질서를 추가적으로 붕괴시켰다. 경제의 중심이 도시로 옮겨간 것이 그 질서에 특별한 타격을 가했다. 도시에서 살고 있던 대지주들이 백성들에 대한 지배권을 얻었고, 그로 인해 극심한 사회적 부정의가 나타났다. 경제적 약자였던 농민들은 과중한 세금 부담 때문에 자기들의 땅에서 자유인으로 남아 있기가 점점 더 어렵게 되었다. 오래 전, 즉 고대 이스라엘이 근린동맹을 맺고 있던 시절에 그들이 가졌던 병역에 대한 책임에 근거한 자유인으로서의 유력하고 명예로운 지위는 점차 사라져 갔다. 그리고 토지 소유권은 도시에 거주하는 소수의 자본가들의 손으로 넘어갔다. 시골 사람들은 점차 프롤레타리아가 되어갔다(사 5:8; 미 2:1f.).

마지막 현상은 아주 색다르다. 그리고 우리는 그것을 배제하고는 위대한 예언자들을 제대로 이해할 수 없을 것이다. 그것은 국가 안에서 나타난 어떤 잘못된 변화가 아니라, 일반 역사의 영역에서 발생한 정치권력의 이동, 즉 앗수르(앗시리아)가 권력의 정점에 올라 8세기 이후 팔레스타인 지역에 가했던 위협과 관련되어 있다. 우리는 이스라엘이 팔레스타인을 정복하고 그곳에 자신들의 국가를 건설한 것이 대제국들의 힘이 약화되었던 어느 한 시기에 불과했음을 인식할 필요가 있다. 주전 1200년경(이 책에서 표기되는 년대는 모두 주전이다 - 역주)에 이집트는 팔레스타인에 대한 오랜 정치적 지배권을 포기해야 했다. 또 거의 같은 시기에 북쪽의 히타이트 제국이 "바다 사람들"의 공격에 굴복했다. 확실히 앗수르는 8세기 직전에 대제국이 되었으나, 투쿨티 니누르타 1세(1235-1198)의 탁월한 영도 이후 급격한 쇠락의 시기를 맞이했다.

앗수르의 마지막 힘의 과시는 9세기경부터 시작되었다. 그러나 앗수르 제국의 이 새로운 확장은 팔레스타인에서 시작된 것은 아니었다. 앗수르의 영토 확장 정책이 조직적으로 팔레스타인을 향하기 시작한 것은 디글랏 빌레셀 3세(Tiglath Pileser III, 745-727) 때부터였다. 그리고 이 시기는 호세아, 아모스, 이사야가 활동하던 때였다. 그때 이후 북왕국 이스라엘과 남왕국 유다의 정치적 독립은 막을 내리기 시작했다. 언제 치명타를 맞을지는 앗수르의 책략의 문제에 불과했다. 733년경에 디글랏 빌레셀 3세는 북왕국 이스라엘의 북부 지역을 점령했다(왕하 15:29f.). 사마리아는 721년에 함락되었고, 그 도시의 함락과 함께 북왕국 전체가 앗수르의 지방 조직으로 편입되었다. 701년에는 산헤립이 예루살렘을 위협했고(왕하 18:13-16), 664년에는 앗수르바니팔이 상 이집트의 수도 테베스에 진입했다.

앗수르의 갑작스러운 몰락(그것은 7세기 중반에 시작되어 612년경에 완료되었다)에도 불구하고 팔레스타인에 대한 정치적 압박은 경감되지 않았다. 당시 재빠르게 권력을 잡아가던 신 바벨론 제국이 느부갓네살의 영도하에 앗수르의 마지막 정치적 의지를 실행에 옮겨 팔레스타인을 자신에게 복속시켰기 때문이다. 597년과 587년 사이에 유다 왕국의 나머지 지역이 파괴되었다. 이 시기는 스바냐, 하박국, 예레미야, 그리고 에스겔이 활동하던 때였다.

예언자들의 메시지의 공통적 요소들

전승에 대한 의존

이런 예언자들의 메시지에서 나타나는 공통적 요소는 무엇인가? 첫 번째 특징은 그들이 이스라엘 역사 초기에 형성된 기본적인 거룩한 전승 sacral tradition에 뿌리를 두고 있다는 점이다. 분명히 각각의 예언자들이 그 오래된 전승에 의지하는 방식은 서로 많이 달랐다. 우리는 그 사실을 동시대에 속해 있으면서도 서로 크게 달랐던 두 명의 예언자인 호세아와 이사야를 비교해 봄으로써 알 수 있다. 호세아는 오래된 이스라엘-언약 전승에 의지했던 반면, 이사야는 그것에 대한 지식을 갖고 있지 않았고 오직 시온-다윗 전승에만 의지하는 듯 보인다.

각각의 예언자들의 다양한 능력과 그들이 오래된 선택 전승에 호소하는 여러 가지 방식들을 이해하려면, 무엇보다도 그들 각각에 대한 면밀한 조사가 필요하다. 세부적인 것들과 관련해서는 여러 가지 문제가 있으나, 가장 핵심적인 것은 예언자가 종교적 전승에 뿌리를 내리는 것이었다. 그것이 없는 그의 직무는 상상할 수도 없었기 때문이다. 실제로 예언자들에게 그것은 (그들이 벌였던 논쟁을 통해 분명하게 드러나듯이) 그들의 동시대인들에게보다 훨씬 더 실제적이고 기본적인 것이었다.

예언자들은 아주 특별한 수단들을 사용해 청중에게 그들이 오랫동안 벗어나 있던, 그래서 아마도 실제로는 더 이상 의식조차 하지 않고 있던 하나님의 명령들이 갖고 있는 구속력과 감소되지 않은 적합성을 알려 주고자 애썼다. 이렇듯 오래되었으나 부패하지 않은 여호와 신앙의 전승에 호소하는 예언자들의 사역에는 철저하게 개혁적인 요소가 들어 있었다.

종종 예언자들이 오래된 자료들을 그들의 시대에 적용하면서 매우 자의적이 되는 것은 놀랍다. 그들은 그 오래된 자료들을 다시 언급할 때 그것의 옛 형태에 집착하지 않고 자기들이 이해하는 방식을 따라 그것들을 활용했다. 종종 이것은 그들이 그 자료들을 아주 과감하고 급진적으로 해석했음을 의미한다. 우리는 이런 사실을 아모스나 이사야가 오래된 율법의 요구들을 선포할 때 사용했던 방법들만 살펴봐도 알 수 있다.

미래의 새로운 구원

예언자들의 또 다른 특징은 그들 모두가 집중적으로 미래를 조망한다는 점이다. 세계사의 복잡한 상황 속에서 - 특히 팔레스타인의 지평 위로 앗수르, 신 바벨론, 그리고 페르시아 제국이 출현했던 시점에 - 그들은 북 이스라엘과 남 유다가 가까운 미래에 역사 속에서 활동하시는 여호와의 전혀 새로운 행위와 마주하게 될 것이라고 믿었다.

물론 예언자들의 이런 선포는 정치적 상황에 대한 이성적 추론의 결과가 아니었다. 왜냐하면 그들은 이런 위협적인 재앙을 여호와께서 자기 백성의 죄를 벌하기 위해 초래하신 것으로 여겼기 때문이다. 그러므로 예언자들의 입장에서 볼 때 당시의 정치적 지평에서 형성되고 있던 사건들에는 그 어떤 모호함도 존재하지 않았다. 이스라엘을 향해 다가오는 이방인들은 예외 없이 하나님의 진노의 도구로 간주되었고, 그들에게 맡겨진 과업을 떠나서는 아무런 관심의 대상이 되지 않았다. 예언자들이 당시의 상황의 군사적·정치적 측면들을 간과했던 이유는 그들이 당시의 이스라엘이 그 절박한 재난을 통해 여호와와의 완전히 새로운 대면 속으로 이끌리고 있는 중이라고 믿었기 때문이다. 그러므로 예언자들이 보기에 그런 역사의 소용돌이를 통해 고지되고 있었던 것은 봉기하시는 여호와 자신이었다. 예언자들은 여호와께서 "야곱의 허물과 이스라엘 족속의 죄로 말미암아" 땅의 높은 곳으로 내려오시는 것을 보았다(미 1:2-5).

여기에서 완전히 새로운 것은, 예언자들이 오래된 전승이 전하는 것과 같은 이스라엘에 대한 여호와의 대응과 만남 이외에 또 다른 대응과 만남을 선포한다는 사실이다. 이스라엘을 위해 준비되어 있는 그런 대응과 만남은 (그 중요성과 의미의 측면에서) 거룩한 전승을 통해 전해 내려온 것과 완전히 동등한 것이었다. 그러나 그것들은 오늘날까지 여호와께서 이스라엘에게 행하신 모든 일들에 대한 돌이킬 수 없는 종결을 의미했기에 (그 관련성의 측면에서) 옛것들을 능가했다. 예언자들은 이스라엘에 대한 여호와의 사망선고를 선포했다. 더 나아가 예언자들은 이스라엘이 그들의 메시지를 듣고도 더 완고해졌을 때 실제로 직접 사형집행인의 무리에 동참하기도 했다.

그러나 예언자들의 선포를 완전히 새로운, 그리고 지금까지 이스라엘에서 들어본 적이 없었던 것으로 만들어 준 또 다른 요소는 그들이 심판을 선포하는 바로 그 행위를 통해 구원을 향한 새로운 움직임의 시작을 알렸다는 점이다. 유다 왕국이 파괴되고 모든 정치 지도자들이 완전히 괴멸되었을 때, 제2이사야는 추방당한 사람들 사이에서 위로의 메시지를 전했고 또한 자신이 이미 아주 가까이 온 것으로 여겼던 새로운 상황을 예견하면서 고국으로의 귀환 전후의 황량한 현실과는 전혀 어울리지 않는 환호를 터뜨렸다. 그런 식으로 예언자들은 이스라엘이 그때까지 여호와 앞에서 지속해 왔던 삶과 결별했으며 더 나아가 그것을 산산이 부쉈다. 그리고 점증하는 열심을 갖고서 이스라엘과 모든 나라들을 위한 새로운 구원의 윤곽을 그려냈다.

예언자들에 대한 연구의 역사

예언자들에 대한 연구의 역사는 그리 오래 되지 않았다. 독립적인 종교적 현상으로서의 예언은 19세기에 와서야 발견되었다. 그것은 성서 연구에서 전혀 새로운 분야였고, 성서 해석의 역사에서 진귀한 사건이었다! 처음부터 이 새로운 발견은 그 시대에 대해 전문가들의 연구의 한계를 훨씬 넘어서는 영향을 끼쳤다.

예언에 대한 새로운 이해에 영향을 준 가장 큰 요소는 예언자들의 메시지를 그것들보다 앞선 것으로 간주되던 율법과 분리시키는 것이었다.[1] 자료비평 source criticism을 통해 예언자들이 오경五經의 늦은 시기의, 그리고 가장 최근의 전승들과 익숙해 있었다고 가정하는 것이 더 이상 필요하지 않다는 결론이 나옴으로써 예언자들에게 새로운 방식으로 접근하는 것이 가능해졌다. 그로 인해 갑자기 예언자들이 그동안 그들의 실제 모습을 덮어왔던 그림자로부터 벗어났다.

그러나 그 추錘는 다른 방향으로 너무 멀리 나갔다. 예언자들은 그동안 간주되었던 것처럼 독창적이거나 개인적이거나 하나님과 직접 관계가 있는 자들이 아니었다. 지금 우리는 때로 그들이 그들 스스로 해석해서 새롭게 제시했던 고대의 전승들에 얼마나 많이 의존하고

---

[1] 루터 이후 19세기 중반까지는 예언자들이 모세의 율법을 해석했던 자들이라는 견해가 유지되었다.

있었는지에 대해 잘 알고 있다. 심지어 우리는 그 예언자들에게 율법과 그들의 상관성을 회복시켜 주어야 할 필요를 느낄 정도다. 그동안 필요성이 제기되어 왔던 예언자들에 관한 고전적 연구의 상像에 대한 수정은 중요한 함의를 갖고 있다. 새로운 발견을 통한 최초의 환희 속에서 예언자들의 본질적 특성은 그들이 갖고 있는 영적 독립성과 종교적 직접성으로 간주되었다. 그러나 오늘날에는 그런 생각들이 종교적인 인물들의 자유와 영성에 관한 현대적 개념들이 예언자들에 대한 해석에 영향을 줌으로써 나타난 현상에 불과하다는 것이 분명해졌다. 그동안 학자들은 고대 동방의 개념들, 제의와 신화, 그리고 심지어는 원시적인 마술적 개념들이 예언자들에게 끼친 영향이 대체로 가정되었던 것보다 훨씬 더 컸다는 사실을 입증해 왔다. 더 나아가 그들의 환경이 되었던 전승 및 일반적인 종교적 개념들과 그들의 상관성은 결코 지엽적인 것이 아니었고, 오히려 그들의 메시지의 핵심에까지 관련되어 있었다.

이런 사실을 인정한다면, 예언자를 하나님과 가까웠던 탁월한 종교적 인물로 규정하는 그 어떤 정의도 무너지고 만다. 또한 "제사장적 제의 종교 priestly religion of the cult"에 대한 영적 평형추로 제시되었던 "예언자적 종교 prophetic religion"라는 개념 자체도 무너지게 된다. 그러나, 학자들이 예언자들을 설명하면서 심리학, 인격, 그리고 이상주의를 포기할수록, 그들의 메시지 안에 있는 새로운 요소가 무엇인지를 말하기가 더욱더 어려워진다. 예언적 메시지와 전승의 관계에 대한 인식은 결과적으로 학자들을 그들이 출발했던 오래된 문제로 되돌아가게 만들었다. 그들은 자신들의 새로운 통찰을 근거로 "예언자적인 것"의 특성을 재정의해야 했다. 예언자들의 메시지의 기원이 그들의 직접적인 종교적 경험에서 나올 수 없는 것이라면, 그것은 다른 맥락에서 설명되어야 한다. 그들의 독특한 독립성과 종교적 권위의 신학적 정황은 무엇인가?

만약 우리가 이런 기본적인 질문들에 답하고자 한다면, 우리는 역사를 통해 발전된 예언자들의 메시지를 살펴보아야 할 것이다.[2]

---

[2] 여기에서 고전기 이전의 pre-classical 예언의 문제를 설명하는 것은 불가능하다. 그것을 위해서라면, 나의 『구약성서신학』(*Old Testament Theology*) 제2권 (1965)을 참고하라. 예언자들에 관한 다른 설명을 위해서라면, T. H. Robinson, *Prophecy and the Prophets in Ancient Israel*(1923); C. Kuhl, *The Prophets of Israel*(1961); E. W. Heaton, *Old Testament Prophets*; J. Lindblom, *Prophecy in Ancient Israel*(1962)을 참고하라.

제2장

예언자들과 전승

엘리야 이후 약 1백 년이 지난 8세기에 이르러 아모스, 호세아, 이사야, 그리고 미가가 무대에 등장했다. 만약 그들에 관한 자료들을 그들의 선배들에 관한 자료들과 비교해 본다면, 우리는 이 무렵의 예언에서 어떤 새로운 요소가 나타나고 있음을 알게 될 것이다. 설화 형식의 보도는 현저히 감소되고(사실 우리는 엘리야와 엘리사와 관련해서만 그런 종류의 자료를 갖고 있다), 서로 상관없는 말, 연설, 그리고 시들의 수집물이 그 자리를 대체한다. 예언자들의 활동에 관한 설명 방식에서 드러나는 이런 차이로 인해 우리는 그들의 사역과 선포에 관한 기억을 궁극적으로 우리에게까지 전하는 데 사용되었던 문학 양식 literary form에 대해 생각하지 않을 수 없다. 왜냐하면 후대의 신학적 평가는 주로 그것에 의존했기 때문이다.

역사에 관한 전승의 경우처럼, 우리 앞에 놓여 있는 예언 자료들은 어느 정도는 내용이나 연대기적 순서를 무시한 채, 그리고 겉보기에는 오늘날 우리가 유럽 문학의 발전 과정을 통해 익숙하게 된 규칙들을 전혀 고려하지 않은 채 배열된 전승 자료들의 혼란스러운 수집물에 불과하다.[1] (자기가 받은 신탁들을 그것을 받은 시점을 기준으로 순서대로 배열했던 최초의 사람은 에스겔이었다.) 그 방대한 자료 뭉치는 독자들에게 단순하지만 중요한 신학적 의미를 지닌 한 가지 구별을 하도록 만든다. 그것은 시詩로 된 구절들과 산문散文으로 된 구절들의 구별이다. 예외가 없는 것은 아니지만, 예언자들의 말은 대개 시의 형태를 갖고 있다. 즉 그들의 말은 운율韻律과 대구법對句法을 그 특징으로 갖고 있다. 이와는 대조적으로, 그들이 화자가 아니라 보도의 대상이 되는 구절들은 산문으로 되어 있다.

그러므로 예언자들은 두 가지 방식으로 구약의 문헌에 혹은 적어도 그 안에 포함되어 있는 전승들에 공헌했던 셈이다. 한편에는 그들이 행한 일들에 관한 이야기들 narratives 혹은 이야기들의 수집물이 있었다. 그리고 다른 한편에는 그들이 전한 신탁들 oracles 혹은 신탁들의 수집물이 있었다. 그러므로 예언자들이 그들의 동시대인들과 그들 이후의 사람들 모두로부터 주목을 받는 이유 역시 두 가지다. 하나는 그들이 선포한 메시지의 내용 때문이고, 다른 하나는 그들이 등장한 시대의 상황, 그들이 개입한 갈등, 그들이 수행한 기적, 그리고 특별한 사람들과의 특별한 대면 같은 것들 때문이다. 그러나, 어느 예언자가 말한 내용과 그 예언자와 관련된 보도가 모두 보존되어 있을 경우, 그 둘을 조화시키는

---

[1] 예언자들의 문학적 유산이 초심자들에게 주는 혼란스러운 인상과 관련해 루터는 다음과 같이 말한 바 있다. "그들(예언자들)은 기묘한 어법을 갖고 있었다. 그들은 평범한 방식으로 말하지 않고 이것저것 두서없이 말하는 사람들처럼 보인다. 따라서 당신이 그들을 이해하거나 그들이 말하고자 하는 내용을 파악하기는 어렵다"(*Works*, Weimar Edn. Vol. XIX, 350).

것이 언제나 가능한 것은 아니다. 왜냐하면 예언자들이 긴장된 드라마로 점철된 공적 삶에 개입하는 것에 주목했던 화자narrator의 관점은 그들이 전한 계시의 역사적 정황을 배제한 채 오직 그 내용을 정확한 형태로 기록하는 것에만 관심을 가졌던 한 무리의 제자들disciples의 그것과는 다를 수 있기 때문이다. 이것은 이사야에 관한 이야기를 통해 드러나는 그의 모습(사 36-39)과 그가 받은 계시를 통해 드러나는 그의 모습 사이의 현저한 불일치의 이유를 설명해 준다. 전자는 그에 관한 대중적 평가에 가깝고 그가 전한 계시에 반영된 그의 선포의 거대한 지적 넓이에 대해서는 거의 아무것도 전해 주지 않는다.

예언적 문헌의 이 두 가지 형태들 중 보도가 앞선다는 것은 자명하다. 예언자들이 직접 했던 말만을 수집하고, 그것들을 그들이 처했던 역사적 정황과 분리해서 살피고, 그것들을 그것들의 본질적 가치의 측면에서 평가하기 위해서는 상당한 시간과, 예언이라는 현상에 대한 어느 정도의 친숙함과, 보다 영적인 조망을 하는 데 필요한 일정한 교육이 필요했다.

예언자들의 삶의 문제

첫 단계는, 의심할 바 없이, 예언자들에 관한 이야기들이 회자되는 단계였다.[2] 그리고 이런 면에서 엘리사에 관한 이야기들은 먼 과거로부터 오는 듯한 인상을 준다. 다른 한편, 방금 논의된 내용은 우리가

---

2 그 이야기들 역시 예언적 행위에 관한 이야기(예컨대, 왕상 17:17; 8:16, 17-24)와 예언의 말에 관한 이야기(예컨대, 왕상 21:17-20; 왕하 1:3f.)로 나뉠 수 있다.

그런 유명한 기적 이야기들을 그 예언자의 모습을 있는 그대로 묘사하는 것으로 여기지 말도록 경고한다. 엘리사는 공식적으로 제자들을 가르쳤다(왕하 4:38; 6:1). 만약 우리가 그가 했던 강의나 말들의 모음집을 갖고 있다면, 그에 대한 우리의 설명은 크게 달라질 수 있을 것이다. 같은 것이 엘리야에게도 해당된다.

그러나 아모스 시대에 사람들은 예언자가 한 말들을 수집해 기록하는 법을 배웠다. 이것은 예언적 전승의 무게 중심이 "예언자들에 관한 이야기"로부터 "그들이 했던 말의 수집과 전달" 쪽으로 옮겨갔음을 의미한다. 그러나 그런 발전이 즉각 예언자들에 관한 이야기를 하는 관습의 쇠퇴나 소멸로 이어지지는 않았다. 이런 문학적 범주는 여전히 영향력을 갖고 있었다. 왜냐하면 예언을 보다 영적으로 이해하는 문제와 관련해 이스라엘은 예언적 메시지를 개념적 진리로 환원하려는 관심 때문에 그 메시지를 그것이 그 안에서 발설되었던 구체적인 사건들로부터 분리시키는 데까지 나아가지는 않았기 때문이다. 오히려 그들은 각각의 예언자들을 그들의 역사적 상황 속에서 바라보는 것, 다시 말해, 그들을 역사적 운동을 주도한 인물이나 역사의 갈등 과정에서 산산이 부서진 인물로 보는 것을 중단하지 않았다. 한 예언자에 관한 가장 많은 이야기들을 포함하고 있는 책은 비교적 늦은 시기에 쓰인 예레미야서다. 그 책을 접할 때 우리는 예레미야가 받은 신탁들에 대한 보충자료로서 이런 이야기들이 갖고 있는 중요성을 고려해야 할 것이다.

물론 우리는 오늘날 우리가 예언서들을 읽으면서 그 이야기들 속에 우리의 주된 관심, 즉 상세한 전기(傳記)에 대한 관심(이것은 그 이야기들 자체에는 낯선 것이었다)을 주입시킨다는 것을 인식해야 한다. 우리에게 아주 익숙한 "예언자적 인격 prophetic personalities"이라는 개념조차 원래의 자료들이 우리에게 제공하는 것과는 한참 거리가 멀다. 예언서를 쓴 이들은 예언자를 어떤 "인격"으로, 즉 특별한 정신과 영혼을 소유한 독특한 인간으로 묘사하는 것에 대해 우리가 상상하는 것 이상으로 관심이 덜했다. 전기적 상세함에 관한 우리의 관심에 대해서도 같은 말을 할 수 있다. 심지어 우리는 원래의 자료들이 예언자들의 삶에 대해 기술하려는 그 어떤 시도에도 맞선다는 느낌을 받을 수도 있다.

만약 아모스 7:10 이하를 기술한 이가 아모스의 삶에 관한 정보를 제공할 의도를 갖고 있었다면, 그는 그 이야기를 그런 식으로 끝내지 않았을 것이다. 오히려 그는 독자들에게 그 예언자가 추방 명령을 따랐는지 여부에 대한 정보를 제공했을 것이다. 만약 우리가 그 이야기를 어떤 인물에 관한 전기의 일부로 읽어야 한다면, 그런 식의 종결에 대해 우리가 내릴 수 있는 유일한 평가는 "불만족"일 것이다. 그러나 여기에서 아모스는 단지 그가 예언자, 즉 어떤 직무를 맡은 자였다는 관점에서 서술될 뿐이다. 그로 인해 그 책을 쓴 이는 카리스마 charisma를 지닌 자(아모스)와 제사장(아마샤) 사이의 충돌을 묘사하고 그로 인해 초래될 심판에 대한 계시를 기록하는 것 이상에 관심을 보이지 않는다. 엘리야, 엘리사, 그리고 이사야에 관한 이야기들 역시 그것들이 그 예언자들의 전기적 요소에 얼마나 무관심했는지, 반면에 그 예언자들이 얼마나 철저하게 자기들이 받은 소명을 따라 행동했는지에 얼마나 집중하고 있는지를 잘 보여 준다.

변화는 예레미야와 더불어 나타난다. 예레미야서는 예레미야라는 인물과 그가 걸었던 고난의 길을 그 자체를 목적으로 삼아 서술한다. 그러나 이것은 예레미야와 더불어 예언이 중대한 위기 국면에 접어들었다는 것, 그리고 그와 더불어 예언자에 관한 새로운 개념이 나타나기 시작했다는 것과 밀접하게 연결되어 있다. 아마도 고난이 예언자의 직무의 필수적인 부분으로 간주되어야 한다는 것을 처음으로 깨달았던 이는 바룩이었을 것이다. 그가 보기에 예언자가 되는 것에는 단지 말을 하는 것 이상의 무언가가 있었다. 바룩은 그 직무와 관련해 완전히 새로운 측면을 보았다. 예언자의 직무에는 그의 입술만이 아니라 그의 전 존재가 포함되었다. 그 결과, 예언자의 삶이 깊은 고통과 하나님에 의한 유기遺棄라는 골짜기로 들어섰을 때, 그것은 독특한 종류의 증언이 되었다. 그러나 이것조차 예레미야서의 설화 부분에 실려 있는 그의 삶에 관한 설명이 그 자체를 목적으로 삼아 제공되었음을 의미하지는 않는다. 오히려 그것은 예레미야의 경우 그의 삶이 예언자로서의 그의 소명에 흡수되었고 그 사명의 필수적인 부분이 되었기에 제공된 것이다. 그러나, 이미 강조했듯이, 이런 통찰은 일정한 시간이 흐른 후에야 가능했다. 따라서 그것들에 대해서는 나중에 다루게 될 것이다.

양식의 문제

예언은 궁극적으로 그 기능을 표현하기 위한 가장 직접적인 수단으로 "사신 공식 messenger forumla"을 사용했다. 그러나 이스라엘에서 최초로 예언이 나타난 이후로 그것은 여러 가지 양식으로 존재해 왔다.

따라서 예언적 발언의 어느 한 가지 기본적인 양식을 지목하고, 양식 비평의 관점에서 그것을 예언의 원형이라고 적시하는 것은 불가능하다.3 그러나, 비록 사신 공식이 그런 원형으로 간주될 수는 없을지라도, 그것은 우선적으로 고려되어야 한다. 왜냐하면 그것은 엘리사로부터 말라기에 이르기까지 구약의 모든 예언들에서 지속적으로 나타나는 요소이며, 또한 여러 가지 다른 범주의 예언적 문헌들에서도 계속해서 사용되고 있기 때문이다.

주지하다시피, 고대 세계에서 무언가를 선포하는 임무를 맡은 자(사신)는 그 선포의 내용을 들어야 할 사람들 앞으로 나아가 그 내용을 1인칭으로, 즉 그 메시지가 자기에게 주어졌을 때의 형태로 전함으로써 그의 임무에서 해방되는 것이 일반적인 관례였다. 다시 말해, 그는 자신의 자아를 완전히 감춘 채 마치 자기가 그 일을 자기에게 맡긴 사람 자신인 것처럼 다른 이들을 향해 말해야 했다. 구약성서에서는 "[나를 보낸 이가] …라고 말씀하셨다"라는 말로 시작되는 "사신 공식"을 완전히 세속적으로 사용한 예들이 여전히 발견된다.4 이것은 예언자들이 자신들의 메시지를 전하기 위해 그 무엇보다 자주 사용했던 양식이다. 그리고 이것은 우리가 그들이 자신들의 역할을 어떻게 이해하고

---

3 한 가지 오래된 양식(아마도 가장 오래된 양식들 중 하나일 것이다)이 거룩한 전쟁이란 상황 속에서 예언자들이 발했던 외침들 속에 보존되어 있다. 거기에서 거론되는 것은, 첫째, 전투를 준비하라는 전형적인 명령(참고. 왕상 20:13f.; 호 5:8; 사 13:2; 렘 46:3f.; 49:8, 14, 30f.; 50:14f., 21, 29; 51:11, 27), 둘째, 그들에 대해 아무런 적대적 의도도 갖고 있지 않으나 군사 작전을 위해 선택된 지역에서 살고 있던 이들에게 주었던 도망치라는 명령이었다(참고. 삼상 15:6f.; 렘 4:6f.; 6:1; 49:8, 30; 50:8; 51:6).

4 창 32:4ff. 45:9; 민 22:16; 왕상 2:30; 사 37:3.

있었는지를 이해하는 데 아주 중요하다. 즉 그들은 자신들을 여호와의 대사와 전령으로 여겼던 것이다.

그러나 대체로 예언자들은 이런 사신 공식 앞에 메시지의 수령자들의 관심을 끌고 그 메시지의 일차적 의도를 알리기 위해 또 다른 형태의 말들을 덧붙였다. 하나님의 위협과 관련해서는 "책망의 말 diatribe"이, 그리고 약속과 관련해서는 "권고의 말 exhortation"이 선행되었다. 따라서 우리가 성서에서 예언적 신탁이라는 문학적 범주에 속한 말들과 마주하려면, 그 전에 이 두 가지 관문, 즉 사신 공식과 그것에 선행하는 절節을 통과해야 한다. 이 범주에 속한 말들을 이해하려면, 우리는 변화가 시작된 예레미야 시대 이전까지는 예언자들이 늘 사신 공식과 그것에 선행하는 책망이나 권고의 말을 분명하게 구별했다는 사실을 기억해야 한다. 오직 전자만이 하나님의 직접적인 말씀이었다. 반면에 후자는 그 목적이 하나님의 말씀으로 나아가고 그것을 위한 길을 준비하는, 그리고 그 말씀을 설명하는 인간의 말이었다.

물론 하나님의 말씀이 시간적으로 앞선다. 그 말씀은 영감의 순간에 온 것으로 예언자들은 그 말씀을 관련된 자들에게 전해야 했다. 예언자들은 그 말씀 앞에 그 말씀을 들어야 할 자들을 지정하는 책망의 말을 선행시킴으로써 그렇게 했다. 책망과 위협 사이의 내적 결합을 이루는 것은 후자를 정당화하고 또한 "여호와께서 이같이 말씀하시되"[5]라는 말을 이끌어내는, 예언적 계시에서 아주 특징적인 "그러므로"라는 말이다.

그러나 사신 공식은, 비록 자주 사용되기는 하나, 여전히 예언자들

---

5 예컨대, 암 3:11; 4:12; 5:11, 16; 6:7; 7:17; 호 2:8[9]; 사 5:13; 10:16; 미 2:3; 3:12; 렘 2:9; 5:6, 14 등을 참고하라.

이 그들의 선포에서 사용하는 여러 양식들 중 하나에 불과하다. 사실 그들은 자신들의 메시지를 치장하기 위해 온갖 양식들을 사용하는 데 주저하지 않는다. 세속의 것이든 거룩한 것이든, 예언자들이 그들의 과업을 이루기 위한 도구로 사용하는 데서 제외되는 것은 아무것도 없다. 물론 그들이 원하는 것은 청중의 관심을 끄는 것이었다. 실제로, 때로 그들이 아주 오래된 거룩한 표현 양식을 훼손했을 때, 그들의 분명한 의도는 청중에게 충격을 주는 것이었다. 그런 까닭에 그들의 발언은 제사와 관련된 제사장들의 전문 용어로(사 1:16f.; 암 5:21ff.), 제의적 찬송의 형태로, 혹은 법정에서의 선고 형태로 표현될 수 있었다.[6]

제2이사야는 제사장적인 구원의 계시를 취해 그것을 자신의 선포를 위한 양식으로 삼았다. 그의 유명한 구절인 "너는 두려워하지 말라 내가 너를 구속하였고 내가 너를 지명하여 불렀나니 너는 내 것이라"(사 43:1f.; 41:10ff.; 44:1f. 등)라는 표현은 제사장들이 제의에서 개인적인 탄원 기도에 대한 응답으로 사용했던 예전적 용어를 모방해 만든 것이다.

다른 경우에 예언자들의 메시지는 지혜의 교사들이 사용했던 양식(사 28:23ff.; 아 3:3ff.)이나 유명한 노래의 양식(사 5:1ff.)을 취하기도 했다. 이런 문학적 범주들이 예언자들의 손에서 겪은 변화(때로 그들은 그것들을 아주 기괴한 형태로 변화시키기도 했다)에 대한 최상의 예는 만가輓歌를 통해 드러나는데, 실제로 후기 예언자들은 그것을 패러디하기까

---

[6] 사 1:2f. 18-20; 3:13-15; 호 4:1-4a; 미 1:2-7; 6:1-8; 렘 2:4-9; 사 41:1-5, 21-9; 43:8-13; 22:8; 48:1-11; 50:1-21. 여호와께서 피고인의 입장에서 말씀하시는 경우와 관련해서는, 특별히 미 6:3-5; 렘 2:4-13, 29f.; 사 50:1-2a 등을 주목하라.

지 했다.7 그러므로 주석가들은 특히 이 점에서 주의해야 한다. 왜냐하면 굉장히 많은 것들이 양식에 대한 올바른 정의에, 그리고 특히 논의되는 단위의 시작과 끝을 정확하게 정하는 데 달려 있기 때문이다. 이어지는 단위로부터 한 구절을 빼내오거나 하나의 계시의 종결부에 속한 것을 빼먹는 것은 그 단위의 의미 전체를 변경시킬 수 있다.8

어느 특정한 메시지를 둘러싸고 있는 "양식"은 그 말의 보다 엄격한 의미에서도 역시 중요하다. 왜냐하면 양식은 오직 문학적 스타일과 관련된 외적인 그 무엇에 불과한 것이 아니기 때문이다. 양식은 내용과 분리될 수 없다. 양식의 선택을 결정하는 것은 일차적으로 메시지의 주제였다. 그러나 예언적 선포의 내용은 그 어떤 전통적인 양식으로도 담아낼 수가 없었다. 왜냐하면 그것은 이스라엘이 여호와와 관련해 이미 알고 있던 지식들 모두를 완전히 넘어섰기 때문이다. 주제의 본성 자체가 대담한 표현 방식(그것은 늘 특별한 즉흥성을 띠었다)을 요구하고 있었다. 왜냐하면 예언자들의 메시지는 이스라엘의 거룩한 제도들(제의, 율법, 그리고 군주제 등)을 모든 방향에서 밀어냈기 때문이다.

마찬가지로, 또한 예언의 본질 자체가 전적으로 세속적인 양식들을 거룩한 종교적 양식들만큼이나 완전히 자유롭게―마치 그것들 사이에 아무런 차이도 없는 것처럼―사용할 권리를 요구했다. 왜냐하면 궁극적으로 예언은 오래된 구별들을 초월하는 방향으로 나아갔기 때문이다. 어느 예언이 심판을 선포할 경우, 그것은 기존의 거룩한 질서의

---

7 암 5:1; 사 23:1ff.; 겔 19:1ff.; 10ff.; 만가에 대한 패러디로는 겔 27:2ff.; 28:11ff.; 32:17ff.; 사 14:4ff. 등을 보라.
8 이런 점에서 구약성서의 문단의 단위들은 전면적으로 개정될 필요가 있다.

종결도 함께 선포했다. 그리고 예언이 구원을 예고할 경우, 그것은 또한 여호와로 인해 모든 삶에 질서가 잡히고 정돈되고 유지될 어떤 상태에 관해 말했는데, 그로 인해 거룩한 것과 속된 것 사이의 오랜 구별이 제거되는 결과가 발생했다.

예언의 전승 과정

개별적인 신탁이나 노래들은 곧 한데 모아져 작은 문집文集이 되었다. 그런 문집들이 예언자들 자신에 의해 마련되었는지 아니면 그들의 제자들에 의해 마련되었는지는 알려져 있지 않다. 비록 그런 일을 했을 가능성이 있는 제자들에 관한 우리의 정보가 제한되어 있기는 하나, 오늘날의 비평은 제자들이 자기들의 선생의 가르침을 수집하고 전달하는 중요한 역할을 감당했으리라는 것을 보여 준다. 이사야 5:8-24은 각각 "화 있을진저"라는 말로 시작되는 일련의 신탁을 보여 주는데, 우리는 그것들이 마태복음 23:13 이하에 나오는 유사한 구절들만큼이나 연속적으로 말해졌던 것이 아니라고 확신할 수 있다. 즉 그런 구절들의 연결은 "편집"에 의한 것이다.

거짓 예언자들에 대한 신탁(렘 23:9ff.)이나 왕가에 대한 신탁(21:11-23:8) 역시 마찬가지다. 이사야 6:9-9:6에 실려 있는 복합적인 이야기에서 편집자는 그 문장들을 (처음에 나타나는 예언자에 대한 부르심을 제외하고는) 아람-에브라임 연합군과의 전쟁 때부터 나타난 신탁들과 사건들의 연대순으로 배열한다. 에스겔 4-5장은 그 예언자의 소위 상징적 행동들에 관한 문집이다. 그러나 많은 경우에 우리는 그 어떤 배열의 원리도 찾아내기가 어렵다. 이것은 특히 보다 정교한 복합문들 (문집들의 문집)의 형성과 관련해 그러하다. 우리가 이런 편집 과정이 어떻게 진행되었는지에 대한 통찰과 관련해 얻을 수 있는 거의 유일한 도움은 예언서들에 들어 있는 소수의 표제들뿐이다.

광범한 예언적 전승들 중 예언자의 메시지가 글의 형태를 갖춰 후세에 전해진 방식을 얼마라도 상세하게 묘사하는 구절은 세 곳에서만 나타난다. 둘은 이사야서에서(8:16-18; 30:8-17), 그리고 하나는 예레미야서에서(36장) 나타난다. 그것들이 예언자들의 선포와 그 선포에 대한 예언자들 자신의 이해의 일반적 특성과 관련해 허용하는 결론들은 아주 다양하다. 따라서 우리는 여기에서 간략하게나마 그것들에 관해 생각해 볼 필요가 있다.

이사야의 경우

> 16너는 증거의 말씀을 싸매며 율법을 내 제자들 가운데에서 봉함하라 17이제 야곱의 집에 대하여 얼굴을 가리시는 여호와를 나는 기다리며 그를 바라보리라 18보라 나와 및 여호와께서 내게 주신 자녀들이 이스라엘 중에 징조와 예표가 되었나니 이는 시온 산에 계신 만군의 여호와께로 말미암은 것이니라 (사 8:16-18)

이사야 6:1-9:6은 아람-에브라임 연합군과의 전쟁이라는 혼란스러운 사건을 다루며, 그 무렵에 이사야가 전했던 위협과 경고와 약속들을 기록하고 있다. 그러나 놀랍게도 이런 보도 기사들의 한 가운데서 이사야는 갑자기 자기 자신에 관한 말을 시작하고 독자들의 관심을 자기 자신에게 그리고 자기 주변에 모여 있는 한 무리의 사람들에게 집중시킨다. 그러나 그 구절을 통해 드러난 특별한 상황이 모든 것을 분명하게 정리해 준다. 이사야는 마치 우리가 무언가를 의사록에 기록하고 그 문서를 공식적으로 안전하게 보관하는 것과 같은 방식으로 자신의 가르침을 "싸매고" "봉함해야" 했다(사 8:16). 그러므로 그런 말들은 이사야가 그것들을 기록했을 당시에 자신이 직무에서 해방되었다고 여겼음을 의미한다. 이사야가 자신의 첫 번째 공적 활동에서 물러나는 것에 대해 어떤 감회와 기대를 품었는지 엿볼 수 있게 해주는 것이 이 구절을 특별하게 만들어 준다. 그는 자기에게 주어진 메시지를 전했다. 나머지는 여호와의 손에 달려 있다. 이사야는 분명히 그렇게 믿었다. 그분은 자신의 대사가 말을 통해 계시한 것을 몸소 행위를 통해 보여 주실 것이다.

이사야가 전한 메시지는 그 나라 안에 깊은 균열을 만들었다. 그것은 그 나라 백성들의 마음을 둔하게 만들었고(사 6:9f.), 여호와 자신이 그의 백성들에게 함정과 올무가 되도록 만들었다(8:14). 그러나, 아주 놀랍게도, 이사야가 그의 희망을 둔 곳은 바로 이스라엘 백성에게 얼굴을 감추시는 그 하나님이었다. 이것은 믿음의 부재 앞에서 드러내는 얼마나 큰 확신인가! 그러나 더 놀라운 것은 그 메시지가 (비록 아주 작은 무리 안에서이기는 하나) 실제로 믿음을 초래했다는 사실이다. 그렇게 해서 이사야는 그가 시민의 삶이라는 익명성 속으로 물러났을 때조차 여전히 하나의 중요한 표지로서 남아 있게 되었다 — 그 소수의 신실한 자들은 여호와께서 여전히 활동하고 계시다는 사실에 대한,

그리고 그분이 역사 안에서 그분의 목표를 포기하지 않으셨다는 사실에 대한 보증이었던 것이다. 이사야가 그의 마지막 분석에서 이런 계획을 선한 것으로 여겼다는 것은 아주 의미심장하다. 그렇지 않다면 어떻게 그가 앞으로 있을 여호와의 직접적인 자기 계시에 대해 희망을 둘 수 있었겠는가? 이런 점에서, 비록 자신의 메시지를 "싸매고" "봉함하는" 것에 관한 이사야의 말들이 단지 상징적이고 암시적이라 할지라도, 아마도 그는 실제로 자신의 직무에서 해방될 때까지 했던 모든 말들을 기록했을 것이고, 또한 아마도 그 기록이 이사야서의 가장 오래된 층을 형성했을 것이다.

> 8이제 가서 백성 앞에서 서판에 기록하며 책에 써서 후세에 영원히 있게 하라 9대저 이는 패역한 백성이요 거짓말 하는 자식들이요 여호와의 법을 듣기 싫어하는 자식들이라 10그들이 선견자들에게 이르기를 선견하지 말라 선지자들에게 이르기를 우리에게 바른 것을 보이지 말라 우리에게 부드러운 말을 하라 거짓된 것을 보이라 11너희는 바른 길을 버리며 첩경에서 돌이키라 이스라엘의 거룩하신 이를 우리 앞에서 떠나시게 하라 하는도다 12이러므로 이스라엘의 거룩하신 이가 이같이 말씀하시되 너희가 이 말을 업신여기고 압박과 허망을 믿어 그것을 의지하니 13이 죄악이 너희에게 마치 무너지려고 터진 담이 불쑥 나와 순식간에 무너짐 같게 되리라 하셨은즉 14그가 이 나라를 무너뜨리시되 토기장이가 그릇을 깨뜨림 같이 아낌이 없이 부수시리니 그 조각 중에서, 아궁이에서 불을 붙이거나 물웅덩이에서 물을 뜰 것도 얻지 못하

리라 15주 여호와 이스라엘의 거룩하신 이가 이같이 말씀하시되 너희가 돌이켜 조용히 있어야 구원을 얻을 것이요 잠잠하고 신뢰하여야 힘을 얻을 것이거늘 너희가 원하지 아니하고…(사 30:8-15)

아마도 이사야의 생애 후기에 나왔을 이 구절은 예언이 구두 선포에서 기록으로, 즉 이차적이고 문헌적인 형태로 귀착되는 과정을 보다 분명하게 보여 준다. 여기에서 예언자는 대사가 아니다. 그는 밖으로 나가지 않고 그의 집 안으로 들어가야 했다. 그리고 그는 "말"하는 대신 후세를 위해 "써야" 했다. 분명히 이 상황은 이사야 8:16 이하의 그것과 동일하다. 메시지는 전달되었다. 다시 한 번 예언자의 사역의 한 단계가 끝났다. 그리고 다시 한 번 그것은 실패로 돌아갔다. 이사야는 믿음의 불꽃을 지피는 데 실패했다. 그의 청중은 그의 말을 듣기에는 정치적인 문제들에 너무 깊이 몰두해 있었다. 참으로 상황은 더 악화되었다. 그들은 "원하지 아니하고" 고의적으로 여호와와 그분의 호소에 맞서기로 결심했다. 이때는 제자들의 작은 무리에 관한 그 어떤 위로의 말도 나타나지 않는다. 분위기는 그 이전의 경우보다 훨씬 더 무겁다. 보다 깊은 어둠이 예언자를 휘감는다. 어느 면에서 이 구절은 이사야 8장보다 훨씬 더 멀리 나간다. 왜냐하면 이 구절은 여호와와 그분의 호소에 맞서는 결정이 이미 이루어진 것으로 여기고 있기 때문이다. 이것은 이사야의 메시지를 위해 중요하다. 왜냐하면 이것은 예언자 자신이 그 메시지의 핵심적인 내용을 한두 마디 말로 압축해 되풀이하고 그 메시지의 개념들을 요약하는 몇 안 되는 구절들 중 하나이기 때문이다. 그가 바라는 것은 사람들을 여호와께 돌아서게 하고, 그분의 보호하에서 안전을 구하게 하고, 또 그분 안에서 확신과 평온함을 얻게 하는 것이었다. 그러나, 그들이 그 모든 것을 거부했기에, 결국 그들은 그 모든 안전을 잃어버리게 것이다. 그리고 이사야는 그 상황을 담이 불쑥 나와 무너지는 모습을 통해 멋지게 묘사한다(13절).

어째서 예언자는 그의 메시지를 (흔히 그렇게 불리는 대로) "증거 testament"로 기록했던 것일까? 그것은 얼마나 "후세"를 위한 것이었을까? 그가 처음에 생각했던 것은 분명히 그의 위협이 실현되는 것이었다. 후세의 사람들은 뒤를 돌아보면서 그의 예언이 공허한 것이 아니었음을 알게 될 것이다. 그리고 우리는 그가 그 기록을 작성하며 생각한 것이 자신의 예언의 직접적인 실현을 훨씬 넘어서는 그 무엇이었다고 말해도 무방할 것이다. 그 자신의 세대는 기록에서 지워졌다. 파멸이 "불쑥 나와 순식간에" 그 세대를 덮쳤다. 그러나, 비록 그가 그 세대를 위해 예견한 운명이 실제로 일어났을지라도, 그것은 결국 그의 예언적 메시지의 일부에 불과했다. 그 메시지에 들어 있는 축복에 대한 약속과 여호와의 보호하에서 안전을 찾으라는 초대는 여전히 유효하게 남아 있었다. 비록 한 세대가 그 메시지에 대해 귀를 틀어막았을지라도, 그것은 결코 무용한 것이 되지 않는다. 여호와는 자신의 계획을 포기하지 않으신다. 유일한 문제는 그 계획이 그 나라의 역사에서 보다 먼 미래에 이루어지리라는 것뿐이다. 그리고 바로 그런 이유 때문에 그 메시지는 기록될 필요가 있었다.

우리가 이 구절에 큰 관심을 갖는 이유는, 그것이 특정한 상황에서 그 예언자가 자신이 한 말과 그 말을 들었던 원래의 청중 사이의 관계를 깨뜨리고, 조금의 수정도 없이 그 메시지를 그대로 아주 먼 미래의 청중과 독자들에게 적용시키려 했음을 보여 주기 때문이다. 이사야가 자신의 설교를 기록했을 때(아마도 701년 이후일 것이다), 역사는 분명히 그가 한 예언들 중 일부를 이미 넘어선 상태였다. 그리고, 예언들의 분명하고도 직접적인 성취라는 관점에서 볼 때, 그것들은 이미 실패한 상태였다. 그러나 이것은 그 예언들을 과거의 것으로 여길 이유가 되지 않았는데, 그것은 그 예언들이 단순히 그것들이 처음으로 선포되었던 시대를 넘어서는 의미를 갖고 있었기 때문이다. 따라서 그런 상황은 그 예언들의 내용을 변경하거나 그것을 새로운 청중에게 적합하도록 개조해야 할 이유가 되지 못했다.

같은 일이 호세아에게도 일어났다. 호세아의 모든 메시지는 처음에는 북 왕국 이스라엘 백성에게 선포되었다. 그러나 얼마 후에 그 메시지는 약간의 편집(몇 군데에 "유다"라는 이름을 삽입하는 작업)을 거쳐 새로운 청중인 남 왕국 유다의 백성을 향했다. 이 예언자의 신탁이 오직 한 무리의 사람들에게만 전해지고 그 후에는 두루마리에 싸여 기록 보관소에 비치되었으리라고 생각하기는 어렵다.

예언자의 선포가 다가오는 모든 시대와 세대에 항상 적합하리라는 사실을 잊지 않았던, 그리고 자기들 스스로 그 선포를 자기들의 시대에 적합하도록 만드는 데 한 몫을 감당했던 이들이 분명히 있었다. 여러 경우에 그들이 했던 일은 그들이 원래의 선포에 덧붙인 다양한 이차적인 본문들을 통해 발견될 수 있다. 예언의 전달 과정에서 무슨 일이 일어났는가를 보여 주는 가장 분명한 예는 제2이사야서에 대한 제3이사야서의 관계를 통해 드러난다. 전자에 대한 후자의 예속은 너무나 분명해서 그 둘의 관계를 마치 선생과 제자의 관계로 여겨도 좋을 정도다. 그러나 제3이사야가 제2이사야의 말을 따라했던 상황은 그 말이 처음에 나왔던 상황과는 아주 달랐다. 그리고 결과적으로 선생의 말은 급격하게 변경되었다.

예레미야의 경우

예레미야 역시 그의 활동 초기에는 호세아의 제자였다. 이미 여러 해 전에 학자들은 예레미야의 산문 중 많은 부분이 그 어법과 신학적 개념의 측면에서 신명기 및 신명기적 역사가들과 연결된 전통과 아주 흡사하다는 사실을 지적한 바 있다. 여기에서 우리는, 비록 우리가 그런 일을 한 이가 누구이며 그가 왜 그렇게 했는지 정확하게 알 수는 없지만, 예레미야에게 속한 자료들에 대한 이차적인 수정을 통해 어떤 새로운 특징이 형성되고 있다는 것을 분명히 알 수 있다.

예레미야의 가르침이 어떻게 글로 쓰이게 되었으며 또 그것들이 어떻게 몇 차례에 걸쳐 읽히게 되었는지에 대한 바룩의 길고 상세한 설명은 그것이 구두로 행해진 설교가 문서로 기록되는 과정을 묘사한다는 점에서 위에서 논의했던 이사야서의 두 구절과 평행을 이룬다. 그러나 바룩의 설명은, 그것이 예레미야서에 일어난 이상한 운명에 관해 말한다는 점에서, 이사야서의 구절들보다 훨씬 더 나아간다. 이사야처럼 예레미야 역시 기록을 남기는 것을 여호와의 긴급한 명령으로 여겼다. 하지만 중요한 것은 그 이야기(렘 36장)를 통해 드러나는 바 그런 과업의 목적이다. 그것은 이스라엘 백성을 회개케 하시기 위한, 그래서 여호와께서 그들을 용서하실 수 있게 하기 위한 여호와의 마지막 시도였다. 그러나 이것은 그 책이 만들어진 후 겪게 될 운명에 관한 이야기의 서론에 불과하다.

바룩은 그 이야기의 정점에 이르기까지 굉장한 예술적 재능을 과시한다. 그는 그 두루마리가 어떻게 세 번에 걸쳐 낭독되었는지 설명한다. 첫 번째 경우는 아주 가볍게 언급된다. 바룩은 그 두루마리를 605년 금식일에 여호와의 성전에 모인 이들에게 읽어 주었다. 두 번째 경우는 나라의 고관들이 참석한 자리였는데, 바룩은 그 일을 아주 상세하게 전한다. 고관들은 두루마리의 내용을 듣고 깜짝 놀란다. 그들은 바룩을 심문하고 그 두루마리를 서기관의 방에 보관한다. 고관들은 개인적으로는 바룩에게 좋은 의도를 갖고 있었으나 그 문제를 왕에게 보고하지 않을 수 없었다(이런 식으로 자기 이야기의 정점을 향해 나아가기 위한 길을 마련했던 바룩은 얼마나 대단한 예술가인가!) 왕의 태도가 어떨지가 문제였다. 왜냐하면 그의 결정은 단지 그 자신만이 아니라 온 백성을 서거나 넘어지게 할 것이기 때문이었다. 바룩은 그 이야기를 아주 상세하게 설명한다. 왕은 그의 신하들과 함께 동궁冬宮의 화롯가에 앉아 있다. 그러나 결국 그 이야기의 관심의 초점은 왕이 아니라 두루마리다. 왕은 그것을 조각조각 잘라 불 속으로 내던진다. 그 후 예레미야는 바룩에게 자신의 가르침을 다시 받아 적게 한다. 그로 인해 그 두 번째 두루마리는 첫 번째 것보다 훨씬 더 포괄적인 것이 된다.

이 이야기는 구약성서 안에서 아주 특별한데, 그것은 이 이야기가 다루는 대상이 사람이나 여호와의 섭리나 약속이 아니라 "책"이기 때문이다. 그 책의 운명은 그것이 포함하고 있는 메시지의 운명을 압축해서 보여 준다. 다시 한 번 그 이야기의 주제는 예레미야 자신이 특별한 변화를 통해 연출했던 커다란 실패다. 그러므로 어쩌면 우리는 그 책의 저자뿐 아니라 그 책 자체가 겪었던 "수난"에 관해 말해야 할지도 모른다. 그러나 어느 지점에서 예레미야 자신의 고난의 길과 그 책의 그것 사이의 평행이 깨진다. 두루마리는 찢겨져 불살라진다. 그러나 그것은 다시 제작된다. 여호와의 말씀은 결코 소멸될 수 없었다.

전승의 성장

물론 이 세 구절은 단지 전승 형성의 첫 단계, 즉 구두 선포에서 문서화된 기록으로의 변화 단계를 보여 줄 뿐이다(때로 이 단계는 예언자들 자신에 의해 수행된다). 이것은 예언자들의 메시지를 영구적인 기록으로 만드는 과정의 최종 단계와는 한참 거리가 멀다. 오히려 이것은 그 과정의 출발점이라고 불려야 옳을 것이다. 이미 살펴보았듯이, 어느 예언자의 선포는 그것의 최초의 청중에게만 국한되지 않았다. 그 메시지는, 비록 그것이 처음으로 선포되었던 역사적 상황이 변했을지라도, 이스라엘의 역사가 진행되는 과정 내내 그 백성을 따라다녔다. 이런 전승 과정의 배후에 있는 기본적인 확신은, 일단 예언자의 말이 선포되고 나면 그것은 어떤 상황에서도 무효화되지 않는다는 것이었다. 그 말이 성취되는 시간과 방법의 문제는 여호와의 소관이다. 인간에게 주어진 역할은 그 말씀을 후대에 전하는 것뿐이다. 특히 우리는 이미 명백하게 역사적 목표에 도달했기에 분명하게 완성된 예언들조차 이스라엘 백성과 관련되어 있었으므로 그들이 늘 그것들로부터 새로운 의미를 끌어낼 수 있었음을 인식해야 한다.

오랜 세월 동안 중단 없이 계속된 전승의 재해석 과정을 보여 주는 예들 중 특별히 주목할 만한 것은 나단의 예언을 통해 제시된다(삼하 7). 사무엘하 7:11, 16은 아마도 다윗을 향해 선포되었을 예언의 가장 오래된 층을 보여 준다. 그것과 비교한다면, 12a절과 14-16절에서 나타나는 개념들은 오히려 후대의 것에 속한다. 거기에서 역사적 시점이 앞당겨지고 있음은 "네 수한이 차서 네 조상들과 함께 누울 때에 내가 네 몸에서 날 네 씨"에 대한 관심을 통해 밝혀진다. 중요한 것은 다윗의 후손들에 대한 여호와의 관계다. 그러므로 나중에 신명기적 역사신학이 이 예언 전체를 솔로몬의 성전 건축과 연결시킨 반면(13절), 더 나중에 제2이사야는 다윗 가문과의 관계를 단절하고 이 구절을 이스라엘 전체에 적용했다(사 55:3f.). 그 후에도 역대기 사가는 이 구절을 다윗 자신의 후손에 관한 약속으로 여기는 것에 만족하지 않았다. 그는 "네 아들들 가운데서 나올 후손 the seed which shall come forth from thy sons"(대상 17:11)에 대해 언급하면서 그 예언의 범위를 보다 크게 확대한다. 이런 식으로 아주 오래 전에 선포되었던 한 예언이 포로기보다 훨씬 후대에도 현재적 의미를 지닌 메시지로서 살아남게 되었다.

우리는 전승이 쌓이고 성장하는 방식을 예언에 대한 기록들을 통해 면밀하게 추적할 수 있다. 성서 주석가들이 예언적 전승에 새로운 피를 공급하는 것을 원문에 대한 부정한 혹은 불행한 왜곡으로 여기는 것은 잘못이다. 그 과정은 실제로는 오래된 메시지가 전달되고 새로운 상황에 적용되는 과정에서 드러나는 그 메시지의 생명력에 대한 징표다. 몇몇 경우에 그런 적용은 이스라엘의 역사의 궤도 안에 등장했던 이방 국가들에 대한 위협을 첨가하는 것을 통해 이루어졌다. 예컨대, 발람의 오래된 예언은 결국 깃딤(그리스인들-역주)을 언급하는 데까지 나아갔다(민 24:24). 이사야 23장에서 나중에 첨부된 것은 시돈에 대한 보다 앞선 신탁을 두로에 대한 신탁으로 만들었다. 이사야 11:1 이하에 실려 있는 메시아 예언에는 훗날 10절이 첨가되었는데, 그것은 이방 세계에 적용되었고, 바울에 의해 새로운 해석을 얻게 되었다(롬 15:12). 같은 방식으로 아모스서에 실려 있는 메시아 예언은 조금 느슨한 70인 역(LXX)을 따라 신약성서로 넘어왔다(LXX에서는 암 9:12의 "에돔"이 행 15:16 이하에서 "아담"으로 번역된다). 이사야 9:11에서 이사야는 아람인과 블레셋인들에 관해 말하는데, LXX은 그 말을 수리아인과 그리스인들에게 적용한다.

그러나 이런 식의 적용 과정에서 옛 신탁이 그것과 반대되는 것으로 바뀔 때, 예컨대, 심판의 신탁이 구원의 신탁으로 바뀔 때, 적어도 현대의 독자들인 우리는 의문을 갖기 시작한다. 이사야는 애굽인들, 즉 "장대하고 준수한 백성 곧 시초부터 두려움이 되며 강성하여 대적을 밟는 백성"에게 저주를 선포하고 그들이 파멸할 것이라고 위협했다(사 18:1-6). 그런데 이제 그 신탁은 "그때에" "장대하고 준수한 백성 곧 시초부터 두려움이 되며 강성하여 대적을 밟는 백성"이 여호와께 선물을 가져오리라는 예언으로 바뀐다(7절). 그러나 과거의 심판의 메시지가 이렇게 구원의 메시지로 변하는 것 역시 직접 영감을 받지 못한 후대의 저자에 의한 원칙적으로 허락되지 않는 표절剽竊이 아니다. 이사야의 본문 안에는 진정한 의미의 연속성, 그리고 역사적 상황의 변화 때문에 앞선 신탁을 재해석할 수 있는 (설령 그런 재해석이 원래의 해석과 정반대일지라도) 권위를 부여받았다는 참된 믿음이 들어 있다.

신탁들이 이런 식으로 자주 변경된다는 사실 자체가 우리로 하여금 그것을 완전히 규범적이며 신학적으로 타당한 절차로 여기도록 만든다. 예컨대, 합성된 구절인 이사야 22:15-25에는 신탁이 성장하는 세 단계가 마치 돋을새김을 한 것처럼 분명하게 모습을 드러낸다. 첫 부분인 15-18절에서는 유다의 주요 관리들 중 하나인 셉나에게 여호와와 예언자 자신의 분노가 쏟아진다. 그는 자기가 새로 판 무덤에 눕지 못할 것이다. 여호와께서 그의 시체를 마치 공처럼 이방인의 땅으로 내던지실 것이다. 이것이 이사야 자신에 의해 말해진 신탁의 종결이었다. 그러나 그것은 다음과 같이 계속된다.

> 19내가 너를 네 관직에서 쫓아내며 네 지위에서 낮추리니 20그 날에 내가 힐기야의 아들 내 종 엘리아김을 불러 21네 옷을 그에게 입히며 네 띠를 그에게 띠워 힘 있게 하고 네 정권을 그의 손에 맡기리니 그가 예루살렘 주민과 유다의 집의 아버지가 될 것이며 22내가 또 다윗의 집의 열쇠를 그의 어깨에 두리니 그가 열면 닫을 자가 없겠고 닫으면 열 자가 없으리라 23못이 단단한 곳에 박힘 같이 그를 견고하게 하리니 그가 그의 아버지 집에 영광의 보좌가 될 것이요 (사 22:19-23)

문체의 변화(이 구절에서 갑자기 1인칭 단수가 나타난다) 자체가 새로운 출발이 이루어졌음을 보여 준다. 그것에 더해서 19a절이 서툰 변화를 시도한다. 셉나는 이미 쫓겨났다. 따라서 그의 면직에 관한 말은 적절하지 않다. 이제 관심의 초점은 셉나의 후임인 엘리아김과 그의 취임으로 옮겨간다(이와 관련된 몇 구절은 궁중에서 사용되는 의례적인 언어에 관한 정보의 실제적인 보고寶庫다). 그러나 엘리야김에 관해서는 해야 할 말이 더 있다. 그리고 그것은 그가 취임할 때까지도 알려져 있지 않았던 것이다. 이것은 우리를 셉나와 관련된 텍스트의 발전의 세 번째 단계로 이끌어 간다.

> 24그의 아버지 집의 모든 영광이 그 위에 걸리니 그 후손과 족속 되는 각 작은 그릇 곧 종지로부터 모든 항아리까지니라 25만군의 여호와께서 이르시되 그 날에는 단단한 곳에 박혔던 못이 삭으리니 그 못이 부러져 떨어지므로 그 위에 걸린 물건이 부서지리라 하셨다 하라 나 여호와의 말이니라 (사 22:24-5)

이처럼 확대된 본문은 23절에 나오는 "못"이라는 단어에 의존하고 있으나, 여기에서 그 은유는 완전히 다른 방식으로 이해된다. 분명히 엘리아김은 하나의 못이 될 것이다. 왜냐하면 그의 모든 친족이 그에게 의존하게 될 것이기 때문이다. 그러므로 너무 많은 항아리와 주방기구들이 걸려 있는 못에게 일어나는 일이 그에게도 일어날 것이다. 그는 부러질 것이고, 그에게 걸려 있던 모든 것은 바닥으로 떨어져 부서질 것이다. 이것은 고관들의 족벌주의에 관한 얼마나 통쾌한 풍자인가!

전승을 다루는 이런 방식은 우리로 하여금 (비록 여기에서는 그것에 대해 간략하게밖에 언급할 수 없지만) 어떤 해석학적 문제와 마주하도록 만든다. 만약 어느 예언자의 말이 이스라엘의 역사의 과정에서 이스라엘 백성들을 따라다녔고, 또 그것이 원래 전해졌던 때로부터 오랜 시간이 흐른 후에도 그 백성들을 향한 말로 인정되었다면, 그보다 더 후대에 속한 사람들 역시 그 말을 자유롭게 재해석할 수 있을 것이다. 왜냐하면 그 말이 보다 나중에 전해졌던 이들에게 의미 있는 것이 되는 유일한 방법은 그 말의 내용에 대한 "각색"을 통해서이기 때문이다.

오늘날의 성서 주석은 무엇보다도 각각의 특정한 신탁의 내용을 그것이 예언자 자신에 의해 이해되었던 것처럼 이해하는 데 집중하고 있다. 그러나 우리는, 비록 우리가 그런 노력을 포기해서는 안 되지만, 그것이 신탁을 이해하는 여러 가지 방법들 중 하나에 불과하다는 사실을 좀더 분명하게 깨달아야 하지 않을까? 연속되는 세대 및 그들이 마주하는 상황과 관계하는 과정에서 예언자의 신탁을 해석하는 새로운 방법들이 나타났다. 그리고 그 과정은 마지막으로 신약성서에서 예언자들의 가르침이 현재의 사건들에 비추어 재해석될 때까지 계속되었다. 그렇다면 우리는 어떤 예언이 전승을 전하는 이들의 손에 이르렀을 때 그것은 곧 그 예언이 최초로 전해졌던 때와 똑 같은 의미로 해석될 수 있었던 시대가 이미 지나갔음을 의미한다는 것을 기억해야 하지 않을까?

제3장

예언자들의 소명과 계시의 수납

예언자들은 자신들의 소명이 자신들에게 엄중한 과업과 의무를 제공했다고 믿었다. 우리는 그들의 예언적 직무가 한편으로는 구속력을 지닌 위임으로, 그리고 다른 한편으로는 자유와 능력으로 이루어진다고 말할 수 있다. 물론 직무라는 말은 아주 일반적인 용어이므로 논의를 전개하는 과정에서 보다 정확하게 정의될 필요가 있다. 왜냐하면 우리는 모든 예언자들이 그것에 대해 동일한 관점을 갖고 있었다고 여길 수 없기 때문이다. 참으로 거기에는 서로 다른 여러 측면들이 있었는데, 여기에서 우리는 그 중 몇 가지에 대해서만 살펴볼 것이다.

자신들의 직무에 대한 예언자들 자신의 이해가 변화되었던 것은 분명하고, 심지어는 예언자가 자신의 직무와 갈등을 겪는 일도 있었다. 갈등의 자세한 원인은 자신의 직무에 대한 예언자 자신의 정의가 그것에 대한 다른 이들의 정의와 달랐기 때문일 수도 있다. 예컨대, 이사야의 경우, 그가 자신의 직무와 관련해 갖고 있던 개념은 이사야 36-39장에 실려 있는 그에 관한 이야기들의 배경을 이루는 개념과 일치하지 않았다. 이 나중의 개념은 그 직무에 대한 화자話者 자신의 개념에 의해 규정되고 있다. 원칙적으로 모든 예언적 전승의 배후에는 – 심지어는 가장 무의미한 언급들의 배후에조차 – 무엇이 예언자를 만들며 그의 직무를 구성하는가에 대한 잘 정의된 개념이 있다. 만약에 연구가들이 이 문제를 그동안 해왔던 것 이상으로 예민하게 인식한다면, 그들은 예언자에 관한 보다 다양한 개념들에 대해 눈을 뜨게 될 것이다.

제의를 맡은 예언자들

최근에는 제의祭儀에 대한 새로운 이해로 인해 예언자들도 한때 가능하다고 생각되었던 것 이상으로 제사 제도와 긴밀하게 연결되어 있었던 것이 아닌가 하는 의문이 제기되고 있다. 또 어느 정도는 구약성서 안팎 모두의 증거들에 대한 독창적인 해석에 근거해 구약성서에서 언급되는 예언자들 중 대다수가 제의의 공식적인 대변인이었고 따라서 성소의 제의 요원들이었다는 견해가 제기되기도 했다.

예언자들이 성소 방문을 좋아했다는 것은 의심할 여지가 없다. 그것은 수많은 사람들이 성소를 드나들었기 때문이기도 했고, 그들이 자신들의 신탁과 연관시킬 수 있었던 표어나 표현들이 군중이 모인 성소의 종교적 흥분 속에서 제공되었기 때문이기도 했다(사실 예언자들은 오직 그곳에서만 많은 사람들을 만날 수 있었다). 그러나 그것만으로는 우리가 그들을 "제의를 맡은 예언자 cult-prophets"라고 부를 이유가 되지 못한다. 더 나아가 우리는 축제 기간에는 예언을 하는 광신자들이 무리를 지어 성소로 몰려들었고 때로 그들이 제사장들에게 골칫거리가 되었기에 제사장들이 그들을 감독하기 위해 감독자를 세워야 했음을 고려해야 한다(렘 29:24ff.).

그러나 정말 중요한 문제는, 예언자들이 실제로 그 말의 좁은 의미에서의 제의 요원들, 즉 성소가 권위를 부여한 대변인들이었는가 하는 것이다. 고전기 이전의 예언의 경우, 이 질문에 대해 분명한 대답을 제시하기는 매우 어렵다. 그것은 우리에게 전해진 자료가 빈약하다는 아주 단순한 이유 때문이다. 더구나 우리는 예언 운동의 이 초기를 실제보다 훨씬 더 균일한 것으로 보려는 경향이 있다. 그러나 엘리사의 삶의 자리는 분명히 엘리야의 그것과 아주 달랐다. 그리고 그 두 예언자 모두 나단 같은 사람과는 또 많이 달랐다. 사무엘상 10:10 이하에서 언급되는 광적인 사람들은 성소에서 온 자들이었다. 그러나 그들이 거기에서 제의상의 직무를 갖고 있었다고 믿기는 어렵다. 엘리사 주변에 모였던 이들 역시 마찬가지이며, 엘리사 자신에 대해서는 말할 것도 없다. 때로 엘리야가 제사를 드린 것은 분명하나(왕상 18:30ff.), 그것은 아무것도 입증해 주지 않는다. 왜냐하면 그 무렵에는 이스라엘 백성들 누구라도 그렇게 할 수 있었기 때문이다.

예언자들의 상像이 바뀌는 것은 우리가 예언자의 중요한 기능이 "중재"[1]였다는 굳게 뿌리를 내린 생각을 인정할 때다. 중재는 (우리가 알기로는) 민족의 긴급한 필요에 의한 것이었고 이스라엘 백성 전체와 관련되어 있었다. 따라서 당시에 예언자는 실제로 정부에 의해 정식으로 권위를 부여 받은 이스라엘 백성 전체의 대변인으로 간주되었을

---

[1] 삼상 12:19, 23; 15:11. 그러나 이것은 이사야(왕하 19:1ff.)나 예레미야(렘 7:16; 42:2)와는 다른 방식이다.

것이다. 예언자들에 의한 중재가 때로 예배라는 엄중한 공적 행위의 상황 속에서 이루어졌으리라는 것 역시 충분히 가능성 있는 추측이다. 또 그런 경우에 그들이 이방인들에게 불리한 신탁을 전하고 특정한 적들에게 저주를 선포했을 가능성도 있다. 또 우리는 특정한 부류의 예언자들이 전쟁에서 그들에게 주어진 중요한 역할을 감당했다고 믿을 만한 이유가 있다. 실제로 전투에서 공격 명령을 내렸던 것은 바로 그들이었다(왕상 20:13f., 22, 28; 22:6, 12, 15; 왕하 3:16f.; 6:9). 더 나아가, 이스라엘과 맞서고 있는 이웃 나라 백성들과 그들 중에 거주하는 이방인들에게 그곳에서 달아나라는 공식적인 최후통첩을 전하는 것 역시 예언자들의 몫이었다(삼상 15:6). 이 경우에 예언자들은 그 당시에 여전히 성스러운 것으로, 그리고 제의와 관련된 것으로 간주되던 사건의 정황 속에서 백성 전체로부터 권위를 부여 받았던 대변인들처럼 보인다.

독립적인 예언자들

이런저런 사실들은 9세기의 예언자들이 여전히 다양한 방식으로 공적 제의 안에 편입되어 있었음을 보여 준다. 그러나 우리가 그들의 역할이 제사장들의 그것처럼 성소의 규율이나 규정에 종속되어 있었다고 상상하는 것은 옳지 않다. 그들의 직무가 세습이 아니라 카리스마 charisma에 의한 것이었고, 따라서 세습직과는 다른 토대 위에서 이루어졌기 때문이다. 또 신명기가 제사장과 레위인들의 세입과 관련된 규정을 제공하면서도 예언자들의 세입과 관련해서는 전혀 언급하지 않는 것은 아무 의미도 없는 것일까? 더구나, 여자들이 아주 자연스럽게 예언자들로 언급되는 반면(출 15:20; 왕하 22:14; 느 6:14) 여자 제사장이라는 개념은 전혀 언급되지 않는다는 사실은 제의와 관련된 예언자들이라는 명제를 방해한다. 그럼에도 예레미야 시대까지도 성전과 관련된 예언자들이 여전히 많이 있었고 그들이 여호와와 이스라엘 백성 모두의 대변인으로 알려졌다는 것은 분명하다.

그러나 아모스, 이사야, 미가, 예레미야 같은 소위 "문서 예언자들 writing prophets"은 그런 이들에게 속하지 않았다. 이것은 그들이 제의와 관련된 예언자들을 격렬하게 비난하는 것을 통해 분명하게 드러난다. 오히려 그들은 점차 공적 제의 행위로부터 독립을 선언했던 급진파에 속해 있었다.[2] 물론 이에 대한 증거는 일차적으로 그 예언자들의 선포의 내용과 그들의 대체적인 모습을 통해 증명되어야 한다. 하지만 또한 그것은 그들이 사용했던 양식들을 통해서도 밝혀질 수 있다. 이런 양식들의 특징은 첫째, 예언자들이 그것들을 택해 자기들의 메시지를 듣는 이들을 분개케 하거나 놀라게 하기 위해 사용했던 새로운 수사적 장치들과 그런 장치들이 사용하고 있는 비유적 표현들의 극단적인 대담성을 통해, 둘째, 종종 그들이 자기들의 메시지를 완전히 세속적인 양식들(그것들은 임시변통으로 선택되었다가 그 후에 버려졌다)로 표현

---

[2] 우리는 예언적 직무의 자유가 기본적으로 유지되어야 한다고 생각하기 때문에, 비록 어느 특정한 시기에 많은 예언자들이 성전과 연결되어 있었다는 사실을 부인하지는 않으나, 그런 예언자들이 제의에서 공식적인 조력자의 역할을 맡았다는 것은 부인한다. 예언과 제사장직 사이에 불가분리한 관계가 없었음은 엘리야의 기질, 아모스의 말(7:14), 궁중 관리의 아내였던 훌다의 모습(왕하 22:14) 등을 통해서뿐 아니라, 또한 미가의 예언의 일반적인 어조와 학개의 활동(2:12f.)으로부터, 그리고 특별히 민수기 11장에 나오는 엘닷과 메닷의 유명한 이야기, 요엘 2:28ff.에 실려 있는 기대 등을 통해서도 분명하게 드러난다.

했던 방식을 통해, 그리고 셋째, 특별히 그들이 선포에서 사용했던 믿을 수 없을 만큼 다양한 형식들(그들은 그들이 활용할 수 있었던 거의 모든 표현 방식들을 포괄했다)을 통해 잘 드러난다.

이런 즉흥성은 모든 발언 – 그것이 하나님의 것이든 인간의 것이든 간에 – 이 관습과 표준에 의해 규정되었던 제의의 영역에서는 아주 낯선 것이었다. 더구나 제의 안에는 여호와께서 자기 백성을 심판하신다는 개념을 위한 자리가 없었다.[3] 그러나 예언자들이 이처럼 신속하게 이런 저런 양식을 사용했던 것은 단지 그들의 설교의 핵심에서 일어나고 있었던 급진적인 변화의 징후였을 뿐인데, 그 변화란 하나님, 이스라엘, 그리고 세상에 대한 완전히 새로운 이해였다. 예언자들은 점차적으로 그것을 과거에 있었던 그 무엇이라도 훨씬 넘어설 정도까지 발전시켰다. 그러나 우리가 예언자들이 제도화된 성소 안에서 고정된 직무를 갖고 있었던 이들과 달리 아주 독립적이었다고 생각하는 주된 이유는 그들의 소명에 관한 이야기들을 통해 찾을 수 있다. 이제 우리는 그 문제로 넘어가려 한다.

예언자들의 소명 이야기

구약성서는 종종 예언자가 그의 직무를 수행하도록 부르심을 받는

---

[3] 예언자들이 공식적인 대리인을 통해 중재를 요구 또는 요청받았던 경우들조차(왕하 19:1ff.; 렘 37:3) 그들의 대답이 제의의 틀 안에서 제공되었음을 보여 주지는 않는다. 언젠가 예레미야는 하나님의 대답을 얻기 위해 10일간이나 기다린 후에 백성의 대리인들을 불러 답을 줄 수 있었다(렘 42:1ff.).

것에 대해 이야기한다. 그 모든 이야기들은 이스라엘의 역사 안에서 비교적 짧았던 시기인 왕정 시대에 나타난다. 이것은 그런 소명들이 이스라엘의 종교적 경험의 일반적인 현상이나 여호와 신앙을 공적으로 대표하는 자들의 특징이 아니었음을 보여 준다. 더구나 고대 근동에서는 사람들이 무언가를 단순히 기록 자체만을 목적으로 기록하지 않았다. 기록은 늘 어떤 분명한 목적을 위한 수단으로 사용되었다. 따라서 소명 이야기가 기록되었다는 사실 자체가 당시에 그 일이 아주 특별한 무언가로 간주되었음을 보여 준다.

소명 이야기의 성격

실제로 예언자들의 소명 사건은 "소명 이야기 the account of a call"라는 새로운 문학적 범주를 만들어 냈다. 이스라엘에서 어떤 이가 그의 종교적이고 제의적인 삶에서 경험한 것과 그가 말이나 글을 통해 자신이 경험한 것을 표현하는 방식의 관계는 아주 직접적이고 중요했다. 따라서 그 경험을 표현하기 위해서는 양식의 영역에서도 즉시 중요한 혁신이 이루어져야 했다. 그리고 그로 인해 옛 양식에 변경이 가해지거나 새로운 양식이 나타났다.

여기에서 내가 "혁신"이라고 표현한 것은 예언자들의 소명 이야기가 1인칭 단수로 제시되었던 것을 의미한다. 물론 이스라엘 사람들이 예언자들이 등장하기 전에도 하나님의 임재 앞에서 "나"라는 말을 사용한 것은 사실이다. 예컨대, 탄식이나 감사의 시편 같은 데서 그러했다. 그러나 예언자들의 소명 이야기에서 사용된 1인칭 단수는 그것과는 전혀 다른 용법의 "나"였다. 과거의 제의적 양식들은 하나님과 인간의 관계와 관련해(사실 그것에 대해서는 누구라도 거론할 수 있었다) 1인칭 단수 형태의 진술들을 만들어 냈다. 그것은 매우 집합적이고 포괄적인 1인칭이었다. 그러나 예언자들이 말하는 "나"는 분명히 배타적이었다. 이런 이야기들 속에서 우리에게 말하는 이들은 분명히 그 당시까지도 대다수의 사람들이 여전히 타당하다고 여겼던 확정된 종교적 질서들을 포기하도록 부르심을 받은 이들이었다(이것은 고대 근동 지역의 사람에게는 너무나 엄청난 일이었다). 그리고 바로 그런 이유 때문에 예언자들은 그들이 처했던 완전히 새롭고 전례가 없는 상황 속에서 그들 자신에게 그리고 다른 사람들에게 자신을 정당화할 필요에 직면했다.

예언자들이 말하는 사건은 그들에게 어떤 임무와 더불어 그들을 하나님 앞에서 완전히 고립된 곳으로 몰아넣었던 지식과 책임을 부여했다. 그로 인해 그들은 대부분의 사람들 앞에서 자신들의 예외적인 신분을 정당화하지 않을 수 없었다. 이것은 소명 이야기를 기록하는 것이 소명 그 자체에 따르는 그 무엇이며, 소명 자체와는 다른 목적을 갖고 있음을 분명히 해준다. 소명은 예언자에게 임무를 부여한다. 그 소명에 관한 이야기를 기록하는 행위는 그가 그들 앞에서 자신을 정당화해야 하는 공중公衆을 대상으로 삼고 있다. 의심할 바 없이 이런 이야기들은 아주 중요한데, 그것은 그것들이 한 인간을 예언자로 만드는 경험과 관련해 제공하는 통찰 때문이다. 그리고 그것들은 제의에서 사용되는 그 어떤 찬송보다도 훨씬 더 직접적으로 그 일을 수행한다.

그러나 그와 동시에 성서 주석가들은 이런 이야기들이 단지 그 무렵에 어떤 이들이 경험한 일을 재현하는 것에 불과한 것이 아님을 기억할 필요가 있다. 그것들은 어떤 분명한 목적을 위해 고안된 이야기들이며, 또한 의심할 바 없이 예언자들의 소명 사건을 어느 정도 양식화한다. 소명 이야기 속에는 분명히 우리의 관심을 크게 끌 만한 여러 가지 요소들이 있다. 그러나 예언자들은 그것들에 대해 언급하지 않는데, 그것은 그들의 입장에서는 그런 요소들이 특별한 관심사가 아니었기 때문이다.[4]

그렇다면 문서 예언자들은 제의와 관련된 정규적인 직무를 갖고 있었을까? 내가 보기에, 그들의 소명 이야기들은 이 질문에 대해 단호하게 "아니오"라고 대답한다. 만약 어떤 예언자가 제의와 관련해 분명한 지위를 갖고 있었다면, 굳이 그가 자신의 소명을 그토록 강조할 이유가 있었을까? 예언자들이 그들의 소명에 큰 의미를 부여했던 것은 그들이 대부분의 사람들이 의존하고 있던 종교적 중심으로부터 심리적으로 아주 멀리 떨어져 있었고, 그 대신에 그들 자신의 자원에 의존하고 있었다는 것을 분명하게 보여 준다. 이와 관련된 증거 자료들은 아주 많다. 무엇보다도 아모스 7-9장, 이사야 6장, 예레미야 1장, 에스겔 1-3장, 이사야 40:3-8, 그리고 스가랴 1:7-6:8 등에 나타나는 1인칭 단수 형태의 이야기들이 있다. 그러나 우리는 이런 것들에 엘리사의 소명 이야기(왕상 19:19ff.)와 여호와의 말씀이 희귀하던 때에 어린 사무엘이 받았던 소명 이야기(삼상 3:1ff.)를 덧붙일 필요가 있다. 왜냐하면, 역사 속에서 사무엘이 실제로 갖고 있었던 직무가 무엇이었든, 그

---

[4] 이것은 과연 계시의 수납이 묵상 후에 나오며 묵상에 의해 준비되는 것인지 하는 질문에도 해당되며, 또한 예언자들이 계시를 받을 때 나타나는 특별한 신체적 상태(황홀경)에 관한 질문에도 해당된다. 그리고 무엇보다도 우리는 각각의 계시의 내용이 예언자에게 전해졌던 양식과 예언자가 계시의 실제성을 확인했던 방식에 관한 보다 정확한 지식을 얻고자 애써야 한다.

이야기의 화자가 말하고자 했던 것은 한 어린아이가 예언자로 성장하는 방식에 대한 것이기 때문이다(20절).

같은 것이 출애굽기 3-4장에 나오는 모세의 소명, 특히 그것에 대한 엘로힘 문서(E)의 설명에도 해당된다. 왜냐하면 모세에 대한 위임 곧 "내가 네 입과 함께 있어서 할 말을 가르치리라"(출 4:12)는 하나님의 약속과 모세의 주저하는 모습에 관한 이야기들은 모두 그것들을 화자 자신의 시대에 유행하던 예언자적 소명에 관한 표상들과 일치시키기 위해 말해지고 있기 때문이다. 9세기에 속한 것이라고 여겨도 무방한 그런 표상들 속에서 그토록 풍성한 심리학적인 그리고 신학적인 뉘앙스를 발견하는 것은 놀라운 일이다. 또한 그 당시에도 정당성의 문제가 그토록 중요했다는 사실("그러나 그들이 나를 믿지 아니하리이다," 출 4:1) 역시 놀라운 일이다— 비록 그 문제가 첨예하게 드러나는 것은 문서 예언자였던 예레미야에게 와서이기는 할지라도. 또 그처럼 오래 전에도 어떤 직무를 감당하도록 부르심을 받은 자가 그 소명을 거부하는 것이 가능했다는 것(4:10ff.) 역시 분명한, 그리고 그러하기에 놀라운 사실이다.

마지막으로 우리는 열왕기상 22:19-22을 고려해야 한다. 어떤 이가 예언자가 되라는 부르심을 받는 방식에 대한 이믈라의 아들 미가야의 이해 곧 그것이 천상의 은밀한 회의에서의 심의를 통해 결정된다는 생각은 특별할 게 없다. 그것은 당시에 매우 폭넓게 수용되고 있던 견해들과 일치했음에 틀림없다. 이런 9세기적 개념들은 우리가 보다 이른 시기의 예언들을 과소평가하거나 아모스나 이사야가 출현했을 때 그들이 이스라엘에 전적으로 새로운 무언가를 도입했다고 여기지 말 것을 경고한다.

한 사람을 예언자가 되라는 부르심 속으로 이끌어갔던 사건들은 여러 가지 방식으로 묘사된다. 그리고 그런 사건들이 발생하는 관례적인 방식 같은 것이 존재하지 않았음은 분명하다. 더 나아가, 각각의 예언자들은 그들만의 특별한 정신적이고 영적인 은사들에 의해 제약된다. 그리고 이것은 그 사건에 대한 서로 다른 반응으로 이어진다. 하지만 그럼에도 우리가 그 예언자들이 자신들의 소명에 관해 이야기하는 경우에 공통적으로 드러나는 특징들을 찾아내는 것은 가능하다.

주지하다시피, 엘리사의 소명은 다른 이들의 그것과 많이 달랐다. 그것은 어떤 이(엘리사)를 강권해서 여호와를 섬기도록 몰아가는 이가 또 다른 사람(엘리야)이었기 때문이다(왕상 19:19ff.). 엘리사는 사람을 "따르라"는 부름을 받는다. 그는 엘리야의 제자가 되어야 했다. "엘리야의 성령 charisma"이 엘리사에게 넘어가는 이야기 역시 독특하다(왕하 2:15). 왜냐하면, 아주 이상하게도, 아모스 이후의 예언자들은 자신들을 "성령의 담지자 bearers of the Spirit"로서가 아니라 "여호와의 말씀의 선포자 preachers of the Word of Yahweh"로 여기기 때문이다. 우리가 추측만 할 수 있는 어떤 이유들 때문에, 성령(분명히 그것은 엘리사를 예언자로 만드는 일에서 중요한 역할을 했다)이라는 개념은 거의 완벽하게, 그리고 우리가 생각하기에는 아주 갑작스럽게, 무대의 배후로 사라졌다. 그러나 9세기 예언자들에게 여호와의 영의 임재는 그들이 예언자가 되는 데 있어 절대적인 요소였다. 엘리사는 엘리야에게 자신이 그것을 얻을 수 있게 해달라고 요청해야 했다(왕하 2:9). 그리고 그는 성령이 임한 후에야 비로소 예언자로 간주되었다. 성서는 그의 동료들이 그에게 성령이 임했음을 증언했고 그로 인해 그가 사람들 앞에서 예언자로 인정받게 되었음을 강조한다(15절).

성령이 예언자들을 혼란케 할 때는 미혹이 야기되었다. 이것은 과연 성령이 한 예언자로부터 다른 예언자에게 넘어간 것인지에 대해 의문을 불러일으켰다(왕상 22:21f., 24). 또 성령은 갑자기 한 예언자를 그가 있던 곳에서 다른 곳으로 데려갈 수도 있었다(왕상 18:22; 왕하 2:16). 성령에 대한 이렇듯 잘 정의된 개념이 거의 갑작스럽게 사라진 것은 놀라운 일일 뿐 아니라 신학적으로 중요하기까지 하다. 왜냐하면 이 객관적 실재인 성령(그것의 임재는 예언자의 동료들에 의해 증언되어야 했다)이 작용하기를 그칠 때, 말씀의 예언자는 훨씬 더 많이 자기 자신에게 그리고 자신이 소명을 받았다는 사실에 의존해야 했기 때문이다.[5]

소명과 강압

우리가 아는 한, 8세기와 7세기의 예언자들은 그들의 소명을 그들을 향한 하나님의 직접적이고 개인적인 말씀을 통해 받았다. 그리고 이것은 그 말씀을 받은 사람에게 완전히 새로운 상황을 초래했다. 그가 보내심을 받은 것은 어느 특정한 시기에 국한되지 않았다. 그에게 위임된 임무는 (모든 경우에 다 그런 것은 아니지만) 일평생 지속되는 것으로 간주되었고, 적어도 상당한 기간 동안 그 사람을 그의 과거의 삶의 방식으로부터 분리시켰다. 예언자가 된다는 것은 한 인간의 내면적인 삶뿐 아니라 외적인 삶에도 큰 변화를 초래하는 어떤 상황이

---

5 성령이라는 개념은 북왕국 이스라엘의 예언의 특징이었을 것이다(호 9:7 참고).

조성되었음을 의미했다. 나중에 우리는 그들의 입술뿐 아니라 삶 전체가 특정한 일을 위해 징발되었다는 사실이 예언자들에게 어떤 결과를 초래했는지에 대해 살피게 될 것이다.

그 상황의 특징은 소명 이전과 이후라는 두 단계 사이에 아무런 과도기가 없다는 것이다. 예언자가 되는 것은 과거의 모든 종교적 경험의 놀라운 강화나 초월로 묘사되지 않는다. 과거의 신앙이나 그 어떤 다른 개인적인 자질도 소명을 받은 사람을 그의 사명을 위해 여호와 앞에 서도록 준비시키는 데 아무런 기여도 하지 않았다. 그는 천성적으로 평화를 사랑하는 자일 수 있다. 그러나 그에게는 (예레미야의 경우처럼) 비록 그렇게 하는 것이 그의 마음을 아프게 할지라도 사람들을 위협하고 비난하는 임무가 주어질 수 있었다. 혹은 (에스겔의 경우처럼) 비록 그가 천성적으로는 엄격한 사람일지라도 사람들을 위로하고 구하는 삶을 살아야 했을 수도 있다.

예언자들을 그들의 과거와 단절시키는 심연은 너무나 깊었기에 그들의 과거의 사회적 관계들 중 어느 것도 그들의 새로운 삶의 방식 안으로 이월될 수 없었다. "나는 목자요 뽕나무를 재배하는 자로서 양 떼를 따를 때에 여호와께서 나를 데려다가 여호와께서 내게 이르시기를 가서 내 백성 이스라엘에게 예언하라 하셨나니"(암 7:14f.). 예언자가 되는 것은 새로운 직업을 얻는 것 이상이었다. 그것은 사회학적 차원에서 보더라도 완전히 새로운 삶의 방식을 얻는 것이었다. 따라서 소명은 곧 평범한 사회적 삶과 그것이 제공하는 모든 사회적·경제적 안정을 포기하는 것, 그리고 인간이 의지할 만한 것이 아무것도 없는 상황 혹은 (우리 식대로 말하자면) 오직 여호와와 그분이 주시는 안전에만 의지하는 상황으로 옮겨가는 것을 의미했다. "내가 기뻐하는 자의 모임 가운데 앉지 아니하며 즐거워하지도 아니하고 주의 손에 붙들려 홀로 앉았사오니 이는 주께서 분노로 내게 채우셨음이니이다"(렘 15:17). 혈과 육을 지닌 인간은 강압을 받지 않고는 그런 일에 착수할 수 없다. 여하튼, 예언자들은 자기들이 자신들보다 강력한 어떤 의지에 의해 강압을 받았다고 느꼈다. 주지하다시피, 초기의 예언자들은 자기들의 소명에 영향을 주었던 문제들에 대해 거의 언급하지 않는다. 침묵을 깬 첫 번째 사람은 예레미야였다.

> 여호와여 주께서 나를 권유하시므로 내가 그 권유를 받았사오며
> 주께서 나보다 강하사 이기셨으므로 내가 조롱거리가 되니 사람
> 마다 종일토록 나를 조롱하나이다 (렘 20:7)

여기에서 공개적인 반항을 통해 확언된 내용 곧 자신이 그 어떤 거부의 가능성도 찾을 수 없을 정도로 강요당했다는 주장은 아모스에게서도 나타난다.

> 사자가 부르짖은즉 누가 두려워하지 아니하겠느냐 주 여호와께
> 서 말씀하신즉 누가 예언하지 아니하겠느냐 (암 3:8)

이 구절이 "변론의 말 word of discussion"이라고 불려왔던 것은 정당하다. 왜냐하면 이 말은 그가 과연 여호와의 이름으로 말할 권리를 갖고 있다는 증거를 제시할 수 있느냐 하는 질문에 대한 답변으로

나온 것이었기 때문이다. 아모스는 자신의 예언이 그런 식으로 의문시되는 것을 허락하려 하지 않았다. 그가 하는 말은 어느 의미에서도 성찰이나 개인적 결단의 산물이 아니었다. 그것은 그 자체에 대한 증거를 갖고 있는 그 무엇이었고, 따라서 그것과 관련된 사람조차 해명할 수 없는 무의식적 반사 행위 같은 것이었다.

환상

앞서 말했듯이, 어느 개인이 직접 하나님의 말씀을 들음으로써 예언자가 되라는 부르심을 받는 일은 대개 그 미래의 하나님의 대사로 하여금 여호와의 뜻이나 계획을 아주 생생하게 알 수 있게 해주었던 또 다른 요소와 관련되어 있었다. 그것은 바로 "환상 vision"이었다. 구약성서에 나타나는 수많은 환상들 중 그것에 이어서 곧바로 "음성을 듣는 일 audition"이 일어나지 않거나, 그 환상이 예언자에 대한 하나님의 직접적인 말씀을 통해 정점에 이르는 일이 일어나지 않는 경우는 없다. 그럼에도 여호와께서 예언자들이 맡게 될 새로운 과업을 위해 그들의 "입술"뿐 아니라 그들의 "눈"까지도 요구하셨다는 사실은 아주 중요한 의미를 갖는다. 환상의 목적은 예언자들에게 보다 높은 세상에 대한 지식을 전달하는 것이 아니었다. 그것은 예언자들의 눈을 열어 그들이 단지 영적인 현실뿐만 아니라 객관적으로 세상의 구체적인 현실이 되기 위해 다가오고 있는 사건들을 보게 하려는 것이었다.

일반적인 오해와 달리, 예언자들은 하나님의 존재에 대해 관심을 갖지 않았다. 오히려 그들의 관심은 시간과 공간 안에서, 즉 이스라엘이 처한 직접적인 상황 속에서 일어날 미래의 사건들에 있었다. 그러나 신학자들조차 예언서들에서 나타나는 역사적 사건들에 대한 이 엄청난 집중과 여호와께서 직접 모습을 드러내는 환상들에서도 아무런 사변적인 성향이 나타나지 않는 것에 대해서는 놀라지 않을 수 없다. 예컨대, 아모스는 자신이 여호와께서 어느 벽에 다림줄을 대고 계신 것을 보았다고 전하는데, 여호와께서 그에게 무엇을 보느냐고 물으셨을 때 그가 한 대답은 "다림줄이니이다"였다(암 7:7f.)! 또한 다섯 번째 환상에서 그는 여호와께서 제단 곁에 서신 것을 보았는데, 그 때 그는 여호와의 모습이 어떠하신지에 대해 놀라우리만큼 관심을 보이지 않는다(암 9:1). 이것은 이사야가 보았던 하늘의 보좌에 관한 장엄한 환상에서도 마찬가지다(사 6). 소명의 순간에 초월적인 영역으로부터 자기에게 닥쳐왔던 "여호와의 영광"을 상세하게 묘사하려 했던 첫 번째 예언자는 에스겔이었다. 그러나 그 역시 자신이 인식한 보좌 위에 계신 분을 "한 형상이 있어 사람의 모양 같더라"(겔 1:26)고 말할 뿐 그 모습을 묘사하는 데 매우 신중하다.

예언자들의 반응

계시 수납의 상황, 즉 예언자들의 내적 자의식 안에서 그런 사건들이 발생하는 보다 직접적인 상황은 아주 가끔씩만 언급될 뿐이다. 따라서 우리가 알고 싶어 하는 많은 것들은 대답을 얻지 못한 채 남아 있을 수밖에 없다. 그러나 어느 한 점에서 보편적인 일치가 이루어지는데, 그것은 환상과 음성을 듣는 일이 밖으로부터 그리고 아무런 사전 준비 없이 갑자기 그들에게 닥쳐왔다는 것이다. 계시의 수납을 위한 기술적 준비에 대해 언급하는 경우가 하나 있기는 하다(왕하 3:15). 그러나 그것은 아주 예외적이었다. 어느 예언자에게 영감은 그가 식탁에 앉아 있을 때 임할 수 있었다(왕상 13:20). 반면에, 어느 예언자는 여호와로부터 응답을 얻기 위해 열흘씩이나 기다려야 할 때도 있었다(렘 42:7). 의심할 여지없이 예언자들은 자기들이 계시를 받는 순간에 어떤 말씀을 들었다고 믿었다. 아마도 대체로 그들은 먼저 자신의 이름이 불리는 소리를 들었을 것이다(삼상 3:4ff.).

충격과 동요

구약성서의 자료들은 우리를 계시의 수납이 매우 자주 예언자들에게 어떤 극심한 신체적 충격을 주었다는 또 다른 결론으로 이끌어 간다. 그것이 사실임에도, 초기의 예언자들이 자신들의 직무의 이런 측면에 대해 말하는 경우는 거의 없다. 그러나 어떤 이가 어느 예언자와 관련해 여호와의 능력이 그에게 "임했다"(came upon, 왕상 18:46)거나 "내렸다"(fell upon, 겔 8:1)고 말할 때, 혹은 어느 예언자가 여호와의 능력이 자신을 "붙잡았다"(seized, 사 8:11, 표준새번역—역주)고 말할 때, 우리로서는 그런 간략한 언급들 배후에 그 예언자의 영혼을 뒤흔들었을 뿐 아니라 육체적 동요까지 일으켰던 어떤 경험이 있었다고 믿을 만한 충분한 이유가 있다. 에스겔은 자기가 소명을 받은 후 두려움에 사로잡혀 땅바닥에 앉아 있었고 7일간이나 한 마디의 말도 할 수 없었다고 말한다(겔 3:15). 다니엘 역시 자신의 얼굴에서 모든 피가 다 빠져나가고 땅바닥에 주저앉았으며(단 10:8f.) 그 경험을 한 후 며칠간 앓아누웠다고 말한다(8:27). 묵시문학의 시기에는 그런 언어가 어느 정도 정형화되고 관례화되었을 수 있다. 하지만 보다 이른 시기에 예언자의 육체적 고통은 매우 실제적인 것이었다.

> 1해변 광야에 관한 경고라 적병이 광야에서, 두려운 땅에서 네겝 회오리바람 같이 몰려왔도다 2혹독한 묵시가 내게 보였도다 속이는 자는 속이고 약탈하는 자는 약탈하도다 엘람이여 올라가고 메대여 에워싸라 그의 모든 탄식을 내가 그치게 하였노라 하시도다 3이러므로 나의 요통이 심하여 해산이 임박한 여인의 고통 같은 고통이 나를 엄습하였으므로 내가 괴로워서 듣지 못하며 놀라서 보지 못하도다 4내 마음이 어지럽고 두려움이 나를 놀라게 하며 희망의 서광이 변하여 내게 떨림이 되도다 5그들이 식탁을 베풀고 파수꾼을 세우고 먹고 마시도다 너희 고관들아 일어나 방패에 기름을 바를지어다 6주께서 내게 이르시되 가서 파수꾼을 세우고 그가 보는 것을 보고하게 하되 7마병대가 쌍쌍이 오는 것과 나귀 떼와 낙타 떼를 보거든 귀 기울여 자세히 들으라 하셨더니 8파수꾼이 사자 같이 부르짖기를 주여 내가 낮에 늘 망대에 서 있었고 밤이 새도록 파수하는 곳에 있었더니 9보소서 마병대가 쌍쌍이 오나이다 하니 그가 대답하여 이르시되 함락되었도다 함락되었도다 바벨론이여 그들이 조각한 신상들이 다 부서져 땅에 떨어졌도다 하시도다 10내가 짓밟은 너여, 내가 타작한 너여, 내가 이스라엘의 하나님 만군의 여호와께 들은 대로 너희에게 전하였노라 (사 21:1-10)

6세기 후반에 나온, 따라서 이사야 자신의 말이 아닌 이 구절은, 우리로 하여금 다른 그 어떤 구절보다도 그 예언자가 "혹독한 묵시"(2절)를 보았을 때 경험했던 깊은 심적 동요와 고통을 더 잘 엿볼 수 있게 해준다. 그는 크게 흔들리고 있다. 무서운 장면들이 그의 내면의 눈 속으로 파고든다. 그것들의 윤곽은 확정되자마자 다시 깨진다. 그 장면들과 그가 그것들을 보았을 때 그를 사로잡았던 견딜 수 없는 고뇌와 육체적 고통으로 인한 비탄이 한데 뒤섞인다(합 3:16 참고). 결국 그 모든 것은 불경한 세상의 권력의 몰락에 대해 이야기하는 구원의 외침 속에서 해소된다(9절). 이제 예언자는 탈진한다. 그리고 그가 마지막으로 불러일으키는 것은 그 타작된 백성들 곧 "타작마당에서 으깨지던 나의 동포"(사 21:10, 표준새번역—역주)에 대한 연민이다.

황홀경

오늘날의 심리학적 탐구는 예언자의 자의식 안에서 벌어지는 그와 같은 혹은 그와 비슷한 과정들이 심리학적으로 얼마나 더 정확하게 정의될 수 있는지에 대해 만족할 만한 답을 제공하지 못하고 있다. 한때 널리 받아들여졌던 개념, 즉 예언자들이 "황홀경에 빠진 자들"이었다는 개념은 이제는 더 이상 통용되지 않는다. 왜냐하면 "황홀경 ecstasy"이라는 개념 자체가 너무 막연하고 부정확한 것임이 밝혀졌기 때문이다. 특히 그 개념이 사용되는 방식은 예언자들이 그런 상태에 있는 동안 그들의 자의식이 사라졌다는 것, 따라서 그들이 자신의 의지를 갖는 것을 그치고 그들이 알지 못하는 어떤 낯선 과정이 전개되는 무대가 되었음을 암시했다.

물론 이것은 전적으로 잘못된 생각이었다. 왜냐하면 어떤 결단을 할 책임과 능력을 지닌 개인들이 이스라엘과 고대 근동 전역에서 그때까지 알려져 있지 않았던 방식으로 예언을 통해 무대의 중앙을 차지하게 되었을 때(우리는 이것을 그런 개인들이 "발견되었을 때"라고 말해도 무방할 것이다) 우리가 분명히 예상할 수 있는 것은 이 새로운 요소가 예언자들이 계시를 수납하는 바로 그 사건에서 분명하게 드러난다는 것이기 때문이다. 그리고 우리가 자료들에 근거해 확실하게 말할 수 있는 한, 이것은 분명한 사실이다. 예언자들이 자신들이 보았던 환상에 대해 묘사하는 문학 양식인 1인칭 단수 형태 자체가 이에 대한 증거가 된다.

그렇다고 할지라도, 그것은 어느 의미로든 "그 환상을 받은 사람의 정상적인 그리고 깨어 있는 의식이 작동하지 않고 또 정상적인 삶에 대한 그의 관계가 더 이상 존재하지 않는 상태로까지 손상되는 비정상적인 흥분 상태"[6]의 가능성을 배제하지 않는다. 그런 상황에서, 즉 하나님과의 그리고 역사 속에 나타난 그분의 목적과의 직접적인 만남이라는 상황에서, 인간의 정상적인 의식은 평범한 방식으로는 경험할 수 없을 만큼 강렬하게 고양되지 않았겠는가? 만약 그렇다면, "황홀경"이라는 용어는 지나치게 엄격한 것이 된다. 그동안 "집중의 황홀경 ecstasy of concentration"과 "몰입의 황홀경 ecstasy of absorption"을 분명하게 구별함으로써 그 어려움을 피하려는 시도들이 있었다. 예언자들 중

---

[6] 이 정의는 F. Maass의 논문 "Zur psychologishen Sonderung der Ekstase," in *Wissenschaftliche Zeitschrift der K. Marx Universität Leipzig, 1953/54, Geselschafts und sprachwissenshaftliche Reihe, Heft 2/3*에서 발췌한 것이다.

그 누구도 실제로 신성과 하나가 되는 경험을 한 적이 없다는 것은 분명한 사실이다. 그럼에도 예언자들의 경험을 중세의 신비주의의 어떤 형태들과 비교하는 것에 대해 심각한 반대가 제기되었다. 왜냐하면 신비가들은 그들의 가장 숭고한 경험 한가운데서조차 늘 그들의 시대에 수용되었던 교리들의 한계 안에 머물러 있었던 반면, 예언자들은 그들이 받았던 최초의 환상들을 통해 자신들의 믿음을 새롭게 조망하게 되었기 때문이다.

아모스서, 이사야서, 그리고 예레미야서 같은 책들에는 우리가 이와 관련해 참고할 만한 자료들이 너무 부족하고 그나마 있는 것들조차 그 내용이 아주 모호하다. 그러나, 만약 우리가 (한편으로) 고전기 이전의 예언자들을 통해 분명하게 입증된 사건들과 (다른 한편으로) 에스겔에게서 보다 빈번하게 나타나는 예증들을 취해 공평하게 조사해 본다면, 우리는 거의 모든 예언자들이 일시적으로 감각이 강화되는 의식 상태를 경험했다는 결론에 이르게 될 것이다. 비록 이런 일들이 다른 예언자들보다 에스겔에게서 훨씬 더 빈번하게 발생한다고 할지라도, 그것이 우리가 그를 예외적으로 취급해야 할 이유가 되지는 않는다.

하나님의 마음속으로

그러므로, 만약 우리가 예언자들이 경험했던 그런 비정상적인 의식 상태를 고려해야 한다면, 우리가 (종종 그렇게 하듯이) 신학자들에게는 그런 문제가 별다른 의미가 없었다고 여기는 것은 잘못이다. 다른 모든 곳에서처럼 여기에서도 여호와 신앙의 핵심적 내용에 속한 문제들을 그것들과 역사와의 혹은 어떤 인물과의 혹시 있을지도 모를 관계로부터 분리해 단순히 추상적인 진리의 문제로 여기는 것은 그것들을 왜곡하는 것이다. 만약 여호와께서 예언자들의 정신이라는 특별한 영역을 택하시고 자신이 이스라엘에게 주실 새로운 말씀을 위해 이미 존재하는 것들 중 아무것도 택하지 않으셨다면, 그리고 만약 그분이 그때까지 그처럼 비상하게 열려 있었던 심리적 영역에서 그처럼 특별한 일이 일어나게 하셨다면, 분명히 그것은 신학이 무시해서는 안 되는 다른 문제들과 관련되어 있을 것이다.

이것은 예언자가 환상을 보고 자신에게 들려오는 말씀을 들었을 때 그가 어떤 낯선 방식으로 자기 자신으로부터 그리고 자신의 호불호好不好로부터 분리되었다는 것, 그리고 하나님 자신의 마음속으로 이끌렸다는 것을 의미한다. 그에게 전해진 것은 역사에 대한 하나님의 계획에 관한 지식만이 아니라, 또한 그분의 마음 안에서 일어나는 감정들, 즉 진노, 사랑, 슬픔, 혐오, 그리고 심지어는 무엇을 할지 혹은 그 일을 어떻게 할지에 관한 고민들까지 포함하고 있었다(호 6:4; 11:8; 사 6:8). 여호와 자신의 감정이 예언자의 정신으로 넘어가 마치 그것을 터뜨릴 듯 가득 채웠다. 만약 우리가 그런 상황에 대한 일차적 언급이 신학적 성격을 지닌 것임을 안다면, 과연 예언자 편의 어떤 특별한 심리적인 준비가 필요했던 것인지, 혹은 심지어 그런 준비가 가능하기나 했던 것인지는 매우 의심스러워진다. 예언자가 그런 식으로 하나님의 감정 안으로 흡수되었던 최고의 경우는 예레미야와 에스겔의 경우였다. 그러나 예언자들 대부분이 어느 정도 그런 경험을 했다는 것은 분명하다.

그렇게 특별한 방식으로 수납된 계시는 결코 그 자체가 목적이

될 수 없었다. 무엇보다도 그 계시는 그것을 받은 예언자에게 하나님이 그와 가까이 계시다는 사실을 알려주기 위해 주어진 것이 아니었다. 계시의 목적은 그 예언자를 그의 직무를 위해 준비시키기 위함이었다. 다른 한편, 어느 예언자가 그런 계시를 받을 때, 그것은 어느 경우이든 순전히 개인적인 것이었다. 그것은 그를 일반 대중들 위로 높이 들어올렸다. 그는 하나님의 계획을 알도록, 그리고 그분의 감정을 공유하도록 허락받았다. 그러나 그는 결코 자신이 하나님 앞에서 갖고 있는 신분을 다른 이들을 위한 규범으로 여기지 않았다. 그 어떤 예언자도 자기가 상대해서 말하는 이들에게 자기처럼 직접 하나님을 경험해야 한다고 가르치거나 권면하지 않았던 것은 의미심장하다. 요엘은 이스라엘의 모든 백성이 성령을 받아 진귀한 존재가 될 날을 내다봤던 첫 번째 사람이었다(욜 2:28ff.). 보다 이른 시기의 성서 구절들 중 이런 종류의 소망을 담고 있는 구절은 모세의 입을 통해 나온 것 하나뿐이다(민 11:29, E).

계시의 수납

예언자들에 관한 보다 최근의 연구에서는 계시 수납 당시의 예언자들의 심리적 특성들에 관한 질문들이 현저히 사라졌다. 보다 긴급한 문제는 예언자를 통해 주어진 환상 이야기들과 그에게 영향을 준 것으로 보이는 전승들의 특정한 양식에 관한 문제다. 거기에는 충분한 이유가 있다. 왜냐하면 예언자들의 환상 이야기는 그 자체가 선포의 일부이기 때문이다.

구약성서에서 비교적 정교하게 묘사된 환상 수납에 관한 이야기들 중 이믈라의 아들 미가야(왕상 22:19ff.), 이사야(사 6), 그리고 에스겔(겔 1-3)의 이야기는 동일한 부류에 속한다. 왜냐하면 그 이야기들은 기존의 어떤 기본적인 표상, 즉 여호와께서 하늘에서 그분의 측근들에게 둘러싸인 상태에서 내리시는 엄중한 위임이라는 형식을 따르고 있기 때문이다. 그러나 그 세 이야기들 각각은 그 도식圖式을 나름의 특별한 방식으로 개작한다.

미가야의 경우

열왕기상 22:19 이하에 실려 있는 이야기의 정황은 하늘의 고관들의 정례 모임이다("하나는 이렇게 하겠다 하고 또 하나는 저렇게 하겠다 하였는데," 20절). 그 때 "한 영"이 나아와 자기가 거짓말 하는 영이 되어 아합의 선지자들을 속이겠다고 제안한다. 그러자 여호와께서 그 제안에 동의하신다.

이사야의 경우

이사야 역시 자기가 하늘의 성전 보좌에 앉으신 여호와를 뵈었다고 말한다. 물론 눈에 보이는 요소는 그 이야기에서 아주 작은 역할만 할 뿐이다. 그 예언자가 자신이 본 것을 묘사할 때 언급하는 모든 것은 여호와의 발치에 있던 옷자락뿐이다. 그가 감히 눈을 들어 올리려 하지 않았던 것은 아주 분명하다. 더구나 연기가 삽시간에 그의 시야를 가렸다. 이것은 그가 귀로 듣는 내용을 부각시켰다. 그는 스랍들이 "거룩하다, 거룩하다, 거룩하다"(사 6:3)라고 외치는 소리를 들었다. 천둥과도 같은 그 소리는 하늘의 성전을 뒤흔들었다. 가장 거룩하신

분과의 이런 직접적인 대면에서 그리고 이런 순전한 경배의 분위기 속에서 이사야는 자신의 죄를 인식했고 그로 인해 겁에 질렸다. 참으로 이스라엘 온 백성의 죄가 그 자신 안에서 그대로 드러나는 것 같았다. 그가 죄를 고백하자 하나님께서 징표를 보여 주셨고(물론 이사야는 이것을 보지 못했다), 그의 입술에 속죄의 의식이 행해졌다. 그리고 그것이 그로 하여금 그 거룩한 곳에서 자신의 목소리를 내는 것을 가능하게 했다.

이사야는 여호와께서 자신이 누구를 보내야 할까 하고 물으시는 소리를 듣자마자 주저하지 않고 자신을 여호와의 처분에 내맡겼고 그분의 위임을 얻어냈다. 그가 해야 할 일은 그가 선포할 메시지를 통해 성읍들이 황폐해지고 토지가 황폐해지고 땅 가운데 황폐한 곳이 많아질 때까지 그의 나라를 완고하게 하고 그 백성들의 마음을 강퍅하게 만드는 것이었다. 그러나 거룩한 씨는 남아 있을 것이다.

비범한 것이 예외적이기는커녕 법칙처럼 되어 있는 예언 문학에서조차 이사야가 자신의 소명에 관해 묘사하는 이 구절들의 웅장함은 달리 비교할 만한 것이 없을 정도다. 그 웅장함은 그 묘사가 갖고 있는 외적 요소들의 압도적인 광휘 때문인가, 아니면 그 영적 경험이 갖고 있는 강력한 힘 때문인가? 그러나 이런 질문을 하는 것조차 외적 요소와 내적 요소 사이의 고전적 균형을 깨뜨리는 것이 될 것이다. 외적인 것에 대한 묘사는 내적 경험 모두를 포괄하며, 그 반대 역시 마찬가지다.

에스겔의 경우

에스겔 역시 보좌에 앉으신 여호와를 본다. 그러나 그 환상에 대한 그의 묘사는 훨씬 더 복잡하다. 왜냐하면 그의 경우에 그 보좌에 대한 환상은 원래는 완전히 다른 독립적인 개념, 즉 "하나님의 영광"의 하강이라는 개념과 결합되어 하나의 단일한 복합적 환상을 형성하기 때문이다. 그렇게 해서 하늘이 열리고 네 생물이 떠받드는 여호와의 보좌가 폭풍 구름을 타고 땅으로 내려온다. 그 예언자가 소명을 받아 직무에 임하는 방식은, 그가 거의 공문서를 받았다고 할 수 있을 만한 형태로 위임을 받았다는 강렬한 인상-그것은 보좌에 앉으신 왕께서 대기하고 있는 대사에게 자신의 지시사항을 담은 두루마리를 내주시기 때문이다-을 제외하고는, 이사야의 경우와 유사하다. 에스겔과 이사야의 소명 사이에는 또 다른 유사성이 존재한다. 에스겔은 여호와께서 두루마리를 전달하며 하시는 말씀을 통해 그의 처지의 어려움과 가망 없음에 관해 거듭 일깨움을 받는다. 그가 보내심을 받아 찾아가야 할 사람들은 이마가 굳고 마음이 굳은 사람들이다. 그의 위임 과정 전체는 그가 수행하게 될 일의 실패에 대해 준비시키는 말들로 뒤덮인다. 그러나 에스겔은 자신의 청중들이 자신의 말을 듣지 않을 가능성을 이사야보다 훨씬 더 강조한다(겔 3:7, 11).

이상에서 언급한 세 가지 환상들은 모두 그런 식으로 철저하게 부정적인 결과를 예견하면서 끝난다. 예언자들의 사역은 어떤 의미에서도 구원을 초래하지 않을 것이다. 이들 세 사람이 자신들의 소명의 성격과 관련해 갖고 있던 생각은 틀림없이 매우 유사했을 것이다. 즉 처음부터 그들의 사역에 특징을 부여했던 일종의 공통적인 소명 경험 같은 것이 존재했을 것이다. 자신들의 사역의 미래에 관한 황폐하리만큼 부정적인 조망, 그리고 그들이 그 어떤 착각도 없이 그 사역의 완전한 실패와 마주했던 방식은 우리로 하여금 다시 한 번 이런 예언자들을 제의 제도 밖에서 찾도록 만드는 요소가 된다. 왜냐하면 제의에는 언제나 최소의 결과라도 수반되기 때문이다. 즉 제의 행위는 반드시 이런저런 방식으로 유익한 결과들을 낳기 때문이다.

예레미야의 경우

예레미야의 소명은 여호와께서 자신이 수행해야 할 임무 앞에서 움츠리며 저항하는 그를 부드럽지만 단호하게 제압하시며 그와 나누시는 대화로 시작된다. 이어서 "살구나무 가지"와 "끓는 가마"에 관한 두 가지 환상이 뒤따른다. 그것들은 우리가 방금 살펴보았던 다른 세 가지 강력한 환상들에는 미치지 못한다. 다른 측면에서 예레미야는 표현의 달인이었다. 그러나 여기에서 그의 창조적 능력은 분명히 평균 이하다. 그 환상들에 앞서는 대화를 서술하는 장면에서도 예레미야는 우리를 놀라게 한다. 그는 여호와께서 자기 입에 손을 대셨다고 말한다. 그러나 거기에는 그가 여호와의 말씀을 들었을 뿐 아니라 그분을 보기도 했다는 암시가 없다. 여호와의 임재의 모습을 생생하게 서술하는 것은 그의 능력 밖의 일이었던 것이다.

이런 환상들을 통해 그는 두 개의 정적인 물체들을 보는데, 그것들은 그 자체로는 별 것이 아니다. 오직 그 환상들에 뒤따라 나와 그것들의 의미를 해석해 주는 여호와의 말씀만이 그 물체들이 상징하는 것을 알려 줄 뿐이다. 그 내용은 여호와께서는 자신의 말씀을 반드시 지키실 것이며, 따라서 북쪽으로부터 예루살렘과 유대에 불행이 닥쳐오리라는 것이었다. 여기에서도 다른 곳에서라면 여호와와 예레미야 사이에서 일어난 일들에 대한 묘사의 특징이 되었을 장엄한 사실주의적 요소가 결여되어 있다. 예레미야의 환상에서는 아무것도 이루어지지 않는다. 살구나무 가지와 끓는 가마 두 가지 모두 그저 사물에 불과하다. 예언자가 보는 것은 그에게 주어진 메시지를 보강하는 설명적이고 상징적인 묘사에 지나지 않는다.

예레미야가 보았던 환상들의 내용은 여호와께서 하시고자 하는 돌이킬 수 없는 행위에 대한 것이 아니다. 열왕기상 22장, 이사야 6장, 그리고 에스겔 1-3장에 등장하는 환상들과 비교할 때, 예레미야의 환상들은 명백한 행위의 부족을 드러낸다. 그 환상들의 내용은 이후로 그의 선포의 특징을 이루게 될 보다 포괄적인 통찰들에 대한 상징적 예증이다. 다른 한편, 예레미야의 소명 이야기에도 여전히 공식적인 위임 곧 어느 우월한 존재가 다른 이에게 특정한 임무를 맡기는 절차라는 틀이 존재한다("내가 너를 여러 나라의 선지자로 세웠노라," 1:5, 10). 그 외적 사건의 윤곽이 그토록 현저하게 불완전한 것은 독자들이 직접 부족한 것을 채우게 하기 위함일까?[7]

---

[7] 예레미야의 소명 수납에서 사건이 감당하는 부분이 감소된 것은 신학적 반성이 늘어난 것과 조화를 이룬다. 여호와께서 자신의 말을 지키신다는 사실에 대한 아주 막연한 언급과 함께 나타나는 첫 번째 환상조차 그 환상의 구체적인 내용과 관련해 아주 모호하다. 그 환상은 그것을 본 사람으로 하여금 신학적 진리라고 불리는 편이 훨씬 더 나을 수 있는 무언가에 골몰하도록 만든다. 예레미야 18장에 나오는 토기장이에 관한 일화 역시 마찬가지다. 이 구절 역시 사건의 영역에서 신학적이고 지적인 영역으로의 이월을 보여 준다. 예레미야가 토기장이의 집에서 보는 것은 아주 특별하고 명확한 사건이 아니라, 원칙적으로 언제나 가능한 무언가에 대한 상징이다. 예레미야가 받은 교훈은 이론적인 영역 안에 남아 있다.

제2이사야의 경우

제2이사야는 두 차례에 걸쳐 "귀로 듣는 일 audition"을 통해 소명을 받았다. 그는 아무런 환상도 보지 못했고, 여호와로부터 직접 부르심을 받지도 못했다. 대신 그의 귀가 천상에서 일어나는 어떤 움직임에 관한 소리를 들었다. 그는 천사들이 호출되어 이제 곧 자신이 세상을 향해 증언할 여호와의 도래를 예비하기 위해 골짜기와 산들 위로 놀라운 길을 세우라는 명령을 받는 소리를 들었다(사 40:3-5). 그러므로 그 첫 번째 들음을 통해 그 예언자는 여호와의 임박한 도래를 위해 이미 천상에서 이루어지고 있던, 그러나 땅에서는 그것에 관한 최소한의 암시조차 찾을 수 없었던 준비들에 관해 얼마간 알 수 있는 기회를 얻었을 뿐이다. 그러나 두 번째 경우에 그는 직접 자기를 향한 말씀을 듣고 앞으로 자기가 선포해야 할 내용을 받는다. 그 내용이란, "모든 육체"의 무상함 가운데서 오직 하나님의 말씀만이 영원하며 영원한 것에 대한 보증이라는 것이다(사 40:6-8).

사건으로서의 계시 수납

계시 수납의 양태

여러 예언자들이 이와 같은 특별한 계시들을 얼마나 자주 받았는지에 대해서는 분명하게 말할 수 있는 것이 거의 없다. 우리가 그것을 알기 위해 웅장한 문학 양식을 통해 전해지는 환상과 들음에 관한 이야기들의 수에 의지할 수 없음은 분명하다. 우리가 보았듯이, 예언자들이 소명시에 받은 환상들에 뒤이어 나오는 상세한 설명들은 그들이 이뤄야 할 분명한 목표들을 포함하고 있었다. 어떤 경우에는 예언자가 본 것을 분명하고 정교하게 묘사하는 데 별 다른 관심이 주어지지 않는다. 그럴 경우에 예언자는 자신이 본 것의 내용을 전달하는 데 그칠 뿐이다. 분명히 참된 환상과 들음의 경험에 근거를 둔 이런 종류의 신탁들은 아주 많다. 그것은 이사야 17:12 이하 혹은 63:1 이하에 나오는 시온에 대한 이방인들의 침략과 그것에 대한 기적적인 격퇴에 관한 묘사를 통해 분명하게 추정될 수 있다. 또한 특별히 시각적 요소가 강조되는 나훔 2:2 이하 같은 고통에 관한 묘사에서도 마찬가지다. 또 그것은 다가오는 전쟁에 관한 예레미야의 예견들에도 해당된다(렘 4-6). 그것들은 그 예언자의 감각적 지각으로 꽉 차 있어서 그것들이 갖고 있는 시각적이고 청각적인 특성을 의심할 수 없을 정도다.[8]

황홀경적인 시각적 경험을 계시 수납의 다른 양식들로부터 정확하게 분리시키는 것은 가능하지 않다. 분명히 여호와께서는 예언자들과 소통하기 위한 훨씬 더 많은 방법들을 갖고 계셨을 것이다. 그러나 그 과정의 심리적 측면과 관련해 어떤 분명한 이해를 얻고자 하는 것은 가망 없는 일이다. 이사야는 여호와께서 자신의 귀에 대고 말씀하셨다고 말한다(사 5:9; 22:14). 그리고 에스겔 역시 그렇게 말하며(겔 9:1, 5), 성서의 다른 곳에서도 그런 표현들이 나온다 – 여호와께서는 귀를 "벗기시거나 uncovers" "깨우치신다 wakens"(삼상 9:15; 사 50:4). 성서 안에는 그런 식으로 오직 "들음의 경험"이라는 양식만 취하는 계시들이 존재한다. 예레미야는 구두 계시와 꿈을 통한 계시를 분명하

---

8 예레미야 4:23-6은 이 점에서 특별히 두드러진다.

게 구별하고 후자를 경시한다(렘 23:28). 또한 말씀을 받는 경험은 때로 고도의 흥분을 수반한다. 그렇지 않다면 어떻게 에스겔이 아주 멀리서 들려오는 "그룹들의 날개 소리"를 "전능하신 하나님이 말씀하시는 음성"에 비길 수 있었겠는가(겔 10:5)?

사건으로서의 계시

물론 우리는 예언자들이 그들의 일상적인 의식에 그 어떤 변화도 초래하지 않았던, 즉 그들이 받은 계시가 전적으로 정신적인 과정이었던 경우가 있었다고 믿어야 할 충분한 이유를 갖고 있다. 아마도 이것은 예언자들이 오직 자기들에게 임한 여호와의 말씀에 대해서만 말하는 대부분의 경우에서 그러할 것이다. 그럼에도 이때조차 우리는 계시가 예언자에 대해 갖는 "사건적" 요소를 간과해서는 안 된다. 그것은 단순히 정신적 인식의 문제가 아니라 여호와의 말씀의 오심과 관련된 문제이다. 따라서 결과적으로 예언자들은 이렇게 비감정적인 계시의 양식을 사용하면서도 그 경험 안에 무언가 낯선 것이 있다는 느낌을 결코 잃어버리지 않았다.

이상한 일이지만, 욥의 친구 엘리바스 역시 자기가 예언자들의 그것과 비슷한 계시를 받았던 것에 대해 이야기한다.

> 12어떤 말씀이 내게 가만히 이르고 그 가느다란 소리가 내 귀에 들렸었나니 13사람이 깊이 잠들 즈음 내가 그 밤에 본 환상으로 말미암아 생각이 번거로울 때에 14두려움과 떨림이 내게 이르러서 모든 뼈마디가 흔들렸느니라 15그 때에 영이 내 앞으로 지나매

내 몸에 털이 주뼛하였느니라 16그 영이 서 있는데 나는 그 형상을
알아보지는 못하여도 오직 한 형상이 내 눈 앞에 있었느니라
그 때에 내가 조용한 중에 한 목소리를 들으니 17사람이 어찌
하나님보다 의롭겠느냐 사람이 어찌 그 창조하신 이보다 깨끗하
겠느냐 (욥 4:12-17)

▌아마도 이것은 우리가 아는 한 계시에 수반하는 외적 상황의 변화에 대한 가장 포괄적이고 상세한 설명일 것이다. 우리는 엘리바스가 예언자가 아니었다고 말하면서 이것을 무시해서는 안 된다. 그가 예언자가 아니라는 사실에 대한 가장 분명한 증거는 17절의 신탁인데, 사실 그것은 전혀 신탁이 아니며, 모든 예언적 전승과 어긋나며, 수사학적 질문의 형태를 지니고 있다. 이것은 그것이 지혜 문학에서 발견되는 것과 같은 종류의 말임을 의미한다. 그럼에도 우리는 엘리바스가 계시에 수반하는 심적 상태를 서술하면서 진정한 예언적 전승을 자신의 서술의 토대로 삼고 있다고 여길 수 있다. 그가 이런 종류의 계시를 받은 때는 밤이다. 그 계시는 불안과 두려움을 통해 예고된다. 점차적으로 감각기관들이 자극된다. 먼저는 촉각, 다음에는 시각, 그리고 마지막으로 청각이다.

계시 수납의 빈도와 기간

그런 계시들이 수납되는 빈도와 관련해서는 (각각의 개별적인 경우들에 관한 한) 우리가 말할 만한 것이 거의 없다. 그러나 우리는 8세기에서 6세기까지의 예언들에 대한 포괄적인 조사를 통해 한 가지 중요한 결과를 얻을 수 있다. 기본적으로 아모스에게 주어진 과업은 오직

하나뿐이었다. "가서 내 백성 이스라엘에게 예언하라"(암 7:15). 의심할 바 없이 그 예언에는 그가 활동하던 무렵에 그에게 연속해서 다가왔던 수많은 "말씀-계시들word-revelations"이 포함되어 있었다. 하지만 우리는 그의 예언 활동 기간이 제한되어 있었다고 말해도 무방할 것이다. 어쩌면 그것은 단지 몇 달간에 불과했을 수도 있다. 그 후에 그는 (아마도 아마샤에 의해 쫓겨났기 때문에) 고향으로 돌아갔고, 그의 카리스마는 소실되었다.

이사야의 경우는 달랐다. 그의 예언은 여러 차례 서로 무관한 각각의 특정한 정치적 사건들 속에서 파도처럼 밀려온다. 그러나 우리가 그의 활동과 관련해 알고 있는 내용들은 그가 자신이 나서야 했던 그 다양한 경우들을 제한된 기간 동안의 일로 여겼으며 그 일이 끝난 후에는 자신이 직무에서 해방되었다고 여길 수 있었음을 분명하게 밝혀 준다.

반면에, 예레미야의 경우에 그의 소명은 일생의 직무를 의미했다. 나중에 우리는 이 점에서 예언적 섬김의 본질에 관한 이해 전반에 발생했던 큰 변화에 대해, 즉 그의 삶 전체가 여호와께서 그분의 백성을 다루시는 문제와 어떻게 결합되었으며 또 그것이 그를 얼마나 소진시켰는지에 대해 좀더 상세하게 살필 것이다. 예레미야의 경우, 적어도 원칙적으로는, 그의 직무를 수행하는 데 있어서 어떤 "국면들"이나 어느 특정한 과업이 적절하게 수행됨으로써 끝나는 "단계들" 같은 것은 아예 없었다. 예레미야가 예언자가 된 것은 여호와께서 그의 삶 전체를 징발하셨기 때문이다.[9]

---

[9] 예레미야의 경우 이런 변화는 또한 여호와의 본래의 말씀과 책망의 말 혹은 예언자 자신의 다른 발언들 사이의 형식적 구분이 분명하게 식별되지 않는다는 사실과

계시의 수납과 관련해, 예레미야는 때로 자기가 하나님의 응답을 얻기 위해 오랫동안 기다려야 했음을 분명하게 밝힌다(렘 28:12; 42:7). 그것과 비교해, 제2이사야에 나오는 "종"(그의 직무는 무엇보다도 예언자적인 것이었다)은 여호와께서 자기를 "아침마다 깨우치시되 나의 귀를 깨우치셨다"(사 50:4)라고 말한다. 이것은 예레미야가 자신에 관해 말할 수 있었던 것을 훨씬 넘어서는 것이었다. 그리고 참으로 이것은 구약 성서에 실려 있는 예언의 정점을 의미한다. 왜냐하면 그 종이 말하고자 하는 것은 그의 계시의 수납이 지속적이었고 그와 여호와의 대화가 끊어지지 않았다는 것이기 때문이다.

도 연결되어 있다. 예레미야에게서는 그 말의 좁은 의미에서의 신탁만이 하나님의 계시라는 지위를 얻었던 것이 아니라, 그 자신의 말과 글 역시 여호와의 말씀으로 선포되는 경향이 나타난다.

제4장

예언자들의 자유

예언자들의 소명, 그들이 보았던 환상, 그리고 그들이 계시를 받았던 서로 다른 방식들에 관한 논의는 자연스럽게 종종 그들에게 전혀 예기치 않게 다가와 일시적으로 그들의 신체적·정신적 기능들의 자유로운 활동을 중지시켰던, 그리고 그들이 맞서서 저항할 수 없었던 "신비로운 강압 mysterious compulsion"에 관한 논의로 이어진다. 특히 예레미야는 자신을 아주 사실적으로, 아니 거의 문자적으로 하나님의 진노 곧 그가 그토록 원했으나 진정시킬 수 없었던 그분의 진노가 쏟아 부어지는 그릇으로 보고 있다.

> 그러므로 여호와의 분노가 내게 가득하여 참기 어렵도다 그것을 거리에 있는 아이들과 모인 청년들에게 부으리니 (렘 6:11; 참고 15:17; 20:9)

그러나 이런 비정상적인 심적 상황과 예언자들의 삶의 이런 측면이 갖고 있는 진귀함은 때로 그들이 어떤 이들이었고 무엇을 했는지와 관련해 아주 심각한 오해를 낳기도 한다. 예언자들이 하나님의 도구로서의 역할을 하는 동안 그들의 감정을 완전히 억누르고 그들을 거의 무의식 상태로 만들었던 그들의 선포에 내재된 강압적인 요소는 흔히 그들에게 독특한 특성을 제공하는 것으로 간주된다. 물론 복종이라는 요소와 마음과 정신의 정상적 활동과 경험 밖에 있는 측면들을 강조하는 이런 견해는 (순진하게도) 예언자들을 국가의 선생들 혹은 윤리적이고 영적인 신앙을 주창했던 이들로 여기는 것에 대한 반작용이었다. 그러나 이런 견해는 오해를 초래한다. 그런 견해와 맞서기 위해 우리는 예언자들이 누렸던 자유-이것은 그 자체가 아주 큰 신학적인 관심사다-에 관해 논의할 필요가 있다. 그 자유는 구체적으로 정의된 적도 없고 예언자들이 그것을 자신들의 선포의 주제로 삼은 적도 없다. 그럼에도 그들은 실제로는 최대한 그 자유를 활용했다.

소명 이야기에 나타나는 자유

이런 사실은 특히 예언자들의 소명 이야기를 통해 분명하게 드러난다. 이사야와 예레미야가 전하는 이야기가 예언자들이 소명을 받았을 때 그들에게 허락되었던 엄청난 자유를 보여 주는 유일하게 직접적인 증거이기는 하나, 우리가 그 두 경우를 나머지 경우들과 다르다고 여겨야 할 이유는 없다.[1]

---

1 모세의 소명 이야기를 떠올려 보라(출 4). 그 이야기는 분명히 예언자의 소명 이야기라는 모델에 기초해 형성되었고 모세의 거부-심지어는 반대-에 대해 놀랄

이 문제와 관련해서는 대개 그리고 아주 적절한 이유에서 이사야의 경험이 다른 예언자들에게 가능했던 모든 것을 능가한다고 간주되고 있다. 이사야는 여호와의 보좌 주변에서 열린 천상의 회의에서 일어나는 일을 보고 듣도록 허락받았다. 그러나 그는 일반적으로 어느 예언자가 소명을 받을 때처럼 개인적으로 자신에게 주어지는 말씀을 듣지는 못했다. 그는 다만 여호와께서 그 모임을 향해 "내가 누구를 보내며 누가 우리를 위하여 갈꼬" 하고 물으시는 소리를 들었을 뿐이다. 그 말씀을 듣고 이사야가 나선다. "내가 여기 있나이다 나를 보내소서"(사 6:8). 사실 여호와의 질문은 막연한 것이었는데, 그것이 마치 번갯불처럼 이사야의 마음을 내리쳤다. 그리고 그 모임이 그 질문에 대한 논의를 시작하기도 전에(왕상 22:20 참고), 이사야가 즉각 소리치며 자기가 여호와의 사신이 되겠다고 자원한다. 만약 이것이 자유가 아니라면, 도대체 무엇이 자유이겠는가?

그러나 우리는 그의 이런 결단이 단 한 번만 있었던 것으로 여겨서는 안 된다. 그 예언자는 계속해서 발생하는 어려움들과 직면해 거듭해서 결단해야 했다. 왜냐하면 자유는 또한 거부의 가능성을 포함하고 있기 때문이다. 때로 그가 그 소명을 거부할 뻔했던 위기도 있었을 것이다. 왜냐하면 언젠가 그는 다음과 같이 말했기 때문이다. "여호와께서 강한 손으로 내게 알려 주시며 이 백성의 길로 가지 말 것을 내게 깨우쳐 이르시되"(사 8:11).

만큼 많은 구절을 할애한다. 엘리사는 엘리야에 의해, 즉 한 인간에 의해, 자신의 일을 승계하라는 부름을 받았다(왕상 19:19ff.). 이것은 예언자들의 집단 안에 있는 어떤 전통적인 규칙을 전제하는 듯 보이므로 별도로 취급되어야 한다.

반면에 예레미야는 그의 전 생애 동안 순종과 불순종의 경계선 위에 위태롭게 서 있어야 했다. 그러나 그가 처했던 상황은 이사야의 그것과는 너무 다르기 때문에 그 둘 사이의 참된 비교는 불가능하다. 이사야의 경우와 달리, 예레미야에 대한 여호와의 말씀과 부르심은 직접적이었다. 처음에 예레미야는 두려움에 떨며 뒤로 물러섰다. 그러나 결국 그는 명령을 받은 대로 행했다. 그러나 이것은 그가 그의 자유를 하나님께 복속시켰음을 의미하지 않는다. 이에 대한 가장 분명한 증거는 소위 그의 "고백들confessions" 속에 들어 있다. 예레미야는 그 고백들을 통해 자신이 겪고 있는 모든 고통에도 불구하고 자신이 계속해서 여호와께 질문을 던지고, 신앙을 고백하고, 불평을 터뜨리면서 그분과 긴밀하게 접촉하고 있음을 보여 준다.

예레미야에게 임했던 강압은 다른 예언자들에게 임했던 것과는 비교가 되지 않을 만큼 거셌다. 그러나 우리가 이것 때문에 이 문제의 다른 측면을 보지 못해서는 안 된다. 우리는 예레미야가 하나님과 관계하면서 누리고 사용했던 자유를 올바르게 인식해야 한다. 그는 그 자유를 사용해 특별한 순종을 이뤘다. 그러나 때로 그 자유는 그를 거의 신성모독의 상태로까지 이끌어 가기도 했다(렘 20:7, 14).

선포를 위한 양식의 선택

예언적 선포에 관한 연구는 실제 상황이 오늘날 널리 수용되고 있는 견해, 즉 그런 선포들 대부분이 저항할 수 없는 강압하에서 이루어졌다는 견해보다 훨씬 더 복잡하다는 것을 알려 준다. 사실 모든 증거들은 어느 예언자에게 계시가 주어지는 순간 그가 극도로 수동적인 상태가 되었음을 암시한다. 하지만 그가 계속해서 그런 상태에 머물지 않았던 것은 분명하다. 우리는 이미 예언자들이 상황의 요구를 따라 자신들의 말에 옷을 입혔던 다양한 문학 양식들에 대해 논한 바 있다. 그리고 우리는 그 각각의 경우들이 예언자들 편의 어떤 선택, 그것도 매우 책임적인 선택을 의미한다는 점을 기억해야 한다. 왜냐하면 그들의 메시지가 취해야 했던 이런 양식들은 단지 외적인 요소에 불과한 것이 아니었기 때문이다. 메시지 자체가 그것이 취한 양식에 의해 영향을 받았다 — 그것이 만가輓歌이든, 제사장들의 제의상의 결단이든, 혹은 포도원의 노래이든 간에. 예언자는 아주 신중하게 각각의 특별한 메시지를 위해 적합한 양식을 찾으려 했다. 어느 예언자가 자신에게 위임된 메시지를 위한 양식을 선택할 때 아주 자유롭고 임의적으로 행동했음을 암시하는 몇 가지 경우들이 있다.

▎에스겔 24:15-27이 이에 대한 좋은 예다. 여호와께서는 그 예언자에게 자신이 그의 아내, 즉 "네 눈에 기뻐하는 것"을 빼앗아 가실 것인데, 그럼에도 그가 그녀를 위해 울거나 곡하지 말라고 명령하셨다. 그러나 나중에 그 예언자는 사람들로부터 어째서 그런 행동을 하느냐는 질문을 받았을 때 여호와께서 실제로 의도하셨던 메시지를 전했다. 그것은 예루살렘에 있는 성소 곧 "너희 눈의 기쁨"이 모독을 당할 것이고 그들의 아들과 딸들이 죽어도 곡하는 소리를 듣지 못하리라는 것이었다. 그렇게 해서 그 예언자에게 주어진 하나님의 명령(15-19절)과 예언자가 그것을 이행한 방식(20-27절) 사이에 확실한 괴리가 존재하게 되었다. 다시 말해, 예언자는 그 명령을 아주 자유롭게 해석했던 것이다. 그는

"네 눈에 기뻐하는 것"이라는 말을 성전을 가리키는 데 사용했고, 곡하지 말라는 명령을 전쟁 시의 재앙을 가리키는 데 사용했다. 이와 유사한 예언자 편의 독자적인 행위에 관한 또 다른 예는 예레미야 27장에서 발견된다. 예레미야는 줄과 멍에를 만들어 목에 걸라는 명령을 받는다. 예언자는 이 상징적인 행위의 숨은 의미를 세 차례에 걸쳐 서로 다른 청중에게 선포한다 — 한 번은 이웃 백성들의 왕들에게, 다른 한 번은 유다의 시드기야 왕에게, 그리고 또 다른 한 번은 예루살렘에 있는 제사장들에게. 여호와께서 세상의 통치권을 바벨론 왕 느부갓네살에게 넘기셨으니 그의 통치에 굴복하고 미래를 해석하는 자들에게 현혹되지 말라! 바로 그것이 그 모든 메시지의 공통적인 주제였다. 그러나 그 메시지들은 세부적인 면에서 (특히 민족들에게 주는 메시지와 예루살렘에 있는 제사장들에게 직접 전하는 메시지 사이에) 상당한 차이가 있다. 민족들에게 주는 메시지에서 예레미야는 창조 신앙에 기초해 논거를 펴나간다(5ff.). 하나님께서는 온 세상을 창조하셨으므로 그것에 대한 통치권을 자신이 원하는 누구에게든 주실 수 있다. 예언자는 여기에 이방의 선지자, 복술가, 꿈꾸는 자, 술사, 요술자들에 대한 경고를 덧붙인다(9절). 그러나 그는 예루살렘에 있는 제사장들에게는 첫 번째 추방 때 약탈당했던 성전의 기물들이 곧 돌아오리라고 떠벌이는 거짓 선지자들의 예언에 대해 말한다(9f.). 오히려 이런 선지자들은 여호와께 간청해야 했다. 왜냐하면 그때까지 성전에 남아 있던 기물들이 이제 곧 바벨론으로 운반될 것이기 때문이다.

이것은 고전기의 예언에서 특히 빈번하게 나타나는 "사신 공식"이라 불리는 양식과는 다르다. 왜냐하면 그 양식은 하나님의 위임 사항을 정확하게 그리고 개작하지 않고 재생산하는 것을 요구했기 때문이다.

그러나 예언자들이 하나님의 말씀을 자기들이 받았던 그대로 전하는 경우는 결코 없었다. 그들은 대개 위협의 말씀이었던 그것에 일종의 서론 격인 통렬한 "책망의 말"을 앞세웠다. 사실, 하나님의 말씀과 그 말씀이 겨냥하고 있는 사람들을 연결시켜 주는 것은 바로 그 책망의 말이었다.

하나님의 말씀이 처음부터 어느 특정한 사람이나 집단을 가리키는 경우는 아주 드물었다. 대개 그 말씀의 내용은 훨씬 더 일반적인 성격을 갖고 있었다. 예컨대, 그것은 군대의 1/10의 파멸(암 5:3), 고위층 사람들의 강제 이주(암 4:2f.), 혹은 그 땅이 황폐하게 되리라는 것(사 5:8ff.) 등을 선포했다. 이런 메시지를 어느 특정한 개인이나 집단에게 전하는 것은 예언자 자신에게 속한 문제였다. 이것은 예언자 자신의 판단과 목회적 경계警戒를 위한 자리를 넓게 열어 놓았다. 참으로 그의 역할이 가장 중요했다. 수령할 자가 없는 신탁이 무슨 의미가 있겠는가? 그러므로 예언자는 사치를 좋아하는 상류층 사람들에게 추방에 대한 위협의 말을 전하거나(암 4:1ff.; 6:1ff.), 부동산 투기꾼들에게 그 땅이 황폐해지리라는 위협을 전하거나 했다. 예언자들의 역할의 중요성을 과소평가해서는 안 된다. 왜냐하면 그런 역할이 없다면, 예언자가 받은 말씀은 그 목표에 도달하지 못하고 따라서 성취될 수도 없을 것이기 때문이다. 그런 역할이 굉장한 책임이 되는 것은 예언자가 여호와의 뜻을 수행하는 사람이기 때문이다. 그리고 여호와께서는 자신의 사신의 결정을 따르신다.

지혜 문학과 논쟁

무엇이 예언자들로 하여금 하나님의 메시지를 다양한 집단의 사람들에게 적용하도록 이끌었을까? 우리는 이와 관련해 아주 많은 정보를 갖고 있다. 예언자들은 (그들 자신의 계급까지 포함해) 특정한 계급의 사회적 이익을 대변하거나 부당하게 고통당하는 이들처럼 말하지 않았다. 그들은 자기들이 징벌에 대한 선언을 통해 회복하고자 했던 어떤 확고한 질서에 묶여 있다고 여겼다. 이것은 책망의 말과 위협의 말 사이의 신학적 관계에 대한 질문을 불러일으킨다. 그런 관계가 존재한다는 사실은 관례적으로 그 두 가지 구성 요소들 사이에 논리적 연관성을 만드는, 그리고 이어지는 위협에 대한 이유를 제공하도록 돕는, 아주 빈번하게 나타나는 동시에 전형적이기도 한 "그러므로"라는 단어를 통해 드러난다. 이로써 예언자들은 자신들이 (비록 제한된 것이기는 하나) 가르치는 일에 흥미를 갖고 있음을 보여 준다. 위협의 말을 받는 자들은 자기들 앞에 무슨 일이 놓여 있는지 그리고 어째서 그렇게 된 것인지를 깨닫고 이해해야 했다. 자주 그런 것은 아니지만, 만약 그들이 회개한다면 안전을 얻을 수 있으리라는 소망의 말이 덧붙여지기도 했다. 그들은 자기들에게 닥칠 징벌이 정확하게 자기들이 지은 죄에 상응한다는 것, 그리고 여호와가 주인이신 역사에는 보응이 존재한다는 것을 깨달아야 한다. 구약성서의 용어를 따라 말하자면, 여호와께서는 인간이 행한 악이 그의 머리 위로 쏟아지게 하신다. 죄와 징벌은 정확하게 상응한다. 예컨대, 엘리야는 그런 일이 일어나기 얼마 전에 개들이 나봇의 피를 핥았던 곳에서 아합의 피를 핥을 것이라고 예언했다(왕상 21:19). "그러므로" 포도주를 즐겨 마시는 자들은 목말라 죽을 것이다(사 5:13). "그러므로" 말을 타고 도망치기를 원했던 자들은 도망치게 될 것이다(사 30:16). "그러므로" 막대한 토지를 소유한 자들은 그 땅이 황폐해지는 것을 보게 되거나(사 5:9; 미 3:12), 그들의 땅을 빼앗길 것이다(미 2:4f.). "그러므로" 거짓 선지자들은 빛을 빼앗기고 캄캄한 데 앉게 될 것이다(미 3:6f.).

사건들에 대한 이런 식의 논리에서는 그 어떤 신학적 심오함도 드러나지 않는다. 그 논리는 아플 만큼 명확하다. 예언자적 발언의 이런 부분에서는 그 어떤 심원한 경험이나 초자연적 형태의 통찰도 나타나지 않는다. 원칙적으로 여기에서 예언자가 적용하는 것은 그 자신뿐 아니라 세상과 삶에 대한 경험을 지닌 누구에게라도 허락된 아주 기본적인 지식, 즉 인간이 거기에 종속되어 있는 하나님이 제공하신 확정된 질서에 대한 지식이다. 바로 이것이 예언이 "지혜 문학 Wisdom literature"과 밀접하고 생생한 관련을 맺는 지점이다.

때로 책망의 말과 하나님의 말씀 사이의 논리적 결합이 다소 느슨해지는 경우가 있다. 특히 이사야 10:15-19에 나오는 앗수르에 관한 시 같은 경우가 그러하다. 거기에서 책망의 말은 위협의 말을 지배할 정도로 정교하게 말해지며, 그 자체가 상대적으로 독립된 주제가 된다. 그러나 그것의 주제인 파멸에 이르는 교만은 다시 지혜 문학에서 발견된다. "내가 이미 너를 내 백성 중에 망대와 요새로 삼아 그들의 길을 알고 살피게 하였노라"(렘 6:27). 이 "망대와 요새"의 직무, 즉 예레미야가 자신에게 위임되었다고 믿었고 아모스 이후 말라기에 이르기까지 모든 예언자들이 나름의 방식으로 자신들의 것이라고 여겼던 직무는 사람들과 상황에 대해 심판을 내리는 데 있어서 지속적인 경계를 요구했다. 여기에는 비정상적인 정신적 흥분이나 율법적 규범의 엄격한 적용 같은 것이 필요하지 않았다. 오히려 그런 일에는 아주 탁월한 지적 재능을 지닌 이들, 즉 그들의 심판이 상황에 따라 굽지 않고 인간의 본성에 대한 심원한 지식을 지녔으며 무엇보다도 (제2이사야처럼) 종교적 전승들—구속사에 대한 전승과 예배에서 사용되는 찬송에서 발견되는 전승 모두—에 익숙한 이들이 필요했다. 예언자들이 자주 그들의 발언에 섞어 넣었던, 그리고 자신들의 말을 듣는 이들과 그들의 사고방식의 특징을 드러내고 그들의 집단적 죄책을 질타하기 위해 사용했던 문장들은 인간에 대한 그들의 날카로운 관찰의 열매들 중 일부였다. 그들은 이런 간결한 문장들을 만들어내기에 앞서 자기들 주변을 얼마나 집중해서 살펴보고 사람들을 관찰해야 했을까! 우리는 예언자들이 자기들이 본 것을 객관적이고 충실하게 반복하려는 데 관심을 두었다고 여겨서는 안 된다. 여러 경우에 그들은 자기들이 보았던 바 자신들의 청중이 따라 걷고 있는 악한 길의 종국을 보여주기 위해 그들의 행동이나 발언을 개괄하거나 심지어 풍자하기도 했다.[2]

마지막으로, 우리는 앞에서 이미 언급했던 "논쟁"이라는 문학적 유형에 대해 살펴볼 필요가 있다. 만약 그것을 분석할 수 있다면, 그것은 예언자들의 과업의 이런 측면(거기에서는 모든 것이 예언자들이 인용하는 신학적 증거들의 타당성에 달려 있다)을 조망하기 위한 여러 가지

---

2 적대자들의 말과 행위를 그런 식으로 거칠게 서술한 예는 이사야 5:20; 28:15; 렘 2:20, 25, 27; 암 2:12; 습 1:12 등에서 발견된다.

다른 관점들을 열어 줄 것이다. 왜냐하면 여기에서 예언자들은 방어적 입장에 서있기 때문이다. 갑자기 논쟁이 불거진 긴장된 순간에 그들이 공세적 입장을 취할 수 있을지 여부는 그들의 우월한 지적 혹은 신학적 준비뿐 아니라 신속하게 말을 받아치는 능력에 달려 있었다. 물론 그들이 그런 일에서 늘 성공했던 것은 아니다. 예레미야는 그가 경험했던 그런 논쟁들— 당시에는 많은 사람들이 큰 관심을 갖고 그런 논쟁에 귀를 기울이고 있었다— 중 하나에서 밀린 적이 있었다. 그는 하나냐가 비장의 방책으로 내놓은 백성의 안녕安寧을 보장하는 신탁에 제대로 맞서지 못하고 물러나야 했다(렘 28:1-11).

지금까지 논의된 모든 것과 아직 논의되지 않은 더 많은 것들은, 예언자가 하나님의 명령을 받고 있는 동안에도 그와 동시에 여전히 특별한 자유, 즉 최고의 순간에 스스로 결단할 수 있도록 그에게 허락된 자유를 누렸음을 보여 주는 얼마간의 정보를 제공한다.

개인의 출현

예언자들의 말과 행위의 이런 측면을 좀더 분명하게 인식하는 것은 매우 중요하다(종종 그것은 과소평가되고 있다). 그러나 한편으로 다음과 같은 의문이 제기된다. 그것은, 앞에서 했던 논의가 사실은 어떤 자유, 즉 그 뿌리가 상당히 깊은, 그리고 예언자가 여호와와 대면해 그분으로부터 위임을 받았을 때 경험한 궁극적이고 근본적인 무언가를 가리키는 것에 불과한 자유의 외적 표현 이상의 그 무엇을 지적하는 것이 아닌가 하는 것이다. 물론 이것에 대해 적절한 신학적 용어를 사용해 말하기는 어려우며, 어쩌면 우리는 그것에 대해 암중모색 이상의 일을 할 수 없을지도 모른다. 왜냐하면 예언자들 자신은 결코 이런 문제들에 대해 성찰하거나 말하지 않기 때문이다. 이미 우리는 예언자의 직무가 어떻게 점점 더 그들에게 그들의 모든 것을 요구했으며, 마침내 예레미야의 경우에서처럼 그들의 존재 전체를 흡수함으로써 결국 그들에게 주어진 사명과 그들의 직무 이외의 사생활 사이의 구분을 없애버릴 정도가 되었는지에 대해 살펴본 바 있다(그런 구분은 아모스 같은 예언자에게서는 여전히 고려되어야 했다). 그러나 어떤 이의 예언자적 직무와 그의 사생활이 결합될 때마다(이것은 보다 이른 시기의 예언자들 중 몇 사람의 경우에도 해당된다) 그런 결합의 격렬함이 어쩔 수 없이 그들에게 어떤 특징을 부여했고 그들의 모습을 만들어 냈다. 이것은 예언자들이 아주 비범한 특색을 드러내는 특별한 부류의 사람들이었음을 의미한다.

그러나 우리는 비록 적절하게 조심할 필요는 있으나 여기저기에서 어떤 명확한 패턴이 나타난다고 말할 수 있다. 우리가 보는 것은 하나님의 말씀을 듣도록 지명된 어떤 사람이다. 하나님의 부르심 때문에 그는 그의 자유 중 많은 것을 포기한다. 때로 그는 어떤 외적 강압에 의해 완전히 압도되기도 한다. 그러나, 역설적이게도, 그는 소명을 받았다는 바로 그 이유 때문에 전적으로 새로운 종류의 자유를 누릴 수 있다. 그는 하나님과 보다 긴밀한 대화를 나눔으로써 하나님의 계획을 비밀리에 통고받고, 그로 인해 사람들과 특별한 대화를 나누는데 필요한 권위를 얻는다. 물론 여기에서 거론되는 사람은 완전한 인격체가 아니다. 하나님께서 자신을 감추실 때마다 그는 더욱 더 분열되고 고통을 당한다. 그러나 예언자는 예레미야의 순교를 통해 드러나듯 신비로운 방식으로 자유롭게 고통을 선택하고 하나님의 시험을 견딘다.

이미 우리는 예언자들의 직무가 어떻게 그들의 정신력을 극도로 강화시켜 그들의 시적 형태의 서술들조차 아주 대담한 것이 되게 했는지에 대해 살펴본 바 있다. 우리는 그것을 오늘날의 언어를 사용해 다음과 같이 말할 수 있을 것이다. "우리는 하나님께서 그들에게 말씀하셨고 그들이 그분 앞에서 결단해야 했기에 사람이 되었던 이들을 본다." 이것은 이스라엘에서는 아주 새로운 현상이었다. 그리고 그들은 이스라엘에서 그 이전에 나타났던 그 어떤 형태보다도 강렬한 형태로 여호와의 말씀에 복종했다. 우리는 이 주제를 현대적인 맥락에서 바라보는 것을 경계해야 한다. 고대인들은 "나"라는 대명사를 우리와는 아주 다른 의미로 사용했다. 예언자들이 여호와께서 그들에게 말씀하셨기에 의식하게 되었던 "나"는 그 시대의 동방의 군주들이 사용했던 "나"와 달랐고, 현대의 서양인들이 사용하는 "나"(이것의 의미는 이상주의 철학과 낭만주의 운동에서 너무 많은 영향을 받았다)와는 훨씬 더 달랐다.

예언자들이 얻어낸 이런 개성 personality의 한 가지 주목할 만한 측면은 그들의 메시지가 그들 자신의 이름으로 나왔다는 점이다. 고대 세계에서 글의 저자가 이미 죽어 없어진 어떤 작품이 그 죽은 자의 이름으로 발표되었다는 것은 아주 놀라운 일이다. 그것은 이스라엘을 포함해 고대 근동에서 통용되던 관습의 관점에서 본다면 아주 예외적인 현상이었다. 율법이나 제의에 관한 전승들을 편집하는 것과 관련해 우리는 일반적인 관습이 지속되기를 기대한다. 우리가 막연하게 "편수자 redactors"라고 부르는 이들의 지적 활동은 원칙적으로 익명으로 이루어졌다. 그리고 왕위 계승 이야기나 여호와 문서(J) 같은 경우(거기에서는 지적 특성이 너무나 분명하게 드러나기 때문에 우리는 그런 작품들이 천재적인 개인의 특징을 갖고 있다고 느낀다)에서조차 익명성이 나타났던 것은 더욱 놀라운 일이다. 그러나 이것은 구약성서 전체를 지배하는 원칙이었다.

그러므로 예언적 작품들에서 이 법칙이 깨졌을 때 그것에 대한 유일하게 가능한 설명은 예언자들의 경우 어떤 메시지가 아주 특별하게 어느 한 인물의 이름과 결합되었으며 오직 그 사람만이 그 메시지에 대해 책임이 있는 것으로 간주되었다는 것이다. 그러나 동일한 것이 여호와 문서(J) 기자나 왕위 계승 이야기의 저자에게는 해당될 수 없는데, 그것은, 그런 문서들에서 작동하고 있는 모든 개별적인 천재성과 그들이 동시대인들에게 그 이야기를 전하며 보였던 큰 능력에도 불구하고, 그것들이 원칙적으로 이스라엘이 이미 갖고 있는 종교적 유산의 틀을 넘어서지 않았기 때문이다.

그러나 예언자들 특히 포로기 이전의 예언자들은 그렇게 할 수 있었다. 이제 하나님은 그 이전에는 이스라엘에서 알려진 적이 없을 만큼 배타적으로 어느 한 개인을 향해 돌아서시고 그를 유일회적으로 제공되는 계시의 도구로 삼으셨다. 이 사람이 저 사람을 대신할 수 없었고, 그에게 위탁된 말씀이 다른 이의 입술을 통해 전해질 수도 없었다. 그는 그 말씀을 아는 유일한 자였고, 따라서 그 메시지를 성심을 다해 전할 책임을 지고 있었다. 그렇게 시작된 과정의 논리적 종국은, 여호와께서 그것을 원하실 경우, 그 예언자의 순교였다.

불순종과 저항

지금까지 우리는 예언자의 직무를 그것의 독특한 자유의 측면에서 이해하고자 해왔다. 그러므로 우리의 다음 과제는 예언자가 그의 직무를 거부하거나 그것에 순종하지 않을 가능성에 대해 살피는 것이다(그런 가능성은 실제로 그가 새로운 발걸음을 내딛거나 어떤 결정을 내릴 때마다 그를 위협했다). 오늘날까지 살아남아 있는 모든 예언은 순종을 통한 예언인가? 그렇지 않다면, 예언자들은 특히 어떤 면에서 취약했던 것일까? 언젠가 예레미야가 자신을 소진시키는 고통과 적대감에 대해 불평을 터뜨리고 하나님께서 자기를 도와주시지 않는다고 한탄했을 때, 여호와께서는 그에게 다음과 같이 답하셨다.

> 네가 만일 돌아오면 내가 너를 다시 이끌어 내 앞에 세울 것이며
> 네가 만일 헛된 것을 버리고 귀한 것을 말한다면 너는 나의 입이
> 될 것이라 (렘 15:19)

이 구절에 따르면, 여호와의 이런 대답을 촉발했던 예레미야의 불평은 "헛된 것"이었다. 여기에서는 특별히 절망감의 폭발이 언급된다. 그 당시에 예언자는 자기를 곤경에 방치하신 여호와께 비난을 퍼부을 만큼 극단적이 되어 있었다. 이것은 우리에게 또 다른 의문을 불러일으킨다. 그런 거부는 단지 그 예언자와 하나님의 개인적 관계에만 영향을 미쳤을까? 그것은 그가 공적으로 말했던 내용에는 아무런 영향도 주지 않았을까?

아마도 여기에서 오늘날의 성서 독자들은 포로 시대 후기의 예언자들이 말했던 몇 가지 구절들을 떠올릴 수 있을 것이다. 그 구절들에서 예루살렘의 적들은 그들의 살이 썩을 것이라는 경고를 받는다(슥 14:12). 반면에 이스라엘은 적들이 그들의 남종과 여종이 되어 그들을 섬길 것이라는(사 49:22), 그리고 심지어 그들이 사악한 자들을 밟을 것이고(말 4:3), 적들의 피를 헤치고 나아가 그 피에 취할 것이라는(슥 9:15) 전망을 얻는다. 우리는 이런 구절들을 예언자의 어둠이 너무 깊어져서 그의 인간적인 본능과 열정이 하나님으로부터 온 메시지를 짓누를 정도가 되었고, 따라서 그들이 미래에 대한 하나님의 뜻보다 자신들의 인간적인 증오를 드러내는 경우들로 여길 수 있을까? 그러나, 그런 판단을 위해서는, 예언자의 영적 상태에 대한 추측에 근거한 것일 수밖에 없는 심리적이고 논리적인 해석에 따르는 내재적 위험 요소들은 물론이고, 그 메시지가 전달되었던 정황과 관련해 우리가 갖고 있지 않은 어떤 지식이 전제되어야 한다.

우리가 출발점으로 삼아야 하는 것은 그런 예언들(포로 시대 후기의 예언들-역주)의 객관성이다. 우리는 그런 예언들을 그 말을 한 예언자의 선포 전체에 비추어 이해하고자 노력해야 하고, 필요하다면 그것들을 다른 예언자들의 가르침과 비교해 보아야 한다. 이 중 마지막 것과 관련해, 아모스, 호세아, 그리고 이사야가 별다른 언급을 하지 않았다는 사실이 우리를 머뭇거리게 할지 모른다. 그러나 과연 그런 차이에 대한 유일한 설명이란 것이 존재할까? 이런 구절들을 다룰 때 주석가들은 무엇보다도 그들이 적용하고자 하는 기준과 관련해 명확한 입장을 지녀야 한다. 이런 구절들이 이미 어느 정도는 묵시 문학에서 발견되는 기괴한 표현들과 가깝기 때문에 현대의 기독교 인도주의적 이상은 판단을 위한 기준으로서는 완전히 모자란다. 그러나 만약 그런 중요한 질문들이 미해결 상태로 남아 있다면(사실 그렇게 되어야 할 이유는 없다), 그런 질문들이 예언적 메시지 중 우리에게 비도덕적이거나 비인간적으로 보이는 측면들에만 국한되는 것은 신학적으로 좋지 않은 징조다.

여호와께서 예레미야를 꾸짖으며 말씀하셨던 "헛된 것"은 확실히 박해자들에 대한 그의 깊은 앙심이 아니었다. 오히려 그것은 하나님에 대한 그의 불순종과 자신의 직무에 대한 분노에 찬 반항이었다. 예언자들, 그리고 특히 우리가 흔히 그리고 지나치리만큼 부주의하게 예언자들의 계보의 후기에 속한 미미한 자들로 여기는 이들(포로 시대 후기의 예언자들 – 역주)은 그들의 시대에 자신들의 직무를 올바르게 평가했던 것일까? 혹시 그들은 자기들에게 맡겨진 과업을 이루기에는 부족했던 것이 아닐까? 그러나 과연 우리가 그들의 과업에 관해 무엇을 알고 있을까?

하지만, 전승에 관한 연구를 통해 예언자들의 선포와 그들이 의존했던 완벽할 만큼 잘 정의된 전승들 사이의 극도로 긴밀한 관계가 드러났으므로, 이제 우리는 어느 예언자가 그의 자료를 개작했던 방식에 대해, 그리고 그가 포함시키기로 한 것과 배경 속으로 밀어 넣은 것에 대해 조심스럽게 판단을 내릴 수 있다. 예컨대, 우리는 그들이 자신들이 취한 전승들을 그들의 시대에 적용하기 위해 자유롭게 변경했다는 것, 그리고 그들이 그 전승들의 실제적인 내용에 변화를 주기보다는 오히려 상세하게 강조함으로써 그렇게 했다는 것을 알고 있다.

제5장

여호와의 말씀에 대한 예언자들의 이해

이제 우리는 모든 예언자들에게 중요했던 주제, 즉 "여호와의 말씀"이라는 주제로 돌아서야 한다. 그러나, 비록 여호와의 말씀이 예언적 선포의 필수 조건인 동시에 그 선포의 주제를 이루기는 하나—사실 그것이야말로 예언자들의 실존의 근본적인 기초다—예언자들이 그것을 신학적 반성의 주제로 삼는 경우는 드물다. 여호와의 말씀에 대한 예언자들의 관계는 너무나 개인적이고 직접적이었다. 즉 그 말씀은 그것이 그들에게 다가왔던 특정한 시간에 아주 배타적으로 묶여 있었다. 따라서 대부분의 경우 예언자들은 그것을 그 자체의 특성을 지닌 무언가로 객관화하기가 어렵다고 여겼다. 그들이 우리에게 그 말씀의 본성에 대해 직접적인 정보를 제공하는 경우는 아주 드물다. 대개 우리는 예언자들이 여호와의 말씀을 어떻게 이해했는지를 간접적으로, 즉 그들이 선포한 내용을 바탕으로 추론할 수밖에 없다. 예언자들이 여호와의 말씀을 어떻게 이해했는지에 대한 비판적인 설명은 오늘 우리가 하나님의 말씀 혹은 일반적 의미에서 말의 역할에 대한 우리의 이해가 예언자들의 그것과 동일하다고 여길 수 없다는 점에서 더욱 긴급하게 요구된다.

고대 세계에서의 말

현대어 혹은 적어도 현대 유럽어에서 소리의 집합으로서 말이 갖고 있는 배타적일 만큼 두드러진 기능은 "의미를 전달하는 것"이다. 말은 사람들이 서로 의사를 소통할 수 있게 해주는 음성적 실체이며 지적 자기표현을 위해 사용되는 도구다. 하지만 지적 개념을 담지하고 전달하는 것으로서의 말이라는 개념은 그것이 고대인들에게 의미했던 것 전체를 포괄하지는 못한다. 참으로 그런 식의 말의 개념은 우리가 신화로 대표되는 문화적 상황 속에 존재했다고 여길 수밖에 없는 말의 개념과 상반되는 것처럼 보인다. 그런 상황 속에서 말의 기능은 어떤 대상을 가리키고 의미하는 것을 훨씬 넘어섰다. 그것은 어떤 대상에 붙어 있는 라벨 같은 것이 아니었다.

초기의 신화적 사고 단계에서 사람들은 자기 주변의 세계를 하나의 단일화된 실체로 통각統覺했다. 그들은 영적인 것과 물질적인 것을 구별하지 않았다. 그 둘은 가능한 한 가장 가까운 방식으로 뒤섞여 있었다. 그로 인해 그 시대의 사람들은 말과 물체, 생각과 현실 사이를 적절하게 구별할 수 없었다. 이런 사고의 특징은 이상과 현실 혹은 말과 물체를 구별하지 않는다는 것이다. 그것들은 마치 그 둘이 동일한 존재의 차원에 속해 있는 양 서로 합체되었다. 모든 말에는 대상 자체에 관한 무언가가 정확한 이성적 구별을 무시하는 방식으로 포함되어 있었다. 그로 인해 아주 실제적인 의미에서 언어 안에서 일어나는 일은 세계가 물질적 표현을 얻는 것이었다. 물체들은 오직 그것들에 이름을 주는 말을 통해서만 형태와 차이를 얻을 수 있었다.

말이 갖고 있는 지배력에 대한 이런 개념은 고대 세계에서는 매우 잘 알려져 있었다. 에덴동산에 관한 여호와 문서(J) 기자의 이야기에서도 물체들로 이루어진 세상보다 인간의 말에 분명하게 우위가 주어진다. 동물들이 인간을 위해 존재하고 인간에게 소용이 된 것은 인간이 그들에게 이름을 부여했을 때였다(창 2:19f.).[1]

신화는 역사 초기의 인간이 세상에 대한 그의 이해를 표현하는 방식에 불과했던 것이 아니다. 그것은 세상을 존재하게 하는 것이었다. 신화는 낭독되어야 했다. 왜냐하면 그것이야말로 모든 곳에서 창조의 확정된 질서를 포위하고 있는 위험들에 맞서 그 질서의 지속적인 실존을 보장하는 유일한 수단이었기 때문이다. 그것과 우리가 흔히 "마술"이라고 부르는 것 사이에는 단 한 걸음의 차이밖에 없었다. 고대의 인간에게 마술의 사용은 세계에 대한 통제력을 얻기 위한 기본적인 방법들 중 하나였다. 저주는 그것의 형식 안에 내재된 힘 때문에 적에게 유효했다. 그리고 사냥에서도 (사냥한 짐승을 그리는 행위까지 포함해) 마술적 의식은 말을 통해서든, 의식을 통해서든, 혹은 분장을 통해서든, 그 짐승에 마술을 건 사람의 수중에 떨어지게 하는 데 사용될 수 있었다. 비교 종교학에서 발견되는 이런 예들과 수많은 다른 예들은

---

[1] "말의 창조가 그 자체로 일종의 마법, 즉 그 안에서 존재가 드러나는 마법이기에, 인간은 언제나 그것으로 실존을 건드린다는 막연한 느낌을 갖는다." W. F. Otto, *Die Musen und der göttliche Ursprung des Singens und Sagens*, 1956, 80.

우리가 "역본설적 dynamistic"(역본설 dynamism은 어떤 힘과 그것의 작용을 존재와 현상의 근원으로 여기는 학설이다-역주)이라고 부를 수 있는 언어 개념에 의존하고 있다. 왜냐하면 여기에서 말이나 상징이나 상징적 행위는 마음의 영역을 넘어서 확대되는, 그리고 공간과 물질의 세계에서도 효력을 발휘할 수 있는 능력을 갖고 있는 것으로 간주되기 때문이다.

그러나 초기 문명들은 세계를 마술과 역본설의 관점에서 이해하는 단계에 오랫동안 머물러 있지 않았다. 만약 우리가 문화사의 위대한 국면들을 설명하기 위해 흔히 채택되는 도식圖式을 따른다면, 실제로 이 단계는 곧 뒤에 남겨졌다. 그 도식은 언어의 문제를, 그리고 다양한 문화와 종교들 안에서 언어에 의존하는 여러 기능들의 문제를 철저히 규명하지 않는다. 만약 우리가 이것을 때로 언어의 역본설적 가능성은 훨씬 더 오랫동안 살아남았고 심지어 발전된 문화들 안에서조차 무의식적으로 다시 모습을 드러낼 수 있다고 말함으로써 "발전"이라는 관점에서 설명하고자 한다면, 그것은 실제로 발생한 일에 대한 올바른 묘사가 될 수 없을 것이다. 그럴 경우 우리는 언어의 발전을 인간의 문화사와 관련해 미리 제공된 상像에 비추어 헤아리는 셈이 될 것이다. 또한 그것은 언어가 여전히 능력을 지닌 것으로 간주되는 모든 곳에서 항상 최초의 단계들 혹은 상대적으로 도전 받지 않고 남아 있는 것들이 원칙적으로는 이미 뒤에 남아 있는 문화적 단계로부터 이월되어 완전히 낯선 다른 단계로 길을 내며 나아간다는 인상을 제공하게 될 것이다. 물론 그런 일은 일어난다. 그러나 마찬가지로 우리는 과연 언어가 빈약해지는 것이 그것이 과거의 문화적 단계에서 갖고 있던 기능들을 잃어버렸기 때문인지에 대해 물을 수 있을 것이다. 만약 우리가 예언자들의 언어 안에서 여전히 언어의 미술적 사용의 흔적이 발견되기 때문에 그것에 대해 변명해야 한다면, 그것은 아주 불행한 상황이 될 것이다.

말이 난 김에, 우리는 어떤 의미에서든 그것이 이스라엘에만 있었던 독특한 현상이 아니었다는 점에 주목할 필요가 있다. 오래된 그리고 때로는 고도로 발달된 여러 문화들 안에서 언어는 단순히 물체들에 대한 서술에만 국한되지 않았다. 특별한 상황에서 언어는 그것이 갖고 있는 신비로운 창조력 때문에 무언가 새로운 것을 혹은 이미 존재하는 무언가의 강화된 형태를 낳을 수 있었다. 즉 언어 자체가 창조적인 것이 되었다. 그리고 이것은 언어가 오늘날까지도 결코 잃어버린 적이 없는 가능성이다.

능력 있는 말

고대 근동의 여러 문화들 안에는 우리가 거기에서 "능력 있는 말"을 만날 수 있는 여러 영역들이 있었다. 물론 그들 중 으뜸은 제의祭儀라는, 그리고 축귀나 축복이나 저주 등과 관련된 의식儀式이라는 보다 제한된 영역이었다. 또한 그렇게 능력 있는 말은 특정한 신학적 전승들 속에서도 발견된다. 신의 능력 있는 말이라는 개념은 고대 바벨론과 이집트에서 중요한 역할을 감당했다. 심지어 그런 문화들은 말을 물리적이고 우주적인 힘으로 여기기까지 했다. 그러나 일상적인 삶에서도 어떤 말들은 그 안에 내재된 능력을 갖고 있는 것으로 간주되었다. 예컨대, 사람들의 이름들이 그렇다. 어떤 이의 이름은 단순히 그의 인성에 부가된, 그리고 의지에 따라 바뀔 수 있는 것으로 간주되지 않았다.

오히려 그것은 그의 본성의 본질적인 부분을 담고 있고 때로는 실제로 "또 다른 그"로 간주되는 그 무엇이었다. 그러므로 그는 특히 그의 이름을 사용하는 해로운 마술의 영향력에 노출되어 있었다. 불길한 이름은 그 이름을 지닌 자의 삶을 위협할 수 있었다. 야곱은 그의 자식들 중 하나를 "베노니"("슬픔의 아들")라는 불길한 이름 때문에 그에게 덮치기 시작한 어두운 운명으로부터 구해냈는데, 그가 그 아들을 구한 것은 그에게 기쁜 징조를 지닌 "베냐민"("오른손의 아들")이라는 이름을 주는 것을 통해서였다(창 35:18).

여기에서 종종 우리가 그 배경을 잘못 이해하는 한 가지 언어 현상에 대해 생각해 보자. 그것은 어원과 말장난에 기반을 둔 원인론原因論/aetiologies이라는 언어현상이다. 다른 곳에서처럼 이스라엘에서도 원인론은 문학적 혹은 수사학적 오락으로서가 아니라, 어떤 중요한 지식을 전달하는 수단으로서 아주 진지하게 취급되었다. 현대인들은 논리적으로든 의미상으로든 서로 연결된 말들 사이에서 인식 가능한 연관성이 보이지 않는 것을 좋아하지 않는다. 우리 식의 사고에 따르면, 그런 식의 선택은 완전히 임의적인 것으로 보일 수 있다. 그러나 과연 우리는 어떤 단어에 따르는 즉각 이해되는 의미만을 고수해야 하는 것일까? 그런 "말장난들"에서 단어들은 다른 방식으로 그리고 훨씬 더 원시적인 방식으로 작동한다. 엄중한 경우에 그것은 의미들을 풀어놓을 수도 있고, 또한 그 단어의 마술적 기반이라는 보다 깊은 층에 놓여 있는, 그리고 분명히 그것의 명백하고 일상적인 의미와 거의 혹은 아무런 상관이 없는 유사한 의미들을 만들어낼 수도 있다.

어원을 설명하는 과정에서 일어나는 일들은 아주 특별하다. 한편으로, 문제가 되는 단어는 그것이 갖고 있던 의미의 상당 부분을 잃어버린다. 그리고 분명하게 어떤 의미를 전달하는 수단으로가 아니라 일련의 소리들로 작용한다. 그러나 원래의 가치로 환원된 이런 일련의 소리들은 그와 동시에 크게 강화된 의미를 부여받는다. 그리고 그 점에서 이제 그것은 그것의 형식과 관련해 새로운 연상들과 의미들에 둘러싸인다. 아모스의 환상 이야기에 등장하는 "가을 Kajiz－끝 kez"이라는 말장난은 우리에게도 의미가 있다. 그것은 우리 역시 "추수"로부터 "끝"이라는 개념으로 아주 쉽게 도약할 수 있기 때문이다(암 8:2). 예레미야서에서 "살구나무 가지"("감시하는 막대기")와 여호와께서 그분의 말씀을 "지키시는 것"과 관련해 말해진 것(saqed－soqed; 렘 1:11f.)에서 우리의 눈에 비치는 것은 단지 개념적인 연관성뿐이다. 그러나 미가 1:10-15과 이사야 10:29-32에 나오는 즉흥적으로 만들어진 말장난들은 그것과는 사정이 아주 다르다. 거기에서 장소들의 명칭은 어떤 연상들과 그들 앞에 놓여 있는 운명에 대한 암시들을 제공하는데, 그것들은 아직은 여전히 단어들의 외부적인 소리들을 통해서만 그 지명들과 연결될 뿐이다. 이런 종류의 일은 히브리어에서 특히 더 쉽게 이루어지는데, 그것은 히브리어를 말하는 이들은 심지어 그들이 언어를 인식론적으로 사용할 때조차 대개 (우리가 생각하는 것 이상으로) 언어적 정확성과 모호성을 회피하는 일에 덜 집중하기 때문이다. 만약 어떤 예언적 어법에서 하나의 구나 단어가 몇 가지 연결 가능한 의미들을 갖고 있다면, 그것은 그만큼 더 그 예언자에게 더욱 유리하다. 왜냐하면 그로 인해 그 말들이 더욱 더 풍성해지기 때문이다.[2]

❚우리가 히브리어와 관련해 말해 왔던 것, 즉 말을 인간의 마음 안에서 사물을 그려내는 창조력을 지닌 소리들로 구성된 현상으로 여기는 것은, 비록 방식이 다르기는 하나, 그리스어에도 해당된다. 그리스어가 갖고 있는 선율과 리듬은 단순히 의미를 전달하는 것에 더하여 인간의 신체적 성질에조차 영향을 미친다(T. Georgiades, *Musik und Rhythmus bei den Griechen*, 1958, 42ff.). 또 그리스어에서 단어와 그것이 의미하는 객관적인 물체 사이의 간격은 너무 좁기 때문에 현대의 독자들조차 가장 견고한 물질로 이루어진 대상이 단어 속으로 흡수되었다는 인상을 받을 정도다. "고전 그리스어의 특성은 단어가 음율적이고 음악적인 힘으로서, 또한 그와 동시에 언어로서, 음성적 구성물로서, 즉 개념과 감정을 전달하는 것으로서 작용한다는 것이다. 그리스어 단어는 표음表音이라는 목적에 기여할 뿐 아니라, 그와 동시에 그 이상의 그 무엇, 즉 그 자체를 위해 형성되는 이성적인 예술의 재료이다. 의심할 바 없이 그것은 어떤 의미론적 연관성을 만들어낸다는 점에서 우리의 것과 같은 언어다. 그러나 또한 그것은 오늘날 우리가 거의 이해할 수 없는 어떤 특성을 갖고 있는데, 그것은 바로 음악의 경우처럼 감각에 직접 호소하는 능력이다. 그것은 그 언어의 언어학적으로 조건 지워진 소리값과 무관하게 그 언어에 또 다른 영역에 기초한 힘을 부여하는 리듬이다." "그리스인들은 그들 자신의 언어에 대해 어떤 인상을

---

2 이와 관련해 또한 우리는 호세아 1:4 이하와 2:25[23]의 나머지 혹은 예레미야 20:3에 나오는 불길한 의미를 지닌 이름들에 대해 언급해야 할 것이다. 이름의 실제는 틀림없이 사건의 실제와 상응한다. 마지막으로, 동음이의어들 역시 언급되어야 한다. 왜냐하면 유사한 소리를 지닌 단어들을 병렬시키는 이 수사법 역시 단어들의 소리에 기초를 두고 있기 때문이다. 그러나 언어적 유음類音은 외적인 것이 아니다. 특별한 힘은 표현의 언어적 단위로부터 나온다. 동음이의어를 통한 표현의 정확성은 보다 넓은 의미의 폭을 얻기 위해 감소된다.

갖고 있었을까? 그들은 그것이 자기들보다 강력하다는 느낌을 갖고 있었음에 틀림없다"(43). 어떤 그리스어 단어는 "손으로 잡을 수 있는 견고한 몸체와 같다. 그리스어 시구詩句의 단어들은, 말하자면, 하나의 돌덩이 같다"(45). 그리고 이것은 구약의 예언자들이 했던 여러 발언들에도 동등하게 해당될 수 있다.

여호와의 말씀이 지닌 창조의 능력

이스라엘 사람들 역시 그들의 언어가 매일의 사적인 대화에서 필요한 것 이상의 가능성들을 갖고 있음을 인식하고 있었다. 그들은 어떤 어법에 대해 알고 있었는데, 그 어법에서 우선적인 것은 어떤 의미로든 대화를 이루는 구성요소가 되는 것이 아니라, 단지 그것이 말해지는 것, 즉 신비한 능력을 부여 받은 객관적 실재로서 무대에 등장하는 것이다. 물론 이것은 여러 가지 다른 가능성들 중 하나에 불과하다. 그러나 이스라엘 사람들은 그 가능성을 결코 포기하지 않았다. 심지어 그들이 정치적이거나 외교적인 대화를 나누거나 다른 나라의 현자들과 사상을 교류할 때 필요한 세련된 수사법을 배웠을 때조차 그러했다.

충분히 예상할 수 있는 바와 같이, 이스라엘은 이 새로운 기술을 그들의 지적 활동이 가장 강하게 나타나는 영역인 종교와 신학에서도 사용했다. 이스라엘은 그들의 가장 통상적인 진술과 가장 장엄한 진술 모두에서, 즉 마술적 진술과 가장 심오한 신학적 혹은 예언적 통찰을 담은 진술의 경우 모두에서, 말이 창조하는 능력을 갖고 있다는 확신을 출발점으로 삼았다. 물론 이스라엘의 신학자들과 예언자들은 인간의 모든 언어에 내재된 신비로운 가능성들에도 불구하고 여호와의 말씀이 그것들을 비교가 불가능할 정도로 능가한다고 확신했다. 모세는 (우리가 신명기를 통해 보듯이) 그의 백성들에게 여호와의 말씀을 "헛된 것"으로 여기지 말라고 강력하게 경고했다(신 32:47). 그리고 이런 경고에는 인간의 말은 하나님의 말씀과 비교할 때 어느 정도로든 "헛된 것"으로 간주될 수밖에 없다는 믿음이 포함되어 있다. 제2이사야 역시 하나님의 말씀이 "헛되지" 않고 효력을 발휘한다고 말한다(사 55:11). 창조력 있는 여호와의 말씀이라는 개념이 제사장들의 우주론적 전승에서, 특히 창조에 관한 제사장 문서(P)의 이야기에서 감당하는 역할은 제의용 찬송에서 나타나는 상응하는 개념과 조화를 이룬다.

> 6여호와의 말씀으로 하늘이 지음이 되었으며 그 만상을 그의 입 기운으로 이루었도다 … 9그가 말씀하시매 이루어졌으며 명령하시매 견고히 섰도다(시 33:6, 9)

또 다른 시편은 "그가 별들의 수효를 세시고 그것들을 다 이름대로 부르시는도다"(시 147:4)라고 노래한다. 그리고 이런 개념은 제2이사야에 의해 계승되었는데, 잘 알려진 바와 같이 그는 여호와에 의한 세계의 창조와 말씀에 의한 창조를 그의 선포의 주제로 삼았다(사 40:26; 48:13; 50:2). 그 목적이 교훈에 있는 지혜시인 시편 147:15-18에 등장하는 여호와의 이런 창조적인 말씀에 관한 언급은 특히 관심을 끄는데, 그것은 그 구절이 여호와의 말씀과 여호와께서 그것을 보내시는 것을 하늘로부터 오는 눈, 서리, 우박, 그리고 바람 등과 연결시키기 때문이다. 잘 알려진 바와 같이, 이런 면에서 이스라엘은 고대 근동의 종교들에서 산발적으로 발견되는 개념들을 여러 가지 방식으로 공유하고 있다. 그러나 우리가 이것 때문에 이스라엘이 하나님의 말씀의 능력에 대해 갖고 있던 생각이 전적으로 독창적인 것이었으며, 또한 바로 그런 점에서 그들이 장엄하고도 독특한 신학적 성취에 이르렀다는 사실을 간과해서는 안 된다. 그런 사실을 발달이론에 기초해 일반화하거나 언어에 대한 원시적인 혹은 마술적인 견해를 보여 주는 한 가지 예로 여기는 것은 그런 예외적 현상에 대한 적절한 이해를 가로막을 뿐이다. 왜냐하면 그것은 그런 사실을 여기에는 적용되지 않는 문화적 발전의 공통분모로 환원시키기 때문이다.

모든 종교들 안에는 아주 오랫동안 살아남아 있는 것들이 있다. 그리고 그것은 이스라엘의 경우에도 예외가 아니다. 그러나 놀라운 것은 이스라엘이 여호와의 말씀의 내용에 관한 가장 중요한 진술들에 도달하는 방식이 그런 원시적인 요소들에 무비판적으로 묶여 있는 다른 종교들의 그것과 같지 않고 오히려 매우 집중적인 성찰의 방식을 취하고 있다는 점이다. 또한 예언자들의 경우에 하나님의 말씀이 지닌 마술적 능력에 관한 말들은 영적 세계에 관한 매우 진전된 그리고 심지어 혁명적이기까지 한 견해들의 정황 속에서, 그리고 그것들과의 가장 밀접한 연합 속에서 발생한다. 우리는 그 이유를 종교의 일반적 현상들 중에서가 아니라 거기에서 표현된 주제의 독특성에서 찾아야 할 것이다.

여호와의 말씀과 예언적 신탁

여호와의 말씀에 관한 예언자들의 진술은 제사장적 신학에 의해 만들어진 진술들로부터 비교적 독립적이다. 예언자들의 진술에서 우리는 일련의 자기 충족적인 개념 및 전승들과 마주한다. "여호와의 말씀"이라는 용어는 구약에서 모두 241번 나타나는데, 그 중 221번(92%)이 예언적 신탁과 관련되어 있다. 그러므로 단어들의 이와 같은 배열은, 의심할 여지없이, 말을 통해 전해진 예언적 계시를 지칭하는 전문 용어였을 것이다. "여호와의 말씀이 … 임하니라"라는 구절(123회 발생)은 특별히 독특한데, 그것은 그 구절이 하나님의 말씀을 하나의 사건으로, 즉 역사 속에서 일어난 고유한 사건, 다시 말해, 인간이 기대하고 있거나 인간을 놀라게 하는, 그리고 그로 인해 어느 경우에든 그 사람을 새로운 역사적 상황과 관련시키는 사건으로 통각統覺하는 것을 대표하기 때문이다.

그 구절이 늘 정관사와 함께 "여호와의 말씀 the Word of Yahweh"으로 나타나며 부정관사와 함께 "여호와의 말씀 a word of Yahweh"으로 나타나지 않는다는 것은 매우 의미심장하다. 이것은 우리가 수많은 "말씀 사건들"을 대충 훑어만 보아도 알 수 있다. 만약 어느 경우에 그 구절이 부정관사와 함께 나타난다면, 그것은 그 사건의 과정에 대한 철저한 오해를 보여 준다. 왜냐하면 그 말씀은, 그것이 아무리 짧고 간결할지라도, 그것을 받는 사람에게 그리고 그가 처한 상황에 대해 "여호와의 말씀 the Word of Yahweh"으로 전해진 것이기 때문이다.

각각의 경우에 임했던 말씀은, 마치 그것이 오직 말씀들의 종합을 통해서만 예언자가 선포해야 하는 메시지 같은 무언가를 제시할 수 있기라도 하는 것처럼, 여호와의 다른 말씀들 곁에 나란히 놓여서는 안 된다. 오히려 그 말씀은 관련된 사람들에게 온전한 하나님의 말씀이며, 따라서 예언자가 다른 경우에 했던 그분의 다른 말씀들을 통한 암묵적인 보충이 필요하지 않다. 예언자는 다른 경우에 그리고 다른 사람들에게 동일한 것을 다른 방식으로 말한다. 원칙적으로 예언자는, 비록 겉보기에는 모순처럼 보일지라도, 모두에게 동일한 것을 말한다. 다만 그는 자신의 청중의 상황의 차이에 대처하기 위해 그 동일한 것에 변화를 줄 뿐이다. 우리가 한 예언자가 선포한 내용을 설명하기가 그토록 어려운 이유가 거기에 있다. 우리는 그런 일을 시도하게 되어 있다. 하지만 실제로 우리가 어느 예언자의 말 전체로부터 그의 사상의 평균을 취함으로써 어떤 결과를 얻을 가능성은 없다.[3]

그러나, 만약 우리가 예언자들이 그 모든 풍성하고 다양한 자료들을 통해 여호와의 말씀의 현상학에 대해 완전한 설명을 제공할 것이라고 상상한다면, 우리는 실망하게 될 것이다. 사실 우리는 예언자들이야말

---

[3] 우리는 공관복음서들에서도 정확하게 같은 상황을 발견할 수 있는데, 이것은 주석을 위해서 매우 중요하다. "복음서들은 예수의 이야기를 단화[單話, pericopae]로 제시한다. 이런 이야기의 장면들은 그것들이 한데 모였을 때만 예수의 역사를 전해 주는 게 아니라, 그것들 각각이 온전하게 예수의 인격과 역사를 포함하고 있다. 그 어느 것도 과거의 사건들에 비추어 설명을 요구하지 않는다. 그 어떤 것도 앞서 일어났던 일의 전개를 위해 나중에 일어난 사건들에 맞추어지지 않는다. 우리는 이미 이 장면의 그리고 오직 이 장면만의 빛 안에 머문다. … 예수의 이야기를 말하는 이런 방식은 그의 말을 전하는 방식과 정확하게 일치한다. 여기에서 다시 각각의 말들은 그 자체로 의미를 지니고, 그 자체 안에서 끝나며, 그것의 의미를 위해 상황에 의존하거나 어떤 다른 말에 근거한 설명을 요구하지 않는다."(Günter Bornkamm, *Jesus of Nazareth*, 1960, 25).

로 이 문제에 대한 답을 제공하기에 가장 부적합한 사람들이라고 여겨야 할 것이다. 왜냐하면 자기들이 받은 말씀에 대한 그들의 태도는 중립적인 것과는 거리가 멀어도 한참 멀기 때문이다. 말씀은 그들을 압박했고, 그들은 그것을 자신들의 것으로 삼았고, 그것이 자신들의 모든 감정을 제압하도록 허락했다. 여호와께서는 그분의 말씀을 통해 자신의 예언자들을 가능한 한 가장 개인적인 방식으로 만나셨다. 그러니 그런 상황에서 어떻게 예언자들이 그분의 말씀을 중립적 입장에서 서술할 수 있었겠는가? 그러므로 그 말씀에 관한 정보를 얻기 위해서는 예언자들보다는 오히려 그들의 청중(그들은 하나님의 말씀에 보다 간접적으로 관련되어 있었다)을 살펴보는 것이 더 나을 것이다. 그러나 그렇게 하기 위해서라도 여전히 우리는 예언의 말이 그들에게 어떤 인상을 주었는지 알아낼 수 있어야 할 것이다.

▎말이 난 김에 우리는 이런 어려움이 제사장 아마샤가 아모스의 메시지에 대해 내렸던 판결에 추가적인 중요성을 제공한다는 사실에 주목할 필요가 있다. 잘 알려진 바와 같이, 그는 왕에게 아모스가 벧엘에 나타났다고 보고했다. 그리고 훌륭한 공무원답게 그 문제에 대한 자신의 의견을 담은 보고서를 첨부했다. "그 모든 말을 이 땅이 견딜 수 없나이다"(암 7:10). 여기에서 "견디다"라는 동사는 흔히 그릇들의 용적容積과 관련해 사용된다. 그러므로 그 단어가 의미하는 것은 이제 그 땅—그가 "이스라엘"이 아니라 "땅"에 대해 말하는 것에 주목하라—이 그 용적의 한계치에 이르렀다는 것이다. 분명히 이것은 우둔한 보고서가 아니었다. 그 보고서를 작성한 이는 날카로운 눈을 갖고 있는 관찰자로서 아모스의 말이 지닌 힘을 꿰뚫어 보고 있었다. 바로 그렇기 때문에 우리는, 매우

아이러니컬하지만, 아마샤가 예언자의 메시지에 대한 어떤 이해를 갖고 있었다고 인정할 수밖에 없다. 그는 그 메시지를 그 시대의 이스라엘에 대한, 그리고 그 시절의 종교적이고 경제적인 삶에 대한 참된 위협으로 보았던 것이다.

역사적 실체로서의 말씀

앞에서 보다 이른 시기의 예언자들과 관련해 말했듯이, 그들이 했던 말의 성격과 내용은 흔히 예상하는 것처럼 선험적인 것이 아니었다. 그들은 감정이 강렬해졌을 때 마치 어떤 의식을 수행하듯 말했고, 그 말의 결과를 완전히 확신했다. 예언자들이 했던 가장 오래된 발언들 중 하나는 엘리야의 말이다. "내 말이 없으면 수 년 동안 비도 이슬도 있지 아니하리라"(왕상 17:1). 그러나 그는 가뭄을 끝낼 그 "말"을 누구에게 할 것인가? 적절한 때가 왔을 때, 그는 그 말을 여호와를 향해 하려는 것인가, 아니면 하늘과 구름을 향해 하려는 것인가? 하늘과 구름을 향해서는 아닐 것이다. 보다 가능성 있는 설명은 *그가 여호와께서 자기에게 비를 향해 명령할 권한을 주시리라고 기대했다는 것이다.* 비교종교학을 공부한 독자들은 자신들이 여기에서 고대인들 사이에서 어떤 능력을 지녔던 자가 자신과 자신의 말에 내재된 마술적 힘을 어떻게 이해했는지를 알려 주는 정보를 얻고 있다고 느낄지도 모른다. 그러나 그런 현상이 엘리야에게서도 나타나고 있다고 여기는 것은 별 도움이 되지 않는다. 오히려 우리는 유효한 증거에 의지해 엘리야에게서 그의 시대로부터 예언이 최종적으로 사라진 시대까지 추적될 수 있는 예언 개념이 나타나는 것을 발견할 수 있다. 사실 우리는 그 이상의 주장을 할 수도 있다―오래된 예언 개념이 점점 더 많은 신학적 의미를 얻게 되다가 예레미야와 제2이사야에게서 그것의 최종적 완성 단계에 이르렀다는.

아모스의 신탁의 첫머리에 실린 구절(이것은 그것이 그의 예언 전체를 위한 일종의 정책 설명의 역할을 하도록 의도되었음을 암시한다)은 여호와께서 "부르짖으신다"고 진술한다(암 1:2). 이것은 예배나 종교의 다른 분야에서 흔히 사용되는 언어의 한계를 넘어서는 용어다. 그러나 아주 이상하게도 그 구절은 그 부르짖음의 내용에 관해서는 아무런 언급도 하지 않는다. 이 구절에는 그 신탁과 관련된 사람들에 대한 언급이 없는 것과 마찬가지로 여호와 편의 그 어떤 분명한 발언 내용도 나타나지 않는다. 그 구절에서 유일하게 언급되는 것은 "소리"뿐이다. 또 그것에 관해 말해진 모든 것은 그 소리가 메아리친다는 것뿐이다. 그럼에도 그 소리의 효과는 굉장하다. 왜냐하면, 그것이 시온에서 울려 퍼질 때, 그것은 목자들의 초장을 황폐하게 만들고 멀리 떨어진 갈멜산 꼭대기까지 마르게 하기 때문이다.[4] 아모스와 거의 동시대인이었던 이사야 역시 때로 여호와의 말씀과 관련해 이상한 표현을 사용했다. 그는 마치 그 말씀이 그것의 무게 때문에 효과를 거두는 어떤 물질인 것처럼 말했다.

---

4 아모스 1:2의 말은 전적으로 독자적으로 취급되어야 한다. 그것은 그보다 앞서거나 뒤서는 것과 그 어떤 연관성도 갖고 있지 않다. 스라야가 바벨론에서 낭독해야 했던 위협의 말 역시 그것을 들을 사람을 필요로 하지 않았다. 그것들은 그저 큰 소리로 선포되는 것으로 족했다. 그 후에 그 말을 담은 책은 유프라테스 강에 던져져야 했다(렘 51:59ff.).

> 주께서 야곱에게 말씀을 보내시며 그것을 이스라엘에게 임하게
> 하셨은즉 (사 9:8)

여기에서 예언자가 그 말씀에 관해 말하는 방식은 아주 단호하다. 그는 마치 그것이 누구나 아는 것인 양 말한다. 훨씬 더 놀라운 것은 사람들이 그 말씀의 주제와 관련해 아무런 설명도 듣지 못한다는 것이다. 이 구절은 그 말씀을 전하는 예언자나 그 말씀을 듣는 청중에 대해 아무런 언급도 하지 않는다. 사실 그 말씀은 북 왕국을 향하고 있었으므로 그것이 실제로 이사야 자신에 의해 말해진 것인지조차 확실하지 않다. 그러나 그가 실제로 누구였든 그 예언자는 그 말씀이 땅으로 내려오는 것에 관해, 그리고 마치 그것이 객관적 실체인 양 그것이 끼치는 역사적 영향에 관해 말한다. 어느 면에서 이 시는 주석하기가 몹시 어렵다. 그러나 한 가지 분명한 것은, 그것이 시종일관 그 말씀이 거듭해서 보냄을 받는 것에 대해 말하고 있다는 것이다. 그 말씀이 역사를 관통하며 길을 만들 때, 그것은 쉽게 약화되지 않는다.

> 그럴지라도 여호와의 진노가 돌아서지 아니하며 그의 손이 여전
> 히 펴져 있으리라 (사 10:4b)

이런 표현들은 8세기 예언자들에게서는 드물게 나타난다. 따라서 이것은 단지 그 예언자들이 여호와의 말씀이 어떤 경우에는 평범하지 않은 방식으로 작동한다는 사실을 알고 있었음을 보여 주는 것에 불과할 수도 있다. 그럼에도 예레미야에게서는 그런 표현들이 자주 나타난

다. 그리고 이것은 여호와의 말씀에 대한 그 예언자의 기본적인 이해에 어떤 변화가 일어나고 있음을 암시한다.5 예레미야가 "여러 나라와 여러 왕국"에 대해 예언하라는 부르심을 받았던 소명 사건에서 모든 것은 그 예언자의 능력에 의존하게 된다. 그런데 예레미야 같은 한 개인이 여러 나라와 왕국들을 뽑고, 파괴하고, 파멸하고, 넘어뜨리고, 건설하고, 심는 것이 어떻게 가능한 것일까(렘 1:9f.)? 분명히 그것은 여호와께서 역사 안으로 주입하신 말씀을 통해서다. 그 말씀은 타락한 그의 직업적인 동료 선지자들의 그것과 다르다. 그 말씀은 "불"과 같고 "바위를 쳐서 부스러뜨리는 방망이" 같다(렘 5:14; 23:29). 영감을 받은 에스겔이 블라댜에 맞서 말했을 때 블라댜가 쓰러져 죽었다(겔 11:13). 그러므로 이들 예언자들이 증오와 두려움의 대상이 되었던 이유는 그들이 하는 말에 내재된 그런 힘 때문이었다. 재앙을 초래하는 그들의 능력과 그들이 그렇게 할 가능성은 달리 견줄 만한 것이 없었다. 만약 예레미야를 채웠던 "여호와의 진노"가 어딘가에 부어져야 한다면, 그것은 곧 재앙과 죽음을 의미했다(렘 6:11f.).

그러나 예언자들에게 여호와의 말씀은 단순한 공포 이상의 그 무엇이었다. 예레미야는 그 말씀이 자신에게 끼친 결과에 대해 말한다.

---

5 "여호와의 말씀이 ~에게 임하니라"라는 매우 독특한 구절이 널리 사용되었던 것 역시 생각거리를 제공한다. 그런 구절은 특히 보다 앞선 모든 예언자들에게서 발견된다. 물론 각각의 경우 그런 예들이 소수에 불과한 것은 사실이다. 그러나, 그와는 대조적으로, 이런 표현은 예레미야(30번)와 에스겔(50번)에게서 갑자기 늘어난다. 이것은 사건으로서의 여호와의 말씀에 대한 새로운 강조와, 그리고 이런 예언자들에게서 나타나기 시작하고 있는 "말씀의 신학"과 관련되어 있음이 틀림없다.

제5장 여호와의 말씀에 대한 예언자들의 이해 | 119

그는 그 말씀이 자기에게 기쁨이 되었고, 자신이 마치 허기진 사람처럼 그것을 먹었다고 말한다. 우리는 이 때 그가 원칙적으로 재앙을 예시하는 신탁을 제외했다고 가정해서는 안 된다(렘 15:16). 그가 여호와의 말씀을 먹는 것에 관해 말할 때, 우리는 그것을 지나치게 영적으로 해석하거나 은유나 과장으로 여겨서는 안 된다. 어느 예언자가 자신이 물리적으로 여호와의 말씀에 의존하고 있으며 따라서 어느 의미에서 그것에 의해 살아간다고 느끼는 것은 충분히 가능한 일이다.

여호와의 말씀을 먹는다는 개념은 에스겔에게서 급진적인 형태로 재등장한다. 그는 소명시에 그에게 제공된 두루마리를 먹으라는 명령을 받았다(겔 2:8-3:3). 나중에 우리는 메시지가 그들의 육체적 삶 속으로 들어간 것이 이런 후기 예언자들의 자기 이해와 관련해 얼마나 중요한 변화를 초래했는지에 대해 살필 것이다(우리는 말씀이 이렇게 예언자의 육체적 삶 속으로 들어간다는 것이 제4복음서 기자가 말씀이 육신이 되는 것에 관해 말하는 내용과 유사하다는 의미가 아닌지 물어야 할 것이다).

물론 보다 일찍이 아모스는 하나님의 말씀의 기근에 관해 말한 적이 있었다. 그는 말씀의 기근으로 인한 극도의 압박 때문에 사람들이 그것을 찾아 이리저리 헤매다 탈진해 쓰러질 것이라고 말했다(암 8:11ff.). 이것은 그가 이스라엘의 삶 전체가 어떤 특별한 방식으로 여호와의 말씀에 의존하고 있으며, 또한 이스라엘이 삶의 가장 기본적인 단계에서도 그 말씀에 예속되어 있다고 여겼음을 보여 준다. 신명기가 모세로 하여금 "이는 너희에게 헛된 일이 아니라 너희의 생명이니"(신 32:47)라고 외치게 했을 때, 그리고 만나의 기적으로부터 "사람이 떡으로만 사는 것이 아니요 여호와의 입에서 나오는 모든 말씀으로"(신

8:3) 산다는 교훈을 이끌어냈을 때, 의심할 여지없이 그것은 예언자들 사이에서 일반적으로 통용되던 개념을 이용하고 있었다. 하나님의 말씀에 대한 인간의 전적 의존이라는 이런 개념이 예언자들로부터 시작되기는 했으나, 그것이 아주 강조된 형태로 명백하게 드러난 것은 7세기에 이르러서였다. 그리고 예언자들은 분명히 자신들의 삶이 전적으로 여호와께 의존하고 있음을 인식한 최초의 사람들이었다.

여호와의 말씀의 신학

제2이사야의 경우, 전승은 그 예언자가 여호와의 말씀과 어떤 관계에 있었는지에 대해 아무런 정보도 제공하지 않는다. 그러나 이것은 그가 역사 속에서 말씀이 갖고 있는 효력을 상세히 설명함으로써 상쇄된다. 그가 소명을 받았을 때 하늘로부터 들려온 소리는 인간의 전 존재("모든 육체")를 여호와의 말씀과 날카롭게 대비시킨다(사 40:6-8). "모든 육체"(예언자는 시종일관 역사 안에서 그리고 위대한 제국들 안에서 살아가는 인간에 대해 생각하고 있다)는 철저히 무상하다. 진노하신 여호와의 입김이 그들 위로 불어와 그들을 완전히 파멸시킬 것이다. 그러나 "우리 하나님의 말씀은 영원히 서리라"(8절). 이 구절은 극도로 간결하다. 그러나 예언자가 이 "우리 하나님의 말씀"이라는 표현으로 역사속의 제국들을 통해 드러난 인간의 힘과 맞서는 다른 힘을 가리키고 있음은 분명하다. 그러므로 이때 그는 그것이 마음의 내적 영역 안에서 울림을 만들어내기 때문에 계속되는 말에 대해서가 아니라, 여호와께서 역사 속으로 말씀하셨기에 세상에서 창조적으로 움직이고 있는 말씀에 관해 생각하고 있었던 것이다. 그 말씀은 영원히 설 것이다. 그 말씀이 초래하는 것 외에는 아무것도 견디지 못할 것이다. 왜냐하면 바벨론에서 혼란에 빠져 있는 추방자들에게 그 말씀은 그들의 발을 받쳐 주는 유일하게 견고한 터였기 때문이다. 제2이사야서는 시작할 때와 동일한 통지를 하며 끝난다.

> 10이는 비와 눈이 하늘로부터 내려서 그리로 되돌아가지 아니하고 땅을 적셔서 소출이 나게 하며 싹이 나게 하여 파종하는 자에게는 종자를 주며 먹는 자에게는 양식을 줌과 같이 11내 입에서 나가는 말도 이와 같이 헛되이 내게로 되돌아오지 아니하고 나의 기뻐하는 뜻을 이루며 내가 보낸 일에 형통함이니라 (사 55:10-11)

이것은 여호와의 말씀과 그것의 결과에 관한 가장 포괄적인 진술이다. 이 예언의 시작단계에서 여호와의 말씀은 "모든 육체"와 대조된다. 여기에서 그 말씀은 하늘로부터, 즉 여호와의 입술로부터 땅으로 내려와 그것에 위임된 일을 성공적으로 행한 후 다시 여호와께 돌아간다.6 여호와의 말씀이 비와 눈에 비유될 때, 현대 독자들의 마음에 떠오르는 것은 자연의 법칙뿐이다. 그러나 고대 이스라엘 사람들은 이 두 가지, 즉 비를 보내는 것과 말씀을 보내는 것 모두를 그 기원이 오직 여호와에

---

6 여호와의 말씀이 마치 순환을 이루듯 결국 여호와께로 되돌아간다는 개념은 기묘하며 다른 곳에서는 발견되지 않는다. 우리는 땅의 힘을 낳는 비에 관한 표상이 그 기저에 오래된 신화적 개념을 갖고 있다고 여길 수 있다. 그러나 예언자들이 그것을 의식하고 있었던 것 같지는 않다.

게 있는 우발적인 사건들로 여겼다(시 147:15ff.). 그러기에 제2이사야는 여호와의 말씀을 아주 웅장한 관점에서 바라본다. 주지하다시피, 그것의 우주적 행위 중 가장 중요한 부분은 역사 속에서 나타나는 그것의 행동이다. 그러나 이것 역시 일부일 뿐이다. 예언되지 않은 구속 사건은 결코 존재하지 않는다(사 42:9; 46:10; 48:5). 그러나 여호와께서 자신이 택한 백성에게 앞으로 다가올 일들을 통지하시는 것은 그들의 믿음의 부족에 대한 관용에 불과하다.

> 4내가 알거니와 너는 완고하며 네 목은 쇠의 힘줄이요 네 이마는 놋이라 5그러므로 내가 이 일을 예로부터 네게 알게 하였고 일이 이루어지기 전에 그것을 네게 듣게 하였느니라 (사 48:4-5)

만약 우리가 여호와의 이런 말씀이 역사 속에서 어떤 결과를 낳을지 알고자 한다면, 우리는 그 메시지의 내용으로 돌아가야 한다. 제2이사야는 무엇보다도 이스라엘 공동체의 귀환, 즉 모든 이적을 동반한 제2의 출애굽에 관해 생각하고 있는 중이다. 그의 책의 머리말과 맺음말, 즉 그 예언자의 모든 선포의 틀이 여호와의 말씀을 그토록 급진적으로 다룬다는 것은 아주 중요한 정책에 관한 진술이다. 위에 인용된 구절은 제2이사야 안에 매우 강력한 신학적 반성의 요소 곧 예레미야와 에스겔이 예견했던 그 무엇이 존재한다는 것을 암시한다. 이 "말씀의 신학"은 여호와의 말씀이라는 현상에 대한 체계적인 설명을 제공하기 위한 것이었고, 그 설명은 다시 예언 현상 자체를 조망하는 거대한 프로젝트를 위한 토대의 역할을 하게 될 것이다. 이사야 55:10 이하

같은 말들에서 예언은 또한 그 자체의 본질에 대한 성찰의 결과를 제시한다. 하나님의 말씀에 관한 이런 견해를 통해 예언은 그 자신에게 하나님과 세상의 모든 상호작용에 있어서 중심적인 위치를 제공한다.

여호와의 말씀의 본질과 결과에 대한 적절한 이해를 얻기 위해 이와 같은 이론적 시도를 할 경우, 우리는 제2이사야 곁에 또 다른 작품 하나를 놓아야 한다. 그 작품은 비록 제2이사야와 거의 동시대의 것이기는 하나 종류가 아주 다르다. 그것은 바로 신명기적 역사다. 우리가 이미 보았듯이, 그것은 이스라엘의 역사를 여호와의 효력 있는 "말씀의 역사"로 그려냈고 또한 수많은 예언들을 사건들의 실제 원인으로 가정했다. 그리고 적절한 곳에서 각각의 특정한 예언이 성취되는 방식에 주목했다 "이는 선지자로 말씀하신 것을 이루려 하심이라"[7]. 신명기 사가는 이런 개념들을 과거에 적용함으로써 그것을 여호와에 의해 형성된 역사의 구도로 제시하려고 한다. 그러나 의심할 바 없이 그런 개념들은 예언자적 전승을 통해 나왔다. 하지만 구약성서라는 보다 큰 틀 안에서 역사의 원동력으로서 하나님의 말씀에 가장 폭넓은 신학적 기초를 부여한 것은 바로 그였다. 왜냐하면 그는 여호와의 말씀을 — 그것이 구원과 관련된 것이든 심판과 관련된 것이든 — 이스라엘 역사의 실제적 동인이자 창조자로 보았기 때문이다. 그 말씀은 지극히 활동적이어서 "속히 달린다"(시 147:15). "이 묵시는 정한 때가

---

[7] 신명기 사가는 이런 말씀이 역사 속에서 기능하는 방식을 보여 주기 위한 일련의 확정된 신학 용어들을 갖고 있었다. "남음이 없이 다 응하였더라": 수 21:45; 23:14; 왕상 8:56; 왕하 10:10; "이루어지리다": 삼상 1:23; 15:11, 13; 삼하 7:25; 왕상 2:4; 6:12; "임하다": 수 23:15; "성취되다": 왕상 2:27; 8:15, 24; 또한 겔 12:25, 28 참고.

있나니 그 종말이 속히 이르겠고 결코 거짓되지 아니하리라 비록 더딜지라도 기다리라 지체되지 않고 반드시 응하리라"(합 2:3). 왜냐하면 하나님의 생각과 계획은 그것들이 예언자의 입술에 놓이는 순간부터 역사적 성취의 과정을 시작하기 때문이다.

▎외경 「솔로몬의 지혜서 *the Wisdom of Solomon*」에서 하나님의 말씀은 굉장한 시적 가치를 지닌 몇몇 구절들의 주제가 된다. 그리고 어느 면에서 그것들은 앞에서 언급했던 예언적 발언들과 아주 흡사하다. 그 주제는 여호와께서 애굽의 처음 난 것들을 치셨던 밤이다. "무거운 침묵이 온 세상을 덮고 밤이 달려서 한고비에 다다랐을 때 하늘의 옥좌로부터 주님의 전능하신 말씀이 마치 사정없는 전사처럼 멸망한 땅 한가운데로 뛰어 들었다. 그는 날카로운 칼과 같은 주님의 확고부동한 명령을 가지고 와서 우뚝 서서 온 세상을 시체로 가득 채웠다. 그는 아래로는 땅을 딛고 위로는 하늘까지 닿았다"(18:14-16). 분명히 이것은 예언자들의 사고의 계열을 벗어난다. 왜냐하면 그들은 여호와의 말씀을 이 정도까지 (마치 그것이 그 자체로 실존하는 것처럼) 독립적인 실체로 여긴 적이 결코 없었기 때문이다. 그들에게 그 말씀은 지극히 활동적이었다. 따라서 그들은 그 말씀을 그런 식으로 어떤 장소에 묶어두거나 이런 식으로 묘사할 수 없었다. 여기에서 신앙은 침묵에 빠지고 사변적 사고에 자리를 내주게 된다.

여호와의 말씀과 예언적 표징

그러나 분명하게 발언된 말씀만이 예언자들이 미래를 표현하기 위해 사용했던 유일한 수단은 아니었다. 그들은 또한 온갖 종류의 상징적 행동을 했는데, 그 중 일부는 극도로 기괴했다. 실로 사람 아히야는 그의 옷을 찢었다(왕상 11:29ff.). 이사야는 서판 위에 글자를 새겨 넣었고(사 8:1-4), 벌거벗은 채 돌아다녔다(사 20:1ff.). 예레미야는 옹기를 깨뜨리고(렘 19:1ff.), 멍에를 매고(27:2ff.), 밭을 샀다(32:6ff.). 그리고 특히 에스겔은 일련의 기괴한 상징적 행위들을 한 것으로 알려져 있다(겔 4-5). 학자들이 이런 예언적 표징들의 특별한 의미를 깨닫는 데에는 오랜 시간이 필요했다. 실제로 그들은 이런 표징들이 단순히 구두로 선포된 내용의 의미를 드러내기 위한 상징으로 간주되어서는 안 된다는 것을 깨달은 후에야 그것들의 참된 의미를 알게 되었다.

몇몇 경우에 예언자들의 목적이 그가 말한 것이나 말하고자 하는 것을 시각적으로 보강하려는 것이었음은 분명하다. 하지만 그것이 모든 것을 다 설명해 주지 않는다는 것 역시 사실이다. 고대 세계에서 표징은 우리가 이미 논했던 엄중한 말과 같이 어떤 논거를 상징할 뿐 아니라 실제로 그것을 구체화할 수 있었다. 이것은 어떤 표징이 창조적으로 작용할 수 있다는 것, 그리고 어느 문화에서든 그것이 말보다 큰 위력을 갖고 있다는 것을 의미한다. 오늘 우리가 표징을 이런 식으로 이해하기는 어렵다. 하지만 우리는 말의 창조력을 여전히 쉽게 경험할 수 있다. 어떤 말이 사람들의 마음속에서라도 말해졌는지 여부가 중요한 의미를 갖는 상황들이 있다. 그러나 특별히 고대의 제의적 행위에서 엄중한 말과 엄중한 표징은 서로 긴밀하게 연결되어 있었다. 그리고 이것은 표징이 말을 보충한다는 의미에서만, 즉 표징이 단순히 말에 곁들여진다는 의미에서만 그런 것이 아니었다. 오히려 표징은 말과 완전히 독립된 것으로(예컨대, 성스러운 의식儀式의 형태로) 간주될 수 있었다.

다른 고대인들처럼 이스라엘 사람들 역시 성스러운 표징의 효력을 의식하고 있었다. 그리고 이런 효력은 제의라는 제한된 영역에만 국한된 것이 아니라, 법(법적 상징 혹은 맹세와 관련된 상징적 행위들), 성스러운 의술, 그리고 심지어 춤 같은 몸짓 언어의 영역들에서도 발휘되었다. 그러므로 상징적 행위들은 어떤 의미에서도 예언자들의 전유물이 아니었다. 예언자들의 동시대인들은 그들이 그런 행위를 하는 것에 놀라지 않았다. 오히려 그들에게 충격을 준 것은 예언자들이 그런 행위를 통해 밝힌 의미였다. 여호와 자신이 예언자라는 그분의 도구를 통해 상징적으로 행동하신다. 그 상징은 신속하게 그리고 불가피하게 현실화될 미래에 대한 창조적인 예표였다. 예언자가 상징적 행위를 통해 미래의 일들을 상세하게 현재 안으로 투사할 때, 그것은 이미 현실화의 과정을 시작하는 셈이다. 그리고 그로 인해 그 예언적 상징 행위는 강화된 형태의 예언적 발언이 된다.

유일한 차이는, 표징의 경우에는 그것이 수행되는 것을 보는 이들이 그것의 온전한 의미를 이해하는 것이 그다지 중요하지 않다는 점이다. 사실 상징적 행위들은 드러내는 것 이상으로 감추는 것처럼 보이지 않는가? 이사야가 했던 두 가지 상징적 행위에서 그런 행위를 하라는 명령에 내포된 의미가 온전하게 드러나기까지는 여러 해가 필요했다(사 8:1ff.; 20:1ff.)! 비록 우리가 그 예언자 자신도 자기가 하도록 명령받은 일의 의미를 알지 못했다는 극단적인 입장 – 사실 두 경우 모두에서 본문이 분명하게 암시하는 것이 바로 그것이다 – 을 취하지는 않을

지라도, 백성들이 오랫동안 그의 행동을 이해하지 못했다는 것은 아주 분명하다. 그리고 이것은 상징적 행위의 역할이 가르치고 예시하는 것이었다는 개념을 완전히 지워버린다. 왜냐하면, 그렇게 하기 위해서는, 그런 상징적인 행위가 예언자가 그의 메시지를 보다 잘 이해시키기 위해 택한 가시적인 예증이 되었어야 했기 때문이다.

그러므로 비교종교학에 대한 연구를 통해 처음으로 밝혀진 상징적 행위들에 관한 이런 이해야말로 예언서를 주해하기 위한 기초가 된다. 물론 주해자들은 역사 속에서 창조적으로 작용하는 상징의 힘에 관한 이런 개념이 모든 경우에 순수한 형태로 존재하지는 않았음을 알게 될 것이다. 상징적 행위가 발설된 말과 관계하는 방식을 살펴 보면, 상징적 행위의 역할에 관한 다양한 개념들이 드러난다. 따라서 주해자들은 각각의 특정한 경우에 그런 행위가 의미하고자 했던 것이 무엇인지를 물어야 한다.

원래 예언적인 상징 행위들은 미래의 사건을 예시하기 위한 것이었다(왕하 13:14ff.). 그러나 고전기의 예언자들은 그 표징을 그들 자신의 시대에도 적용했고, 그로 인해 그것은 얼마간 이중적인 것이 되었다. 표징이 역사를 창조하는 힘을 가졌다는 개념은 이미 분명하게 존재하고 있었다. 그러나 이제 그 개념에 선포가 포함되었다. 이제는 표징이 사람들의 정신에 호소하는 것이 더 크게 강조되었다. 따라서 그것은 당대의 사람들을 향해 돌아서서 그들로 하여금 미래를 준비하도록 만들었다. 이사야가 벌거벗고 다녔던 것은 여호와께서 그 의미를 밝혀주시는 순간 그 나라를 위한 표징이 되었다. 즉 그것은 여전히 미래에 속한 국외추방의 전조가 되었다(사 20:3). 똑같은 방식으로, 에스겔은 자기

아내의 죽음 앞에서 곡하지 않음으로써 그의 백성을 위한 표징이 되었다. 그것은 아무도 자기들의 친척들을 위해 곡하지 못할 만큼의 대재앙을 가리키는 것이었다(겔 24:15ff.). 이런 상징적 행위들은 점점더 그것들이 가리키는 사건들의 실제적 예표가 되어갔다. 아히야가 자신의 옷을 찢었던 것과 달리, 그런 행위들은 단지 있는 그대로의 사실만 예시하는 것이 아니라, 그것에 수반하는 것을 실제적으로 보여 주었다 — 벌거벗고 다니는 죄인들, 장례식에 적합하지 않은 의식 등. 그리고 이제 그것들은 그것들을 목격하는 사람들에게 더 잘 이해되었다.

이런 개념은 예레미야가 멍에를 매고 다녔던 이야기에서 훨씬 더 급격한 변화를 겪는다. 왜냐하면 예레미야는 그 멍에를 일종의 경고로서 사용했기 때문이다 — 느부갓네살에게 굴복하는 나라들만이 국외추방을 면할 것이다(렘 27:1ff.). 여기에서 미래의 모습은 완벽하게 열려 있다. 그리고 그 상징적 행동은 그것을 목격한 자들에게 그 미래가 번영이 될지 아니면 저주가 될지를 결정하도록 책임을 지운다. 여기에서 상징적 행위의 성례전적 의미는 완전히 사라진다. 물론 그 상징이 과거의 의미를 잃어버린 것에 대한 책임을 그 사건을 보도하는 자에게 돌리는 것은 가능하다. 왜냐하면 예레미아서의 다른 곳에서는 그것들에 대한 오래된 이해에 상응하는 상징적 행위들이 나오기 때문이다(특히, 렘 19:1-2a, 10-11a, 14-15, 그리고 32:ff.에서 그러하다).

제6장

히브리적 역사관의 기원

    히브리적 사유가 시간과 역사를 이해했던 특별한 방식에 대한 질문은 우리를 예언자들을 바르게 이해하는 데 꼭 필요한 아주 중요한 분야로 이끌어 간다. 과거의 성서 주석가들은 거기에 어떤 문제가 있다는 것을 분명하게 인식하지 못한 채 자신들의 서구적이고 기독교적인 시간관이 이스라엘에도 해당된다고 무비판적으로 가정했다. 그러나 오늘날 우리는 우리가 "시간"이라고 부르는 것에 대한 이스라엘의 경험이 우리의 그것과 달랐음을 인식하고 있다. 그러나 이런 인식 자체가 우리를 더 먼 곳으로 이끌어가지는 않는다. 왜냐하면 우리는 우리가 유일하게 가능한 것으로 여기는 우리 자신의 개념의 범위를 벗어나거나, 다른 개념의 특별한 내용들이 우리의 개념을 재구성하게 할 만큼 그것들을 충분히 이해하는 것이 어렵다는 것을 알기 때문이다.
    서구인들이 다소 순진하게 받아들이고 있는 시간 개념은 직선적이다. 흔히 시간은 개인이 그 위에다 자신이 확인할 수 있는 과거와 미래의 사건들을 표기할 수 있는 무한히 긴 직선으로 간주된다.

이런 시간의 폭 time-span은 중간 지점을 갖고 있는데, 바로 그것이 우리 자신의 현재다. 그것으로부터 과거는 뒤를 향해 뻗어나가고, 미래는 앞을 향해 뻗어나간다. 그러나 오늘날 우리가 아주 분명하게 확신할 수 있는 몇 가지 사항들 중 하나는 이런 절대적인 시간 개념, 즉 사건들과 무관하고 마치 시험지 위의 빈 칸처럼 그것에 내용을 제공하는 자료들로 채워져야 하는 시간 개념은 이스라엘에게는 알려져 있지 않았다는 것이다.

이스라엘의 시간 개념

신명기적 역사서에 나타나는 유다와 이스라엘 왕들의 동시적 통치에 대한 공시적共時的 기술記述에는 고도의 지적이고 학문적인 활동이 전제되어 있다(잘 알려진 바와 같이, 그런 기술은 바벨론과 앗수르의 왕들의 공시적 목록들에서 발견되며 아마도 그것들에 기초를 두고 있을 것이다). 그러나 이 연대기 기자들은 우리가 기대하는 다음 단계로까지 나아가지는 못했다. 즉 그들은 그 두 가지 연대기들을 묶어 하나의 단일한 시간 선time-line 위에 올려놓지 못했던 것이다(왕들의 그 두 목록들 각각은 그들 나름의 시간을 유지한다). 그렇다면 우리는 이런 단순한 논리적 결론을 가로막은 것이 그 시대의 지적 한계 때문이었다고 말해야 할까? 아니다. 그런 발걸음을 절대적으로 가로막았던 것으로 보이는 훨씬 더 그럴듯한 원인은 고대 세계의 시간 개념이었다. 만약 성서 주석가들이 시간에 대한 이런 견해를 단순히 문화적 유아기 탓으로 여긴다면, 그들은 올바른 이해에 이르지 못할 것이다. 오히려 그들은 이스라엘의 시간 개념이 우리의 그것과는 다른 관점에서 취해졌다는 사실을 받아들여야 할 것이다.

분명한 것은, 이스라엘은 절대적이고 단선적單線的인 시간에 대한 그 어떤 개념도 갖고 있지 않았을 뿐 아니라, 추상적인 시간 곧 특정한 사건들과 무관한 시간에 대해서도 알지 못했다는 것이다. 이스라엘은 특정한 사건과 결부되지 않은 시간이라는 개념을 결코 이해하지 못했다. 이스라엘이 알았던 모든 시간은 사건들을 포함하고 있다. 히브리인들은 현대적 시간 개념에 해당하는 단어 자체를 갖고 있지 않았다. 먼 과거나 미래를 의미하는 영원에 해당하는 히브리어를 제외한다면, 우리가 여기에서 논의하고 있는 문제와 관련해 가장 중요한 의미를 갖는 용어는 때 a point in time 혹은 기간 a period of time이라는 의미에서 시간을 가리키는 단어다. 아기를 낳을 때가 있고(미 5:2[3]), 가축들이 모일 때가 있고(창 29:7), 왕들이 전쟁에 나갈 때가 있었다(왕하 11:1). 따라서, 성전의 재건축 같은(학 1:4) 특별한 일을 계획할 경우, 지금이 그 일을 할 때인가에 대한 논쟁이 벌어질 수 있었다. 나무들은 "철을 따라" 열매를 맺고(시 1:3), 하나님은 "때를 따라" 그분의 피조물들에게 먹을 것을 주신다(시 104:27). 즉 모든 사건들은 시간의 질서 속에서 그것에 적합한 장소를 갖고 있다. 그 사건들은 그것에 적합한 시간과 무관하게 이해될 수 없으며, 그 역逆 역시 마찬가지다. 물론 이것은 자연의 순환에 의해 결정되는 과정들의 경우에 분명하게 드러난다. 그러나 고대인들이 이해했던 이런 시간적 질서는 (다양한 감정들까지 포함해) 인간의 모든 관심사들에도 해당되었다. 왜냐하면 하늘 아래에서 발생하는 모든 문제들에는 그것에 적합한 때가 있기 때문이다. 낳고, 죽고, 심고, 뽑고, 울고, 웃고, 슬퍼하고,

춤추고, 찾고, 잃고, 찢고, 뿌리고, 침묵하고, 말하고, 사랑하고, 미워할 때가 있었다(전 3:1ff.).

물론 이런 심원한 통찰은 단순히 전도서 기자만의 것이 아니었다. 오히려 그것은 그 시대의 일반인들의 기본적인 통찰들 중 하나였다. 그리고 최고의 지혜는 각각의 일들에 적합한 때를 놓치지 않고 그것들의 신비로운 때 kairos를 깨닫는 것이었다. 최종적으로 이스라엘은 이런 기본적인 개념들의 토대 위에서 시간들 times에 관해 말할 수 있었다. 그 복수 형태는 이스라엘에게 실제적인 의미를 갖고 있었다. 어떤 이가 기도를 드리면서 "나의 앞날 my times이 주의 손에 있사오니"(시 31:16)라고 말할 때, 우리는 그가 시간 자체라는 개념을 갖고 있지 않았음을 기억해야 한다. 그가 보기에 인간의 삶은 일련의 수많은 시간들로 이루어져 있다.[1]

앞에서 했던 진술, 즉 우리의 시간 개념이 직선적이라는 진술은 그것이 또한 실제로는 상당한 정도로 종말론적 eschatological이라는 진술에 의해 보완될 필요가 있다. 1천여 년 동안 우리 서구 세계에서 시간의 개념은 그 용어의 엄격하게 기독교적인 의미에서 종말론적이었다. 우리가 세상과 역사를 바라보는 방식이 세속적인 것이 되었을 때조차 시간 자체는 어떤 의미에서 여전히 종말론적으로 생각되었다. 다시 말해, 인류 혹은 어느 특정한 나라는 어떤 궁극적 완성을 향해 움직이고 있는 것으로 생각되었다. 오늘날에는 허무주의자들조차 자신이 어떤 시간의 흐름 속에 존재하고 있음을 의식한다. 실제로 그들의

---

[1] 이런 복수의 사용에 관한 다른 예로서는 겔 12:27; 욥 24:1 등이 있다.

문제는 그들이 그런 시간의 흐름을 제어할 수 없다는 데 있다. 세속적 실존 속에 있는 인간에게 문제가 되는 것은, 다른 기독교적 개념들이 맥없이 붕괴되었음에도 (비록 골자가 빠져 있기는 하나) 시간에 관한 종말론적 개념이 여전히 살아남아 있다는 사실이다. 그러므로 구약의 주석가들은 이런 시간 개념을 완전히 배제해야 한다. 어떤 의미에서든 그런 시간 개념은 그리스적인 것도 아니다. 또한 이렇게 추상화된 종말론적 시간 개념은 고대에는 전혀 알려져 있지 않았다.[2]

홍수 이야기에 대한 여호와 문서(J)의 마지막 부분을 이루는 위로의 말씀, 즉 "땅이 있을 동안에는 심음과 거둠과 추위와 더위와 여름과 겨울과 낮과 밤이 쉬지 아니하리라"(창 8:22)는 말씀은 여러 면에서 초기의 이스라엘을 지배하던 시간 개념의 특성을 드러낸다. 첫째로, 그 말씀은 그것이 미래에 일어나리라고 기대하는 것이 정확하게 "비정상적인 것의 부재"라는 점에서 철저히 비종말론적이다. 실제로는 그런 용어가 적절하지 않을지라도 미래는 현재의 연장이다. "땅이 있을 동안에는"이라는 말은 "항상"이라는 말과 동일한 의미다. 분명히 그것은 오직 땅이 있을 동안을 의미하면서 어떤 한계에 대한 인식을 암시하는 것이 아니다. 둘째로, 땅이 영원토록 남아 있으리라는 생각을 전하는 유일하고 전형적인 방식은 다양한 내용을 포함하는 일련의 시간들을 엮어내는 것이다. 셋째로, 이 말씀은 그것에 포함된 일련의 내용들이 어떤 분명한 리듬을 따르고 있음을 보여 준다. 그것은 임의적이지 않고

---

[2] 성서적이고 기독교적인 시간 개념과 구별되는 것으로서 그리스적 시간 개념에 관한 중요한 고찰을 위해서는 K. Lowith, *Meaning in History*, 1949, 6ff.를 참고하라.

어느 확정된 질서에 복속된다. 우리는 그것을 "자연의 질서"라고 부른다. 왜냐하면 그 질서가 땅과 천체의 리듬에 의해 결정되기 때문이다.

시간, 축제, 역사

고대 세계 일반에서 그리고 특별히 이스라엘에서 수용되었던 시간 개념에 대한 그 어떤 묘사도, 만약 그것이 축제들의 의미에 대해 언급하지 않는다면, 매우 불충분한 것이 될 것이다. 왜냐하면 축제들은 단지 인간의 삶의 가장 밝은 측면에 불과한 것이 아니었기 때문이다. 오히려 축제의 시기와 축제가 없는 시기의 리듬이 그들의 삶에 시간적 리듬을 제공했다. 한 걸음 더 나아가 우리는 제의적 축제의 시간을 그 말의 온전한 의미에서 유일한 시간이라고 부를 수도 있을 것이다. 왜냐하면 오직 그것만이 그 말의 가장 참된 의미에서 내용을 지닌 시간이었기 때문이다. 왜냐하면 그런 제의적 축제를 행하는 것은 인간의 고안에 의한 것이 아니었을 뿐 아니라, 또한 그렇게 이른 시기에는 교회력과 시민력이 따로 존재하지도 않았기 때문이다.[3]

우리는 거룩한 축제들이 관련될 수밖에 없었던 절대적이고 직선적인 시간에 대해 아무런 개념도 갖고 있지 않았던 이들에게 그런 축제들이 얼마나 많은 것을 의미했는지 이해하려 해야 한다. 그런 축제들—시

---

[3] 춘력椿曆의 도입, 즉 연초를 봄으로 옮긴 것—이것은 후기 군주 시대에 앗수르의 영향을 받아 이루어졌다—은 사실 제의적 축제들의 순환에 아무 영향도 주지 않았다. 하지만, 그럼에도 그것은 오래된 제의적 시간 이해가 붕괴되기 시작했음을 보여주는 신호로 간주되어야 한다.

간들이 아니다— 은 절대적 소여所與였고, 그것의 거룩성이 절대적이었던 소여였다. 여호와께서 그것들을 "정하셨다"고 말할 수 있는 날들이 있었다(시 118:24). 안식일은 객관적으로 성별된 날, 즉 여호와를 위해 구별된 날, 공동체가 하나님의 쉼에 동참하는 날이었다. 그리고 공동체는 그렇게 함으로써 자신들이 누리는 쉼이 사실상 어떤 존재론적 실재임을 의식했다. 장막절은 여호와께서 절대화하신 환희의 시간이었다. 그것은 절대적으로 거룩한 시간이었고, 가장 불행한 사람들조차 그 절기를 지키며 기쁨을 누렸을 것이 분명한 시간이었다. 그것들 외에도, 애곡하거나 금식해야 할 때가 있었다. 금식의 때를 지키지 않는 것은 인간이 마련한 무언가가 아니라 하나님께서 정하신 확정된 질서를 위반하는 것이었다. 때로 불확실한 것들이 있을 수도 있었다. 공동체가 하나님의 명령과 어느 "때"의 본성을 오해하고 있는 것은 아닌지에 대한 질문, 예컨대 하나님께서 이미 은혜의 때로 정해 놓으셨음에도 공동체가 그 때를 애곡의 때로 지키고 있는 것은 아닌지에 대한 질문이 제기될 수도 있었다(슥 7:1ff.). 그런 질문들은 단지 종교 의식적인 것에 불과했던 것이 아니라, 사람들의 신앙의 기초에 영향을 주었다. 따라서 주석가들은 그런 질문들을 다룰 때 시간에 대한 자신들의 그럴싸한 철학적 개념 속으로 후퇴해서는 안 된다.

▎우리는 제의적 축제들이 지니고 있는 이토록 탁월한 의미를 이해하기 위해 W. F. 오토(Otto)가 고대 그리스의 축제들에 관해 말하는 내용을 참고할 수 있을 것이다(*Gestalt un das Sein*, 1955, 255). "축제는 늘 가장 고귀하고, 장엄하고, 영광스러운 것이 다시 한 번 현재화되는 이 세상에서의 위대한 시간의

재현, 그리고 선조들이 신들 및 영적인 존재들과 그토록 친밀하게 관계했던 황금기의 귀환을 의미한다. 이것이 축제의 숭고함의 이유다. 실제로 축제가 벌어질 때 그것은 여타의 숭고함이나 기쁨과는 다른 모습으로 나타난다. 그것은 참된 예배가 갖고 있는 장엄함을 추구하며 경외감을 불러일으키는 형식으로서 실용적 목적을 지닌 영역에 속할 수 없었다. 그것은 거룩한 풍성함, 그리고 비상하고 원시적이고 영원하고 신적인 것을 전유하는 영혼의 기쁨에 찬 쾌활함을 증거한다. 인간은 높은 곳으로 들어왔다. 위대한 시간의 회귀가 그를 고양시킨 것이다."

이스라엘의 큰 축제들의 리듬은 처음에는 팔레스타인 역법에 기초를 둔 자연의 순환 질서에 의해 결정되었다. 물론 그 축제력祝祭曆은 그 기원이 가나안에 있었고, 파종과 추수의 과정을 직접적인 제의적 사건으로 여겼던 농부들의 신앙의 표현이었다. 그러나 분명히 이스라엘에서는, 가나안 정착 직후 이스라엘 백성이 완전히 농민이 되었다는 사실에도 불구하고, 이런 축제들의 내용에 변화가 발생하기 시작했다. 이스라엘은 보리 추수가 시작될 무렵에 행하는 무교절에 출애굽을 기념했다(출 23:15). 그리고 대추수기 축제와 포도 수확 축제 때는 광야에서 체류했던 것과 초막에 거주했던 것을 기념했다(레 23:42f.). 과거에 이런 축제들은 전적으로 농사와 관련되어 있었다. 그러나 이스라엘은 그것들을 "역사화했다 historicized". 우리는 그들이 세계와 인간의 실존에 대한 독특한 이해를 통해 초래했던 그런 변화의 중요성을 과소평가해서는 안 된다. 자신들이 일차적으로 자연의 주기적 순환이 아니라 명백한 역사적 사건들에 묶여 있다는 이스라엘의 믿음은 어떤 신앙—

아마도 그것은 그때까지도 자신이 가나안의 종교와 얼마나 철저하게 다르며 자신의 활력이 얼마나 대단한지를 충분히 인식하지 못했을 것이다—에 대한 표현이었다. 그러므로 여호와 신앙이 역사에 기초를 두고 있다고 말하는 것이 분명하게 옳을지라도, 거기에는 우리가 아는 것처럼 모든 사건들의 상대성과 일시성을 강조하는 현대적인 역사 개념이 들어 있지 않다.

여호와께서 이스라엘 공동체를 설립하기 위해 하셨던 역사적 행위들은 절대적이었다. 그것들은 필연적으로 과거로 물러갈 수밖에 없는 모든 다른 사건들의 운명을 공유하지 않았다. 그것들은 이후의 세대들에게도 실제적이었다. 그리고 이것은 과거의 사건들에 대한 생생한 현재적 묘사를 통해 상상력을 부추긴다는 의미에서 그런 것이 아니었다. 아니다, 낭송과 의식을 통해 이스라엘을 그 말의 온전한 의미에서 "존재"하게 했던 것은 축제를 위해 모인 공동체였다. 그 공동체 안에서 이스라엘은 실제로 그리고 참되게 그 축제와 관련된 역사적 상황 속으로 들어갔다. 이스라엘 백성이 유월절 음식을 먹고, 여행을 위한 옷을 입고, 손에 지팡이를 들고, 발에 신발을 신고, 출발을 서두른다면(출 12:11), 그들은 출애굽의 구속 사건 속으로 들어가 아주 실제적인 방식으로 그것에 참여하고 있었던 셈이다. 같은 것이 계명의 수여를 축하하는 장막절이나 언약의 체결을 축하하는 세겜에서의 언약 갱신 축제에도 해당된다.[4]

---

[4] 오늘날의 우리가 이해하기 어려운 이런 제의적 경험은 그 시절의 예배자들이 자신들을 오늘의 우리들처럼 개인으로 여기지 않았다는 점을 기억할 때 좀더 잘 이해할 수 있게 된다. 그들은 자신들을 전적으로 공동체의 일원으로 여겼다. 그리고

그러나 한때 농사와 관련된 축제였던 것의 이런 변화는 — 그것은 역사적으로 결정된 종교인 여호와 신앙의 특성으로 인한 결과였다 — 발전의 한 단계에 불과하다. 우리는 그것을 자신의 역사적 실존에 대한 이해로 나아가는 이스라엘의 첫걸음이라고 부를 수 있을 것이다. 왜냐하면 이스라엘은 자신의 실존의 기초를 어느 한 가지 역사적 사건에 두는 데 머물지 않았기 때문이다. 이스라엘은 그런 사건들 전체를 일일이 열거하는 데까지 나아갔는데, 이스라엘 백성은 바로 그런 사건들을 통해 존재하게 되었던 것이다.

족장들의 시대 이후에 일어난 출애굽 사건은 가나안 진입으로 마무리되었다. 그리고 구원 행위들 전체의 집합으로부터 "한 폭의 역사적 시간 a span of historical time"이 나왔다. 이스라엘의 신앙이 자신의 기초로 삼기 시작한 것은 유월절에 기념되는 출애굽처럼 기념비적인 사건까지 포함해 어떤 단일한 사건이나 불연속적인 수많은 사건들이 아니었다. 이스라엘은 일련의 연속적인 자료들에 대해 생각하기 시작

종교적인 문제에서 그들은 오직 예배하는 공동체 전체의 경험을 통해서만 움직여지고 채워질 수 있었다. 시편 114편은 우리에게 제의 안에서 구속 사건의 이런 현재화가 어떻게 보였는지에 대한 훌륭한 예를 보여 준다. 출애굽 사건과 시온의 선택은 시기상으로 거의 동시에 이루어졌다(vv. 1f.). 홍해를 건넌 일(출 14)과 요단강을 건넌 일(수 3) — 그 두 사건은, 모세 오경의 판단에 따르면, 약 40여 년의 세월을 두고 분리되어 있었다 — 은 마치 그것이 둘이 아니라 하나의 사건인 것처럼 거의 동시에 언급된다(3절). 그리고 그로부터 수 세기 후에 쓰인 이 시편에서는 그 둘 모두가 거의 동시적인 것으로 나타나기 때문에, 그 구속 사건이 상연될 때 시편 기자는 그 사건에 대해 말하는 동시에 그것에 대해 질문을 제기할 정도였다(5절)! 그러나 다른 한편으로 이런 동시발생은 광야 시절에 있었던 한 사건, 즉 바위에서 물이 터져 나왔던 기적(민 20:11) — 그 사건은 홍해를 건넌 후 요단강을 건너기 전에 일어났다 — 을 언급하는 것을 가로막을 만큼 배타적이지는 않았다. 그런 일은 "시적 자유"로서가 아니라 오직 "제의적 사고"라는 기초 위에서만 설명이 가능하다.

했다. 다시 말해, 자신의 현재가 보다 앞서 발생한 일련의 창조적인 사건들에 기초해 있음을 깨닫기 시작했던 것이다.

그런데 이스라엘은 어떻게 해서 역사를 그런 식으로 이해하게 되었을까? 우리가 분명하게 말할 수 있는 것은, 틀림없이 각각의 개별적인 역사적 사실들이 고립되어서 그리고 전적으로 다른 장소들에서 제의적으로 축하되었던 때가 있었으리라는 것이다. 벧엘은 야곱에 관한 전승을 보존했다. 세겜은 언약의 갱신을 기념하는 축제의 장소였다. 여러 면에서 유월절-출애굽 축제와 겹쳤던 승리를 기념하던 장소는 길갈이었을 것이다. 그러나 훗날 이런 전승들은 통합되어 그 중 어느 한 가지 구성 요소도 빠져서는 안 되는 일련의 연쇄적인 사건들을 형성했다. 그와 동시에 그 각각의 사건들은 다양한 부분들의 총합보다 훨씬 큰 전체의 일부로만 이해되어야 했다.

제의를 통해 기념되던 다양한 구원 행위들을 한데 모아 연쇄적인 역사 시리즈를 만드는 이 혁명적인 과정의 최초의 결과물은 구속사에 관한 간결한 요약이었다(신 26:5ff.; 수 24:2ff.). 이스라엘은 그렇게 함으로써 "직선적인 역사의 폭 a linear historical span"이라는 개념에 이르렀는데, 그것은 철학이나 신화를 통해서가 아니라, 여러 장소들에서 기억되었던 하나님의 다양한 구원 행위들을 종합해 점차적으로 "시간의 폭"을 세움으로써 가능했다. 혹은, 보다 적절하게 말한다면, 이스라엘은 여호와께서 자신들을 위한 분명한 계획을 갖고 계셨다는 것, 그리고 자기네 조상들이 그분과 함께 오랜 여행을 함으로써 점차적으로 그들만의 정체성을 얻어갔다는 것을 깨닫게 되었던 것이다.

이런 깨달음, 즉 이스라엘이 어떤 단일한 사건 위에서 세워진 것이 아니라, 그것이 형성되기 전까지 오랜 여행(역사)이 필요했다는 깨달음은 획기적인 것이었다. 우리가 여기에서 발견하는 것은 우리에게 익숙한 역사가 아니다. 이스라엘이 애써서 이해했던 역사 개념은 전적으로 하나님께서 이스라엘의 구원을 위해 행하신 일련의 연쇄적인 행위들의 토대 위에서 형성되었다. 그렇게 해서 이스라엘의 역사는 하나님이 그들과 동행하시는 한에서만 존재했으며, 오직 그런 시간의 폭만이 이스라엘의 역사로 묘사될 수 있었다. 서로 다른 다양한 사건들 사이에 연속성을 부여하고 그것들이 시간 안에서 서로 이어지도록 방향을 부여하신 분은 하나님 자신이셨다.

이스라엘의 역사에 관한 이런 주목할 만한 견해는 사사 시대에 이미 형성되어 있었다. 이스라엘은 그런 견해를 더욱 포괄적으로 만들 수 있었고, 그것을 신학적 기초로 삼아 자신의 역사를 여러 가지 다른 각도에서 바라보고 서술할 수 있었다. 그러나 역사가 오직 하나님의 행위와 그분의 보호를 통해서만 존재할 수 있다는 기본적인 생각은 바뀌지 않았다. 이스라엘은 역사에 대한 오래된 정경적 서술에 포함된 기간을 계속해서 확장해 나갔다. 엘로힘 문서(E)는 족장들의 시대에서 가나안 정복 시대에 이르는 원래의 시간적 한계를 유지했다. 그러나 여호와 문서(J)와 제사장 문서(P)는 창조에서 시작해서 가나안 정복에서 끝난다. 신명기 사가는 모세에서 시작하지만, 군주의 시대를 포괄한 후, 587년의 재앙으로 끝난다. 역대기는 아담에서 포로기 이후까지 가장 긴 시간의 폭을 포괄한다.

그런 식으로 직선적인 시간의 폭을 조망하고 그것에 대한 신학적 이해에 이르고자 하는 열망이 점증하고 있었다. 고찰의 대상이 되었던 기간들은 점점 더 늘어났다. 그러나 물론 이것은 시간의 길이의 계속적인 확장 과정이 마침내 현대적인 역사 개념과 연결된다는 의미는 아니다. 왜냐하면 이스라엘은 그렇게 방대한 역사적 조망을 하면서도 자신들의 역사를 하나님과 함께하는 역사로, 즉 하나님의 보호하에서 여행하는 과정으로 여기는 독특한 관점을 결코 포기하지 않았기 때문이다. 이것이 여전히 보편사를 역사로 이해하는 문을 열어주지 않았다는 사실을 이해하는 것은 아주 중요하다. 이스라엘이 그렇게 하는 데 성공한 것은 다니엘서에 와서였다. 다니엘서에서 처음으로 세계사 전체를 종말론적으로 서술하는 묵시문학이 등장한다.[5] 역사가 시작을 갖고 있다는 개념은 창세기 1장에서 암시적으로 제기되었다. 왜냐하면, 우리가 이미 살펴보았듯이, 시간의 정교한 분할을 포함하고 있는 창조 이야기는 창조 안에서 하나님과 함께하는 이스라엘 역사의 시작을 보여주기 때문이다.

연대기적 역사와 구속사의 관계

이스라엘이 여러 세기에 걸쳐 신학적으로 다양한 방향으로 발전시켰던 역사관은 그 민족의 가장 위대한 성취들 중 하나다(잘 알려진 바와 같이, 비록 전적으로 다른 방식으로이기는 하나, 고대 세계에서 이스라엘

---

[5] 그러나 묵시문학조차 그 새로운 세대를 "영원 안에서 계속되는 주간들"이라는 시간적 범위로 표사했다(에녹 91:17). 그리고, 예언자들이 암 9:13; 사 60:19f.; 슥 14:7 같은 진술을 했을 때, 그들은 시간을 넘어서는 그 무엇, 즉 현재의 시간의 리듬의 중단을 가리키고자 했던 것이 아니었을까?

외에 역사를 기록했던 유일한 민족은 그리스인들이었다). 그러나 우리는 여전히 이스라엘이 촉발한 이런 직선적이고 연대기적인 역사관과 위에서 논한 바 있는 큰 축제들에서 이루어지는 구속사의 현재화 간의 상관관계라는 문제에 대해 고찰해 볼 필요가 있다.

제의라는 틀 안에서 발생하는 구속사의 현재화는 원칙적으로 이런 연대기적 역사관에 의해 배제되지 않았을까? 축제에 참가한 예배자들이 그것으로 인해 실제적이고 현실적인 방식으로 구속 사건―일련의 긴 연쇄적인 사건들이 아니라―속으로 들어갈 수 있었다는 (적어도 그 말의 엄격한 의미에서의) 동시성contemporaneousness이라는 개념은 분명하게 분쇄되었다. 왜냐하면 고대 세계에서 제의는 본질적으로 반역사적anti-historical이었기 때문이다. 그렇다면 이스라엘에는 역사를 현재화하는 두 가지 방법 곧 제의적 방법과 연대기적 방법이 존재했던 것일까? 사실 우리는 적어도 얼마 동안은 그 두 가지가 공존했다고 추론할 수 있다. 벧엘이나 브엘세바에서 열렸던 순례 축제들 중 하나에 참석했던 예배자들이 예루살렘에 있는 학자들이 이스라엘의 역사에 대해 점점 더 포괄적인 견해를 만들어 내고 있는 중이라고 생각했을 가능성은 거의 없다. 그리고 예루살렘 사람들은 구속사에 대한 연대기적 견해가 수립된 후에조차 전통적인 방식으로 유월절을 축하하는 것을 그치지 않았다.

그럼에도 상황은 그 두 가지 개념이 평화롭게 공존할 만큼 단순하지는 않았다. 우리는 여기에서 그 상황을 개괄하는 것으로 만족할 수밖에 없다. 구원의 사건들이 제의의 영역에서 분리되어 직선적 역사를 구성하기 위해 사용되고 난 후에도, 옛 형태의 제의적 현재화는 아주 오랫동안 존속할 수 있었다. 그러나 하나 이상의 신적 행위들로 이루어진 역사적 시리즈로서의 구속 사건이라는 개념으로부터 어떤 심적 태도가 나타났는데, 그것은 아주 포괄적인 영향력을 갖고 있었고 그로 인해 결국 제의적 현재화의 형식에 영향을 주었다. 이제 역사를 되풀이 되는 것으로 여기는 것은 더 이상 가능하지 않았다. 그리고 역사에 대한 이런 새로운 견해가 그것에 대한 원래의 이해를 넘어서 발전하리라는 것은 분명했다.

성스러운 영역으로부터의 탈출은 이성적 이해를 통해 역사의 상像을 구축하는 것을 가능하게 했다. 비판적 사고가 등장함으로써 사람들은 풍부한 전승들로부터 자료들을 취하고, 결합하고, 심지어 거부하는 법을 배우게 되었다. 그런 사고방식을 익힌 이들은 또한 그들 자신의 통찰을 사용해 길게 연결되어 있는 사건들에서 특히 중요한 것들에 주목할 수 있었다. 가령, 역사의 과정을 다양한 언약들 밑에 배열하는 식으로 그렇게 할 수 있었다.

물론, 역사의 차원으로의 이런 진전이 처음부터 어떤 결핍 곧 제의적 현재화가 갖고 있던 순진성의 소멸을 통해 도움을 받았는지, 혹은 그런 진전 자체가 그런 약화의 원인이었는지를 판단하기는 어렵다. 실제 사정이 어떻든, 여호와의 구원 행위에 대한 제의적 현재화에 발생한 위기를 보여 주는 증거가 있다. 신명기에서 설교자는 자신이 상대해서 말하고 있는 이들이 그들의 세대를 시내산에서 처음으로 언약을 맺었던 세대로부터 분리시키며 만들어내는 거리를 분명하게 의식하고 있었다. 이런 상황 속에서 보다 앞선 세대들에게 동시적인 것으로 인식되었던 언약은 이제 그 타당성을 얻기 위해 새로운 근거

위에 놓일 필요가 있었다.

> 2우리 하나님 여호와께서 호렙 산에서 우리와 언약을 세우셨나니 3이 언약은 여호와께서 우리 조상들과 세우신 것이 아니요 오늘 여기 살아 있는 우리 곧 우리와 세우신 것이라 (신 5:2-3)

보다 나중에 그 설교자는 동일한 노력을 하면서 다른 논증 방식을 취한다.

> 6너희의 유아들과 너희의 아내와 및 네 진중에 있는 객과 너를 위하여 나무를 패는 자로부터 물 긷는 자까지 다 너희의 하나님 여호와 앞에 서 있는 것은 7네 하나님 여호와의 언약에 참여하며 또 네 하나님 여호와께서 오늘 네게 하시는 맹세에 참여하여 8여호와께서 네게 말씀하신 대로 또 네 조상 아브라함과 이삭과 야곱에게 맹세하신 대로 오늘 너를 세워 자기 백성을 삼으시고 그는 친히 네 하나님이 되시려 함이니라 9내가 이 언약과 맹세를 너희에게만 세우는 것이 아니라 10오늘 우리 하나님 여호와 앞에 서 우리와 함께 여기 서 있는 자와 오늘 우리와 함께 여기 있지 아니한 자에게까지이니 (신 29:9-15)

여기에서도 설교자는 시내산에서 맺었던 옛 언약이 지금도 타당하다는 사실을 강조하고 있다. 그런 사상을 주장하는 신학은 여호와의 구원 행위가 과거에만 속하도록 내버려 두지 않는다. 이런 점에서 이스라엘은 여전히 제의의 영역 안에 있었다. 느헤미야 8장에 묘사된 장면은 에스라가 율법을 낭독한 후 레위인들이 그 심각한 표정의 무리들에게 어떻게 말하고 상황을 설명했는지를 보여 준다. 그러나 이것은 더 이상 옛 방식의 제의적 축하의 형태로 그런 것이 아니었다. 이제 구속 사건들의 현재화를 지속하기 위해서는 이성적 고찰과 논증이 필요했다. 신명기에 실려 있는 교훈들이 청중의 귀에 반복해서 말하는 "오늘날"에 음색을 부여하는 것 역시 그것이었다.

더 나아가, 우리는 또한 신명기적 역사가 여호수아 시대 곧 정경적 구속사의 종국으로부터 사사들의 시대로 이행하는 놀라운 방식에 주목할 필요가 있다. 그것은 여호수아 시대와 깨끗하게 결별하고(수 21:43-5), "여호와를 알지 못하며 여호와께서 이스라엘을 위하여 행하신 일도 알지 못하는"(삿 2:10) 세대를 등장시킨다. 구속 사건들에 대한 철저한 역사적 이해가 신앙에 분명한 문제들을 초래할 수 있다는 인식은 놀라울 정도다.

고대 근동의 세계관과의 결별

비교종교학적 관점에서 볼 때, 역사에 대한 이스라엘의 이런 인식은 이웃 나라들의 그것과 크게 다른 것이었다. 한 해의 리듬을 따라 이루어졌던 구원 행위와 관련된 이스라엘의 제의적 축제 안에서 고대 근동의 이웃 종교들에 속한 개념들과의 지속적인 연관성을 인식하는 것이 여전히 가능할지라도, 구속사에 대한 나름의 독특한 이해를 갖고 있던 이스라엘은 그런 종교들과 완전히 결별했다. 그런 종교들 중 어느 것도 역사의 차원을 이스라엘과 같은 방식으로 이해하지 않았다!

우리가 고대인들이 시간에 대해 갖고 있던 개념들과 관련해 가장 분명하게 말할 수 있는 것은 태고의 시간이 있었다는 것이다. 그것은 다른 시간들 중 하나에 불과한 것이 아니라, 그 이후의 모든 시간들을 규정하는 근원적 시간이었다. 창조의 다양한 조건들이 바로 그 때 신적 질서를 부여받았다. 그리고 제의와 의식에 할당된 과제는 이런 원시적 질서들에 지속적인 의미를 부여하는 것이었다. 왜냐하면 항상 위험에 노출되어 있는 우주를 안전하고 안정되게 유지해 주는 창조적인 힘들이 바로 그런 제의로부터 나오기 때문이다.

그러나 고대 근동의 종교들은 세상이 그것에 의해 유지되는 이런 신적 과정을 역사적인 것이 아니라 주기적인 것으로 여겼다. 고대 근동의 세계관은 많든 적든 신화적 맥락의 주기적 사고, 즉 제의적 행사를 확정된 자연 질서의 리듬에 기초해 이해하는 사고방식의 특징을 분명하게 갖고 있었다. 이런 포괄적인 이해는 천체와 그것에 의존하는 땅 위에서의 자연의 리듬에 대한 숙고를 통해 나왔다. 신화를 통해 고대인들은 그들이 살면서 겪었던 자연의 힘들에 대해 숙고했다. 그리고 확정된 질서들 역시 그런 힘들에 속했다. 고대인들은 이런 힘들을 세계의, 그리고 그것을 유지하는 주기적인 사건들의 기초 위에서 바라보았다. 또 그들은 그것들을 신적인 것으로 여겼다. 기본적으로 순환적인 자연 질서야말로 고대 근동인들이 신들의 기원을 다루는 신화들과 신들의 죽음을 주제로 삼았던 신화들 모두에서 신성의 위엄을 부여하고 또한 신적인 사건으로 여겼던 것이었다.

세계에 대한 이런 식의 이해는 본질적으로 비역사적인 것이었다.

적어도 그것은 이스라엘이 그들의 신앙의 구성 요소로 여겼던 것, 즉 그들의 역사 안에서 이루어진 유일회적인 신적 구원 행위라는 특성을 위한 여지를 전혀 남기지 않았다. 구약성서에서 "에렉"(창 10:10)으로 언급되는 바벨론의 성소 우룩은 기원전 3천여 년 전에 이미 유명했던 제사의 중심지였다. 그러나 셀류시드 왕조에 속했던 것으로 보이는 가장 후대의 지층에서 나온 발굴물은 그곳에서 가장 초기 때와 동일한 신들 – 에아, 샤마쉬, 마르둑, 그리고 이스타르 등 – 에 대한 예배가 계속되고 있었음을 보여 주었다.

그렇게 해서 우리는 비교종교학과 관련된 아주 흥미로운 사실 하나와 마주하게 된다. 그것은 바로 고대 근동 전역에서 유행하던 세계관, 즉 메소포타미아의 옛 제의들에 기원을 두고 있고 수리아의 영향권하에 있던 나라들이 자발적으로 따랐던 세계관이 신적 구원 행위에 관한 전적으로 새로운 이해, 그것도 아주 보잘것없는 민족이 갖고 있던 이해와 부닥치게 되었다는 것이다. 물론 이것은 이스라엘이 그런 세계관과 맞서 즉각 전쟁을 선포했다거나 그런 세계관에서 빠져나오기 위해 크게 노력했다는 뜻은 아니다. 오히려 우리가 발견하는 것은 이스라엘이 크고 무의식적인 확신 위에서 그들 자신의 독특한 종교적 이해를 견지했고, 그런 이해를 점점 더 강하게 키워나갔다는 것이다. 그로 인한 투쟁과 시련은 훨씬 이후에 찾아 왔다.

제7장

예언자와 종말론적 역사관

각각의 예언자들을 살필 때 우리는 역사에 대한 동일한 이해의 각기 다른 예들과 마주하게 된다. 예언자들은 여호와께서 역사의 과정에서 이스라엘과 동행하셨다는 주장에 진지한 관심을 기울였고, 특히 그런 주장이 요구하는 이스라엘의 의무들에 관심을 가졌다. 그런 면에서 예언자들은 분명히 더 이상 그런 의무들을 심각하게 의식하지 않았던 그들의 동시대인들과 현저하게 달랐다. 그러나 또한 예언자들은 그 외에도 아주 새로운 무언가를 보여 주는데, 그것은 그들의 시대의 거대한 역사적 움직임과 변화들에 대한 날카롭고 전례가 없는 인식이었다. 예언자들의 모든 선포는 그 선포의 내용을 새로운 역사적 현상들― 때로 그것들은 예언자들을 자기모순에 이르게 하고 그들의 메시지에 대한 그 어떤 일관된 설명도 어렵게 만들 만큼 복잡했다― 에 적용하는 능력이라는 비할 바 없는 특징을 갖고 있다.

예언자들의 메시지와 세계사의 사건들의 관계는 아주 밀접하기 때문에 흔히 원인과 결과의 관계로 인식될 정도다. 아모스와 이사야는 앗수르(앗시리아)의 위협이라는 그림자 안에서 활동했다. 예레미야는 북쪽 곧 신 바벨론으로부터 닥쳐오는 재앙을 보았고, 제2이사야는 페르시아의 고레스의 출현을 예견했고, 학개와 스가랴는 521년에 페르시아 제국을 뒤흔들었던 사건에 관한 이야기를 전했다. 예언자들과 세계사의 이런 상호관계야말로 그들을 제대로 이해하는 데 필요한 열쇠다. 왜냐하면 그들은 자기들이 보았던 하나님의 새로운 역사적 행위가 정경적 역사에 등장하는 오래된 근원적인 사건들과 정확하게 동일한 범주에 속해 있다고 여겼기 때문이다. 참으로 그들은 점차적으로 이 새로운 역사적 행위들이 그 오래된 사건들을 능가하며 어느 정도는 그것들을 대신할 것이라고 인식하기 시작했다.

예언의 종말론적 요소

사실 예언자들은 여호와께서 그분의 백성들을 위해 새 시대를 열고 계시다는 확신 때문에 용기를 냈다. 만약 우리가 미래에 대한 그들의 이런 인식이 그 시대를 주도하던 몇 사람의 정치적 인물들에 대한 평가에 기초를 두고 이루어진, 역사적 사건들의 있을 법한 진행 과정에 대한 일종의 예후豫後에 불과하다고 가정한다면, 그것은 전적으로 잘못된 일이 될 것이다. 미래에 대한 예언적 조망과 일종의 정치적 예상을 구별하는 기준은 하나님께서 다가오는 사건들을 통해 이스라엘을 가장 직접적으로 다루실 것이라는 예언자들의 흔들림 없는 확신이었다. 다시 말해, 신학적 관점에서 본다면, 앞으로 일어날 일의 의미는 아주 분명했다. 정치적 예상은 역사 안에 존재하는 유사한 것들에 의존한다.

그러나 예언자들은 여호와의 뜻의 주권적 자유에 의해 설계된 역사적 사건들을 내다보았다. 그러나, 우리가 이제 곧 살펴보겠지만, 예언자들 역시 역사 안에서 이루어지는 여호와의 그 새로운 행위를 유사한 것들의 맥락에서 이해했다.

신학자들은 예언자들이 민족의 양심의 화신이었다고 말하는 것으로 충분하다는 생각을 포기하고 그들의 광범한 선포의 특징이 무엇이었는지를 이해하는 데 놀랄 만큼 느렸다. 만약 예언자들이 여호와 신앙의 특별한 대표자들 이상이었다면, 사정이 그렇게 된 유일한 이유는 그들이 그들의 눈을 미래로 돌렸다는 데 있을 것이다. 어느 면에서 그들을 여호와 신앙의 과거의 대변자들과 구별시켜 주는 새로운 요소는 (논쟁적이지만 피할 수 없는 용어를 사용해 말하자면) "종말론적 요소 eschatological element"라고 할 수 있을 것이다.[1] 오늘날 이런 인식은, 비록 그 용어의 정확한 정의에 대해서는 합의가 이루어져 있지 않으나, 거의 보편적으로 받아들여지고 있다.

물론 우리가 종말론을 예언자들이 거기에서 자기들이 원했던 것을 끄집어 낸, 그리고 미래에 관한 복잡하고 우주적이며 신화적인 기대들로 이루어진 거대하고 일관된 개념들의 집합으로 이해하는 것은 잘못이다. 예언자들에 대한 연구가 이런 잘못된 관점에서 벗어나기까지는 오랜 시간이 필요했다. "종말론적"이라는 용어에 대한 적절한 정의는 오늘날에도 여전히 미해결 상태로 남아 있다. 적지 않은 학자들이

---

[1] 우리는 여기에서 아모스와 호세아의 시대로부터 시작되는 예언을 다루고 있다. 엘리야와 엘리사의 예언이 종말론적인 것으로 간주될 수 있느냐 하는 것은 논란의 여지가 있다. 나단의 예언(삼하 7)이나 갓의 예언(삼하 24:11ff.)은 확실히 아니다.

제7장 예언자와 종말론적 역사관

그 용어의 사용을 피하고 있다. 그들은 그 용어를 정확한 의미로 사용하기를 원한다. 그러나 그것은, 그들의 주장에 따르면, 그 용어의 개념을 명확하게 하기보다는 흐리게 한다. 그들은 그 용어가 이 세상의 시간의 종말과 관련해 사용될 때만, 즉 그것이 세계사의 범위 너머에 있는 사건들을 통한 역사적 과정의 완성을 가리킬 때만, 그것을 용인하려 한다. 이것은 그 용어가 가장 후기에 속하는 예언적 작품들에서만 사용될 수 있음을 의미한다. 실제로 그것은 오직 묵시문학에만 적절하게 적용될 수 있으며, 그때조차 아주 정확하게 적용되지는 않는다. 왜냐하면 묵시문학은 역사적 완성 이후의 시간과 역사의 지속을 가정하기 때문이다.

그러나 "종말론적"이라는 용어를 그렇게 좁게 정의하는 것은 그 용어가 구약성서 안에서는 제 자리를 얻을 수 없으며 오직 기독교의 교리들에나 적용될 수 있을 뿐임을 의미한다. 이런 관점에서 볼 때, 그 용어를 구약성서에 적용하는 것은 다소간 외부로부터의 삽입인 셈이고, 따라서 구약성서 안에는 정확하게 그것에 상응하는 내용이 없다고 할 수 있다. 그러므로 우리는 학자들이 그 용어가 예언자들의 예견을 해석하는 데 사용될 때 불편해 하는 이유를 이해할 수 있다. 따라서 우리는 그 용어를 "예언적預言的 예언豫言prophetic prediction"이라는 관점에서 달리 정의할 필요가 있다.

예언자들의 메시지의 특징은 그것의 현실성과 무언가가 곧 발생하리라는 그것의 기대에 있다. 바로 그것이 "종말론적"이라는 용어를 사용하는 기준이 되어야 한다. 또한 바로 그것이 그 용어의 사용 가능성 여부를 판단하는 기초가 되어야 한다. 왜냐하면 그런 기대가 존재한다는 사실이야말로 예언적 예언들이 시간과 역사의 절대적 종국이라는 개념을 포함하고 있다는 주장을 논박하는 근거가 되기 때문이다. 그러나 그렇게 하는 것은 예언자들이 전혀 의식하고 있지 않았던 시간 개념을 그들의 가르침에 적용하는 것이나 다름없다. 앞에서 주장했듯이, 만약 예언자들에게 이런 시간 개념이 존재하지 않았다면, 그들이 예고하는 사건이 "최종적인 것"이라고 말하는 것은 충분히 가능하다—비록 우리가 우리의 다른 전제들 위에서 그것을 여전히 "역사 안에" 있는 것으로 묘사할지라도. 물론 "최종적인 것"이라는 개념이 곧 예언적 선포의 특징을 묘사하는 것은 아니다. 또한 그동안 "역사에 대한 이중적 착상dualistic conception of history"이라고 불려온 것이 이룬 공헌도 있다. 그것은 두 "세대eon"라는 개념인데, 거기에는 여호와의 대파괴 행위보다 뒤서고, 그분이 초래하시는 사물의 새로운 상태보다 앞서는 단절break이 포함되어 있다. 내가 보기에, 그것과 관련된 성서의 구절들은 역사 안에서의 여호와의 행위와 역사의 종국에 있을 그분의 행위의 구별을 요구하지 않으며, 따라서 결과적으로 "종말론적"이라는 용어를 후자에 국한시킬 필요가 없다. 내 생각에 훨씬 더 중요한 것은 이런 단절이 그 이후에 나타나는 새로운 상태가 이전 것의 연속으로 이해될 수 없을 정도로 깊은 것임을 깨닫는 것이다. 그것은 마치 이스라엘과 그 민족의 모든 종교적 자산들이 뒤로 내던져짐으로써 어떤 진공상태가 나타나는 것과 같다(그 진공상태는 예언자들이 심판을 선포하고 모든 거짓된 안전을 휩쓸어감으로써 만들어지고, 그 후에 새로운 것에 대한 그들의 메시지로 채워진다). 최근 들어 종말론에 대한 정의를 위해 다시 역사가 도입되고 예언적 환상이 "역사적 드라마의 갱신 행위"로 묘사되고 있는 것은 의미 있는 일이다.

이것을 출발점으로 삼는다면, 우리는 예언자들의 종말론적 메시지를 보다 적절하게 이해할 수 있다. 간단히 말하자면, 구속사에 관한 이스라엘의 이해는 (다른 분야들에서처럼) 종말론의 지평 안에서도 그것의 적절한 위치와 무게를 되찾아야 한다.[2] 예언자들의 종말론적 메시지를 신화론적이거나 제의적인 개념들 혹은 좌절된 희망 같은 것에 비추어 이해하는 것은 불가능하다. 그것은 오직 이스라엘의 독특한 역사관에 비추어서만 이해될 수 있을 뿐인데, 그것은 예언자들이 가장 강렬하게 몰두했던, 그리고 여호와 편의 전적으로 새로운 역사 행위에 관심을 집중함으로써 새로운 차원을 부여했던 주제다.[3]

종말론적 예언과 여호와의 새로운 행위

정경적 역사를 기록했던 이들과 마찬가지로 예언자들 역시 "선택 전승"을 규범적인 것으로 여겼다. 다시 말해, 그들은 이스라엘이 여호와에 의해 그분의 백성으로 부름을 받아 세워졌다는 역사관을 견지했

---

[2] 예언자들이 그 새로운 것을 서술하면서 종종 이전 시대에는 유행하지 않았으나 그동안 다른 종교들로부터 여호와 신앙 안으로 스며든 개념들을 소개하는 것은 놀랄 일이 아니다. 어쨌거나 그 과정은 종말론적인 것의 현상을 규정하는 데 있어 중요하지 않다.

[3] 종말론적 현상에 대한 심리학적 설명은 충분하지 않다. 비록 환멸이 종말론의 발흥에 공헌했던 요소들 중 하나였을지라도 그러하다. 오직 그런 환멸을 초래한 것에 대한 보다 정확한 신학적 정의가 필요할 뿐이다. 또 그런 환멸의 경험은 총체적인 종말론적 현상 안에서 적절한 위치를 얻어야 한다. 만약 우리가 예언자들의 말을 고수하고자 한다면, 그 환멸의 경험을 환기시키는 요소로 앞세우는 것은 적절하지 않다.

다. 실제로 예언자들 중 몇 사람이 선포한 내용은 그들이 물려받은 선택 전승과의 지속적인 대화로 간주될 수 있다. 물론 그 전승이 모든 예언자들에게 동일하게 받아들여졌던 것은 아니다. 호세아가 출애굽 전승 안에 서 있었던 반면, 이사야는 다윗-시온 전승과 연결된 구원과 관련된 제도들만 알고 있었다. 출애굽 전승은 또한 예레미야와 에스겔에게서 다시 우세해졌고, 특히 제2이사야에게서 더욱 그러했다.

그러나 주목할 만한 한 가지 요소가 있다. 한편으로 우리는 예언자들이 그들의 선포 안에서 선택 전승을 얼마나 강하고 열정적으로 붙들고 있었는지 알고 있다. 그러나 다른 한편으로 그들과 그 전승의 관계는 단절되어 있었다. 왜냐하면 그들은 다가오는 심판을 이스라엘의 현재의 실존의 종국에 대해 인을 치는 것으로 여겼기 때문이다. 선택 전승을 통해 이스라엘에 주어졌던 안전은 그들의 죄로 인해 취소되었다. 이스라엘이 매달릴 수 있는 유일한 것은 여호와의 새로운 역사적 행위였다. 예언자들은 그것의 윤곽을 미리 보았고 열정을 다해 그것을 가리켰다.

예언자들의 메시지는 그들이 이스라엘의 전 실존을 좌우할 결정적 요소를 미래의 사건들 안에서 발견한다는 점에서 과거의 구속사에 기초를 두고 있는 그 이전의 이스라엘의 모든 신학과 달랐다. 그럴지라도, 그들이 예고했던 새로운 일의 특별한 형태는 임의적으로 선택된 것이 아니었다. 그 새로운 일은 하나님의 과거의 구속사와 유사한 방식으로 이루어질 것이다. 그러기에 호세아는 가나안 땅으로의 새로운 진입에 대해, 이사야는 새로운 다윗과 새로운 시온에 대해, 그리고 제2이사야는 새로운 출애굽에 대해 예고했다.

물론 옛 상황과 새로운 상황 사이의 단절이 얼마나 철저한 것인지에 대한 예언자들의 인식에는 차이가 있었고, 심지어는 굉장한 신학적 차이까지도 있었다. 이사야에게 과거의 구원 행위와 제도들은 여호와의 도래를 그것들과 연결시킬 수 있을 만큼 여전히 충분하게 타당했다. 그것은 새로운 시온(사 1:26)과 새로운 다윗(사 11:1)이라는 표상에도 해당되었다. 반면에 예레미야와 제2이사야에게 그 단절은 너무나 철저했기에 여호와께서는 그분이 과거에 하신 일들을 다시 행하셔야 했다. 즉 언약은 갱신되어야 했고(렘 31:31ff.), 새로운 출애굽이 있어야 했다(사 43:16ff.). 이것은 예루살렘의 이사야가 말하는 방식과는 아주 달랐다. 그러나 그런 차이들은 상대적일 뿐이다. 왜냐하면 이사야조차 이스라엘의 구원의 유일한 근거가 역사 속에 나타난 여호와의 새로운 행위에 있음을 의심치 않았기 때문이다.

이런 관점에서 예언자들의 메시지는 그것이 구원의 오래된 역사적 기초들을 무효화하는 모든 곳에서 "종말론적"이라고 일컬어져야 한다. 그러나 우리는 더 나아가 그 용어를 제한해야 한다. 그것은 이스라엘이 그들의 미래에 대한, 혹은 그들의 거룩한 제도들 중 하나의 미래에 대한 일반적인 믿음을 표현하는 경우에 적용되어서는 안 된다. 예언적 가르침은 오직 예언자들이 이스라엘을 그 안전하고 오래된 구원 행위 밖으로 몰아내고 갑자기 그 구원의 기초를 하나님의 미래의 행위로 옮길 때만 "종말론적인 것"이 된다.

종말론적 메시지에 대한 이런 관점은 그것이 예언적 선포가 의존할 수 있는 종말론적 기대들의 총체적 복합체나 이미 형성되어 있는 어떤 종말론적 도식을 전제하지 않는다는 점에서 그 이전의 관점과 다르다. 종말론적 현상은 다시 한 번 단순화된다. 그것은 예언자들이 여호와께서 구원을 위한 과거의 제도들을 점차 쓸모없는 것으로 만드는 새로운 행위를 하시면서 (그때부터 이스라엘의 삶과 죽음은 이 미래의 사건에 의해 결정된다) 이스라엘에게 다가 오시는 것을 보았다는 극도로 혁명적인 사실로 귀착된다. 이런 변화의 이유는 일차적으로는 다시 한 번 전례가 없는 방식으로 움직이기 시작했던 역사속에서 찾아야 한다. 그러나 또한 그것은 이스라엘이 왕들의 치하에서 여호와와의 옛 관계로부터 멀어졌다는 현실 인식에서도 찾아야 한다.

예언자들이 미리 결정되어 있는 복합적인 도식적 개념들(그것의 기원은 여전히 알려져 있지 않다)에 얼마나 적게 의존하고 있는지는 그들이 새로운 구원 행위가 정확하게 옛 구원 행위의 양식을 취할 것을 기대했다는 사실, 그리고 바로 그러하기에 그들이 새로운 일을 설명하면서도 여전히 여호와의 과거의 구원 약속들에 의존했다는 사실을 통해 분명하게 드러난다. 그러므로 우리는 구속사에 대한 예언자들의 애착이 얼마나 강했는지 알 수 있다. 사실 그것은 그들이 아주 멀리 있는 마지막 일들을 묘사하는 데 필요한 기준이었다. 분명히 그들의 청중은 다가오고 있는 하나님의 행위에 대비하고 그 안에서 구원을 추구하라는 예언자들의 외침이 그들의 신앙에 대한 아주 강력한 요구가 되고 있음을 느꼈을 것이다. 그들은 자신들이 당대의 종교적 지식과 경험의 범위 너머로 이끌리고 있다고 느꼈을 것이다. 그들은 여호와의 정경적 구원 행위라는 구원의 영역 바깥에 존재하는 어떤 차원에 대해 생각할 방법이 없었다. 그들의 눈에 그것은 아주 낯설어 보일 수밖에 없었을 것이다.

제8장

여호와의 날

여호와의 날에 대한 기대와 관련해서는 여전히 특별한 고찰이 필요하다. 그 주제는 종종 예언적 종말론의 핵심으로 간주되었다. 어쨌거나 우리는 이 날에 대해 비교적 잘 정의된 복합적인 종말론적 기대들을 덧붙여 오지 않았는가? 사실 여호와의 날에 대한 기대에는 무언가 특별한 것이 있다. 예언들에서 이 표현이 나타날 때마다 그와 관련된 진술은 직접 여호와의 도래를 언급하는 것에서 절정을 이룬다. 종종 이런 개념이 어디에서 유래했는지에 대한 질문이 제기되어 왔는데, 사실 그것은 적절한 질문이다. 왜냐하면, 만약 우리가 그 질문에 대한 답을 찾을 수 있다면, 우리는 그 개념 자체를 훨씬 더 잘 이해하게 될 것이기 때문이다.

여호와의 거룩한 전쟁

여호와의 날에 대해 여러 말로 언급하는 구절들은 많지 않다(사 2:12;

13:6, 9; 22:5; 34:8; 렘 46:10; 겔 7:10; 13:5; 30:3; 욜 1:15; 2:1, 11; 3:4; 4:14; 암 5:18-20; 옵 15; 습 1:17, 8, 14-18; 슥 14:1). 이 16개의 구절들 중 가장 핵심적인 것으로 간주되는 아모스 5:18-20은 그 용어의 뜻을 해명하는 데 별 도움이 되지 않는다. 또한 반복되는 후렴구를 가진 이사야 2:9 이하의 긴 시 역시 여호와의 날과 그것에 수반하는 구체적인 현상들보다는 여호와의 도래가 초래할 일반적인 결과와 영향들을 더 많이 다룬다. 거기에서 우리는 사람들이 도망치는 것에 대한, 그리고 그 과정에서 이제 그들에게 쓸모없어진 우상들을 내던지는 것에 대한 설명을 듣는다.

우리는 여호와의 날에 관한 고찰을 이사야 13장에 나오는 바벨론에 관한 시로 시작하려고 하는데, 그 시는 대체로 6세기경에 익명의 예언자가 했던 말로 간주되고 있다. 그 시는 여호와의 군대를 소집하기 위해 용사들을 부르는 것으로 시작된다. "기치旗幟"들이 세워져야 했다. 여호와께서 몸소 "거룩하게 구별한 자들", 즉 "용사들"을 부르신다. 그러자 그들이 열국이 소동할 만큼 많이 모여든다. 그리고 여호와께서 그 군대를 점호하신다.

> 6너희는 애곡할지어다 여호와의 날이 가까웠으니 전능자에게서 멸망이 임할 것임이로다 7그러므로 모든 손의 힘이 풀리고 각 사람의 마음이 녹을 것이라 8그들이 놀라며 괴로움과 슬픔에 사로잡혀 해산이 임박한 여자 같이 고통하며 서로 보고 놀라며 얼굴이 불꽃같으리로다 (사 13:6-8)

제8장 여호와의 날 | 159

여호와께서 몸소 싸움에 임하신다. 별들이 빛을 잃고, 땅이 흔들리고, 끔찍한 대학살이 벌어진다. 이 시는 제국이 완전히 황폐화되는 것을 언급하며 끝난다. 이 모든 것이 의미하는 것은 하나다. 그것들은 용사들의 소집으로 시작되어 사람들이 거주하지 못할 만큼 황폐해진 땅에 대한 묘사로 끝나는 전쟁에 관해 말한다. 그 전쟁은 거대한 차원에서 이루어진다. 개별적인 전사들이 아니라 모든 나라들이 그 소집에 응해 몰려든다. 그와 동시에 여기에서 묘사되는 사건들은 실제적인 전쟁의 모습을 취하고 있다.

이사야 34장에 나오는 에돔을 향한 신탁 역시 언급되어야 한다. 그것 역시 이사야 13장에 나오는 예언과 마찬가지로 이사야 자신의 것이 아니며, "여호와의 날"이라는 용어를 포함하고 있지는 않으나 그 대신 "여호와께서 보복하시는 날"(8절)에 관해 말한다. 그것은 에돔에 대한 여호와의 격렬한 진노의 선포로 시작되어, 여호와의 칼에 의한 에돔의 파멸을 묘사하는 데로 나아가며, 이사야 13장과 마찬가지로 그 땅이 완전히 황폐화되어 그곳에 오직 들짐승들만 남아 있는 것을 묘사하며 끝난다. 여기에서 다시 여호와의 거룩한 전쟁이라는 개념이 두드러지게 나타난다. 그것은 "여호와께서 만국을 향하여 진노하시며 그들의 만군을 향하여 분내사 그들을 진멸하시며 살륙케 하셨은즉"(2절)이라는 말을 통해 표현된다. 또한 그 전쟁과 관련해 하늘에서 무서운 변화가 나타난다. "하늘들이 두루마리 같이 말리되 그 만상의 쇠잔함이 포도나무 잎이 마름 같고 무화과나무 잎이 마름 같으리라"(4절). 이 전쟁과 희생제사 때 동물을 죽이는 일 사이의 비교는 보다 나중에 이루어진다(6절).

단 하나의 문단으로 되어 있기는 하나 애굽에 대한 에스겔의 신탁(겔 30:1ff.) 역시 아주 정교한 시다. 그 시는 여호와의 날이 왔으니 통곡하라는 외침으로 시작된다. "여호와의 날이 가깝도다"(3절). 그 날은 구름의 날이고, 그 날에 애굽에 칼날이 임할 것이다. 또 애굽과 애굽의 동맹국들이 엎드러질 것이고, 그 땅과 도시들이 황폐해질 것이다. 비록 짧기는 하나, 에스겔 30:1-9 역시 이사야 13장과 34장에 나오는 예언들의 과정을 분명하게 밟아나간다. 그리고 이것은 그 세 구절 모두가 이미 존재하는 어떤 예언적 도식에 의존하고 있는 것 아닌가 하는 의문을 불러일으킨다.

이것은 또한 에스겔 7장에 나오는 굉장한 서술에도 해당된다. 여기에서도, "날이 가까웠다"(7절), "볼지어다 그 날이로다"(10절), 그리고 "때가 이르렀다"(12절) 같은 외침들에 비추어 볼 때, "여호와의 날"이라는 온전한 용어가 사용되지 않는 것은 별 문제가 되지 않는다. 실제로 이 장의 모든 구절들은 그 예언이 여호와의 날을 다루고 있음을 분명하게 밝힌다. 여기에서 다시 우리의 관심을 끄는 것은 다음과 같은 기본적인 개념뿐이다: 종말이 다가 오고 있다. 지금 그것은 특별히 이스라엘을 향하고 있으나 결국에는 온 세상에 임할 것이다. 앞의 예들과 비교할 때, 이 서두의 외침은 보기 드물 정도의 길이로 발전된다. 전쟁 자체에 대한 묘사는 14절에 가서야 등장한다. 적은 싸울 준비를 하지만 "전쟁에 나갈 사람이 없을 것이다." 칼과 기근이 만연할 것이기 때문이다. "모든 손은 피곤해질 것이다"(17절). 그 도시의 화려한 장식들은 타국인들의 손에 떨어지고, 도시 자체는 더럽혀질 것이다. 이런 구절들은 다른 시들에서 "주민 소개疏開"를 의미하는 단어로 표기되었던 것과 동일한 최후의 상태를 묘사한다. "그 날" 혹은 애굽에 임할 "보복일"이라는 표현을 담고 있는 예레미야 46:3-12 역시 정확하게 이 범주에 속한다.

크고 두려운 희생의 날

요엘서에는 우리가 방금 설명한 내용을 확증하는 중요한 예들이 나온다. 요엘 1:15은 그 장 전체를 이해하는 데 결정적으로 중요하다. "여호와의 날이 가까웠나니." 모든 표징들이 두려운 전쟁을 시작하시는 분이 여호와 자신임을 가리킨다(참고, 슥 14:1, 3). 오늘날 주석가들은 대개 요엘 2:1-11에서 예언자가 실제로 메뚜기 재앙을 묘사하고 있다는 데 동의한다. 그러나 그 예언자가 그 사건에 대해 갖고 있던 생각과 특히 그가 그 사건을 묘사하기 위해 사용한 수단이 아주 흥미롭다. 분명히 요엘은 그 고통을 생생하게 예증하기 위해 전통적이고 다소간 인습적이기도 한 예언적 개념들에 의존하고 있다. 그는 메뚜기 떼를 여호와의 날에 전장을 향해 진군하는 군대와 동일시하며, 그로 인해 여호와의 날과 관련된 모든 전쟁 개념들에 의존할 수 있었다.

> 1시온에서 나팔을 불며 나의 거룩한 산에서 경고의 소리를 질러 이 땅 주민들로 다 떨게 할지니 이는 여호와의 날이 이르게 됨이니라 이제 임박하였으니 2곧 어둡고 캄캄한 날이요 짙은 구름이 덮인 날이라 (욜 2:1-2)

누구도 본 적이 없을 만큼 강력한 군대가 전진한다. "그 앞에서 백성들이 질리고, 무리의 낯빛이 하얘졌도다"(6절). 그 앞에서 땅이 진동하고 하늘이 떤다. 해와 달이 어두워지고, 별들이 빛을 잃는다(10절). "여호와의 날이 크고 심히 두렵도다 당할 자가 누구이랴"(11절). 여기에서 시는 회개를 호소하고 함께 모여 금식할 것을 요구하는 데로 나아간다. 그것은 사실은 요엘 2:1-11이 어떤 큰 전례문典禮文의 일부이기 때문이다. 그러므로 일단 "여호와의 날"이라는 표제어가 도입된 후에 실제적인 출발점이었던 메뚜기 재앙이 일련의 사건들에 대한 전통적인 묘사에 거의 영향을 줄 수 없었다는 사실은 아주 놀랍다. 전쟁을 위한 소환, 낙담, 지진, 어두움, 그리고 여호와의 음성 같은 전통적인 사건들의 연쇄적 발생은 분명히 메뚜기 재앙의 진행과는 공통점이 많지는 않다.

여호와의 날에 관한 스바냐의 예언은 분명히 그 주제와 관련된 다양한 개념들을 다룰 때 참고할 수 있는 가장 중요한 자료들 중 하나다(습 1:7-18). 이 구절들의 양식은 이해하기가 쉽지 않다. 하지만 그 구절들은 그 자체로 하나의 단일한 이야기다. 우리가 갖고 있는 문장은 여호와의 날에 관한 원래의 서술에 몇 가지 말들이 삽입되어 만들어진 것이다. 우리의 목적을 위해서는 그 두 가지 구성 부분들 중 첫 번째 것만이 중요하다(7절, 10-11절, 13-18절). 그 서술은 여호와의 날이 가까웠다는 외침으로 시작된다. 그 날은 여호와께서 자신이 초청하신 자들을 위해 직접 준비하시는 "희생의 날"로 불린다(8절). 이것은 우리가 이미 이사야 34:6에서 만났던 은유다. 그것의 가장 분명한 표현은 예레미야 46:10에 나온다. 큰 축제에서는 희생제물의 피가 강물처럼 흘러넘친다. 적들에 대한 여호와의 전쟁 역시 피로 넘치게 될 것이다.

다음에 나오는 것 역시 그 사건이 전쟁임을 보여 준다. 예루살렘 곳곳에서 울부짖고 통곡하는 소리가 들릴 것이다(10-11절). 이 날은 고통의 날, 어둠과 암흑의 날, 요새화된 도시들을 향해 나팔을 불고 전쟁의 외침을 발하는 날이다. 사람들은 두려움에 휩싸일 것이다. 그 날에 나타날 공포는 사람들이 "맹인 같이 행하리라"(17절)라는 표현을 통해 드러난다. 그들은 자신들을 구원하지 못할 것이다. 왜냐하면 땅이 여호와의 맹렬한 진노의 불길에 휩싸일 것이기 때문이다. 이로써 이사야 13:34, 에스겔 7장, 그리고 요엘 2장에서 그 주된 윤곽이 드러나는 진술에 상응하는 묘사가 끝이 난다.

이런 조망을 통해 얻어지는 첫 번째 결론은 예언자들이 여호와의 날이 결국 전쟁을 초래하리라고 예상하고 있음을 보여 준다. 예언자들이 이런 개념을 널리 사용하고 있다는 사실은 지금 우리가 종말론적 전승의 잘 확립된 구성 부분을 다루고 있음을 암시한다. 그러나 이것은 "여호와의 날"이라는 표현이 때로 과거의 사건들과 관련되어 사용될 수 있었다는 사실(겔 13:5; 34:12; 참고. 애 1:12; 2:22)과 충돌한다.

이런 얼마간 모순되어 보이는 언급들에 비추어 볼 때, 우리의 탐구를 위한 적절한 절차는, 첫째는 억지스러운 신화에 기초한 해석들을 제외하는 것이고, 둘째는 이스라엘이 그들의 옛 전통 안에 특히 기적적인 현상들을 수반하면서 전쟁을 하기 위해 다가오시는 여호와라는 개념과 관련된 얼마간의 지식을 갖고 있지 않았는지 묻는 것이다. 물론 그랬을 것이다. 여호와의 날과 전쟁에 대한 개의 거의 도식적인 연관성은 우리에게 거룩한 전쟁들과 전통적으로 그것들에 수반하는 모든 현상들을 상기시켜 준다. 전쟁을 일으키며 다가오시는 여호와라는 표상에서 우리는 적어도 이스라엘의 전승을 통해 분명하게 승인된 개념 하나를 얻는다. 그리고 우리는 다른 해석 방법을 시도하기 전에 먼저 그 개념과 여호와의 날에 관한 예언적 발언의 관계를 확립해야 한다. 이것은 우리가 어느 예언자가 두 번에 걸쳐 종말론적인 전쟁 사건을 과거에 일어났던 거룩한 전쟁들 중 하나와 분명하게 연결시키는 것을 고려할 때 보다 분명해진다(사 9:4=삿 7; 사 28:21=삼하 5:20, 25). 이스라엘 사람들은 여호와께서 일으키신 전쟁들에 수반했던 온갖 기적들에 대해 상세하게 이야기했다(우뢰: 삼상 7:10; 하늘에서 돌들이 쏟아짐: 수 10:11; 암흑: 출 14:20; 물을 흘리는 구름: 삿 5:4f.). 하나님 자신에 의해 촉발된 공포, 아비규환, 그리고 적들의 사기를 꺾는 것 등이 특히 중요한 역할을 했는데, 그로 인해 적들은 자신들의 전투 능력에 대한 확신을 잃어버리고 파멸한다.[1]

종말론적인 여호와의 날

이 모든 것에 비추어 볼 때, 과거의 전쟁들에서 나타난 신의 현현顯現에 관한 옛 이야기들과 앞으로 있을 여호와의 날에 대한 예언자들의

---

[1] 출 15:14f.; 23:27f.; 수 2:9, 24; 5:1; 7:5; 25:12. "여호와의 날"이라는 용어는 아모스서에서 처음으로 나타난다. 그러나 거기에서 그것은, 종종 그렇게 주장되어 왔듯이, 이미 잘 알려진 그 무엇이었다. "여호와의 날이 가까웠다"라는 외침은 특별히 전승의 전 주기에 깊이 뿌리박혀 있기 때문에(사 13:6; 겔 30:4; 옵 15; 욜 1:15; 2:1; 4:14; 습 1:7, 14), 우리는 이것이 보다 이른 시기에 사람들을 군사 활동에 소집할 때 사용했던 전형적인 외침이 아니었을지, 혹은 사람들이 여호와와 함께 전장에 나갈 때 외치는 소리가 아니었을지 물을 수 있을 것이다.

묘사 모두에서 동일한 원리가 작동하고 있음은 의심할 여지가 없다. 전자의 다양한 구성 요소들과 인습적인 주제들이 예언자들의 예언에서 차례대로 재등장한다. 예레미야가 했던 말을 통해 그 거룩한 공포에 대해 한 번 더 언급해 보자.

> 5내가 본즉 그들이 놀라 물러가며 그들의 용사는 패하여 황급히 도망하며 뒤를 돌아보지 아니함은 어찜이냐 두려움이 그들의 사방에 있음이로다 6발이 빠른 자도 도망하지 못하며 용사도 피하지 못하고 (렘 46:5-6)

그러므로 여호와의 날과 관련된 개념들은 어떤 의미로든 그 자체로 종말론적이지는 않다. 그러나 그것들은 옛 여호와 신앙 전승에서 유래한 상세한 내용이라는 점에서 예언자들에게 익숙해 있었다. 하지만 또한 예언자들은 여호와께서 적들과 맞서 마지막으로 일어서시는 일이 오래 전에 있었던 일들과 동일한 형식을 취하리라고 믿었다. 여호와의 전쟁 개입이라는 개념과 관련된 예언적 비전이 크게 확대되었음은 의심할 여지가 없다. 왜냐하면 예언자들은 전쟁이 모든 나라들에게, 심지어는 확정된 창조 질서와 이스라엘에게까지 영향을 주리라고 믿었기 때문이다. 종말의 사건들은 우주적 의미를 지닌 현상으로 확대되었다. 그리고 이런 전승적 요소의 영향하에서 종말에 관한 예언적 개념 역시 어느 정도 조직화되었다. 즉 서로 다른 전승들에서 시작된 여호와의 날에 대한 기대와 연관된 예언들이 어느 정도 혼합되었다. 우리는 아모스의 동시대인들이 여호와께서 전쟁을 위해 일어서시고 승리하시리라는 기대를 품었다고 상상할 수 있다. 그러나 아모스는 그들을 향해 그 날이 그들을 위험에 처하게 할 수도 있는 어두움을 초래하리라고는 생각하지 않느냐고 묻는다. 아모스의 동시대인들이 이미 충분히 발전된 "인기 있는 종말론"을 갖고 있었을 가능성은 거의 없다. 그런 측면에서 그동안 아모스 5:18에는 지나치게 많은 의미가 부여되어 왔다.

제2부

주전 8세기의 예언자들

제9장

예언자들의 "메시지"

앞에서 예언과 그것이 선포된 방식에 관한 일반적인 고찰을 마쳤으므로, 이제는 각각의 예언자들의 메시지를 살필 차례다. 여기에서 가장 중요한 것은 그 각각의 메시지들을 마치 그것들이 어떤 무시간적 진리를 구성하는 것처럼 읽기보다는 그것들이 역사의 어느 특정한 시기와 관련되어 있기에 그 어떤 다른 말로도 대체될 수 없는 특별한 말인 것처럼 읽는 것이다. 여호와 신앙에 의해 사용되었던 그 어떤 다른 형태의 말들과도 구분되는 예언의 말은 그 기원을 어떤 열정적인 대화에 두고 있다. 하지만 그 대화는 결코 일반적인 종교적 진리의 영역 안으로 들어가려 하는 대신, 오히려 아주 의심스러운 수단을 사용해 그 대화의 청중을 그들이 속한 특정한 시간과 장소에 묶음으로써 그들로 하여금 하나님 앞에서 그들의 상황을 이해하도록 만들고자 한다.

예언자들은 특정한 상황 속에 있는 그들의 대화 파트너들에게 다가가기 위해 가능한 모든 수사학적 장치들을 사용했다. 그들은 풍자까지 포함해 아주 급진적인 표현 방식들을 사용하는 것을 주저하지 않았다. 몇 가지 예외는 있으나, 대개 예언자들의 관심은 일반적으로 수용되고 있는 것들에 대한 객관적 증거를 제공하는 것이 아니라, 이스라엘의 종교 전통에 대해 아주 비판적인 견해를 밝히는 데 있었다. 그러나 이런 진술 역시 오해를 불러일으킬 수 있다. 왜냐하면 교훈을 위한 교훈에 대한 이론적인 관심보다 예언자들과 상관없는 것은 달리 없기 때문이다.

예언자들의 관심은 신앙이 아니었고, 심지어 메시지도 아니었다. 그들의 관심은 특정한 상황 안에서 스스로도 의식하지 못한 채 하나님 앞에 서 있었던 특정한 남자와 여자들에게 여호와의 특별한 메시지를 전하는 데 있었다. 그러나 예언자들의 대화 파트너들이 끊임없이 변했던 것을 감안할 때(그들은 막연한 "민족"이 아니었다), 우리는 그 예언적 발언들이 갖고 있는 비할 데 없는 내적 다양성과 적응력에 존경을 표하지 않을 수 없다. 그 발언들은 비록 실제로는 최소한의 기본적인 사상들에 의존하고 있음에도 마치 아주 풍성한 자원에 의존하고 있는 것처럼 보인다. 그러나 동일한 이유에서 우리가 그 메시지들을 서로 연결된 하나의 전체로 여길 수 있다는 그 어떤 확신도 필연적으로 사라질 수밖에 없다.

그럼에도 이런 상황 앞에서 뒤로 물러나 앉는 것은 잘못이다. 오히려 현명한 태도는 우리가 습관적으로 예언자들의 "메시지"라고 부르는 것이 아주 큰 문제가 되는 실체라는 사실을 처음부터 인식하는 것이다. 우리는 예언자들의 말 전체를 일반적이고 기본적인 종교적 개념들로 환원하거나 그 각각의 말들을 조합해 하나의 종합적인 전체를 만들어냄으로써 그들의 메시지에 대한 이해를 얻어낼 수 없다. 앞에서 말했듯이, 예언자들이 했던 각각의 말들은 그 말을 들은 이들에게 "여호와의 말씀the Word of Yahweh"이었다. 그러므로 엄격하게 말하자면 예언자들의 각각의 말들이 그것에 복속되는, 그리고 그것으로부터 각각의 선포들이 비롯되는 어떤 "메시지" 같은 것은 존재하지 않는다. 우리가 유일하게 갖고 있는 것은 다양한 개별적인 말들인데, 각각의 경우에 여호와의 말씀은 각기 다른 모습으로 선포된다.[1]

그럼에도, 비록 우리로서는 예언자들이 이런 발언에서 저런 발언으로 쉽게 넘어가는 것이 무척 당혹스러울지라도, 그 모든 발언들에는 결코 빠지지 않는 두 가지 상수常數가 존재한다. 하나는 여호와께서 예언자로 하여금 세계사의 지평으로부터 읽어내도록 허락하신 이스라엘을 위한 그분의 "새로운 말씀"이다. 다른 하나는 예언자들과 그들의 청중 모두가 그 안에 서 있는 "선택 전승"이다. 그러나 그 전승에 내포되어 있는 위로의 말들은 심판에 대한 예언자들의 메시지에 의해 의문시되었고, 또한 예언이라는 새로운 대형적 양식 안으로 재통합되었다. 그렇게 해서 세 가지 요소들로 인해 형성된 긴장이 예언자들의 케리그마kerygma를 낳았다. 그 세 가지 요소는 다음과 같다. 첫째, 여호와께서 이스라엘에게 주시는 새로운 종말론적 말씀. 둘째, 오래된 선택 전승. 그리고 셋째, 예언자가 상대해서 말했던 이들의 개별적인 상황(그것이 재앙을 초래했던 것이든 위로가 필요했던 것이든). 이 세 가지 요소들

---

[1] 묵시문학에서는 상황이 다르다. 거기에서는 모든 면에서 많든 적든 모든 특별한 사건들이 그것의 일부를 이루는 위대한 묵시적 드라마의 전 과정이 고려되어야 한다.

이 각각의 예언자들에게서 동일한 방식으로 나타나지 않는다는 것은 분명하다. 예컨대, 아모스에게서 선택 전승이 종말론의 영역 안으로 투사되는 일은 결코 일어나지 않는다.

제10장

아모스

우리는 아모스의 고향 드고아가 아주 외진 시골이었다고 상상해서는 안 된다. 베들레헴에서 남쪽으로 걸어서 두 시간 거리에 있던 그곳은 르호보암 시대부터 수비대가 주둔해 있던 요새였다.[1] 또한 아모스 자신은, 우리가 판단할 수 있는 한, 얼마간의 명성과 재산을 지닌 사람이었다. 견실한 농부의 뿌리를 지녔던 그가 예언자들의 대열에 합류한 유일한 이유는 여호와의 특별한 부르심 때문이었다. 그가 예언자가 아니었고 선지자들의 집단에 속하지도 않았다는 주장이 제기될 만큼 수많은 논쟁의 대상이 되고 있는 그의 말("나는 선지자가 아니며 선지자의 아들도 아니라", 암 7:14)은 예언자 집단에 대한 경멸을 의미하는 것이 아니다. 오히려 그것은, 비록 농부였던 그가 그런 일을 할 자격이 있었던 것은 아니지만[2], 갑자기 영감을 받아 예언을 시작해야 했던

---

[1] 대하 11:6.
[2] 아모스가 "나는 선지자가 아니었으나 지금은 선지자다"라고 말하고자 했던 것인지, 아니면 그가 예언자라는 신분과의 모든 연관성을 부인하려고 했던 것인지는

기이한 사실을 설명하려는 것일 뿐이다. 여호와께서 농부 출신의 한 남자에게 의지하셨을 때, 그분은 비상조치로서 그렇게 하셨던 것이다. 그의 예언자로서의 소명 자체는 더 논의할 필요가 없는 사실이다. 농부였던 아모스의 소명은 거의 틀림없이 그가 받았던 다섯 가지 환상들과 관련되어 있다(암 7:1-9; 8:1-3; 9:1-4). 놀랍게도 그 환상들 중 어느 것도 그가 본 것을 선포하라는 명백한 지시를 포함하고 있지 않다. 환상에 대한 기사들은 여호와께서 아모스에게, 그리고 오직 그에게만 보여 주신 것에 대한 일종의 보고문이다. 그리고 연속해서 나타난 그 환상들은 그가 피할 수 없는 종국을 최종적으로 깨닫기 전에 통과해야 했던 다양한 단계들을 보여 준다.

그 환상들은 오직 여호와와 아모스만 출연했던 하나의 드라마를 기록하고 있다. 처음에 아모스는 상황을 이해할 수 없었기에 두 차례에 걸쳐(메뚜기 재앙과 불로 인한 심판에 대한 환상의 경우) 여호와의 자비에 호소했고, 그로 인해 재앙을 막는 데 성공하기까지 했다. 그러나 이스라엘이 쌓아온 죄의 무게 때문에 결국 그는 중재를 그칠 수밖에 없었다. 세 번째 환상(다림줄에 관한 환상)에서는 여호와께서 선수를 치신다. 그분은 직접 그 환상에 관해 말씀하심으로써 예언자의 입을 막으신다. 이때부터 아모스는 그분의 말씀에 굴복하기 시작한다. 과일 광주리에 관한 환상에서는 "내 백성 이스라엘의 끝이 이르렀다"(암 8:2)는 말씀이 선포된다. 그리고 아모스는 그 말씀을 침묵하며 듣는다. 가장 상세하게 제시되는 마지막 환상은 여호와께서 아무도, 즉 단 한 사람도 다가오는

논란거리다.

재앙 - 아마도 그것은 지진의 형태로 나타날 것이다 - 에서 벗어나지 못하게 하실 것임을 알린다.

환상, 전승, 상황, 그리고 성찰

이 일련의 환상들은 예언문학 안에서 사실상 고립되어 있다. 이사야나 에스겔과 달리 아모스는 자신이 본 환상의 내용을 설명할 때 옛 전승에 의존하는 것으로 보이지 않는다. 또 그 환상들과 아모스의 메시지 사이에는 그 어떤 긴밀한 연관성도 없었다. 왜냐하면 그 환상들은 그가 그의 예언 전체를 통해 거듭 그리고 명백하게 강조하는 이스라엘의 추방이라는 마지막 재앙에 대해 암시조차 하지 않기 때문이다.

분명히 그가 처음으로 받은 신탁은 마지막과 심판이 있으리라는 것뿐이었다. 그 심판의 방식과 관련해 우리가 확실하게 말할 수 있는 것은 그것이 특정한 상황하에서, 그리고 분명히 아모스 편의 성찰과 관찰을 통해서 나왔다는 것이다. 여호와를 시온에서 부르짖는 분으로 묘사하는 말씀, 즉 그분의 목소리를 땅을 가로질러 퍼져나가며 자연계에 혼란을 초래하는 것으로 묘사하는 말씀(암 1:2)이 특정한 전달사항을 감지해 사람들에게 전해야 했던 한 인간의 귀를 향하고 있지 않음은 말할 것도 없다. 우리가 듣는 모든 것은 아직 그 내용이 분명하지 않은 하나님의 진노의 음성뿐이다. 그러므로 아모스의 메시지의 보다 큰 부분은 그가 보았던 상황에 대한 그 자신의 깊은 숙고의 결과일 것이다. 먼저 그는 자신이 여호와로부터 배운 모든 것을 마음에 새겨야 했다. 왜냐하면 그것은 사람들을 위해 계속해서 해석될 필요가 있었기 때문이다. 우리가 이미 살펴보았듯이, 분명히 그런 지식은 그것을 맡은 자에게 다른 사람들보다 훨씬 더 높은 특별한 지위를 제공했을 뿐 아니라, 또한 그를 모든 사회적·종교적 계급 구분이 무의미해지는 위치에 올려놓았을 것이다.

그러나 그보다 훨씬 더 중요한 것은 그런 계시를 뒤따랐을 강렬한 지적 성찰의 과정이다. 아모스는 사망 선고를 받은 사람들 가운데로 들어갔다. 그로 인해 그의 상황은 즉각 다른 모습을 지니게 되었고, 그는 자기 주변에서 벌어지는 온갖 잘못된 일들을 날카롭게 의식하게 되었다. 그로 인해 아모스는 특히 사람들에게 다가오는 재앙에 대해 납득할 만한 이유를 제시하는 과업에 뛰어들게 된다. 그리고 우리는 그가 그 일을 하는 동안 그의 활기와 지적 통찰력이 찬란하게 빛을 발하는 것을 보게 된다. 새로운 신탁들이 다가와 그에게 영감을 주었으리라는 것은 의심할 여지가 없다. 하지만 우리가 그의 명민한 정신이 이루어 낸 일을 과소평가해서는 안 된다.

아모스는 유다 사람이었다. 그러므로 우리는 그가 남 왕국의 선택 전승 곧 다윗과 시온에 관한 전승 위에 서 있다고 보아야 한다. 아쉽게도 우리는 그가 북 왕국 이스라엘에서 가장 소중히 여겨지는 출애굽 전승에 대해 어떤 태도를 지녔는지를 판단할 만한 그 어떤 실제적인 단서도 갖고 있지 않다. 그는 그 전승이 너무 낯설어서 마치 그것을 이단적이고 불법적인 것처럼 여겼을까? 그가 북 이스라엘 사람들에게 그들의 전승에 관해 말했을 때, 그는 단지 외부인으로서 그렇게 했을까? 아모스 2:9-11에 나타나는 역사적 회고의 긴급성과 열정에 비추어 볼 때, 그랬을 것 같지는 않다. 특히 그가 자신의 청중에게 지속적으로 이런 전승들을 강조하고 그들이 그런 전승들에 관심을 두지 않은 것 때문에 어떤 결과가 초래되었는지에 대해 말하는 것은 그가 그들 못지않게 그런 전승들을 진지하게 여겼음을 암시한다. 사실 이스라엘의 선택이야말로 그들에게 임박한 여호와의 심판의 이유였다(암 3:2). 그러므로, 만약 우리가 아모스가 얼마나 자주 선택이라는 개념과 씨름했는지, 그리고 그 개념이 그의 메시지에서 얼마나 중요한 핵심을 이뤘는지를 알아차리지 못한다면, 우리는 그의 선포의 내용을 결코 이해할 수 없을 것이다.

또한 아모스는 이스라엘의 정치적 영역에서 발생한 변화와 긴장에도 깊은 관심을 갖고 있었다. 다윗의 제국은 지속되지 않았다. 블레셋 사람들은 독립을 되찾았다. 에돔 사람들과 모압 사람들도 마찬가지였다. 그리고 아람(수리아)-다메섹의 이탈은 특별히 심대한 결과를 초래했다. 분명히 이스라엘 왕국은 여로보암 2세(786-746) 치하에서 또 다른 평화의 시기를 즐기고 있었고, 어느 정도 국가의 힘을 증대시키기까지 했다. 그러나 그런 일이 있기 오래 전에 앗수르(앗시리아) 사람들이 팔레스타인의 경계지역에 모습을 드러냈고, 여로보암이 죽은 해에는 디글랏 빌레셀이 등극했는데, 결국 그의 정복전쟁이 이스라엘의 멸망의 서곡이 되었다.

우리는 당시의 정치적 문제들에 대한 아모스의 몇 가지 언급들만 살피더라도 역사에 대한 그의 관찰이 얼마나 예리했는지 알 수 있다. 그가 소위 "아람 사람들"의 이주를 "바다 사람들"의 전혀 다른 움직임과 연결시켰을 때, 그는 얼마나 예리했던가(암 9:7)! 그 두 번의 공격 모두 거의 동시대에(1200년경에) 발생했고, 기본적으로 팔레스타인의 정치적 상황은 그 후로 오랫동안 그 사건들에 의해 영향을 받았다.

아모스 1:3 이하의 긴 시는 팔레스타인에 속한 나라들에서 벌어지고 있던 일들과 관련해 정확한 정보를 제공한다. 아모스는 이스라엘이 다메섹에게서 거둔 작은 승리(가령, 로데발과 가르나임을 취했던 일)의 가치에 대해 나름의 의견을 갖고 있었다(암 6:13). 그의 시야는 점점 더 넓어진다. 그는 갈레와 하맛 같은 수리아 북부 도시들이 당한 일에 관해 말했고, "다메섹 밖으로"의 추방을 암시했을 때에는 앗수르를 염두에 두고 있었다(6:2; 5:27). 틀림없이 아모스는 정치 문제에 대한 예민한 관심이라는 측면에서 그의 동시대인들보다 훨씬 뛰어났다.

그러나, 만약 현대의 독자들이 아모스를 세계 정치의 영역에서 불가피하게 일어날 일들을 예견했던 초연한 관찰자로 여기려 한다면, 그것은 그를 완전히 잘못 이해하는 것이 될 것이다. 미래에 대한 아모스의 실제적인 예언은 이스라엘이 비참한 패배와 추방을 당하리라는 단순한 진술로 환원될 수 있다.[3] 앗수르가 피정복민들을 다뤘던 방식에 대한 면밀한 관찰이 이 상황을 설명하는 데 도움이 될 것이다. 그러나 앗수르는 그다지 중요하지 않다. 실제로 그 국가명은 오늘 우리의 성서 본문에서는 나타나지도 않는다.[4]

아모스의 메시지의 정점은 이제 이스라엘이 여호와를 직접 상대해야 한다는 것이다. 그들이 상대해야 할 여호와는 성소와 순례자들의 여호와가 아니라 이스라엘에 새로운 일을 행하러 오시는 미지의 여호와

---

[3] 군사적 재앙과 관련해서는, 암 2:13ff.; 3:11; 5:3; 6:9f., 14; 7:9; 8:3; 9:10을 보라.

[4] 암 3:9에서 앗수르는 "아스돗"으로 불린다.

이시다. 아모스의 청중을 가장 놀라고 당황하게 만들었던 것은 다가오는 사건들이 "나 여호와"와 긴밀하게 관련되어 있다는 점이었다. "[내가] 겨울 궁과 여름 궁을 치리니"(암 3:15). "내가 너희를 다메섹 밖으로 사로잡혀 가게 하리라"(5:27). "내가 일어나 칼로 여로보암의 집을 치리라"(7:9). "내가 그것을 지면에서 멸하리라"(9:8)! 어느 구절에서는 여호와께서 남은 자를 남기시리라는 소망조차 단호하게 무시된다(3:12). 찢긴 짐승의 조각들은 그 짐승이 이미 죽었음을 보여 주는 증거다(참고. 출 22:13). 아모스는 여호와께서 아직 이스라엘에게 최종적인 심판을 선언하지 않으셨다고 암시하는 방식으로 말하지 않았다. 그러나 분명히 그 예언자조차 몇몇 선택된 사람들의 무리 안에서 "혹시"(5:15)라고 말하며 소심한 희망에 빠져들었던 경우가 있었다.

아모스가 그의 환상을 통해 알게 된 모든 것은 여호와께서 이제 더 이상 그분의 백성을 용서하지 않으시리라는 것이었다. 그러나 여호와께서는 이스라엘이 실제로 어떤 죄를 저질렀는지에 대해서는 말씀하지 않으신다. 그로 인해 그것은 예언자의 해석의 몫으로 남겨진다. 다가오는 심판의 이유는 거의 예외 없이 "책망의 말들"(양식비평의 용어를 사용해 말하자면, 예언자가 "위협의 말들" 앞에 붙이는, 그리고 그가 모든 경우에 특별히 그런 위협과 관련된 사람들에게 신탁을 전하기 위해 사용하는 구절들)에서 발견될 수 있다. 그러므로 독자들은 어쩔 수 없이 아모스의 선포에서 어떤 한결같지 않음을 감지하게 된다. 위협의 말들의 주제는 약간 단조로워지는 경향이 있는 반면, 책망의 말들은 아주 다양한 관찰들, 놀라움을 주는 짤막한 묘사들, 그리고 정상적이거나 비정상적인 인간의 행동의 예들을 보여 준다. 이처럼 인간의 삶을 일별하는 각각의 예들은 아주 생생할 뿐 아니라 예시적이고 전조적인 성격을 갖고 있다. 그것들을 정돈하거나 상호 관련시키는 것을 통해서는 얻을 게 별로 없다. 왜냐하면 그것들 각각은 사실상 그 자체로 독립적이기 때문이다. 그럼에도 아모스가 했던 비난들이 이스라엘의 두 가지 잘못 —하나님의 법에 대한 멸시와 종교적 자기만족— 과 관련되어 있다고 말하는 것은 허용될 수 없는 단순화가 아니다.

율법의 불이행에 대한 비난

이방 나라들에 관한 시는 아모스가 이스라엘에 고통을 초래하는 침해들만이 아니라 각 나라들이 국제관계의 불문율을 침해하는 것에 얼마나 강력하게 반발했는지를 보여 준다. 이 점에서 가사에 관한 구절들은 특별히 흥미롭다. 왜냐하면 그 구절의 주제는 블레셋 사람들이 에돔 사람들에게 입힌 상처, 즉 이스라엘과 아무 상관이 없는 일이었기 때문이다(암 1:6-8, 폰 라트는 이 구절을 우리와 달리 읽고 있는 듯 보인다. 이 구절에 대한 성서본문은 이렇다. "이는 그들이 모든 사로잡은 자를 끌어 에돔에 넘겼음이라"[6절]-역주). 아모스의 여호와는 이스라엘에서뿐 아니라 다른 나라들에서도 확정된 국제법의 질서가 지켜지는지를 살피신다. 그리고 그것이 깨질 때마다, 죄를 지은 쪽에 역사적인 징벌을 내리신다.

물론 이스라엘의 죄는 헤아릴 수 없을 만큼 더 심각하다. 왜냐하면 이스라엘은 여호와께서 다른 모든 나라들보다 자신과 더 가깝게 하신 나라이기 때문이다(암 3:2). 아모스는 한 사회의 사회적 삶이 둘로 쪼개진 경우를 제시한다. 그 사회에서는 재산을 소유한 자들, 그래서 경제적으로 윤택한 상류층 사람들이 "힘없는 자"(5:11; 8:6)들의 희생을 바탕으로 살아가고 있었다. 그 사회의 잘못은 특히 재판과 관련해 두드러지게 나타났는데, 그것은 오직 부유한 시민들만 재판석에 앉아서 말할 수 있었기 때문이다. 재산을 가진 자들은 사건의 관련 당사자인 동시에 자기들의 사건을 담당하는 재판관들이었다. 반면에 노예, 이방인, 고아, 그리고 과부들은 그들의 주장을 대변해 줄 사람을 찾지 못했다. 뇌물은 그 시대의 관행이었고(5:7ff., 12), 사업에는 늘 부정이 있었다(8:5b).

그러나 그와 동시에 종교 문제에서는 굉장한 열정이 드러났다. 사람들은 순례를 했고(암 4:4f., 5:4), 소란스러운 축제들에 참가했다(5:21ff.). 그러나 아모스가 보기에 그런 것들은 여호와의 화를 돋우는 짓에 불과했다. 율법을 통해 분명하게 드러난 여호와의 뜻을 조롱하는 자들이 바친 희생제물은 여호와께서 보시기에는 아무런 가치도 없었다.

아모스는 율법을 통해 드러난 여호와의 뜻이 이스라엘에게 알려진 방식에 대해서는 언급하지 않는다. 그러나 그가 하나님의 요구를 전하는 방식은 그의 청중이 그 요구의 정당성을 즉시 인식했으리라는 것을 암시한다. 그는 그 요구가 지닌 권위를 지지하기 위해 그 어떤 전승에도 호소하지 않는다. 그는 "윤리적 요소" 외에는 그 어떤 다른 권위에도 의지하지 않았다. 오히려 우리는 (최근의 연구가 분명하게 밝혀 주듯이) 이런 확정된 질서들을 거룩한 법이라는 보다 오래 전승 안에서, 특히 언약서(출 20:22-23:19) 안에서 찾아볼 수 있다. 아모스가 했던 비난들을 보다 오래된 율법적 전승과 비교해 보면, 아모스가 자신의 동시대인들을 그런 명령들의 단순하고 명확하며 문자적인 의미에 묶으려 하고 있음이 분명하게 드러난다. 그가 그런 명령들을 보다 급진적으로 만들었다거나 그것들의 내용이 그의 입술에서 강화되고 날카로워졌다고 말하는 것은 적절하지 않다.

그럼에도 그에게서 그 모든 것은 다르게 느껴진다. 그의 말에는 새로운 사실, 즉 이스라엘 모든 백성들의 지속적인 실존에 대해 의문을 제기하는 위협의 요소가 들어 있다. 옛 계명들은 성취 가능한 것으로, 다시 말해, 거의 고백의 결의문 같은 양식으로 존재하는 필연적인 공식으로 간주되었다. 아무튼 고대에는 그런 계명들을 이행할 수 있느냐 없느냐 하는 문제에 대한 반성은 널리 확산되지 있지 않았다. 계명을 어기는 자들은 늘 있었고, 율법은 그들을 처리했다. 그러나 아모스는 개인들이 아닌 이스라엘 전체 혹은 적어도 이스라엘의 지도자들을 율법의 명백한 불이행과 관련해 날카롭게 책망했다. 이것은 완전히 새로운 그 무엇이었다.[5]

우리는 계명에 대한 일반적 이해의 역사를 재구성할 수 없다. 따라서 우리는 아모스의 태도가 전적으로 새로운 출발이었는지, 아니면 그의 사고의 형성을 위한 상당한 준비가 있었는지에 대해 알지 못한다. 실제 사정이 어떠하든, 우리는 아모스를 통해 과거에 이스라엘 백성이 (그것들 안에서 자기들을 향한 여호와의 신실하심을 보았기 때문에) 사랑과 경배를 드리며 여호와의 손으로부터 받았던 계명들이 이제 그들을 향해 등을 돌리게 되었음을 보게 된다. 성문 앞에서 행하는 의식에서처럼 이런 계명들에 대해 충성을 고백하는 이스라엘의 권리마저 예언자의

---

[5] 아마도 엘리야는 오직 왕가와 그들의 피후견인들 곧 제의와 관련된 공무원들만 공격했을 것이다.

비난을 통해 의문시되었다.

허위의식에 빠진 지도자들에 대한 비난

예언자들의 논쟁, 특히 아모스의 논쟁은 매우 극단적인 용어로 이루어졌기 때문에, 그런 논쟁 자료를 기초로 그 시대의 영적·종교적 분위기를 재구성하기는 쉽지 않다. 그러나 우리는 그 외에 다른 자료들을 갖고 있지 않다. 아모스는 우리에게 자신들의 물질적 번영에 만족하고 있던 생각 없는 상류층 사람들의 모습을 보여 준다. 그가 그들의 사치를 비난하는 소리를 들을 때, 우리는 여호와 신앙은 금욕주의나 물질적 선에 관한 그 어떤 의구심과도 상관이 없다는 것을 기억해야 한다. 여호와 신앙에서 먹고 마시는 것과 즐거움을 누리는 것, 다시 말해 삶의 질을 높여주는 모든 물질적 축복은 여호와로부터 오는 것으로 간주되었고 따라서 감사함으로 수용되었다. 그러므로 아모스가 사람들이 물질적인 것을 즐기는 것을 그토록 강하게 비난한 이유는 그들이 그것들에 지나치게 탐닉했기 때문이었다. 아모스는 "사마리아 산에서 마음이 든든한 자"와 "요셉의 환난에 대하여는 근심하지 아니하는 자"를 비난한다(암 6:1, 6). 이 탁월한 진술 역시, 그의 여러 가지 다른 의미심장한 진술들과 마찬가지로, 보다 더 명쾌하게 정의되지는 않는다. 그러나 아마도 예언자가 특히 염두에 둔 것은 사회적 삶의 파괴였을 것이다.

아무튼 그가 상류층 사람들을 향해 문제를 제기한 이유는 그들의 마음과 정신 상태 때문이었다. 분명히 그는 어느 특정한 계명의 위반을 문제시했던 것이 아니다. 왜냐하면 화려하게 장식한 침대에 눕거나 몸에 값비싼 기름을 바르는 것을 금하는 계명은 물론이고 사람들에게 "요셉의 환난"에 대해 슬퍼하라고 명령하는 계명 같은 것도 존재하지 않기 때문이다. 그러므로 아모스가 문제시했던 것은 어떤 일반적인 태도, 즉 사람들이 함께 살아가는 방식과 그들이 함께 그리고 개별적으로 하나님의 백성이 당하는 고통에 동참하는 것 등이었다. 여기에서 아모스는 무의식적으로 자신과 자신의 고통이나 상처를 기준으로 사용했던 것일까?

그의 동시대인들은 모두 한 가지 지독한 망상에 사로잡혀 있었다. 그들은 여호와께서 일어나 적들을 무찌르시는 "여호와의 날"을 기대했을 뿐, 여호와의 도래가 초래할 어두운 밤에 대해서는 조금도 두려워하지 않았다.6 그들은 여호와께서 이스라엘을 선택하셨다는 것을 알았고, 의심할 바 없이 그 사실이 자기들에게 구원을 보증하리라고 여기며 위로를 얻고 있었다. 그러나 그들은 바로 그 사실이 자기들을 하나님의 거룩하심의 빛 안으로 더 가까이 이끌어 가리라고는 생각하지 못했다(암 3:2).

그렇게 자고한 사람들에게는 출애굽이라는 위대한 사건조차 역사에 대한 하나님의 일반 섭리의 한 부분 정도로 축소되었다. 그리고 그들에게서는 하나님의 구원 행위의 구속적 측면이 소멸될 수밖에 없었다(암 9:7). 그들은 여호와 앞에서의 자신들의 참된 상황에 대해 아무것도 알지 못했다! 여호와께서는 거듭해서 하나의 재앙에 뒤이어

---

6 새로운 것은, 아모스가 여호와의 날에 있을 어둠에 관해 말했다는 것이 아니라, 그가 그 어둠이 이스라엘까지 위태롭게 하리라고 믿었다는 것이다.

다른 재앙 ─ 기근, 가뭄, 추수의 실패, 전쟁에서의 패배, 그리고 전염병 등 ─ 을 보내시며 그들의 문을 두드리셨으나, 그들은 그런 경고에 주의를 기울이지 않았다(4:6ff.). 그리고 이제 간접적인 경고의 시간은 끝났다. 이스라엘은 그들의 하나님을 직접 대면할 준비를 해야 했다. 의심할 바 없이 이때 아모스는 위에서 언급된 "나 여호와"께서 등장하시는 심판에 대해 생각하고 있었다.

아모스서 말미에는 미래에 여호와께서 "다윗의 무너진 장막을 일으키시는 것"에 관한 예언이 나온다(암 9:11f.). 이 예언의 진정성에 관해서는 심각한 의문이 제기되어 왔다. 물론 이것은 아모스의 예언이 일종의 "예언적 종교"의 퇴적물 곧 영적 싸움과 개인적 확신의 결과물로 간주되는 한 피할 수 없는 일이었다. 만약 아모스의 예언이 그런 성격을 갖고 있다면, 우리는 그것이 심각한 모순들로부터 자유로울 것을 기대할 수 있을 것이다. 그러나, 만약 우리가 예언자들을 그 민족 안에 여전히 살아 있는 거룩한 전승들에 호소했던 이들로 본다면, 그리고 그들의 모든 선포를 이런 오래된 전승들에 관한 토론, 즉 선포를 비평에 노출시키고 당대에 적합한 것으로 만들었던 토론으로 여긴다면, 상황은 전혀 다른 모습을 지니게 된다.

아모스는 유다 사람이었다. 그러니 그런 그가 자신에게 익숙한 전승들에 관해 침묵한다면, 오히려 그것이 놀라운 일 아니겠는가? 메시아적 신탁은 그가 선포한 내용 안에서 분명하게 억제되고 있다. 그가 묘사했던 세상에서 벌어지는 사건들 속에는 하늘과 땅이 뒤흔들리는 감각적인 대변동에 대한 그 어떤 암시도 들어 있지 않다(참고. 학 2:20ff.). 유일하게 언급되는 것은 무너진 집의 재건, 즉 그 기초가 오래 전에 놓인 건물의 보수뿐이다(암 9:11). 그리고 그것을 뒤따르는 것은 그동안 심각한 해를 입었던 옛 다윗 제국의 통합이다. 여호와께서는 자신이 세우신 것을 결코 무너뜨리지 않으실 것이다. 특히 그분은 자신의 이름으로 일컬어지는 민족들에 대한 권리를 포기하지 않으실 것이다(9:12).

제11장

호세아

한때 우리는 우리가 다른 예언자들보다는(물론 예레미야는 예외다) 호세아의 개인적 상황에 대해 더 많은 것을 안다고 믿었다. 그러나, 만약 우리가 자주 논의되는 그의 결혼(호 1-3)이라는 상징적 연출을 포함하는 구절을 예언적 상징 행위에 관한 이야기로, 즉 그의 선포의 일부로 해석한다면, 그런 생각은 무너진다. 왜냐하면 그것은 그 이야기를 전기적으로 해석하려는 그 어떤 시도도 제한하기 때문이다.

사실상 호세아서는 그 예언자에 관한 정보와 관련해 우리에게 거의 아무런 도움도 제공하지 않는다. 아주 확실한 것 하나가 있다면, 그것은 그가 사마리아가 앗수르에 의해 정복될 때까지(721) 북 왕국의 비참한 마지막 시기에 살면서 활동했다는 사실뿐이다. 우리는 그의 고향에 관해서도, 그가 활동했던 장소에 관해서도, 그가 개입했던 갈등에 관해서도, 혹은 그의 다른 개인적 상황에 관해서도 아는 것이 없다. 그동안 얼마간 개연성을 갖고 가정되어 왔던 것은 그가 북 왕국에서 일어났던 "레위 지파 운동 Levitical movement"과 밀접하게 관련되어 있었다는 것이다. 레위 지파 운동은 "예언 운동 prophetic movement"과 마찬가지로 총체적인 가나안화 과정에서 밀려났는데, 그 두 개혁 그룹은 모두 여호와 신앙의 옛 전승을 보호하고 보존하려 했었다.

호세아의 독특성

성서 주석가들이 호세아의 메시지의 대체적인 기조와 관련해 받는 첫 번째 인상은 그것이 아모스나 이사야의 메시지와는 매우 다르다는 것인데, 현재 주석가들은 그 차이를 적시하기 위해 애쓰고 있다. 그러나 호세아의 메시지가 갖고 있는 참으로 혼란스러운 측면은 무엇보다도 그 메시지 안에 들어 있는 독특한 요소다.

호세아는 북 왕국의 유일한 문서 예언자였다. 이것은 그와 비교될 수 있는 다른 예언자가 없으며, 따라서 우리로서는 그가 앞선 세대로부터 물려받았을 문체나 주제 혹은 예언적 전승 등을 그의 메시지에서 나타나는 것들과 분리시킬 수 없다는 것을 의미한다. 왜냐하면 그의 글은 우리에게 북 왕국의 상황이 이사야의 예루살렘의 그것과 크게 달랐으며, 북 왕국은 그 나름의 독특한 문제들을 갖고 있었음을 알려주기 때문이다.

북 왕국과 관련된 두 가지 기본적인 사항에 대해서는 약간의 언급이 필요하다. 하나는 가나안의 다산多産 제의로 인해 족장들이 가졌던 여호와 신앙이 붕괴되었다는 점이다. 그리고 다른 하나는 그곳에 존재했던 특별한 정치적 (그리고 정부와 관련된) 시스템인데, 그로 인해 공적인 일들과 그런 일들이 지닌 문제들에 대한 예언자들의 개입 역시 남 왕국에서의 그것과 본질적으로 다른 양상을 띠게 되었다는 점이다. 그리고 이것들은 또한 우리에게 호세아와 관련된 분명한 상像을 제공하는 두 가지 요소들이기도 하다.

또 다른 어려움이 있다. 호세아의 메시지는 그것이 갖고 있는 양식樣式의 측면에서 그의 동시대인들이었던 이사야나 미가나 아모스의 그것과 다르다. 호세아에게서 가장 두드러지는 특징은 서로 쉽게 분리될 수 있는 짧고 분명하게 구분되는 단일문들 대신 비교적 단일한 주제를 지닌 보다 큰 규모의 복합문들이 나타난다는 점이다. 물론 여기에서도 여전히 "사신 공식"이 발견된다. 하지만 호세아에게서 짧은 말들을 결합해 보다 큰 복합문을 만들어 내는 과정은 전승의 구성 부분들이 확정되는 과정과 더불어 진행되었던 것으로 보인다.[1] 다른 한편, 아모스나 이사야의 두드러진 특징이라고 할 수 있는 비종교적인 문헌들로부터 빌려온 문장들은 호세아에게서는 거의 나타나지 않는다. 이런 요소들은 결과적으로 호세아의 말하기 방식에 보다 큰 통일성을 제공한다.

그의 어법을 바탕으로 그의 인물됨에 관한 결론을 이끌어내고자 할 경우, 우리는 호세아가 매우 강렬한 감정을 지닌 사람이었다는 인상을 받게 된다. 그의 선포는 그 어떤 다른 예언자들의 그것보다 훨씬 더 개인적인 감정들(사랑, 분노, 실망 같은)에 의해, 그리고 심지어는 병존하는 서로 다른 정념들에 의해 영향을 받고 있다. 그 예언자가

---

[1] 호세아 2:4ff.의 큰 복합문 안에서 세 번 반복되는 "그러므로"(8, 11, 16절, 한글 성서에는 8절에만 나온다-역주)는 우리로 하여금 원래 보다 작았던 단일문들이 정교하게 모아져 하나의 큰 문장을 만들어 냈다는 결론에 이르게 한다. 결과적으로 호세아의 경우에도 전제되어야 하는 원래의 단일문들은 보다 분명하게 분리하기가 어려울 수 있다.

하나님의 말씀에 이런 감정적인 요소를 제공하고 있기에, 혹은 좀더 정확하게 말하자면 여호와께서 그 예언자를 그분 자신의 감정 안으로 끌어들이시기에, 호세아에게서 하나님의 말씀은 오직 그만의 메시지의 특징을 이루는 빛과 열기를 얻는다.

이스라엘의 배신

호세아의 모든 선포는 구속사에 뿌리를 두고 있다. 우리는 그가 자신의 논의의 기초를 역사에 둘 수 있을 때만 안전감을 느꼈다고 말할 수 있을 정도다.2 여호와께서는 "애굽 땅에 있을 때부터"(호 12:9; 13:4) 이스라엘의 하나님이셨다. 여호와께서는 모세를 통해 이스라엘을 애굽에서 인도해 내셨다(12:13). 이스라엘의 이런 초기 역사는 여호와께서 이스라엘에게 그분의 전적인 사랑을 주실 수 있었던 시절이었다(11:4). 지금은 그 시절과 얼마나 다른가! 이스라엘은 연인들을 쫓아 달아나는 부정한 아내처럼 여호와를 버렸다. 호세아는 이스라엘이 여호와와 맺고 있는 이처럼 철저히 왜곡된 관계를 자신의 결혼생활과 비교해 묘사했고, 그 결혼생활에서 태어난 자식들의 상징적인 이름을 통해 여호와의 진노와 그분이 자기 백성에게 등을 돌리시는 것에 관한 메시지를 선포했다.

▌호세아의 결혼과 관련된 구절들은 적지 않은 주석상의 문제들을 제기한

---

2 호 1:4; 2:10; 6:7; 9:9; 10:1, 9, 11f.; 11:1-4; 12:4f., 10, 13f.; 13:4-6.

다. 3인칭으로 이루어진 이야기(1장)와 1인칭으로 이루어진 이야기(3장)가 공존하는 것 자체가 놀랄 만하다. 그리고 이에 대한 설명은 그 두 이야기가 동일한 사건에 관한 보고가 아니라는 것이다. 두 번째 이야기는 아주 다른 특징을 갖고 있기에(그 이야기의 주제는 아내에 대한 재교육이다) 우리는 두 개의 연속적인 사건들을 가정해야 한다. 그러나 이 경우에도 그 두 이야기 모두의 대상은 동일한 여인이다. 지금은 그 이야기들이 어떤 실제적인 사건을 묘사하고 있으며 과거에 많은 이들이 하나님께서 그런 마땅치 않은 행위를 명령하실 리 없다는 가정 위에서 믿었던 것처럼 하나의 알레고리에 불과한 게 아니라는 인식이 널리 수용되고 있다. 덧붙여 말하자면, 간부姦婦에 해당하는 히브리어는 특별히 도덕적으로 타락한 여자가 아니라, 가나안의 다산 제의에 참여했던 여자를 의미한다. 그 본문이 예언자 자신의 개인적인 인간관계 및 경험에 대한 정보를 얼마나 제공하는지에 대해서는 합의가 이루어져 있지 않다. 그동안 그의 고통스러운 결혼생활, 특히 부정한 아내에 대한 불행한 사랑이 그로 하여금 자기 백성에 대한 하나님의 사랑을 이해할 수 있게 했고, 또한 돌이켜 보니 그 결혼이 하나님께서 예정하셨던 것임을 깨닫게 되었다는 견해가 종종 제기되어 왔다. 그러나 내가 보기에 그 두 장(1장과 3장-역주)은 그런 심리적이고 합리적인 해석을 허락하기에 충분할 만큼의 정보를 제공하지 않는다. 중요한 것은 근원적인 개인적 경험이 아니라 어떤 상징적 행위를 수행하라는 여호와의 명령이다. 이에 대해 본문은 아주 분명한 정보를 제공한다. 그러나 그것은 우리에게 이런 소명적 과업과 그것의 실행 너머에 있는 것, 즉 우리에게 그 예언자에 관한 전기적 정보를 줄 만한 그 무엇에 관해 말해 줄 만한 것을 갖고 있지 않다. 더구나 호세아는 여호와와 이스라엘의 관계에 대한 상징을 찾기 위해 그 자신의 개인적인 삶을 살펴야 할 필요가 전혀 없었다. 신과 세상의 존재와의 결혼이라는 개념은 가나안의 자연종교의 의식들을 통해 그와 그의 동료들에게 이미 오랫동안 익숙해 있었기 때문이다(바알과 땅의 결혼이 한 가지 예다).

호세아의 결혼이라는 상징적 행위는 그 예언자가 선포했던 내용의 일부에 지나지 않는다. 그러나 특히 그 이야기가 그것과 밀접하게 연관된 본문(호 2:2-23)과 함께 취급될 때, 그것은 실제로 호세아의 특징을 보여 주는 모든 논제들을 해석하기 위한 열쇠를 제공한다. 그 논제들은 이스라엘의 불충에 대한 그의 격렬한 분노, 이스라엘에게 다가오고 있는 징벌, 그리고 비록 정확하게 규정하기는 어렵지만 그 모든 것들 너머에 있는 것, 즉 새로운 구원 활동에 대한, 그리고 하나님의 사랑이 그분 자신에게 강제했던 이스라엘과의 완전히 새로운 출발에 대한 암시 등이다.

호세아는 이스라엘이 가나안의 자연 종교에 빠져든 것을 "음행"으로 혹은 "매춘부와 놀기 위해 여호와를 떠남"으로 묘사했던 첫 번째 사람이었다. 이런 표현들은 모두 여호와의 언약의 영구성과 다산 의식 및 바알 제의의 거룩한 매춘에 대한 혐오를 드러낸다.[3] 그러나, 비록 자연 종교의 이런 성적 측면에 대한 여호와 신앙의 반대가 특히 민감한 문제였기는 하나, 그것이 그 예언자가 무대에 등장했던 유일한 이유는 아니었다. 그는 또한 이스라엘의 배신, 즉 첫 번째와 두 번째 계명을 어긴 것 때문에도 자극을 받았다(호 4:12, 17; 8:4-6; 13:2).

문제는 당시에 이스라엘의 농업이 번성하고 있었는데 백성들이

---

[3] 호 1:2; 2:7; 3:3; 4:10, 12, 13, 14, 15, 18; 5:3; 9:1.

그 축복에 대해 감사해야 할 대상이 바알이라고 믿었다는 데 있었다. "곡식과 새 포도주와 기름은 내가 그에게 준 것이요 그들이 바알을 위하여 쓴 은과 금도 내가 그에게 더하여 준 것이거늘 그가 알지 못하도다"(호 2:8). 이 놀라운 말은 여호와를 땅의 모든 값진 선물들의 수여자로 묘사한다. 그러나 이스라엘은 그 선물의 수여자와 선물 모두를 오해했다. 이스라엘은 자기들이 그런 선물들로 인해 여호와에 대한 신앙을 고백하도록 부르심을 받았다는 사실을 알지 못했다. 오히려 그들은 농업과 그것의 신비로운 근원들을 신화적으로 신성화하는 일에 빠져들었다. 그러나 레갑 사람들은 땅의 축복에 대한 그런 헛된 왜곡과 맞서면서 어떤 다른, 그리고 훨씬 더 단순한 길을 따랐다. 그들은 과격한 분리 프로그램을 가동했고, 땅의 산물을 이용하는 것을 여호와에 대한 순종과 양립시킬 수 있다고 여기는 태도를 단호하게 거부했다(왕하 10:15-17. 렘 35:1-19 참고).

심판의 선포

호세아는 책임 있는 당사자들에 대한 비난을 등급별로 나눈다. 그는 제의 문제에 대한 관심 때문에 불가피하게 실패의 주된 원인을 제사장들에게 돌렸다(호 4:6, 9; 5:1; 6:9). 당시의 제사장들은 "하나님을 아는 지식"을 갖고 있지 않았다(사실 이것은 그 나라 백성들 전체에게도 해당된다). 유감스럽게도 호세아서의 특징을 이루는 이 용어는 번역하기가 쉽지 않다. "하나님을 아는 지식"이라는 말은 실제로 종교적·철학적 인식의 문제와 관련해 이론적 측면에서 너무 많은 것을 가리킨다.

그러나 그 용어의 예증들에 비추어 볼 때, 그것이 하나님에 대한 일반적인 심적 태도를 훨씬 넘어서는 특별한 무언가를 가리키고 있음은 분명하다. 사실 그것은 제사장적 섬김의 핵심을 의미하는 것으로 보인다. 왜냐하면 호세아 4:6에서 그것은 토라와 동일한 것으로 간주되기 때문이다. 그러므로 그것은 이스라엘이 잃어버림으로써 해를 입은 특정한 형태의 하나님에 관한 지식을 묘사하는 것이 틀림없다. 그러므로 그 용어는 무엇보다도 여호와의 역사적 행위에 관한 앎과 관련되어 있고 다음과 같이 해석될 수 있을 것이다 - 이스라엘은 여호와에 대한 충성의 고백을 상실했다.[4]

종교와 정치 사이의 명백한 분리는 현대의 특징일 뿐이다. 그 어떤 다른 예언자들보다도 철저하게 삶을 하나의 전체로 여기는 고대의 제의적 사고 안에서 살았던 호세아에게 이스라엘의 정치적 경험은 어떤 의미로든 종교적 경험과 다른 차원에 속해 있지 않았다. 우리는 이스라엘 왕국의 카리스마적인 왕권 제도가 실제로는 예언자들의 협력에 의존하고 있었음을 다시 한 번 상기할 필요가 있다. 그러므로 호세아는 정치 문제들에 대한 민감한 참여, 특히 사마리아 왕궁의 혁명에 대한 참여를 통해 북 왕국의 참된 예언자로서의 역할을 감당했고, 엘리사에 의해 이미 예시되었던 행동의 계열을 따랐다고 할 수 있다. 물론 호세아의 시대에는 여호와께서 사마리아가 몰락하기 직전에 빈번하게 발생한 왕궁의 혁명과 즉위와 관련해 그 어떤 연관도 맺고 싶어 하지 않으셨다는 점에서 엘리사와 예후의 시대와 비교될 만한 급격한

---

[4] 특별히 호 13:4르 참고하라. "애굽 땅에 있을 때부터 나는 네 하나님 여호와라 나밖에 네가 다른 신을 알지 말 것이라."

상황의 변화가 있었던 것은 사실이다. "그들이 왕들을 세웠으나 내게서 난 것이 아니며 그들이 지도자들을 세웠으나 내가 모르는 바이며"(호 8:4). 이스라엘 사람들은 자기들이 사마리아에서 벌어진 그런 즉위식들을 통해 여전히 자기 백성의 보호자로 활동하시는 여호와를 볼 수 있다고 믿었다. 그러나 호세아는 바로 그런 정치적 사건들 속에서 이스라엘에 대한 여호와의 심판이 이미 진행되고 있음을 인식했다. "내가 분노하므로 네게 왕을 주고 진노하므로 폐하였노라"(13:11). 사실 이것은 호세아의 견해에서 가장 핵심적인 요소들 중 하나다. 그의 동료들이 그 나라의 황폐한 상황을 고치기 위해, 그리고 정치적 수단을 강구함으로써 임박한 위험에서 자신들을 보호하기 위해 애썼던 반면, 호세아는 문제의 뿌리가 훨씬 더 깊은 곳에 있음을 간파했다. 하나님은 그들에게 등을 돌리셨다. 그 나라는 하나님으로부터 고통을 당하고 있었는데, 그분은 마치 그 나라의 뱃속에 있는 위궤양처럼 보이실 정도였다.

> 12그러므로 내가 에브라임에게는 좀 같으며 유다 족속에게는 썩이는 것 같도다 13에브라임이 자기의 병을 깨달으며 유다가 자기의 상처를 깨달았고 에브라임은 앗수르로 가서 야렙 왕에게 사람을 보내었으나 그가 능히 너희를 고치지 못하겠고 너희 상처를 낫게 하지 못하리라 (호 5:12-13)

호세아는 이스라엘이 회피할 수 없는 심판에 관해 말하면서 그것에 대해 아주 간략하고 일반적인 암시만 할 뿐이다. 그 심판 과정의 정치적이고 역사적인 측면이 분명하게 개괄되는 경우는 거의 없다. 한두 번 그 예언자는 적들에 의해 야기될 재앙에 대해(호 8:3; 10:14f.; 11:6; 13:15), 그리고 때로 주민들의 소개疏開에 관해 말한다. 그런 경우에 앗수르에 대한 생각은 (아주 놀랍게도) 애굽으로 되돌아가는 것에 대한 생각과 나란히 나타난다(9:3, 6; 8:13; 11:5). 한편으로 호세아는 아주 오래된 사고의 계열을 따라 이 심판을 이스라엘이 자초한 것으로, 즉 이스라엘의 악행 때문인 것으로 묘사한다. 이스라엘은 자신들이 자행한 악의 횡포한 힘에 너무 깊숙이 말려들었기에 그것으로부터 빠져나오지 못한다(5:4f.). "그들의 행위가 그들을 에워쌌다"(7:2). 그들은 자기들의 악행에 완전히 둘러싸였기에 이제 그들에게는 그 어떤 자유로운 움직임도 가능하지 않다. 그러나 운명을 좌우하는 행위라는 이런 개념은 이스라엘에 작용하고 있는 어떤 비인격적인 법을 의미하지 않는다. 오히려 지금 이스라엘의 행위를 기억하시는 분은 여호와이시다(7:2; 8:13; 9:9). 이스라엘은 그분의 얼굴 앞에 있다(7:2).

심판에 따르는 구체적인 현상들에 대한 묘사가 모호하게 보이는 까닭은 그 예언자가 가장 강조하는 것이 여호와께서 자기 백성을 심판하기 위해 일어서고 계시다는 사실이었기 때문이다. 여호와께서 자기 백성을 벌하실 것이다(5:2). 그분은 그들에게 사자처럼 되실 것이다(5:14). 그분은 사냥꾼처럼 그들을 사로잡으실 것이다(5:2, 12; 7:12). 그때로부터 역사의 전 과정에 집중하시며 그것을 결정하시는 "나"("바로 내가 움켜갈지라")와 비교한다면, 그 심판이 역사적 형태를 취하는 실제적인 방식의 문제는 별 흥밋거리가 되지 못한다.

구원의 선포

이스라엘의 심판에 따르는 무자비한 어둠에 관한 예언들을 고려한다면, 우리는 구원에 대한 호세아의 예언에 대해 논의하는 것을 멈칫거리게 된다. 왜냐하면 이것은 그가 계속해서 언급하는 견딜 수 없는 암흑이 결정적인 것이 아니며, 따라서 결국 그 어둠이 밝음으로 변하리라는 인상을 주기 때문이다. 그러나 과연 우리는 그 예언자가 (그들에 맞서서) 심판을 선언했던 대상과 (그들을 위해서) 다가오는 구원을 선포했던 대상이 동일한 사람들이었다고 확신할 수 있는가? 여기에서 우리는 실제로 호세아가 그 말을 누구에게 그리고 누구를 위해 했든 간에 아주 분명하게 다가오는 구원에 관해 말했다고 말하는 것으로 충분하다. 게다가 그는 그 패러독스를 의식하고 있었다. 그는 진노와 사랑 사이의 갈등이 하나님의 마음 안에서 어떻게 해소되었는지 알았다. 이것은 그로 하여금 구약성서의 예언 전체에서 그것과 비길 만한 것이 없을 만큼 대담한 발언을 하도록 이끌었다.

> 8에브라임이여 내가 어찌 너를 놓겠느냐 이스라엘이여 내가 어찌 너를 버리겠느냐 내가 어찌 너를 아드마 같이 놓겠느냐 어찌 너를 스보임 같이 두겠느냐 내 마음이 내 속에서 돌이키어 나의 긍휼이 온전히 불붙듯 하도다 9내가 나의 맹렬한 진노를 나타내지 아니하며 내가 다시는 에브라임을 멸하지 아니하리니 이는 내가 하나님이요 사람이 아니라 네 가운데 있는 거룩한 이니 진노함으로 네게 임하지 아니하리라 (호 11:8-9)

호세아는 우리가 심판과 구원의 이와 같은 병존을 이해할 수 있도록 추가적인 도움을 제공한다. 그 도움은 그가 강조하는 "훈련"이라는 개념이다. 이 개념은 그 어떤 다른 예언자들보다도 그에게서 큰 역할을 한다.5 때로 호세아는 여호와께서 이스라엘을 치리하시는 것을 무엇보다도 그분이 엇나가는 자들을 옳은 길로 되돌리시기 위해 그들에게서 무언가를 빼앗고 그들의 행위를 제한하시는 일종의 교육 프로그램인 양 묘사한다. 이것은 적어도 한 두 구절에서 하나님의 심판 행위와 구원 행위 사이에 합리적인 균형을 이루는 것으로 이어진다.

> 4이스라엘 자손들이 많은 날 동안 왕도 없고 지도자도 없고 제사도 없고 주상도 없고 에봇도 없고 드라빔도 없이 지내다가 5그 후에 이스라엘 자손이 돌아와서 그들의 하나님 여호와와 그들의 왕 다윗을 찾고 마지막 날에는 여호와를 경외하므로 여호와와 그의 은총으로 나아가리라 (호 3:4-5)

여호와께서 그분의 백성에게서 빼앗으실 것은 아주 많았다. 또 그것들은 모두 이스라엘의 삶을 위해 아주 중요한 것들이었다. 그러므로 호세아가 그 중간기에 이스라엘이 어떤 종류의 삶을 살 것으로 상상했는지를 밝히는 것은 불가능하다. 그들은 시민 생활을 위한 확립된 질서뿐 아니라 제의의 확립된 질서도 없이 살아야 했다! 그 문제를 명료하게 하려면 우리는 이스라엘의 재교육에 관한 장대한 시(거기에서

---

5 호 2:11ff.; 3:35; 11:1ff.

는 이스라엘을 위한 여호와의 계획이 부정할 수 없으리만큼 상세하게 묘사된다)에서 몇 구절을 뽑아내야 한다. 자기 백성이 바알을 향해 나아가는 길 위에 장벽을 치신 그분은 "그를 타일러 거친 들로 데리고 가서 말로 위로하신다"(호 2:14). 이것은 하나님께서 그들을 자신이 처음으로 그들과 함께 여행을 시작하셨던 곳으로, 즉 모든 길의 처음으로 데려려 하신다는 것을 의미한다. 그곳(광야)에서는 여호와와 그분의 백성 사이에 다산의 신들이 끼어들 여지가 없다. 거기에서 이스라엘은 완전히 여호와에게 내맡겨질 것이다. 여호와께서는 다시 한 번 사막에서 그들에게 땅을 수여하시기 위해 그들의 모든 것을 취하실 것이다.

그런 식으로 호세아는 새로운 구속 사건이 옛 구속 사건에서 예표적으로 예시되었다고 여긴다. 그러나 물론 그 첫 번째 구속 사건을 망쳐놓은 모든 것과 모든 불완전함은 경이로운 최종적인 구속 사건으로 인해 극복될 것이다. 불경한 일이 일어나 아간이 돌에 맞아 죽었던 아골 골짜기가 "소망의 문"이 될 것이다(2:15). 그리고 여호와께서 이스라엘과 새로이 약혼하실 것이다. 마지막 신탁은 마법의 말을 암시하는 형식을 갖고 있다. 그것은 하나님으로부터 나오는 복된 능력들의 자유로운 순환을 묘사한다. 견고하게 연결된 이 고리(하나님-하늘-땅-곡물-이스라엘) 안에는 바알과 그의 역할이 끼어들 만한 틈이 없다(2:23ff.).

이 예언서의 말미에 나오는 매우 고풍스러운 신화적 은유들로 표현된 약속의 말들 역시 전적으로 자연계 특유의 표현 방식으로 전해진다. 여호와께서는 이스라엘을 사랑하실 것이다. 그분은 이스라엘에게 푸른 잣나무와 이슬이 되실 것이고, 이스라엘은 꽃을 피우고 뿌리를 내릴 것이며, 그 향기는 레바논의 백향목과 같을 것이다(호 14:5-8). 그토록 단호하게 구속사의 맥락에서 사고하는 예언자가 동시에 이스라엘과 여호와의 관계를 식물의 자연스러운 성장과 꽃 피움이라는 지평 안으로 옮겨 놓을 수 있었다는 것은 주목할 만하다. 그 지평 안에서 구속사의 모든 드라마는 심원한 고요함 속에서 해소된다.

제12장

이사야와 미가

　이사야의 선포는 흔히 구약성서 전체의 신학적 정점으로 간주된다. 적어도 어느 한 사람에 의해 포괄된 신학적 폭을 익명의 방대한 전승들보다 더 인상적인 것으로 여기는 모든 이들의 판단은 그렇다. 지적 활력의 측면에서, 혹은 더 특별하게는 장대한 폭을 지닌 사상의 측면에서 이사야에 버금가는 예언자는 없다. 그가 전승에서 취한 개념들조차 대개는 가장 대범한 방식으로 개조되었다. 이사야의 다재다능함은 우리가 고대인이었던 그의 지적 활동이 오늘 우리의 그것보다 훨씬 더 전통에 의해 좌우될 수밖에 없었음을 기억할 때 보다 분명하게 드러난다. 그는 자신의 메시지를 급변하는 정치적 상황에 아주 유연하게 적용한다. 그리고 그렇게 함으로써 특정한 역사적 상황을 자기가 전하는 메시지의 윤곽을 통해 마치 사진사의 네거티브 필름처럼 아주 선명하게 보여 준다.

　한두 가지 빈약한 전기적 언급들을 제외한다면, 우리가 그가 어떤 인물이었는지 추론하기 위해 참고할 수 있는 것은 그의 문체뿐이다.

그러나 그것만으로도 얼마나 많은 것들이 드러나는가! 신랄한 책망의 말로부터 장대한 폭을 지닌 심원한 감정을 표현하는 본문들에 이르기까지, 그리고 무뚝뚝할 만큼 간결한 신탁으로부터 화려한 단어들로 이루어진 격조 높은 찬송에 이르기까지!¹ 그러나, 이사야가 하는 모든 말의 중요한 특징은 절제에 있다. 그리고 우리가 그의 고귀한 인품과 관련해 받는 강력한 인상은 그가 큰 격정의 순간에조차 그런 절제를 유지한다는 사실이다.

당시의 정치적 상황

비록 그런 사실을 입증해 주는 정확한 진술이 존재하는 것은 아니지만, 우리는 이사야가 예루살렘 주민이었으며 따라서 도시인이었다고 분명하게 추론할 수 있다. 또 우리는 그가 그 사회에서 높은 지위를 갖고 있었다고 예상할 수 있다. 그가 왕이나 고위 관료들과 교제했던 것은 그런 지위가 없이는 불가능했을 것이기 때문이다. 또 그는 결혼을 했고 상징적인 이름을 줄 수 있었던 자식들을 두고 있었다(사 7:3; 8:3). 하지만 우리는 그의 개인적인 상황에 대해서는 그 이상 아무것도 알지 못한다. 그가 성전과 관련된 공적 직무를 맡고 있었다는 증거는 없다. 오히려 그런 가설을 부정하는 많은 논거들이 존재한다.

---

1 이사야의 수사학적 특징은 그의 놀랄 만한 직유들에서 잘 드러난다. 사 1:8; 7:4; 18:4; 29:8, 11f.; 30:13, 17; 31:4.

9세기에 이스라엘 왕국은 계속해서 그들에게 심각한 위협이 되었던 적들과 싸우고 있었다. 이스라엘은 수리아, 블레셋, 모압, 그리고 심지어 앗수르 사람들과 맞서 자신들을 보호해야 했다(아합은 853년에 가르가르에서 앗수르 군대와 싸웠다). 반면에 유다 왕국은 그런 심각한 위협을 받지 않았다. 그런 상황은 8세기에도 계속되었는데, 웃시아의 통치 말년에 와서 변화가 나타났다. 그 시기는 앗수르의 디글랏 빌레셀 대제(745-727)의 즉위 시기와 거의 일치한다.[2] 의미심장하게도, 바로 이 전환기에 이사야가 소명을 받았다(사 6:1). 그 후 얼마 지나지 않아 앗수르가 유다의 국경에 출현했다. 734년에 디글랏 빌레셀은 팔레스타인의 해안 지대를 따라 애굽의 국경까지 진군했다. 그 다음 해에 유다는 억지로 반反 앗수르 동맹에 참여해야 했다. 곧이어 발생한 아람-에브라임 연합군과의 전쟁(734-732)에서 예루살렘은 단지 포위를 당하는 고통만 겪었을 뿐이다. 유대인들이 앗수르에게 도움을 청했기 때문이다(왕하 15:37, 16:5ff.). 디글랏 빌레셀은 실제로 이스라엘을 침공해 그것의 영토 중 상당 부분을 빼앗았다(왕하 15:29). 그 후 732년에 아람-다메섹은 독립국가로서의 지위를 상실했고, 721년에는 사마리아가 몰락하면서 이스라엘이 앗수르의 한 지방으로 병합되었다. 이 사건으로 인해 앗수르는 유다의 최근접 국가가 되었다. 앗수르 제국의 국경은 예루살렘 북쪽으로 불과 수마일 밖에 있었을 뿐이다! 이때부터 팔레스타인 지역 안에 여전히 남아 있던 독립 국가들은 더 이상 평화를 누릴 수 없게 되었다. 특별히 애굽을 주축으로 하는 동맹이라는 수단을 통해 앗수르로부터 독립을 유지하려는 지속적인 노력이 행해졌는데, 그 중 세 가지 사건이 두드러진다. 첫째는 720년에 애굽과 동맹을 맺은 가사

---

2 웃시아 왕이 죽은 해는, 확실하지는 않으나, 735년경일 것이다.

왕 하눈과 하맛의 반역이었다. 앗수르는 라비후 전투에서 승리함으로써 이들의 희망을 무산시켰다. 713-711년에 아스돗이 주동이 되어 일으킨 봉기는 유다 왕국과 좀더 밀접하게 관련되어 있었다. 이때 유다 왕국은 히스기야의 영도하에 732년부터 종속되어 있던 앗수르에 대한 충성을 깨뜨리고 에돔과 모압도 가담했던 봉기에 동참했다. 그러나 앗수르는 다르단을 아스돗으로 파견해 이 봉기 역시 진압했다(사 20:1). 유다는 다시 한 번 봉기에 대한 형벌을 모면하는 데 성공했으나, 불행히도 우리는 사정이 어떻게 해서 그리 되었는지 알지 못한다. 그러나 이와 대조적으로 세 번째 봉기(그것은 니느웨의 왕권 교체기에 에스글론에서 발생했고 유다는 다시 한 번 그 일에 동참했다)는 유다와 예루살렘에 대재앙을 초래했다. 주지하다시피, 산헤립이 팔레스타인에 모습을 드러낸 것은 701년이 되어서였다. 그리고 그때에도 그는 그의 관심을 해안 지대와 블레셋을 공략하는 데 국한시켰다. 그러나 알타쿠 부근에서 애굽인들이 패하고 동맹군의 힘이 꺾인 후, 그 유명한 히스기야의 항복이 있었다. 그로 인해 그는 왕국의 태반을 잃어야 했다(왕하 18:13-16).

이미 말했듯이, 이사야의 예언에는 이런 역사적 사건들이 아주 정확하게 반영되어 있다. 그가 언급하는 마지막 사건은 701년에 있었던 예루살렘의 몰락이었다(사 22:1ff.; 1:7-9). 물론 이사야는 자기 시대의 역사를 현대의 역사가들과는 전적으로 다른 관점에서 보았다. 아마도, 만약 우리가 그의 선포를 연대기적 연속물로서가 아니라 전승에 뿌리를 두고 있는 대로 제시한다면, 역사에 대한 그의 관점이 보다 분명하게 드러날 것이다. 물론 이것은 그의 메시지만큼이나 광범위하고 포괄적인 그의 역사관이 아주 적은 수의 종교적 개념들에 의존하고 있음을 보여주는데, 그런 개념들은 모두 전승, 특히 예루살렘 전승에 의해 그에게 제공되었다.

율법의 파기와 도시 국가의 삶

이사야 역시 아모스처럼 자기가 대변하는 하나님의 법을 철저하게 주시한다. 그는 모든 형태의 정의의 실패와 가난한 자들을 착취하는 것에 대한 아모스의 비난을 광범위하고 맹렬하게 수행한다. 따라서 우리는 8세기의 예언자들이 이미 어떤 전승, 즉 그들에게 그들이 말해야 할 주제를 제공했던 유산을 계승했음이 분명하다고 추론하지 않을 수 없다. 하나님의 율법에 대한 이사야의 관심은 아무리 강조해도 지나치지 않다.[3] 어느 사회가 하나님과 정상적인 관계를 유지하고 있는지를 판단하는 기준은 그 사회가 그분의 법을 지키느냐 지키지 않느냐 하는 것이다. 이사야에게 하나님에 대한 인간의 태도를 가장 분명하게 드러내는 것은 그들이 정의의 문제를 어떻게 다루느냐에 달려 있었다. 그리고 바로 그것이 그의 예언에 등장하는 예루살렘에 관한 언급이 어째서 책망할 것 없는 재판관들과 정의의 보호자인 기름 부음 받은 자에 대한 말로 가득 차 있는지를 설명해 준다(사 1:26; 11:3ff.). 그가 보기에 하나님의 법은 가장 위대한 구원의 축복이다. 이와 관련해 현대의 독자들은 이사야 시대에 법률적 판단이 시민들의

---

[3] 이것은 흔히 이사야의 선포의 핵심으로 간주되는 "공의"와 "정의"라는 용어들의 사용을 통해 분명하게 드러난다. "공의": 1:21, 26, 27; 5:7, 16, 23; 9:6; 10:22; 28:17; "정의": 1:17, 21, 27; 4:4; 5:7; 9:6; 10:2; 16:5; 28:6, 7.

손에 달려 있었고 전문적인 법률가들의 일이 아니었음을 기억할 필요가 있다.

우리가 지금까지 살핀 내용— 그리고 우리는 "제사보다 순종이다" (사 1:10-17)라는 외침 역시 기억해야 한다— 은 아모스와 미가의 예언들을 강력하게 상기시킨다.4 그럼에도 율법에 대한 이사야의 관심에는 아모스에게는 없는 한두 가지 특징이 들어 있다. 위에 인용한 구절들은 회복된 하나님의 도성과 기름 부음 받은 자의 통치를 다루는데, 그것들은 이사야가 율법의 진정한 의미를 율법 자체에 두고 있지 않음을 보여 준다. 율법은 오직 보다 넓은 맥락 곧 정치적 맥락 안에서만 중요해진다. 이사야의 수많은 발언들은 그의 생각의 상당 부분이 국가의 삶에 관한 문제들, 다시 말해, 여호와께서 세우신 사회에 적합한 통치 형태와 그런 통치에 필요한 직무들에 대한 관심에 집중되고 있음을 보여 준다.5

이와 관련해 그는 근린동맹近隣同盟 같은 것은 전혀 고려하지 않는다. 무엇보다도 그는 선택된 백성을 하나의 "도시 국가"로 여긴다. 종말에 예루살렘은 모든 관리들을 완벽하게 갖춘 도시 국가로 회복될 것이다

---

4 이사야와 미가는 특별히 예루살렘의 지배계급의 대토지 소유 latifundia에 반대한다는 점에서 아주 가깝다. 수많은 가난한 농부들의 상속지들이 한데 묶여 그들에게 넘어 갔다(사 5:8; 미 2:1-5). 물론 미가는 그가 예루살렘이 역사의 장에서 완전히 지워지는 것을 상상한다는 점에서(미 1:5; 3:12), 또한 시골에 살았던 유대인으로서 "여호와의 총회"가 족장들이 정한 토지 소유의 질서를 회복할 것을 기대한다는 점에서 이사야와 다르다.

5 그 시대의 예루살렘의 행정 및 직무들에 관한 연구는 이사야서에서 중요한 자료들을 이끌어낸다. "재판관"—1:26; 3:2; "지도자"—1:10; 3:6f.; 22:3; "다스리는 자"—3:12; "국고를 맡은 자"—22:15; "왕궁을 맡은 자"—22:15; "고관들"—1:23; 3:3; 1:4; "방백들"—9:5; 22:21.

(1:26). 그리고 구원 받은 자들은 그 도시 국가 안에서 안식처를 얻게 될 것이다(14:32). 이제 곧 상세히 살펴보겠지만, 이사야가 이스라엘의 구원과 갱신에 관해 말하는 모든 것이 바로 이 도시 국가라는 개념에 의존하고 있다. 이사야가 국가의 문제에 관해 갖고 있던 이런 날카로운 관심에 대한 증거로 우리는 이사야 3:1-5을 들 수 있다. 거기에서 그는 시민 질서가 완전히 해체된 상태에 관한 환상에 대해 묘사한다. 적절하게 임명된 관료들, 재판관들, 군대장관들, 장로들이 사라지고, 갑자기 무정부 상태가 나타난다. 하찮은 민초들 사이에서 풋내기 젊은 이들과 정치적 실패자들이 일어나 국가의 관리자들이 된다. "아이가 노인에게, 비천한 자가 존귀한 자에게 교만할 것이며…"(5절) 사람들은 "이 폐허"(6절) 위에서 자기들을 다스려 줄 사람을 찾는다. 이사야가 율법의 침해를 비난하며 지적하는 것이 바로 그 도시 국가의 삶의 이런 정황이다.

그러나 특별히 이사야에게서 나타나는 놀랄 만한 특징이 하나 있다. 그것은 바로 이런 비난들이 아모스의 경우에서처럼 어느 특정한 범죄자들을 향하는 것이 아니라, 때로 구속사라는 보다 넓은 정황 속에서 제시된다는 사실이다. 이사야 1:2 이하에서 여호와께서는 자신의 백성이 여호와에 대한 순종을 저버렸다고 불평하신다. 그러나 이 신탁은 신명기 21:18 이하에 등장하는 양식, 즉 자신에게 반역하는 자식을 법정에 넘겨 사법적 판단을 받게 하는 최후의 절망적인 수단에 의존할 수밖에 없었던 어느 아버지의 고발이라는 양식을 취한다. 여기에서 역사의 긴 여정(여호와께서는 이것을 통해 자신이 자신의 자녀들을 기르기 위해 어떤 수고를 하셨는지 알려 주신다)은 철저히 부정적인 종말을 맞는다.

이사야 1:21-26에서는 그 길이 반대 방향으로, 즉 저주에서 번영으로 달려 나간다. 그러나 거기에서도 계명들에 대한 침해가 역사에 대한 포괄적인 하나님의 계획안에서 제 자리를 얻는다. 율법이 문란해진 것에 대한 하나님의 실망을 보여 주는 이런 역사적 관점은 특히 이사야 5:1-7에서 다시 알레고리적 형태를 지니고 아주 분명하게 드러난다. 그 짧은 시는 자신의 포도원에서 수고했으나 결국 아무런 열매도 얻을 수 없었던 어떤 이의 상황을 상세하게 묘사한다.

마음을 강퍅하게 하시는 문제

그러나 하나님은 이사야와 그의 선포에 맞서 무서운 장벽을 세우셨다. 즉 그분은 이스라엘의 마음을 강퍅하게 하셨다. 이미 이사야는 소명을 받을 당시에 그의 과업이 이스라엘 백성이 들어도 깨닫지 못하고 보아도 알지 못하도록 그들의 마음을 "둔하게" 하고, 그들의 귀를 "막히게" 하고, 그들의 눈을 "감기게" 하는 것이라는 말씀을 들었다(사 6:9f.). 어쩌면 이런 말들은 이사야가 소명을 받고서 얼마간 시간이 흐른 후에, 즉 그가 자신의 사역의 결과를 어느 정도 판단할 수 있게 되었을 때 현재와 같은 극단적 형태를 부여 받았을 수도 있다. 다른 한편으로, 이사야 6장과 열왕기상 22:21 사이에는 놀랄만한 유사성이 존재하는데, 그동안 그 둘은 모두 예언자의 위임에 관한 전형적인 설명으로 간주되어 왔다. 만약 그렇다면, 이사야서에 여호와께서 백성의 마음을 강퍅하게 하신다는 주제를 제공한 것은 예언적 전통일 수 있다. 실제 사정이 어떠하든, 그 주제는 이사야서에서 너무나 중요한 위치를 갖고 있으므로 우리는 여호와 신앙이라는 보다 넓은 맥락 안에서 그것에 적절한 위치를 부여하는 수고를 감당해야 한다.

많은 주석가들이 이 주제를 그다지 어렵게 여기지 않았다. 그들은 사람들이 하나님의 말씀을 계속적으로 거부할 경우 자연스럽게 그것을 듣고 이해하는 능력이 사라진다는, 논쟁의 여지가 없을 만큼 분명한 사실에 호소했다. "하나님의 진리에 대한 고의적인 거부와 그분의 경고에 대한 습관적인 귀 막음은 결국 그로 인해 하나님의 사역에 대한 무관심을 초래한다."[6] 즉 "하려 하지 않음"이 "할 수 없음"이라는 벌을 받는다는 것이다. 그러나 마음을 강퍅하게 하는 문제에 대한 이런 식의 해석은 반대에 직면한다. 그런 해석은 전적으로 조건절에 의존하며, 그로 인해 종교적 경험의 보다 넓은 영역 안에서 계속해서 확증될 수 있는 일반적인 종교적 진리가 되어버린다. 이것은 그 과정이 심리학적 측면에서 설명될 수 있는 합리적인 것임을 의미한다. 그리고 이 경우에 우리가 그 예언자를 위해 말할 수 있는 최상의 것은 그가 "필요한 도덕적 명령"을 수행하고 있다는 것이 될 것이다.

그러나 완고함에 대한 정죄를 이런 식으로 동해同害 형법 lex talionis의 특별한 형태로만 해석하는 것은 구약성서에서 그것과 관련해 이루어진 진술들과 일치하지 않는다. 왜냐하면 구약성서에서 마음을 강퍅하게 하는 것은 언제나 인간 본성의 법의 결과가 아니라 하나님의 행위로 표현되기 때문이다. 하나님께서 인간에게 말씀하실 때마다 인간은 자신이 소외의 상태에 있음을 발견한다. 그리고 이것은 그분이 자신이

---

6 참고. W. Eichrodt, *Theology of the Old Testament*, Vol. II, 1967, 380ff.

택하신 백성과 접촉하실 때도 해당된다. 그러나 이것은 실제적인 문제를 일으킨다. 여호와께서 때로 자신이 택하신 백성을 일으키시고, 때로 그들의 마음을 강퍅하게 하시는 것은 어찌된 일인가? 이사야의 메시지에서 여호와께서 이스라엘이 전에는 결코 경험한 적이 없었던 모호함 속으로 갑자기 숨으시는 것은 어찌된 일인가? 만약 이스라엘의 하나님으로부터의 소외가 심리학적 과정 때문이었다면, 그 문제는 이사야의 메시지를 기다릴 필요도 없이 결론에 이를 수 있었을 것이다. 해석학적 관점에서 본다면, 이사야가 마음을 강퍅하게 하는 문제와 관련해 했던 말을 간접적으로 이해하는 방식으로, 즉 그 말을 신학적 반성의 부차적 결과로 여기는 방식으로, 다시 말해, 그것을 어떤 신학적 딜레마로부터의 탈출이나 종교 심리학의 일반 법칙에 관한 설명으로 여기는 방식으로 타협하려는 모든 시도는, 본문 밖에 있는 관점을 본문 안에 도입하는 선험적인 것이라 할 수 있다. 그러나 주석가들이 그렇게 할 수 있는 것은 오직 그 주제를 직접적인 의미에서 이해하려는 시도가 모두 실패했을 때만 가능하다. 그러나 (정확하게 말하자면) 이사야 6:9-10 같은 특별한 경우에 그런 일은 결코 시도되지 않았다.

▍마음을 강퍅하게 한다는 개념에 관한 한, 균일하고 일관된 전역사前歷史 같은 것은 존재하지 않는다. 그럼에도 처음부터 이스라엘은 백성들의 마음을 기만하거나 강퍅하게 하는 행위를 여호와에 의해 촉발된 것으로 믿었다. 그리고 바로 그것이 이사야가 이런저런 방식으로 했던 말들의 배경을 이룬다. 아비멜렉 시대에 세겜에서 있었던 배반 사건을 초래한 "악한 영"(삿 9:23), 사울에게 임했던 악한 영(삼상 16:14; 18:10; 19:9), 아히도벨의 현명한 조언이 거부되었던

압살롬의 진중회의에서 나타났던 기만(삼하 17:14), 그리고 마지막으로 여호와에 의해 임명되지 않은 로호보암이 내렸던 어리석은 결정(왕상 12:15) 등은 모두 이사야가 했던 말의 전조였다. 그러나 그런 것들은 신학적 딜레마로부터 빠져나올 길을 제공하지 않으며, 어떤 의미에서는 그 딜레마를 심화시킬 뿐이다. 왜냐하면 그것들은 여호와 신앙이 그런 모호한 행위들조차 여호와의 손으로부터 받는 것과 관련해 아무런 어려움을 겪지 않는다는 사실을 보여 주기 때문이다. 우리는 또 다른 요소에 대해서도 고찰해야 한다. 그것은 홀림 infatuation, 즉 그것의 피할 수 없는 종국이 파멸인 정치적 광기의 한 형태다. 그것은 오늘 우리에게보다 고대 근동 전역의 사람들에게 훨씬 더 많은 것을 의미했다. 그리고 그들은 매우 잔혹한 어떤 일, 가령 광기에 빠지거나 자신의 손으로 자신을 해치는 일의 원인을 인간적이고 내재적인 차원에 속한 것으로 여기는 것이 불가능하다는 것을 발견했다. 결과적으로 그런 일들은 헤아리기 어려운 신의 역사가 될 수밖에 없었다. 물론 바로의 마음이 강팍하게 되었던 경우는 사정이 약간 다르다. 왜냐하면 성서의 여러 자료들은 그 경우를 포괄적인 역사적 계획안에서 이루어진 첫 번째 사건으로 여기고 있기 때문이다.7 그러나 어쩌면 이런 다소 고립된 전승이 이사야가 말하는 마음을 강팍하게 한다는 개념을 이해하는 데 훨씬 더 도움이 될 수도 있다. 왜냐하면 여기에서 여호와의 태도를 설명해 주는 얼마간의 논리적인 이유가 제시되기 때문이다. 물론 그 이유는 처음부터 드러나 있었다. 마음이 강팍해지는 일이 일어났다. 그리고 바로는 모세를 통해 다음과 같은 말씀을 듣는다. "내가 너를 세웠음은 나의 능력을 네게 보이고 내 이름이 온 천하에 전파되게 하려 하였음이니라"(출 9:16[J]).8

---

7 출 4:21(J); 9:12(P); 10:1(J), 20(E), 27(E).
8 참고. 출 7:5(P); 11:9(P); 14:4(j), 17(p).

여기에서 우리의 목적은 마음을 강퍅하게 하는 것과 관련된 다양한 구절들로부터 그것에 대한 어떤 일반적인 개념을 추론하는 데 있지 않다. 우리의 과제는 이사야를 이해하는 것이다. 그러기 위해 우리는 두 가지 사항을 인식해야 한다. 한편으로, 이 개념에 관한 한, 그는 이스라엘에서 그리고 실제로는 고대 세계 전역에서 도전을 받아 본 적이 없는 견해를 물려받았다. 그러나 다른 한편으로 그는 전적으로 새로울 뿐 아니라 전례가 없는 무언가에 대해 목소리를 높였다. 그것은 여호와 자신이 이스라엘의 파멸을 초래하시리라는 그의 과격한 견해, 여호와의 창조적인 말씀에 관한 그의 이해(사 9:7), 그리고 마지막으로 여호와의 일에 관한, 즉 역사 속에서 이루어지는 하나님의 계획의 특성에 관한 그의 이해 등이었다. 이사야가 이스라엘의 마음을 강퍅하게 하는 것과 관련해 말해야 했던 내용의 틀을 형성하는 것은 바로 이와 같은 신학적 개념들이다.

마음을 강퍅하게 하는 일이 그 예언자 자신에 의해 초래되리라는 선언은 우리가 앞에서 상세하게 논의했던 "여호와의 창조적인 말씀"이라는 개념과 별도로 이해되어서는 안 된다. 이 오래된 개념은 이사야의 말에서 그것의 궁극적이고 가장 날카로운 신학적 해답을 얻고 있는 것처럼 보인다. 의심할 바 없이 예언의 말이 그 자체의 힘만으로도 심판과 재앙을 초래할 수 있다는 개념은 이사야 시대 이전에도 종종 아주 강력한 형태로 표현되었다. 그러나 이제 이사야에게 와서 예언의 말은 갑자기 역사라는 외적 세계에서 심판을 초래할 뿐 아니라, 인간 존재 특히 인간의 마음의 가장 은밀한 곳에서도 심판을 초래한다는 것, 다시 말해, 여호와께서 인간을 구원하기 위해 하시는 호소에 대한

제12장 이사야와 미가 | 213

그들의 거부를 초래하는 것으로 간주되었다.

    이사야 6장에 나오는 마음을 강퍅하게 하는 것에 관한 그의 진술은 모든 사람에 대해 문을 닫아 걸 뿐 아니라 또한 그렇게 이해되도록 의도되었던 것처럼 들린다. 그러나 이런 우울한 배경은 그럼에도 불구하고 이사야의 메시지가 소수의 그룹들에게 수용되었다는 사실을 더욱더 놀라운 것으로 만들어 준다. 몇 년 후에 그 예언자는 자신의 가장 초기의 사역의 결과를 다음과 같은 말로 요약한다. "여호와께서 야곱의 집에 대하여 얼굴을 가리셨다"(사 8:17). 그리고 그는 마지막 결산을 하면서도 동일한 사실로 돌아간다 – 유다와 예루살렘은 하나님께 저항했다. 그리고 이스라엘의 그런 완고함은 분명히 신성모독이었다(30:8ff.). 그러므로 이사야 6:8 이하는 중요하지 않은 말로 간주되어서는 안 된다. 왜냐하면 여호와의 제안에 대한 인간의 완고함이라는 문제는 이사야의 활동 전체를 통해 나타나기 때문이다. 그것은 여호와의 되풀이되는 초청을 돋보이게 하는 일종의 금박 장식 같은 것이다.

> 9너희는 놀라고 놀라라 너희는 맹인이 되고 맹인이 되라 그들의 취함이 포도주로 말미암음이 아니며 그들의 비틀거림이 독주로 말미암음이 아니니라 10대저 여호와께서 깊이 잠들게 하는 영을 너희에게 부어 주사 너희의 눈을 감기셨음이니 그가 선지자들과 너희의 지도자인 선견자들을 덮으셨음이라 11그러므로 모든 계시가 너희에게는 봉한 책의 말처럼 되었으니 그것을 글 아는 자에게 주며 이르기를 그대에게 청하노니 이를 읽으라 하면 그가 대답하기를 그것이 봉해졌으니 나는 못 읽겠노라 할 것이요 12또 그

> 책을 글 모르는 자에게 주며 이르기를 그대에게 청하노니 이를 읽으라 하면 그가 대답하기를 나는 글을 모른다 할 것이니라 13주께서 이르시되 이 백성이 입으로는 나를 가까이 하며 입술로는 나를 공경하나 그들의 마음은 내게서 멀리 떠났나니 그들이 나를 경외함은 사람의 계명으로 가르침을 받았을 뿐이라 14그러므로 내가 이 백성 중에 기이한 일 곧 기이하고 가장 기이한 일을 다시 행하리니 그들 중에서 지혜자의 지혜가 없어지고 명철자의 총명이 가려지리라 (사 29:9-14)

여호와께서는 "그러므로 내가 이 백성 중에 기이한 일을 행하리라"(14절)고 말씀하신다. 그러므로 이사야가 보기에 여호와께서 이스라엘의 마음을 강퍅하게 하시는 것은 그분이 이스라엘을 역사적으로 다루시는 한 가지 특별한 방식이다. 이어지는 부분에서 우리가 수행할 주된 과제들 중 하나는 이사야가 말하는 것이 언제나 어떤 행위, 즉 그분의 역사役事에 관한 것임을 밝히는 것이 될 것이다. 이 점에서 그가 해야 했던 첫 번째 발언은 마음을 강퍅하게 하는 것에 대한 것이었다. 그것은 결코 마지막 발언이 될 수 없었다. 이것은 우리가 마음을 강퍅하게 하는 것에 관한 말들을 구속사와 관련해서 읽는 법을 배워야 한다는 것을 의미한다. 그것에 대한 그 어떤 심리학적이거나 신앙적인 설명도, 혹은 그것을 단지 징벌로만 여기는 그 어떤 이해도 그것을 하나의 결말 곧 다소간 확정된 법을 따라 작동하는 어떤 과정의 최종 단계로 이해한다는 것을 의미한다. 그러나 그런 식의 이해는 이사야에게서 발견되는 분명한 증거와 일치하지 않는다. 왜냐하면 역설적이게도 이사야에게서 그 문제는 구속사의 시작 단계에서 강조되기 때문이다.

이사야가 그런 말씀을 받은 것은 처음 곧 그가 소명을 받을 당시였다. 그리고 이사야 8:17에서 그는 역설적으로 자신의 소망이 사람들의 마음을 강퍅하게 하시는 그 하나님께 있다고 말한다. 여기에서도 하나님께서 이스라엘 백성의 마음을 강퍅하게 하시는 것은 그 예언자가 그것을 통해 미래를 내다보게 하는 하나의 사건이다. 그리고 이사야 30:8 이하에서도 사정은 마찬가지다. 우리가 이미 보았듯이, 사람들이 어느 예언자의 말을 듣지 않는다는 사실이 곧 그것으로 모든 것이 끝났음을 의미하는 것은 아니다. 예루살렘 사람들이 그것에 맞서 자신들의 마음을 강퍅하게 했던 메시지는 오는 세대를 위해 기록되어야 했다. 그 때가 이르면 이사야가 자기들의 귀를 틀어막았던 그 시대 사람들에게 했던 모든 말들이 성취될 것이다. 이사야서의 모든 것은 절대적으로 미래를 가리킨다ー여호와 자신의 행동인 마음을 강퍅하게 하시는 것에 관한 말까지도.

시온

방금 전 우리는 그것에 대해 어떤 식으로도 정의하지 않은 채 "하나님의 초대"에 관해 말했다. 이제 우리는 이사야서에서 발견하는 대로 간략하게나마 그것에 대해 보다 상세하게 설명할 필요가 있다.

이사야의 도식

이사야의 메시지에 대한 설명을 시도할 경우, 처음부터 우리는 예루살렘 토박이였던 그가 의지할 수 있었던 거룩한 전승의 문제를 염두에 두어야 한다. 또 우리는 그 도시의 특수한 상황 역시 기억해야 한다. 왜냐하면 그 도시는 여호와 신앙의 제의적 영역에 비교적 뒤늦게 편입된 까닭에 전승과 관련해 나름의 길을 걸어왔기 때문이다. 이 문제와 관련해 예언자의 메시지는 사실상 거의 완벽할 만큼 분명한 대답을 제공한다. 분명히 이사야는 그가 활동했던 오랜 세월 동안 자신이 선포하는 내용이 자기가 상대해야 했던 시대와 청중에게 적합한 것이 될 수 있도록 그것에 여러 가지 다른 옷들을 입혔다. 그러나 그가 선호했던 한 가지 형식이 있었는데, 그것은 그에게 거의 도식 schema이나 다름없었다. 그리고 만약 우리가 그를 이해하고자 한다면, 우리는 그것을 출발점으로 삼는 것이 현명할 것이다.

독자들이 그 도식적 구조를 알아차리지 못하는 것은 그가 자신의 담화의 구성 부분들을 변경하고 다각화하면서 발휘하는 놀라운 능력 때문이다. 이런 단위들이 한데 묶이는 방식은 이사야 17:12-14에서 거의 규범적으로 분명하게 드러난다. 1) 포효하는 나라들이 시온을 향해 돌진한다. 2) 여호와께서 그들을 꾸짖으신다. 3) 그로 인해 그들이 멀리 달아난다. "보라 저녁에 두려움을 당하고 아침이 오기 전에 그들이 없어졌나니"(14절). 아주 이상하게도, 여기에서 언급되는 나라들은 역사적으로 그들이 누구였는지를 확정하기가 어렵다. 오히려 그들은 아무런 정치적 형상을 갖추지 못한 채 무형의 파도처럼 밀려오는 무리, 즉 어떤 필요에 의해 혼돈의 용과의 싸움이라는 신화로부터 모티브를 가져와 만들어낸 하나의 표상처럼 보인다. 그들에 대한 격퇴는 군사적인 것이 아니라 기적에 의한 것이었고, 해질녘과 동틀녘 사이에 눈에 보이지 않게 이루어졌다. 날이 밝은 후에야 사람들은 놀라운 눈으로 자기들이 구원되었음을 보게 되었다.

이 구절이 언급하는 일이 언제 일어났는지 지적하기는 쉽지 않다. 이때 이사야가 산헤립에 의한 포위에 관해 말하고 있었다는 오래된 생각은 이미 오래 전에 폐기되었다. 왜냐하면 그 예언자는 그 사건에 관해 말할 때 완전히 다른 용어들을 사용하기 때문이다. 그가 아주 쉽게 발생할 수 있었던 어떤 사건에 관해 생각하고 있었다는 것은 의심할 여지가 없다. 그러나 그가 여기에서 어쩐 전승을 사용하고 있었고, 그 이야기의 양식이나 다양한 구성 요소들이 특별하게 따로 만들어낸 것이 아니라는 것 역시 분명해 보인다. 즉각 마음에 떠오르는 전승은 소위 "시온의 노래들Songs of Zion"(시 46; 48; 76)에 포함되어 있는 것이다. 왜냐하면 이 노래들은 특별히 예루살렘과 관련되어 있기 때문이다. 이것은 그 전승이 근린동맹 전통과 아무런 상관이 없음을 의미한다. 이 노래들은 모두 시온을 침공했던 군대들에 대한 여호와의 신비로운 격퇴에 관해 이야기한다. "그들이 보고 놀라고 두려워 빨리 지나갔도다 거기서 떨림이 그들을 사로잡으니 고통이 해산하는 여인의 고통 같도다"(시 48:5-6). "거기[시온]에서 그가 화살과 방패와 칼과 전쟁을 없이하셨도다 (셀라) 주는 약탈한 산에서 영화로우시며 존귀하시도다 마음이 강한 자도 가진 것을 빼앗기고 잠에 빠질 것이며 장사들도 모두 그들에게 도움을 줄 손을 만날 수 없도다 야곱의 하나님이여 주께서 꾸짖으시매 병거와 말이 다 깊이 잠들었나이다"(시 76:3-6).

이런 시들이 의존하고 있는 사건들은 다윗 왕조의 예루살렘의 역사 안에서 확인이 가능하지 않으며, 그 용어의 보다 협소한 의미에서 신화적인 자료라고 하기도 어렵다. 그렇다면 그것은 다윗 왕조의 예루살렘 이전에 있었던 사건에 기원을 두고 있는 것은 아닐까? 이런 시편들은 이사야 시대 이전에 나타났을 것이다. 그러나 사실 그 시편들의 작성 시기는 중요하지 않다. 왜냐하면 그것들에 들어 있는 예루살렘에 대한 성공하지 못한 공격에 관한 전승은 그 기원을 그것들이 작성된 시기보다 훨씬 더 이른 때에 두고 있음이 분명하기 때문이다.

이사야가 초기 예루살렘의 이런 전승과 연결되어 있음은 아주 분명하다. 특별히 그가 하나님의 개입을 묘사하는 방식의 측면에서 그러한데, 그 방식은 감동적일 뿐 아니라 신비로울 만큼 암시적이기도 하다. 이것은 우리가 그의 작품에서 추가적인 증거를 가져올 때 더욱 분명해진다(비록 그 각각의 경우에 예언자가 구전 전승을 전적으로 새로운 무언가로 만들어내기는 할지라도 그러하다). 이사야 10:27b-34(이 구절은 이사야 17:12 이하와 마찬가지로 715년경에 작성되었을 것으로 보인다)에서 적들의 공격에 대한 묘사는 적어도 모호하거나 형체가 없어 보이지 않는다. 오히려 그 본문은 "[적들이] 딸 시온 산 곧 예루살렘 산을 향하여 그 손을 흔들"(32절) 때까지 공격을 받았던 도시와 마을들의 이름을 열거하며 상세한 지리적 정보를 제공한다. 그러나 이때 여호와께서 "혁혁한 위력으로"(33절) 개입하신다. 적들의 파멸의 원인은 여호와의 직접적인 개입 때문이지 전투 때문이 아니다. 또한 여기에서 구원은 막판에야 다가올 뿐이다. 유다의 지방들은 이미 침략되었다. 그리고 적의 힘은 시온의 문턱에 와서야 괴멸된다.

이사야는 720년에 있었던 봉기와 관련해서도 동일한 확신을 표명한다. 그는 예루살렘 백성들을 부추겨 봉기에 가담시키고자 했던 사신들을 다음과 같은 차분한 말로 물리친다. "여호와께서 시온을 세우셨으니 그의 백성의 곤고한 자들이 그 안에서 피난하리라"(사 14:32). 이 예언은 시점과 주제의 측면 모두에서 앗수르가 여호와의 땅에서 파멸할 것을 선포하는 예언(14:24-27)과 밀접하게 관련되어 있다.

이사야의 활동 후기에, 즉 그가 산헤립의 공격에 대해 예언했을 무렵에, 그의 예언에서는 이런 물려받은 도식과 그것의 모든 구성요소들에 대한 완전한 변조가 나타난다. 그렇다, 아리엘에 관한 장시長詩(29:1-8)의 시작 부분에서 지극히 역설적인 표현 하나가 등장한다. 그것은 바로 여호와께서 시온을 치기 위해 일어서시리라는 것이다("내가 아리엘을 괴롭게 하리니… 내가 너를 사면으로 둘러 진을 치며 너를 에워 대를 쌓아 너를 치리니", 2-3절). 이것은 자연스레 그 전승의 전체적인 경향을 바꾼다. 이제 그 사건은 시온이 철저하게 낮아질 것을 의미한다(4절). 그러나 그것에 이어 은혜로운 전환점이 나타난다. 여호와께서 회오리바람과 폭풍으로 개입하실 것이고, 압제자들은 세미한 바람에 날려가는 티끌이나 겨와 같아질 것이다. 적들이 시온을 공격했을 때 여호와께서는 아주 직접적으로 그 적들 편에 가담하신다. 하지만 그 후에 그 분은 적들에게 등을 돌리신다.

> 주린 자가 꿈에 먹었을지라도 깨면 그 속은 여전히 비고 목마른 자가 꿈에 마셨을지라도 깨면 곤비하며 그 속에 갈증이 있는 것 같이 시온 산을 치는 열방의 무리가 그와 같으리라(사 29:8)

이와 대조적으로, 이사야의 가장 강력한 말들 중 하나(사 30:27-33)

는 오직 앗수르의 패퇴만을 다룬다. 그것을 위해 여호와께서는 친히 나타나셔서 불같은 분노를 보이시고, 위엄에 찬 음성을 발하시고, 몸소 팔을 들어 적을 치신다. 마지막으로 이사야 31:1-8에서 여호와께서는 위험과 맞서기 위해 동맹과 무기에 의존하는 자들에게 등을 돌리신다. 시온의 보호자는 여호와 자신이시다. 그분이 친히 내려오실 것이다. "새가 날개 치며 그 새끼를 보호함 같이 나 만군의 여호와가 예루살렘을 보호할 것이라 그것을 호위하며 건지며 뛰어넘어 구원하리라"(5절).

믿음에 대한 요구

우리는 이사야의 활동 초기인 아람-에브라임 연합군과의 전쟁 기간에 나왔던 그의 메시지를 좀더 상세하게 다룰 필요가 있다. 첫째로, 이사야 7:1-9은 양식의 측면에서 다른 예언들과 크게 다르다. 이 부분은 분명히 예언자에 관한 이야기이기는 하나 단지 예언적 권면과 약속에 관한 신탁을 삽입하기 위한 문학적 틀의 역할을 할 뿐이다. 우리가 거기에서 발견하는 것은 두 가지 문학적 범주의 약간 특별한 조합이다. 우리는 침착하고 두려워하지 말라는 이 권면과 예루살렘에 대한 동맹군들의 공격이 아무것도 이루지 못하리라는 약속에서도 우리가 앞에서 말했던 도식의 기본적인 개념을 다시 한 번 쉽게 인식할 수 있다. 그러나 앞에서 고찰했던 구절들의 관심이 얼마간 배타적으로 외적 사건들, 즉 적의 공격과 그것에 대한 격퇴에 모아졌던 반면, 이 경우에는 백성들의 내적 감정이 중요해진다(이때 그들은 이웃 나라 백성들이 두렵고 놀라운 사건들을 겪는 것을 목격한다). 그들은 이 모든 문제들 앞에서도 믿음을 지킬 수 있는지에 대해 질문을 받는다. 왜냐하면 그들은 그렇게 할 수 있을 때만 굳게 설 것이기 때문이다(9절).[9]

▌믿음에 관한 이런 말은 어느 정도는 이사야에서만 독특하게 나타나며, 따라서 그것이 그 어떤 전승에도 속하지 않았음을 암시하는 듯 보인다. 그러나 사실은 그것과 정반대다. 왜냐하면 이사야는 이때 아주 분명하게 옛 전승을 회복시키고 있었기 때문이다. 우리는 그가 여호와의 거룩한 전쟁에 관한 오래된 전승군傳承群에서 뽑아낸 개념들을 광범위하게 사용하는 것에 주목할 필요가 있다. 지난날 여호와께서 이런 전쟁을 위해 멀리서 오셨던 것처럼(삿 5:4f.), 이제 그분은 "강림하여 시온 산과 그 언덕에서 싸울 것이다"(사 31:4b). 또한 지난날 그분이 홀로 그리고 사람들의 도움 없이 적들을 물리치셨던 것처럼, "앗수르는 칼에 엎드러질 것이나 사람의 칼로 말미암음이 아니겠고 칼에 삼켜질 것이나 사람의 칼로 말미암음이 아닐 것이다"(8절). 여호와께서 가까이 오실 것이다. 또한 그분이 목소리를 발하실 것이고 "맹렬한 화염과 폭풍과 폭우와 우박으로"(30:30) 싸우실 것이다. 그분은 "우레와 지진과 큰 소리와 회오리바람과 폭풍과 맹렬한 불꽃으로 그들을 징벌하실"(29:6) 것이다. 지난날 가나안 사람들과의 전투에서 그분은 하늘에서 큰 우박덩이를 내던지셨고(수 10:11), 블레셋과의 전투에서는 큰 우레를 발하여 그들을 어지럽게 하셨고(삼상 7:10) 지진을 일으키기도 하셨다(삼상 14:15). 이사야의 예언에 따르면, 여호와

---

[9] 여기에서는 말장난이 나타난다. 그것은 북잉글랜드의 용어의 도움을 받아 영어로 다음과 같이 표현될 수 있다. "만약 너희가 믿음 faith를 갖지 않는다면, 너희는 머뭄 staith을 얻지 못할 것이다." G. A. Smith, *The Book of Isaiah, I-XXXIX*, 1902, 106n. 독일어에도 유사한 말장난이 있다(Tr.).

께서 마지막 날에 모습을 드러내실 때도 똑같은 일이 벌어질 것이다. 믿음에 대한 요구 역시 여호와의 구원의 도움에 관한 이 오래된 전통적인 개념군에 속해 있다. 이미 우리는 기드온이 미디안 사람들과 벌였던 전투에 관한 이야기에서(삿 7), 비록 그 말 자체가 언급되지는 않았으나, 신앙에 대한 요구가 수행했던 역할에 관해 논의한 바 있다. 기적적으로 홍해를 건너는 이야기(실제로 이것은 이사야 7:1 이하에 대한 예표처럼 읽는다)는 도움에 가까이 있으니 두려워말고 침착하라는 권면을 포함하고 있을 뿐 아니라, 또한 그 일로 인해 이스라엘 백성이 여호와를 믿었던 것에 대해 언급한다(출 14:31). 그러므로 이사야가 그 자신의 시대에 여호와께서 그의 백성을 구원하시고 그와 동시에 그들에게 믿음을 요구하셨던 거룩한 전쟁이라는 개념에 새로운 의미를 부여했으며 그것도 아주 열정적으로 그렇게 했다는 데에는 의문의 여지가 없다. 물론 우리는 그 과정에서 그가 사사 시대에 유행했던 개념들로 돌아가고 있다고 생각해서는 안 된다. 그가 취한 개념들은 오히려 군주 시대 초기에 확립된 것들이다. 그것들의 특징들 중 하나는 그것들이 거룩한 전쟁을 순전한 기적으로 여긴다는 점이다. 여호와의 구원 행위는 전적으로 자기 충족적이며 인간의 그 어떤 협력도 허락하지 않는다.[10]

이사야의 열정은 이처럼 자기에 대한 의존을 극단적으로 배제하는 데서 시작된다. 그가 임박한 미래에 위대한 구원의 행위가 있으리라고 내다봤다는 것은 그의 메시지의 일면에 불과하다. 아하스와 예루살렘의 지도자들은 하나님의 행동을 위한 자리를 남겨 두어야 했다. 이사야

---

10 참고. von Rad. *Der Heilige Krieg im aten Israel*, 43ff., 56ff.

가 요구했던 믿음은 자기의 힘을 의지하는 구원을 포기하고 하나님의 주권적 행위를 위한 여지를 남겨 두는 것이었다. 그로 인해 이사야에게서 믿음에 대한 요구는 아주 논쟁적이고 부정적인 의미에서 다음과 같이 구체화된다: 너희 자신의 정치적이고 군사적인 계획으로 하나님의 자리를 가로채지 말라. 인간이 그런 상황에서 취해야 할 적절한 태도는 "삼가며 조용하는 것"이다(사 7:4). 이사야는 여러 해가 지난 후 같은 말을 되풀이한다. 앗수르의 위협 앞에서 그는 역설적이게도 "너희가 돌이켜 조용히 있어야 구원을 얻을 것이요 잠잠하고 신뢰하여야 힘을 얻을 것이거늘"(30:15)이라고 말한다. 이사야가 이렇듯 조용하게 있는 것에 관해 말할 때, 분명히 그는 영혼의 내적 상태에 대해서만이 아니라, 분명하게 정치적 방식으로 표현되어야 하는 어떤 태도에 관해서도 생각하고 있었다.[11]

---

11 "조용히 있으라"는 이런 요구가 현실 정치의 관점에서 "유토피아적인 것"으로 묘사되어야 하는지, 아니면 실제로 통찰력이 있는 것이었는지에 관한 질문은 예언자의 사상과는 상관이 없는 견해들을 도입한다. 왜냐하면 그런 질문은 그의 조언의 실행가능성을 그 상황 밖에서 조사하는 것이기 때문이다. 분명한 것은 당시에 작동하고 있었던 힘들의 공동 작인들에 대해 더 이상 알지 못하는 우리가 그것을 이런 식으로 판단할 수는 없다는 것이다. 물론 이사야에게 "조용히 있는 것"은 보다 통찰력 있는 정치적 방침이었는데, 그것은 오직 여호와께서 그렇게 하라고 명하셨기 때문이었다! 설령 이사야가 여호와 신앙의 훼손의 원인을 오직 도움을 얻기 위해 앗수르에게 호소했던 것으로 여겼을 뿐 모든 종류의 군사적 행동을 배제했던 것은 아니고 오히려 그 전쟁을 조용히 그리고 확신을 갖고 수행해야 한다고 조언했다는 생각이 옳다고 할지라도, 그것은 본질적인 차이를 만들지 않는다. 왜냐하면, 모든 관련된 구절들에 따르면, 여호와께서는 자신이 그 백성에 대한 모든 방어의 짐을 지겠노라고 약속하셨기 때문이다. 그러나 이사야 이전의 전승들조차 점차적으로 전쟁에서 인간의 모든 참여를 배제하는 경향을 보이기 때문에, 또한 이사야가 그런 참여에 관해 결코 언급하지 않고 오히려 극단적인 말을 사용해 자신은 모든 문제를 해결하기 위해 개입하시는 여호와의 행동을 기대하고 있음을 보여 주기 때문에,

그러나 이런 믿음의 토대가 되는 대상은 이사야의 동시대인들에게는 아직 존재하지 않았다. 그 토대는 미래에 놓여 있었다. 그러므로 참으로 놀라운 것은 이사야가 그의 동시대인들에게 그들의 실존을 "하나님의 미래의 행동"에 의탁하라고 요구했다는 점이다. 만약 그들이 여호와의 미래의 구원 행위에서 피난처를 찾는 데 성공한다면, 그들은 구원에 이르게 될 것이다. 훗날 모든 상황이 끝났을 때, 즉 예루살렘이 저항을 포기하고 그 땅이 황폐하게 되었을 때, 이사야는 다신 한 번 수도에 남아 있던 지도자들과 맞섰다. 그들은 군사적 보호라는 문제와 관련해 자기들이 할 수 있는 모든 일을 다 했다. 그들은 그 도시의 방벽과 물 공급을 위해 생각해 낼 수 있는 모든 조치들을 취했다. 그러나 그 때 이사야는 다음과 같은 말로 그들을 비난한다.

> 그러나 너희가 이를 행하신 이를 앙망하지 아니하였고 이 일을
> 옛적부터 경영하신 이를 공경하지 아니하였느니라 (사 22:11b)

역사 속에 나타난 여호와의 행위를 "앙망한다"는 것은 이상한 표현처럼 보인다. 그러나 그것 역시 전승으로부터 온 것이다. 여호와 문서(J)의 설명에 따르면, 홍해 앞에서 모세는 이스라엘 백성에게 두려워 말고 굳게 서서 "여호와께서 오늘 너희를 위하여 행하시는 구원을 보라"(출 14:13)고 명령했다. 그리고 그 이야기는 이스라엘 백성이 "여호와께서 애굽 사람들에게 행하신 그 큰 능력을 보았다"(31절)는 보고로

이런 생각은 내게는 썩 그럴듯하게 보이지 않는다.

끝난다. "믿음"이라는 말과 마찬가지로 절대적인 의미로 사용된 "여호와의 행위를 앙망한다"라는 말은 이사야서의 다른 곳에서도 나타나며 거의 "믿음"의 동의어로 사용된다. 아무튼 그것 역시 "조용히 하라"는 말과 마찬가지로 이사야가 "믿음"이라고 부르는 것의 또 다른 중요한 측면 하나를 묘사한다.

시온, 여호와의 계획의 중심

믿음, 조용히 있는 것, 그리고 여호와를 앙망하는 것에 대한 이사야의 생각은 여전히 보다 넓은 예언적 맥락에서, 즉 여호와의 "일" 혹은 "계획"과 연관된 것들 안에서 설명되어야 한다. 언젠가 이사야는 수도에서 흥청거리던 이들을 다음과 같이 비난했다.

> 그들이 연회에는 수금과 비파와 소고와 피리와 포도주를 갖추었어도 여호와께서 행하시는 일에 관심을 두지 아니하며 그의 손으로 하신 일을 보지 아니하는도다 (사 5:12)

이 "여호와께서 행하시는 일"이라는 개념은 거룩한 전승에서 유래한 것일 수 없다. 실제로 그것은 이사야 자신이 독자적으로 지어낸 말로 보인다. 몇 절 후에 이사야는 또 다른 위협의 신탁에서 다음과 같이 떠버리는 자들의 말을 인용한다.

> 그는 자기의 일을 속속히 이루어 우리에게 보게 할 것이며 이스라엘의 거룩한 이는 자기의 계획을 속히 이루어 우리가 알게 할

것이라(사 5:19)

이런 조롱의 말들이 예언자 자신이 그의 선포에서 사용했던 말들을 언급하고 있음은 아주 분명하다. 여기에서 여호와의 "계획"이라는 말은 다소간 그분의 "일"이라는 말과 동의어처럼 나란히 사용되고 있다. "계획"이라는 말 역시 예언자 자신의 창작물일 가능성이 크다. 이것은 그 기원이 아주 세속적인, 그리고 어떤 회의에서 합의한 결정을 의미한다. 십중팔구 예언자는 천상에서 열린 회의 곧 어떤 정치적 계획이 논의되고 그것과 관련된 결론이 내려지는 회의를 염두에 두었을 것이다(왕상 22:19-22). 여호와께서 실행하시는 계획이라는 이 개념은 8세기 예언자들의 선포에서 나타나는 새로운 요소다. 이와 관련해 현대의 독자들은 역사가 일반적으로 신의 섭리를 통해 안내를 받는다는 생각을 포기하는 게 좋다. 왜냐하면 이사야가 "계획"에 관해 말했을 때, 그는 시온의 구원을 위해 계획된 그 무엇, 즉 구속사救贖史에 대해 생각하고 있었기 때문이다.

이사야는 여호와의 이 구원 행위를 보편사라는 가장 넓은 범위의 역사적 정황 속에 위치시킨다. 여기에서는 아무것도 즉흥적으로 이루어지지 않는다. 이사야는 아주 분명하게 여호와께서 "오래 전에" 그의 일을 "미리 정하셨다"고 말한다(사 22:11; 참고. 사 37:26). 그러므로 여호와의 그 일은 당시에 이해되었던 세계사의 전 영역을 포괄한다. 당시의 역사의 무대를 오만하게 활보하던 위대한 제국들이 하나님의 계획과 충돌했던 것은 이사야가 거듭 되돌아가는 큰 주제들 중 하나다.

제12장 이사야와 미가 | 227

²⁴만군의 여호와께서 맹세하여 이르시되 내가 생각한 것이 반드시 되며 내가 경영한 것을 반드시 이루리라 ²⁵내가 앗수르를 나의 땅에서 파하며 나의 산에서 그것을 짓밟으리니 그 때에 그의 멍에가 이스라엘에게서 떠나고 그의 짐이 그들의 어깨에서 벗어질 것이라 ²⁶이것이 온 세계를 향하여 정한 경영이며 이것이 열방을 향하여 편 손이라 하셨나니 ²⁷만군의 여호와께서 경영하셨은즉 누가 능히 그것을 폐하며 그의 손을 펴셨은즉 누가 능히 그것을 돌이키랴 (사 14:24-27)

앗수르가 처음으로 심각한 위협이 되었던 무렵에 나왔을 것이 분명한 이 구절에서 여호와의 계획의 중심에 "시온"이 있었음은 아주 확실하다. 시온의 안전을 위해 앗수르는 "여호와의 산에서" 깨져야 했다. 이 사건은 비록 어느 한 작은 장소에 국한되어 있기는 하나 또한 전 세계를 포괄한다. 모든 나라들이 그 앞에서 절해야 한다. 왜냐하면 아무도 여호와의 펴신 팔을 돌이킬 수 없기 때문이다.

이사야 10:5-19에도 동일한 분위기가 팽배하다. 이 구절은 양식의 관점에서만 본다면 이사야의 가장 강력한 시들 중 하나다. 또 이 구절은 그것에 들어 있는 복잡하고 화려한 책망의 말의 성장으로 인해 독특한 모습을 지니는데, 이사야는 그 속에 너무 많은 것을 밀어 넣음으로써 책망의 말과 위협의 말 사이에 불균형을 초래할 정도다(16ff.). 이사야의 견해에 따르면, 앗수르는 여호와로부터 분명하고 엄격하게 제한된 임무를 부여받았다. 앗수르는 여호와의 백성을 엄하게 벌해야 했다. 그러나 앗수르는 그 임무를 과도하게 행할 것이다. 아직은 아무 일도 일어나지 않았다. 그러나 앗수르가 과도하게 행하려는 마음을 먹고 있었고 파멸을 의도하고 있었다는 사실이야말로 여호와께서 앗수르를 심판으로 위협하실 충분한 이유가 되었다.

역사에 대한 예언자적 관점의 특성을 이토록 분명하게 보여 주는 다른 구절은 없다. 이사야는 앗수르가 자신에게 맡겨진 과업을 어떻게 수행할지에 대해 언급하지 않는다. 그러나 그는 그 사실 자체에 대해서는 아무런 의심도 하지 않는다. 모든 것은 예언자가 그의 시대의 실제적인 정치적 사건(이 경우에는 앗수르의 팔레스타인 침략) 배후에 있는 하나님의 계획을 안다고 주장하는 것에 달려 있다. 그런 관점에서 그는 그 사건을 그것의 신적 구성 부분과 인간적 구성 부분으로 나누어서 바라보며, 또한 여호와께서 원래 의도하셨던 것과 죄책을 지닌 인간이 추가한 것, 즉 인간의 오만함에 의해 그 속에 개입된 요소를 구분할 수 있었다. 예언자들은 역사를 해석하는 이런 방식을 그것의 가장 깊은 차원에서 – 마치 여호와께서 그것을 사람들이 자기들이 좋은 대로 적용할 수 있는 합리적인 수단 modus operandi으로 마련해 두기라도 하셨던 것처럼 – 사용하지 않았다. 그러나 크게 긴장된 순간에 그들은 어떤 설명할 수 없는 영감에 기초해 역사에 대한 그런 견해의 권위를 주장했다.

▌여호와께서 "시온 산 위에서 그의 모든 일을 끝내시리라"는 말 역시 동일한 문맥 안에서 발견된다(12절). 유감스럽게도 그 말은 그 구절 전체와의 관계 속에서 적절치 않은 위치에서 나타나는데, 아마도 그것은 그 말이 어떤 다른 문맥에서 나왔기 때문일 수 있다. 그러나 그것은 별 어려움 없이 이사야

자신의 것으로 주장될 수 있다. 그것은 이사야가 역사의 모든 영역을 채우는 여호와의 "일"이라고 부르기를 좋아했던 것이 시온에 적용되고 또한 거기에서 성취되는 방식을 다른 그 어떤 것들보다 분명하게 보여 준다.[12]

여호와의 일어서심

지금까지 살펴본 구절들, 특히 이사야 7:1 이하와 17:12 이하에 비추어 볼 때, 여호와께서는 모든 상황 속에서 시온을 앗수르로부터 보호하실 것으로 보인다. 사실 이사야는 한번 이상 아주 분명하게 그렇게 말했다. 그럼에도 그는 이 문제에 대한 그의 관점과 관련해 모호한 상태를 완전히 벗어나지는 않는다. 적어도 그의 가장 이른 시기에는 그렇다―그 때 그가 앗수르의 침공과 관련해 예상했던 것은 유다에 대한 철저하리만큼 황폐한 심판과 징계였다(사 7:18, 20). 하지만 그가 여호와의 일의 이 어두운 이면을 완전히 놓쳤던 적은 한 번도 없었다. 이 측면은 그의 활동 후기에 다시 중요해졌다. 예컨대 우리가 이미 살펴보았던 아리엘에 관한 시편에서 그는 여호와를 시온을 괴롭히시는 분으로 여긴다. "슬퍼하고 애곡하는" 일이 있을 것이다. 예루살렘은 "신접한

---

[12] 이사야가 여호와의 행위를 아주 근본적인 방식으로 그리고 이론적이고 교훈적인 방식으로 말했던 경우가 한 차례 있었다. 그것은 이사야 28:23-9에서였다. 만약 이 본문을 어떤 초자연적 질서, 즉 여호와의 역사 안에서의 그분의 행위를 암시하는 비유로 이해하는 것이 옳다면 그러하다. 그러나 우리가 그 본문이 우리에게 그것이 문자적 의미로가 아니라 오히려 비유담처럼 해석되어야 한다는 그 어떤 암시도 하지 않는다고 믿기는 어려울 것이다. Vergil의 *Georgics*에는 농부들을 가르쳤던 신에 대한 언급을 포함하고 있는, 그리고 한 해의 연속적인 계절 속에서 벌어지는 농부들의 활동에 관한 시가 들어 있다. 그것과 이사야 28:23ff.와의 유일한 실제적 차이는 그것의 범위뿐이다. 그리고 그것은 비유로 이해된 적이 결코 없다.

자"처럼 되어 "낮아져서 네 말소리가 나직이 티끌에서 날 것이다." 구원에 앞서 일어날 낮아짐의 깊이는 그 정도다(사 29:2, 4). 시온을 위한 여호와의 일은 여기에서 신학적으로 주목할 만한 양면성을 얻는다. 그 일은 심판하는 동시에 구원한다. 이사야는 "거짓을 우리의 피난처로 삼았고 허위 아래에 우리를 숨겼음이라"(28:15)고 말할 수 있었던 예루살렘의 지배층 사람들을 향해 보다 강력한 말로 동일한 생각을 표현했다. 그는 그들에게 다음과 같이 경고했다.

> 대저 여호와께서 브라심 산에서와 같이 일어나시며 기브온 골짜기에서와 같이 진노하사 자기의 일을 행하시리니 그의 일이 비상할 것이며 자기의 사역을 이루시리니 그의 사역이 기이할 것임이라(사 28:21)

우리는 여기에서 "여호와의 일"이라는 개념과 다시 만난다. 그리고 이것은 그것에 관한 모든 언급들 중에서도 가장 주목할 만하다. 다시 한 번 그 용어는 직접적이기보다는 암시적이며, 아주 많은 것들을 열어놓는다. 유일하게 확실한 것은 여호와께서 무서운 싸움을 위해 일어서시리라는 것뿐이다. 우리는 이 말을 통해 그 예언자조차 여호와의 이런 자기 현시 안에 들어 있는 야만적 이질성 때문에 공포에 사로잡혀 있다는 느낌을 받는다. 그렇게 해서 미래의 행위가 과거에 다윗의 제국을 수립했던 행위와 유형론적 관계를 맺게 된다. 그러므로 다가오는 행위는 과거의 행위처럼 결국 하나님의 도성의 구원에 영향을 줄 것이다. 이것은 그 "조롱하는 자들"에게 무엇을 의미할 것인가? 그들에게는 오직 여호와의 이런 무섭고 갑작스러운 출현의 어두운 측면만이 관심의 대상이 된다.

▌여호와의 일이 초래할 구원은 누구에게 해당될까? 이 질문에 대한 일반적인 반응은 이사야가 말했던 거룩한 "남은 자"를 가리키는 것이다. 그리고 실제로 예언자는 때로 그렇게 말하고 있다. 남은 자와 관련해 중요하게 참고해야 할 것은 이사야가 (의심할 여지없이 여호와의 명령을 따라서) 자기 아들들 중 하나에게 주었던 "스알야숩"("남은 자가 돌아오리라"는 뜻)이라는 상징적인 이름이다(사 7:3). 그러나 남은 자가 종말에 구원을 얻는다는 개념은 이사야에게서는 극히 드물게 나타난다(사 10:21은 후기 이사야에 속한다). 우리가 이미 보았듯이, 일반적으로 남은 자라는 개념은 정치적 언어에 속하며, 그들에 대한 전멸을 목표했던 전쟁에서 살아남은 백성들을 가리킨다. 그 용어에 대한 이와 같은 부정적인 용법은 이사야에게서도 발견된다. 예컨대, 그는 아람의 남은 자(17:3), 모압의 남은 자(16:13f.), 게달 자손 중 남은 자(21:17), 혹은 블레셋의 남은 자(14:30)에 대해 말한다. 실제로 때로 그는 그 용어를 부정적인 의미로 사용해 자기 민족들 중 애처롭게 남아 있는 자들을 가리키기도 한다(30:17; 1:9). 그러므로 이사야가 그의 관심사가 구원의 선포였던 곳에서 "남은 자"를 주된 개념으로 삼았다고 말하기는 어렵다. 또 이 문제와 관련해 그가 자신의 견해를 따라 다시 시작하고 발전시켰던 어떤 확고하게 틀이 잡힌 예언적 전승 위에 서 있다고 말하는 것 역시 그럴듯하지 않다. 설령 그런 식의 "남은 자 전승"이 실제로 존재했다고 할지라도, 이사야는 그것을 아주 산발적으로 되풀이할 뿐이다. 그 예언자가 매우 과격한 검증 과정을 상정했음은 의심할 여지가 없다. 그리고 만약 우리가 용어들을 단순화하기 위해 이것을 남은 자의 개념이라고 불러야 한다면, 그것

에 대해서는 그 어떤 예외도 인정되어서는 안 된다. 남은 자에 대한 언급은 임마누엘 표징에서(7:14), 그리고 더 특별하게는 이사야의 제자들에게서(8:16-18), 혹은 시온에서 피난처를 찾아야 하는 곤고한 사람들에게서(14:32)도 발견된다. 그럼에도 우리는 이사야 자신이 소수의 사람들에 대한 기적적인 구원을 언급하기 위해 이처럼 모든 것을 포괄하는 용어를 사용한 적이 없다는 사실을 기억해야 한다. 이것은 남은 자의 개념이 사실상 하나의 분명하게 정의된 착상으로 등장하는 후기 이사야의 많은 구절들에서는 더욱 그러하다 (4:3; 11:11, 16; 10:20; 28:5).

예언의 실패와 전승의 발전

이사야의 선포 전체가 처음부터 시온이 위협을 받으나 결국 구원된다는 주제로 일관하고 있음을 이해하는 독자들은, 아마도 해가 거듭될수록 증대되면서 이사야를 괴롭혔을 것이 분명한 어떤 긴장을 감지할 수 있을 것이다. 그런 긴장을 초래한 사건들은 산헤립의 지배하에서 정점에 이르렀다. 701년에 앗수르인들은 단순히 팔레스타인 지경에 출현하는 것으로 그치지 않았다. 이번에 그들은 유다의 구릉지까지 진군해 예루살렘을 포위했다. 분명히 히스기야는 포위된 지 얼마 되지 않아 그들에게 항복했고, 막대한 은과 금을 조공으로 바치기로 약속했고, 영토의 일부를 양도했다. 그는 "믿음"을 보이지 않았다. 적어도 이사야가 의미했던 방식으로는 그렇게 하지 않았다. 오히려 그는 정치적 상식을 동원해 그 도시를 최악의 운명에서 구해냈다. 그 때 포위되었다가 해방된 주민들이 표현했던 구원에 대한 순전한 기쁨을 상정하기란 어렵지 않다. 그러나 이사야는 그 군중과 그들의 환희에 대해 부끄러움과 분노를 느꼈다. 이것은 그가 여러 해 동안 기다려 왔던 위대한 순간이었다. 그러나 예루살렘은 그런 일에 합당하지 않았다.

> 그러므로 내가 말하노니 돌이켜 나를 보지 말지어다 나는 슬피 통곡하겠노라 내 딸 백성이 패망하였음으로 말미암아 나를 위로 하려고 힘쓰지 말지니라 (사 22:4)

이것은 이사야가 그의 예언의 메시지가 갖고 있는 엄중한 분위기 속에서 자신의 인간적 감정을 드러내며 청중에게 호소하는 몇 안 되는 구절들 중 하나다. 그는 상황이 자기가 기대했던 것과 완전히 다른 것이 되었을 때 존재의 깊은 곳까지 산산이 부서졌던 것이 분명하다. 이런 절망에 빠진 예언자를 누가 위로할 수 있었겠는가!

▎비록 간접적이기는 하나 예루살렘에 재앙이 임한 후 얼마 지나지 않은 시점에 이사야가 품었던 마음을 보여 주는 또 다른 구절이 있다. 이사야 1:4-9이 그것인데, 이 구절은 아주 독한 책망의 말로 시작된다("슬프다 범죄한 나라요 허물 진 백성이요 행악의 종자요 행위가 부패한 자식이로다"). 그러나 어쩐 일인지 이 불타는 듯한 분노의 말에는 우리가 기대할 법한 위협의 말이 뒤따르지 않는다. 이사야가 육체적 징벌로 인해 더 이상 얻어맞을 수도 없을 만큼 형편없는 상황이 된 백성들에 관해 말할 때, 그는 자기 자신이 그 모든 불행에 사로잡혀 있음을 발견한다. "발바닥에서 머리까지 성한 곳이 없이 상한 것과 터진 것과 새로 맞은 흔적뿐이거늘 그것을 짜며 싸매며 기름으로 부드럽게 함을 받지 못하였도다"(6절). 그리고 이제 이것은 그 예언자로 하여금 분노에서 동정으로

넘어가도록 만든다. 그 자신의 개인적인 고통이 그에게서 그들을 꾸짖고 위협하려는 원래의 의도를 제해버린다. 그는 앗수르에 의해 황폐해진 시골에 대한 묘사로 말을 맺는다—그 애가의 음률에 주목하라. 거기에서 시온은 "참외밭의 원두막 같이" 남아 있다(8절). 이 구절은 아마도 이사야의 선포의 후기에 속한 것이리라.

우리가 지금까지 살핀 것에 비추어 볼 때, 이사야의 사역의 총체적 결과는 극도로 부정적이었던 것으로 보인다. 그가 시온과 관련해 했던 대단한 말들 중 그 어느 것도 실현되지 않았다. 그 나라는 믿음을 보이지 않았고, 여호와께서는 그분의 도성을 보호하지 않으셨다. 그 예언자가 백성들에게 너무 많은 것을 요구했던 것일까, 아니면 (사실 이것은 아주 어려운 질문이다) 그가 시온의 확실한 안전에 관해 예언하면서 오직 하나님께만 속한 권한을 침해했던 것일까? 어느 경우이든, 이사야의 실망이 매우 컸으리라는 것은 분명하다.

그러나 그 예언자가 어떤 방식으로든 여호와로 인해 혼란에 빠졌다는 증거는 없다. 이사야와 예레미야(그와 여호와의 관계는 이사야의 경우보다 훨씬 더 중요하다)의 중요한 차이들 중 하나가 여기에 있다. 이사야는 자신의 사역의 실패를 분명하게 인정했다. 그가 그렇게 할 수 있었던 이유는, 그가 자신에게 맡겨진 여호와의 말씀을 모든 비판 너머에 있는 것으로 여겼기 때문이다. 만약 그 자신의 세대가 그것을 거부했다면, 그것은 미래의 세대를 위해 기록되어야 했다. 이사야가 그것을 기록했다는 사실은 그의 눈에 그 예언의 메시지가, 비록 그것이 백성들을 설득하는 데 실패했을지라도, 죽은 문자로 보이지 않았음을 분명하게 보여 준다. 그리고 여호와께서는 그가 소명을 받을 당시에 이미 그가 예언자로서 성공하지 못하리라고 말씀하시지 않았던가?

남은 자에 관한 말은 이사야 1:8 이하에서도 발견된다. 그리고 이것을 통해 우리는 이사야가 그의 사역이 끝났을 때조차 여전히 어떤 위로의 말씀을 붙들고 있었다고 말할 수 있다. 그러나 그가 자신의 사역을 실패로 여겼는지 아니면 위로를 발견했는지는 그다지 중요하지 않다. 그리고 어느 경우이든 우리는 그런 질문에 적절하게 답하기 위해 필요한 자료를 갖고 있지 않다. 그보다 훨씬 더 중요한 것은 그의 메시지가 기록되어 전해졌다는 사실이다. 그리고 여전히 더 중요한 것은 그의 후계자들이 이사야의 메시지의 주제들을 계승했다는 점이다. 그들은 옛 이사야의 본문에 이사야의 문체로 새로운 예언들을 덧붙였다. 그리고 그렇게 함으로써 옛 메시지를 생생하게 살아 있게 했고, 또한 그것을 후대 사람들에게 적합하도록 만들었다.

▌예컨대, 이사야 4:2 이하는 예루살렘의 여자들에 대한 심판의 신탁(3:16ff.)에 덧붙여진 은혜의 말씀이다. 이제 이사야가 상정했던 심판의 시간은 지나간 것으로 보인다. 그리고 이 구절은 수치가 씻긴 것과 시온에 구원이 임한 것에 관해 말한다. 우리가 알듯이, 이사야 18:1-6에서 애굽을 향해 선포된 심판은 마지막 때에 있을 은총에 대한 전망으로 끝난다. 그 때 애굽 사람들이 시온 산에서 이스라엘의 하나님께 예물을 바칠 것이다. 그럴싸한 추가 부분(7절)은, 비록 이사야의 참된 예언의 문체로 되어 있기는 하나, 확실히 후대의 것이다. 다시 몇 구절 후에 "에브라임의 술취한 자들의 교만한 면류관"(28:1)이라는 말이 되풀이되지만, 이제 그 말은 구원과 관련된 종말론적 특색을 부여받고

있다. "그 날에 만군의 여호와께서 자기 백성의 남은 자에게 영화로운 면류관이 되시며 아름다운 화관이 되실 것이라"(5절). 이사야 11:1-8에 실려 있는 메시아 예언 역시 확대되었다. 이방인들은 이새의 줄기에서 나온 싹에 관해 묻게 될 것이다. 그것은 열방을 위한 지표가 될 것이다. 비평적 주석가들은 이런 추가 부분이나 그와 비슷한 여러 다른 것들에 대해 별다른 의견을 갖고 있지 않다. 이런 판단이 문학적이고 심미적인 것인 한, 우리는 대체로 그런 의견에 동의할 수 있다. 몇 경우에는 양식적 측면이나 표현력이라는 측면에서 차이가 두드러진다. 어법은 산만하고 다채롭지 못하다. 그것은 이미 사용되었던 용어들을 쌓아올린다. 그리고 종종 그로 인한 결과는 명료성이 상실되는 것이다. 그럼에도 우리는 원래의 것과 후계자들에 의해 덧붙여진 것을 구별하는 일을 자제해야 한다. 왜냐하면 고대인들은 그런 구별들을 표준이나 가치의 척도로 사용하는 데 익숙하지 않았기 때문이다. 우리는 특히 그런 판단들이 부가 부분의 신학적 정확성과 관련해 별다른 의미가 없다는 사실을 기억해야 한다. 이사야의 옛 예언을 그와 같이 지속적으로 현실화하는 것이 옳은지 그른지를 우리가 어떻게 판단하겠는가? 우리가 알 수 있는 모든 것은 그 예언자의 메시지의 전승이 공문서 형태로 문서실에 보관되지 않았다는 점이다. 그 메시지는 그것이 원래의 청중에게 했던 것처럼 하나의 살아 있는 유기체로서 후대의 사람들에게 직접 말을 걸었고, 또한 심지어는 새로운 예언을 산출할 수도 있었다. 마지막으로, 그 메시지의 지속적인 효과와 그것이 나중에 부여받은 재해석의 문제는 시온에 대한 앗수르의 위협과 그들의 철수와 관련된 복잡한 이야기들(사 36-38)과 관련되어 있다. 바로 여기에서 우리의 예언자의 메시지에서 중요한 자리를 차지하는 주제들이 되살아난다. 그것은 바로 시온의 구원(36:14, 18, 20; 37:12, 20), 여호와의 열심(37:32), 남은 자(37:32)에 관한 문제, 그리고 무엇보다도 신뢰에 관한, 그리고 무엇을 적절하게 의지할 수 있느냐에 관한 문제들(36:5-7; 37:10)이다. 그러나 그와 동시에 이사야와의 차이들 역시 분명하게 드러난다. 이런 이야기들에서 앗수르의 철군은 이미 과거의 일로 나타난다. 따라서 그 이야기들은 특별히 시온에서 종결되는 사건의 정치적 측면에 관한 역사적 관심을 결여하고 있다. 그 이야기들의 화자에게 앗수르의 왕은 단지 여호와의 방자하고 오만한 적의 모형에 불과하다. 그는 느부갓네살로도 혹은 안티오쿠스로도 불릴 수 있다. 믿음에 대한 요구는 구속사와 그것의 독특성에 대한 그리고 실제 이사야와의 비교에 대한 관심의 이와 같은 쇠퇴에 상응하면서 분명하게 영적으로 처리된다. 이제 믿음은 역사와 거의 분리되어 한 개인과 하나님의 만남에 속하는 무언가가 되어가는 도상에 있다.

여호와의 기름 부음 받은 자

만약 이사야의 선포가 오직 시온에 대한 위협과 그것의 방어에만 집중되었다면, 그것은 그 예언자가 그 주제와 관련해 연주했던 놀랄 만큼 다양한 변주들에도 불구하고 구약성서에서 유례가 없는 통일성을 보였을 것이다. 그러나 그것은 한 가지 다른 착상을 포함하고 있는데, 그것은 분량은 작지만 굉장한 포괄성과 중요성을 갖고 있는 본문들을 통해서 잘 드러난다. 그것은 바로 다윗과 메시아라는 주제다.

여호와께서 예루살렘에 다윗의 보좌를 세우셨고 그에게 원대한 약속을 하셨다는 견해는 다윗 자신의 시대에도 퍼져 있었다. 과연 그런 견해가 궁중에서 통용되던 믿음과 대비되는 것으로서 일반 백성들 사이에서 통용되던 믿음 안에서 얼마나 큰 역할을 했는지는 확실하지 않다. 실제로 이사야서보다 후대에 쓰인 신명기에서 우리는 여전히 근린동맹적 성향을 보이는, 따라서 비군주적이고 비메시아적인 성향을 분명하게 드러내는 신학의 잔재를 발견한다. 우리는 유다 남부의 농부와 목동들이 어떤 태도를 지녔는지 알지 못한다. 그러나 행정의 중심지이자 이사야의 고향이었을 왕의 도성에서는 궁중에서 나온 이런 신학이 아주 생생하게 살아 있었을 것이다. 그것에 대한 우리의 지식은 주로 소위 "왕의 시편들 royal psalms"에서 유래한다. 그러나 우리는 이사야의 발언을 왕의 시편들과 비교함으로써 그것에 관해 중요한 결론을 내리는 것이 가능한지에 대해 확실하게 알지 못한다.

새로운 다윗

이사야 11:1-9에서 메시아와 관련된 주제는 세 가지 항목으로 배열된다. 첫째는 기름 부음 받은 자를 그의 직무에 적합하도록 구비시키는 것이다(2-3a). 그의 권위는 그때까지 이스라엘에서 그래왔던 것처럼 단 하나의 은사를 통해서가 아니라 여러 가지 은사들을 통해 부여된다. 이사야가 기름 부음 받은 자 위에 여호와의 영이 "강림한다"고 말했을 때, 어쩌면 그는 그런 영의 소유가 늘 그래왔던 것처럼 일시적인 것일 가능성을 배제하려는 것이었을 수 있다.

두 번째 부분(3b-5절)에서 우리는 기름 부음 받은 자가 영의 은사를 힘입어 그의 직무를 수행하는 것을 보게 된다. 그의 중요한 직무는 중재자로서의 직무인데, 특히 그는 법적 지위가 약한 이들을 위해 그 직무를 수행한다. 왕의 시편들(특히 시 72:12-14)처럼 이사야 역시 기름 부음 받은 자의 임무를 무엇보다도 세상에서 하나님의 정의를 수립하는 데 있다고 여긴다. 이 예언자는 기름 부음 받은 자가 죄인을 조사하고 벌하는 문제와 관련해 전지함omniscience과 말만으로 즉각적인 죽음을 초래하는 능력 같은 신적 자질을 갖고 있다고 주장하는데, 이것은 그를 전통적인 제왕 신학의 가르침 너머로 이끌어 간다.

전통적인 개념들과 일치하는 세 번째 부분(6-9절)은 이 기름 부음 받은 자의 통치에 수반하는, 그리고 자연계에조차 질서를 부여하고 그것의 갈등을 해소하는 낙원에서와 같은 평화에 관해 말한다.

여기에서 한편으로 이사야는 본질적으로 전통적인 궁중의 개념들 안에서 움직이면서 그런 개념들을 그 자신의 시대에 적용하고 있는 것으로 보인다. 그러나 다른 한편으로 그는 어느 시점에 이르러 그것들을 거의 혁명적인 방식으로 포기하거나 그것들과 단절한다. 그는 지금까지 그래왔던 것처럼 자기가 말해야 하는 것을 다윗의 보좌에 앉아 있는 그와 동시대에 존재했던 기름 부음 받은 자가 아니라, 미래에 그리고 "이새의 뿌리"에서 나올 자와 결부시킨다. 다윗의 아비에 대한 이와 같은 언급은 이사야가 다윗의 보좌에 앉을 미래의 그 어떤 기름 부음 받은 자가 아니라, 그가 왕위에 앉을 때 여호와께서 원래의 다윗 제국의 영광을 회복시키실 "새로운 다윗"에 대해 생각하고 있음을 보여 주는 것일 수 있다.[13] 이사야의 동시대인이었던 미가의 메시아 예언 역시

---

[13] 이런 해석만이 이사야가 "이새의 뿌리"에 대해 말하는 것을 이해할 수 있게 해준다. 그렇지 않다면, "다윗의 후손"에 관해 말하는 편이 훨씬 더 자연스러웠을 것이다. 확실히 우리는 이사야 11:1에 기초해 이사야가 새로운 다윗을 기대했다고 추측하기는 어렵다. 그러나 예레미야(30:9)와 에스겔(34:23)이 분명하게 그런 추정을 하고 있기에, 또한 이사야의 동시대인이었던 미가가 예루살렘이 아니라 베들레헴을 지시하고 있기에, 우리는 아주 자연스럽게 이사야 역시 다윗의 귀환이라는 착상을

이와 다른 의미로 해석될 수 없다. 왜냐하면 미가가 다윗의 부족인 베들레헴의 에브라다 사람들을 향해 말하면서 "이스라엘을 다스릴 자가 네게서 내게로 나올 것이라"(미 5:2)고 예언했을 때, 그것은 여호와께서 과거에 일을 시작하셨던 곳인 베들레헴에서 그분의 메시야 사역을 처음부터 다시 시작하시리라는 것을 의미하는 것일 수밖에 없기 때문이다.

두 구절 모두 감정적 측면에서 매우 시적이다. 그것들은 일상생활의 그것과 상당히 거리가 있는 언어로 표현되는데, 그로 인해 그 구절들의 개념을 분석하는 것이 극도로 어려워진다. 그러나 그 두 사람 모두가 다윗이 출생한 역사적인 마을과 가문을 바라보고 있다는 사실은 그들이 기름 부음 받은 자가 그곳에서 다시 나타날 것으로 기대하고 있음을 의미한다. 그러나 그 두 사람에게는 한 가지 차이가 있다. 미가에게 이 새로운 시작은 옛 왕도의 배제, 즉 역사의 장에서 예루살렘이 완전히 사라지는 것과 상관이 있는 반면(미 3:12), 이사야는 (우리가 이미 살펴보았듯이) 예루살렘의 갱신을 기대하고 있다.

두 경우 모두에서 예언자들은 다윗의 계열에서 나온 동시대의 군주나 군주들에 대한 고려를 배제한다. 그들이 미래의 기름 부음 받은 자 안에 있는 구원을 그토록 분명하게 앙망하고 있다는 것은 그 시대의 다윗의 후손들이 왕의 시편들에서 두드러지게 그들에게 부여되었던 구원자의 역할을 상실했음을 의미하는 것과 다름없다. 이런 측면에서 우리는 그들이 다가오고 있는 기름 부음 받은 자를 위해 그동안 찬양의 노래를 촉발했던 모든 것들을 포기했다고 말할 수 있다.

갖고 있었다고 가정할 수 있다.

물론 이런 중요한 문제와 관련해 우리에게 유일하게 도움이 되는 것이 추론뿐이라는 것은 주목할 만하다. 우리는 그런 메시아 예언이 궁중에서 좋지 않게 받아들여졌다거나 매우 위험한 것으로 간주되었다고 볼 만한 증거를 갖고 있지 않다(사실 그것은 실제로 그러하기는 했다). 그러나 모든 증거들은 이 예언자들이 점차적으로 그들 시대의 다윗 가문의 통치자들을 배제했으며, 심지어 다윗 시대 이후 군주제의 모든 역사를 잘못된 것으로 간주했음을 보여 준다. 그것이 아니라면, 여호와께서 다시 한 번 완전히 새롭게 시작하시리라는 그들의 예상은 달리 무엇을 의미할 수 있겠는가?

그런데 예언자들이 이런 문제에 관해 말하는 것은 그들의 친한 친구들 사이에서나 가능하지 않았을까? 이런 예언들을 감싸고 있는 문학 양식은 그럴 가능성을 암시한다. 왜냐하면 그 예언들은 보다 널리 알리기 위해 준비한 공개적인 선포들로 보이지 않기 때문이다. 그 예언들에는 예언자들이 상대해서 말했던 청중에 대한 그 어떤 단서도 들어 있지 않다. 또한 그 예언들은 신탁 곧 여호와의 계시로 공식화되어 있지도 않다. 그것들의 문학적 범주는 참으로 독특하다. 그렇다면 처음부터 그것들은 얼마간 비전秘傳의 성격을 갖고 있었던 것 아닐까?

정사를 맡은 자

우리는 예언자들이 막연하게 미래의 어느 때에 기름 부음 받은 자가 나타날 것을 기대하고 있었을 뿐이라고 생각해서는 안 된다. 분명히 이사야는 임박한 미래에 있을 즉위식을 상정하고 있었다. 그것은 앗수르로 인한 위기와 그것의 격퇴라는 정황 속에서 일어날 것이다. 그의 다른 장대한 메시아 예언(사 7:23b-9:6)은 어떤 분명하고 구체적인 그 시대의 상황, 즉 디글랏 빌레셀이 이스라엘 영토의 상당 부분을 합병해 앗수르의 지방 체계에 편입시킨 사건(왕하 15:29)에서 출발한다. 하나님의 백성들로부터 떨어져 나가 역사에 대해 아무 말도 할 수 없는 어둠 속으로 내던져졌던 그 지역 사람들은 "흑암에 행하던 백성"(9:2)이었다. 그리고 "그들에게 빛이 비치도다"라는 말은 그들이 신기원을 이루는 두 가지 사건들에 대한 지식을 얻게 되었음을 가리킨다.

첫째는 여호와께서 압제자의 멍에와 막대기 곧 앗수르의 위세를 깨뜨리신 것이다. 그 일은 오래 전의 거룩한 전쟁들과 관련된 기적들 중 하나처럼 이루어졌다. 그러나 이 예언에서는 그 적의 격퇴와 관련된 그 어떤 설명도 나오지 않는다. 다만 여기저기 흩어져 있는 전쟁의 피로 물든 부산물들을 깨끗이 치우고 불태우는 문제만 언급될 뿐이다(3-5절).

둘째는 기름 부음 받은 자의 즉위다. 예언자는 그 일이 여호와의 구원 행위 직후에 이루어지리라고 상상한다. 태어날 자식, 즉 주어질 아들은 단순한 아기가 아니다. 그는 기름 부음 받은 자로서, 시편 2:7의 진술처럼, 즉위하는 즉시 여호와의 아들이라는 지위를 얻게 될 것이다. 예루살렘에서 궁중의 즉위식은 고대 근동의 다른 모든 곳에서처럼 엄격하게 의식적인 언어로 묘사되었다. 그러므로 이 본문은 오늘날 우리가 기름 부음 받은 자에 대한 개인적인 정보를 얻기를 희망할 수 있는 적합한 출처가 될 수 없다.

이사야의 예언 역시 전형적인 의식儀式과 관련된 엄격한 언어로 되어 있다. 그 예언의 관심은 기름 부음 받은 자의 직무와 여호와께서 그에게 권위를 부여하시는 문제에 있다. 여기에서 아주 중요한 것은 다가오고 있는 이 기름 부음 받은 자가 "정사자 governor"로, 그리고 그의 지배가 "정사 government"로 표현된다는 것이다. 정사자는 결코 독립적인 지배자가 아니라 늘 보다 높은 권위자로부터 위임을 받은 관료다. 비록 그가 자신의 영역에서 왕처럼 보일지라도(사 10:8), 또한 그가 가장 높은 위치에 있는 많은 이들보다 더 큰 힘을 갖고 있을지라도, 그는 여전히 위임 받은 자의 위치에 머물러 있다. 고대 근동의 용어로 말하자면, 그는 술탄 sultan이 아니라 장관 vizier이며, 그런 자로서 보다 높은 권위에 대해 책임을 지고 있다. 그러므로 기름 부음 받은 자는 왕이 아니라 왕이신 여호와께 종속된 자이며, 정사자로서 그분의 보좌 앞으로 소환된다.

이사야가 왕이라는 칭호를 이처럼 교묘하게 피했던 것 — 사실은 미가 역시 "왕"이라는 용어를 교묘하게 피하고 "다스릴 자"라는 단어를 사용한다 — 은 여호와로부터 해방되어 독립적인 지배자가 된 예루살렘의 왕들에 대한 공격을 의미하는 것일 수 있다. 기름 부음 받은 자가 하나님의 자리에 앉아 다스릴 힘을 부여받을 때, 그는 또한 그에게 수여된 관습적인 칭호들을 얻는다. 그 칭호들의 뜻이 모두 분명하지는 않으나, 그 중 첫 번째 것이 특히 중요하다. 왜냐하면 그 기름 부음 받은 자가 "기묘자라, 모사라"(사 9:6)라고 불릴 때, 그것은 그가 우주의 왕으로부터 받은 계략을 가리키기 때문이다(참고. 삼하 16:23). 그는 세상을 다스리는 문제와 관련해 계속해서 여호와와 대화를 나눈다. 그의 보좌를 떠받치는 것은 정의와 공의이며, 그의 나라에는 "평강의 더함이 무궁하다"(사 9:6).

19세기의 교회 전통은 여전히 이사야 7:10-17을 탁월한 메시아 예언으로 여길 수 있었다. 그러나 그 이후의 비평적 연구가 그 구절에 대한 이해를 지나치게 복잡하게 만들었기에 우리는 그 구절에 나오는 단어들의 의미와 그 단어들이 만들어내는 다양한 진술들에 대한 예비적 질문 없이는 그 구절에 대한 만족할 만한 의견 일치에 이르기가 어렵게 되었다. 아하스가 여호와로부터 징조를 구하기를 거부하자 이사야는 여호와께서 직접 징조를 주실 것이라고 선포한다. "보라 처녀가 잉태하여 아들을 낳을 것이요 그의 이름을 임마누엘이라 하리라"(14절). 분명히 여기에서 우선적으로 고려해야 할 것은 "징조"라는 개념이다. 그리고 이 구절에 대한 모든 해석은 이것을 굳게 유념해야 한다. 그 징조는 어디에서 나타날까? 어린 아기에게서, 그가 먹을 낯선 음식에서, 혹은 그의 이름에서? 우선 떠오르는 것은 그 징조가 그 아기에게 주어진 "임마누엘"이라는 이름이라는 것이다. 그것은 "수알야숩"(7:3)이나 호세아 1장에 나오는 예언적이고 상징적인 이름들처럼 가까운 미래에 있을 구원을 가리킨다. 다만 우리는 구약성서의 다른 곳에서처럼 여기에서도 "그러므로"(14절)가 위협적인 의미로 이해되어야 한다는 점에 주목해야 한다. 더구나 이 메시지는 징조를 거부함으로써 다가오고 있는 축복에서 스스로 떨어져 나간 아하스를 향해 말해진 것이다. 그러므로 다가오는 사건은 그에게 심판을 초래할 것이다. 예루살렘을 위협하고 그 주민들을 두려움에 떨게 했던 수리아와 이스라엘의 동맹은 곧 깨질 것이다(16절). 그러나 아하스와 그의 왕가와 그의 백성들은 어려운 시간을 겪게 될 것이다. 그러므로, 자주 지적되어 왔듯이, 이사야 7:10 이하는 이사야 8:1-4과 밀접하게 연결된 것으로 보인다. 거기에서도 역시 세상에 태어날, 그리고 "노략이 속함"이라는 상징적 이름을 얻게 될 아기에 대한 언급이 나온다. 또한 거기에서는 시한도 언급되는데, 그것은 이사야 7:16의 그것과 상응한다. 이것은 우리가 이사야 7:14에 나오는 "젊은 여자 young woman"를 이사야의 아내로 여겨야 할 것을 암시하는 것일 수도 있다. 그렇다면 "임마누엘"("하나님이 우리와 같이 계심이라")은 "스알야숩"("남은 자가 돌아오리라")이나 "마헬살랄하스바스"("노략이 속함", 8:1)처럼 이사야 자신의 아들이 될 것이다. 그러나 이사야 7:1-9 같은 사건을 거룩한 전쟁이라는 개념의 맥락에서 해석하기 위해서는 말해야 할 것들이 조금 더 있다. 이 주제는 앞에서 아람-에브라임 연합군과의 전쟁(사 7:4-9)에 관한 예언자의 발언과 관련해 이미 언급한 바 있는데, 이제 또한 징조에 관한 선언(참고. 삿 6:36ff.)과 구원자의 탄생에 관한 선언(참고. 삿 13:5)에서 계속된다. 어느 경우이든, 아이가 도덕적 분별력을 얻기 전까지 "엉긴 젖과 꿀을 먹으리라"(사 7:15)는 진술은 해석하기가 매우 어렵다. "엉긴 젖과 꿀"은 음식의 부족을 의미하는 것일까, 적들에게 침략당한 땅에서 얻을 수 있는 유일한 식량을 의미하는 것일까, 아니면 반대로 신들이 먹는 신비로운 음식 곧 낙원의 음식을 의미하는 것일까? 그리고 무엇보다도 이 15절은 원래의 신탁의 일부를 이루는 것일까? 종종 그것은 후대에 삽입된 것으로 간주되는데, 실제로 14절과 16절 사이의 논리적 연관성은 탁월하다. 이 경우에 예언의 무게 중심을 아이의 이름에서 아이 자신에게로 돌린 이는 그 말을 삽입한 사람이다. 이사야 8:8b에서도-비록 이 구절 역시 모든 면에서 후대의 추가 부분이기는 하지만-임마누엘은 어떤 사람 곧 그 땅의 실제적인 통치자로서 언급된다. 그러므로 우리는 이런 설명들을 배경으로 이사야 7:10 이하에서 예언자 자신이 했던 원래의 말-거기에서 그는 믿는 자들에게 구원을 그리고 불신자들에게 저주를 예언하기 위해 "임마누엘"이라는 상징적인 이름을 사용한다-이 메시아적 의미로 재해석되었을 가능성에 대해 고려해 보아야 한다. 물론 몇몇 주석가들은 제의와 신화로부터 끄집어낸 보다 풍성한 개념들을 도입해 그것들에 비추어 이 구절을 해석하려고 하고 있다.

이런 연구에 기초해 우리는 이사야의 선포 전체가 두 가지 전승, 즉 시온 전승과 다윗 전승에 기초를 두고 있다고 말할 수 있을 것이다. 두 가지 모두 선택에 관한 전승이다. 다시 말해, 그것들은 예루살렘 왕궁과 관련된 사람들이 여호와 앞에서 자신들을 합법화하기 위해 채택한 것이다. 그들은 여호와 앞에서의 자신들의 실존 전체, 즉 자신들의 신앙과 확신을 이런 전승들이 보증하는 하나님이 주신 제도들을 토대 삼아 수립했다.

이사야 역시 이런 전승들에 익숙해 있었다. 그러나 그는 또한 그것들에 완전히 새로운 개념을 도입했다. "시온의 노래들"은 과거에 여호와께서 시온을 택하셨다는 사실에 기초를 두고 있었다. 그리고 "왕의 시편들"은 과거에 여호와께서 다윗을 택하셨다는 사실에 기초를 두고 있었다. 그러나 이제 이사야는 철저히 미래를 향한다. 여호와께서 시온을 구원하실 것이고, 또한 기름 부음 받은 자 곧 새로운 다윗을 일으키실 것이다. 예루살렘의 구원은 바로 거기에, 즉 과거의 역사적 사건이 아니라 미래의 사건 안에 들어 있다. 인간은 이 미래의 구원에 대해 믿음을 가져야 한다. 왜냐하면 다른 구원은 없기 때문이다.

유럽적 견해와 함께 성장한 우리는 이 두 가지 전승이 이사야 시절처럼 늦은 시기까지도 서로 그토록 분리되어 거의 아무 상관이 없는 상태로 남아 있는 것을 이상하게 여길 것이다. 그러나 바로 그 사실이야말로 우리에게 예언자들이 어떤 이들이었는지 알려 줄만한 중요한 내용을 지니고 있다. 그들의 메시지는 (사람들이 오랫동안 그렇게 여겨왔던 것처럼) 어떤 독립적인 실체, 즉 독자적 기초를 가진 전적으로 새로운 것이 아니었다. 오히려 예언자들은 자신들을 오래된, 그리고 이미 잘 알려져 있는 거룩한 전승들의 대변자로 여겼으며, 또 그 전승들을 자신들의 시대를 위해 재해석했던 이들이다. 아마도 그들은 그들이 살았던 시절에 계속해서 그 오래된 여호와 신앙의 전승의 토대 위에 서서 그것이 갖고 있는 놀랄 만한 적실성을 의식했던 유일한 사람들이 었을 것이다.

제13장

주전 8세기 예언의 새로운 요소들

아모스, 호세아, 이사야, 그리고 미가의 예언들이 지닌 각기 다른 특징들을 신중하게 살피다 보면, 우리는 그런 모든 비교들이 위험하다는 결론에 이르게 된다. 왜냐하면 일단 그들 사이에 존재하는 과격한 차이들을 발견하고 나면, 그런 차이들을 얼버무려 없애고자 하는 유혹을 피하기가 어렵기 때문이다.

사실, 호세아와 이사야 사이에 공통점이 있는가? 호세아는 북 왕국의 농촌 출신이었고 당대에 "왕"이라는 단어가 의미했던 모든 것에 반대했다. 그는 모든 예언자들 중에서도 제의祭儀에서 파생된 족장시대의 개념들에 깊이 빠져 있었고, 신성한 영역에 속한 문제들에 그리고 제의를 어기는 문제들에 특별한 관심을 갖고 있었다. 반면에 왕도의 전통 안에서 성장한 도회지 사람이었던 이사야는 세계의 정치적 현상들을 예리하게 주시하고 있었다. 그는 변화무쌍한 모든 정치적 상황들을 여호와께서 마련하신 합리적인 계획의 일부로 설명했다. 그는 여호와께서 왕도를 지켜 주시리라고 확신했고, 평화와 공의를 가져올 왕을 기대하고 있었다.

아모스와 호세아에 대해서도 같은 말을 할 수 있다. 분명히 아모스는 호세아가 주로 관심을 가졌던 문제, 즉 가나안 사람들의 바알 숭배가 여호와 신앙에 끼치는 위협이라는 문제에 크게 공감하지 않았다. 또 그는 이사야와도 달랐다. 왜냐하면 그는 잘못된 정치나 무장이나 동맹 등을 크게 비난하지 않았기 때문이다.

마지막으로, 미가와 이사야(그리고 그의 동족 및 동시대인들)가 시온에 대해 품었던 서로 다른 소망을 하나로 연결시켜 줄 수 있는 것은 아무것도 없었다. 사실 미가는 시온이 역사의 장에서 완전히 제거되리라고 예상하고 있었다(미 3:12).

마리에서 발견된 국가 문서들(Mari Text, 기원전 18세기의 것으로, 외교문서·의식문·역사기록·상업문서·행정문서 등이 포함되어 있다—역주)을 통해 그 성격이 정확하게 드러난 예언자들의 직무에 대한 지식조차 우리가 그것에 의지해 예언자들의 역할을 요약하고 범주화할 만한 관점을 제공해 주지 않는다. 만약 그들과 왕의 밀접한 관계 그리고 정치 및 군사 문제에 관한 그들의 관심이 마리 문서에 등장하는 예언자들의 특징이라면, 이스라엘은 이사야에게서뿐 아니라 실로의 아히야(왕상 11, 12; 대하 10)로부터 시작해 미가야 벤 이믈라(왕상 22; 대하 18)와 엘리야를 포함하고 예레미야까지 이어지는 일군의 예언자들 안에서 그들에게 상응하는 인물들을 갖고 있었던 셈이다. 그러나 아모스를 이런 범주에 넣는 것은 불가능하다.

하지만, 이 모든 커다란 차이들에도 불구하고, 8세기의 예언자들을 하나로 연결해 주는 커다란 공통 사항이 있다. 그들의 종교적 사상은 그들을 어떤 절대적으로 공통적인 확신에로 이끌어 가는데, 그것은 그들이 물려받았던 모든 신념들과 비교할 때 너무나 고귀하고 혁명적이어서 그들 사이의 모든 심각한 차이를 사소하고 주변적인 것으로 만들 정도다. 이제 우리는 예언자들의 선포 안에 들어 있는 어떤 요소가 그들의 동시대인들로 하여금 그들이 당대의 종교적 기준들을 떠났다고 여기게 만들었는지에 대해 살펴보려 한다.

예언자들의 자기의식

아주 간단한 진술로 시작해 보자. 예언자들은 그들의 동시대인들과 달랐고 매우 외로웠다. 그들의 소명은 그들에게 여호와와 이스라엘을 향한 그분의 계획에 대한 특별한 지식을 제공했다. 이미 우리는 그들이 그들의 동시대인들보다 그 민족의 종교적 전승 안에 훨씬 더 깊게 뿌리를 내리고 있었다는 것을 살펴본 바 있다. 실제로 그들의 모든 선포는 전승과의 특별한 대화로 묘사될 수 있는데, 바로 그들의 이런 대화를 통해 전승이 그 시대를 향해 말을 걸 수 있게 되었다.

그러나 그들이 그 전승을 이해하고 그것에 새로운 의미를 부여했던 것은 그들의 동시대인들이 갖고 있던 모든 종교적 유산과의 차별화를 통해서였다. 아모스가 여호와께서 블레셋 사람과 아람 사람들의 이주를 지휘하셨다고 말했을 때(암 9:7), 그는 아주 과격하게 당대의 믿음으로부터 떠나고 있었던 것이다.

그러나 전승을 다루는 이처럼 새롭고 어느 정도 혁명적이기까지 한 방식은 그들의 신중한 연구 활동이나 점차적으로 성숙해 가는 확신 때문이 아니었다. 오히려 이런 예언자들 모두는 자기들을 일깨워 이런저런 통찰에 이르게 했던 분이 다름 아닌 여호와시라고 주장한다. 그들이 고립되었던 이유는 바로 이 때문이었다. 그들 각각은 오직 자기들에게만 전해지고 다른 누구에게도 양도할 수 없었던 여호와의 말씀을 듣고 그분의 위임에 순종했을 때 독특한 사람들이 되었던 것이다.

그들은 전에는 이스라엘에서 나타난 적이 없었던 방식으로 "나"라고 말할 수 있었다. 그와 동시에 그들이 의식할 수 있었던 "나"는 현대적 의미의 "개성"과는 아주 다른 것이었다. 무엇보다도 한 인간이 되어가는 과정은 강박과 관련된 여러 가지 낯선 경험들로 이루어졌다. 그리고 적어도 그런 특징들 중 하나는 수동적으로 하나님의 행위에 대해 숙고하고 그것을 위한 여지를 허락하는 것이었다. 이사야가 믿음을 요구하면서 말했던 "잠잠하라"는 권고를 떠올려 보라! 그러나 그와 동시에 그것은 예언자들에게 커다란 자유를 허락했다. 심지어 그들은 이와 관련해 "영의 황홀한 기쁨"을 누릴 수 있었다. 언젠가 미가는 자기 안에서 카리스마가 차올라 자신을 압도했을 때 자기와 다른 이들의 차이를 의식할 수 있었다.

> 오직 나는 여호와의 영으로 말미암아 능력과 정의와 용기로 충만해져서 야곱의 허물과 이스라엘의 죄를 그들에게 보이리라(미 3:8)

예언자들의 문체, 즉 그들이 하나님과 그분의 일들에 관해 말하는 방식은 그들의 개인적 정체성과 종교적 독특성을 잘 보여 준다. 경건한 언어들이 지배하던 시절에 이스라엘 백성은 제의용 언어들을 개발했고 또한 하나님에 관해 말하는 데 사용되는 인습적인 어법들을 고안했다. 그러나 때로 그들은 하나님에 대해 예언자들이 선호했던 방식으로, 즉 그 어떤 위엄이나 교양에 대한 느낌도 완전히 배제한 놀랄만한 직유直喩들을 사용해 말하기도 했다.[1] 이런 직유들은 특별한 착상, 즉 어느 개인의 도발적인 창작물이었는데, 그것들이 지닌 과격한 특성과 극도의 대담성은 오직 그 개인의 말에 귀를 기울였던 이들의 특별한 상황과 사고방식의 독특함을 통해서만 정당화될 수 있었다.

이스라엘에 대한 유죄 판결

비록 우리가 이런 예언자들이 활동하던 시절에 성소들과 대중 가운데서 여호와 신앙과 관련된 개념들이 여전히 생생한 역할을 했던 방식에 대해 충분히 알지는 못할지라도, 다음 한 가지는 확실하게 말할 수 있다. 그것은 이런 예언자들의 메시지가 갖고 있는 새로운 특징은 여호와께서 이스라엘을 그분의 심판대 앞으로 호출하고 계시며 이미 실제로 이스라엘을 향해 유죄 판결 곧 "내 백성 이스라엘의 끝이 이르렀다"(암 8:2)고 선포하셨다는 것이며, 또 그런 주장이 그들의 청중에게 충격을 주었다는 것이다.

최근에는 과연 그 예언자들이 이런 심판의 선언들까지도 옛 전승의 토대 위에서 했던 것인지에 관한 질문이 제기되고 있다. 제의에 속한

---

[1] 이발사 여호와(사 7:20), 이스라엘의 몸 안에 있는 궤양(호 5:12), 성공하지 못한 구애자(사 5:1ff.).

예식들 중 여호와께서 자기 백성에 대한 고발인으로 등장하시는 경우가 있었던가? 지금까지는 아무것도 분명하게 밝혀지지 않았다. 그리고 이 질문에 대한 답이 어째서 예언자들이 그런 메시지를 선포했는가 하는 또 다른 질문에 대한 완전한 답이 될 수도 없을 것이다. 더구나 심판에 대한 예언적 선포가 갖고 있는 황폐하게 만드는 힘과 최종성은 제의 안에서는 그 선례를 찾을 수 없다. 왜냐하면 그것은 모든 제의의 종결을 상정하기 때문이다.

만약 우리가 예언적 선포 안에 있는 이처럼 완전히 새로운 특징을 적절하게 이해하고자 한다면, 적어도 우리는 당시의 급박한 정치적 상황, 즉 점차 노골화되고 지속화되던 팔레스타인을 향한 앗수르의 침공을 기억할 필요가 있다. 아모스가 거의 전형적인 방식으로 여호와의 심판이 추방의 형식을 취할 것이라고 암시했을 때, 그것은 그의 머릿속이 앗수르에 대한 생각으로 꽉 차 있었음을 보여 준다. 그러나 예언자들은 분명히 어느 한 가지 요소가 아니라 여러 가지 요소들에 의해 영향을 받았다. 분명한 것은, 그들이 하나님의 진노를 사실로 이야기했다는 것이며, 또한 동시대인들의 삶의 방식 전체, 즉 그들의 사회적·경제적 태도, 그들의 정치적 행동, 그리고 특히 그들의 제의 행위를 그 진노의 대상으로 여겼다는 것이다.

그러나 단순히 그것이 새로운 종교적 개념이며 또한 그런 의미에서 하나님과 인간의 관계에 대한 새로운 이해의 출현이라고 말하는 것은 이 문제와 관련해 예언자들이 아주 분명하게 여호와 신앙의 옛 전승들을 그들의 출발점으로 삼았다는 사실과 부합하지 않는다. 왜냐하면 예언자들의 공격의 토대가 된 것이 바로 그런 전승들이었고, 그들은 거듭해서 그 전승들을 자신들의 청중과의 논쟁을 위한 기초로 삼았기 때문이다. 그러므로, 옛 여호와 신앙의 전승에 관한 한, 예언자들과 그들의 청중은 공동의 터 위에 서 있었던 셈이다.

그러나 그들은 그런 전승들에 대한 해석에서 차이를 보였다. 예언자들은 그것들을 이스라엘의 구원에 대한 보증으로 여기지 않았다. 예언의 이런 측면에 대한 고전적인 표현이 아모스의 말을 통해 나타난다―이스라엘의 선택은 그들에 대한 위협을 보다 심각한 것으로 만들었을 뿐이다(암 3:1f.)! 그렇다면 이것은 이스라엘에서 "율법"이 그 용어의 정확한 의미에서 선포된 첫 번째 경우라고 할 수 있다. 이것은 예언자들이 그들의 동족의 반사회적 행위와 심각한 경제적 행패를 비난하는 것을 통해 아주 분명하게 드러난다. 예언자들은 어떤 의미에서도 자신들을 어느 한 혁명적인 사회 집단의 대변인으로 여기지 않았다. 우리는 그들이 옛 율법의 조항들을 당시의 상황에 적용하고 있는 것을 거듭해서 발견할 수 있다. 동일한 절차를 따라 이사야는 예루살렘 주민들의 행태를 시온 전승에 맞서는 것으로, 또한 무장이나 동맹을 통해 안전을 추구하는 것을 하나님의 도움을 거부하는 것으로 여긴다. 호세아 역시 같은 방법을 사용한다. 그는 이스라엘이 이해하는 데 완전히 실패한 그 민족의 구속사를 출발점으로 삼아 그리고 그것을 사용해 이스라엘의 엄청난 불충과 배은망덕을 드러낸다.

여호와는 이스라엘 역사 초기에도 죄인들의 심판자로 알려져 있었다. 그리고 당시의 이스라엘 백성은 인간의 죄가 그들의 개별적인 행위들을 다 합친 것보다 크다는 것을 알고 있었다(창 3). 그러나 하나님과 맞서려는 인간의 내적 성향을 드러내고자 했던 예언자들의 열정과

제13장 주전 8세기 예언의 새로운 요소들 | 255

이스라엘의 행위를 있는 그대로 이해하고 또한 모든 역사적 우연성과 별도로 이스라엘의 행위의 전형으로 간주될 만한 것을 제시하고자 했던 그들의 노력은 아주 새로운 것이었다. 특히 이것은 그 목적이 여호와의 심판을 위한 이유를 제공하려는 데 있었기에 더욱 그러했다.

그러기에 호세아는 이스라엘이 가나안 땅의 소산물을 여호와의 선물로 이해하지 못했음을 언급하는 그의 시에서 하나님과 그분의 백성의 관계에 관한 모든 이야기를 포함시켜 논의했다. 이것은 굉장한 지적 성취였다. 물론 그 예언자의 주된 관심사는 추상화抽象化라는 방법을 통해 인간의 행위를 가능한 한 가장 일반적인 개념들로 요약하는 것이 아니었다—비록 때로 그런 일이 일어나기는 할지라도 말이다.[2] 그들은 다른 방식으로 그들의 목표에 도달했다. 겉보기에는 그들이 특정한 상황에서 특정한 사람들의 특정한 실패만 묘사하는 것처럼 보이지만, 사실 그들은 몇 가지 특징들을 사용해 하나님에 대한 이스라엘 백성의 일반적 태도의 전형이라고 할 만한 무언가를 묘사했던 것이다.[3]

예언자들이 인간에 관해 말하면서 일반적인 신학적 개념들을 거의 사용하지 않았던 것 역시 그들이 그들의 동시대인들을 어느 특정한 역사의 산물로 여겼음을 보여 주는 것일 수 있다. 그들은 결코 자기들의

---

[2] 예컨대, 우리는 오만함에 대한 이사야의 특별한 비난(사 2:11, 17), 호세아에게서만 나타나는 "음란한 마음"이라는 용어(호 4:12; 5:4), 혹은 아모스가 했던 "야곱의 영광"에 관한 말(암 6:8) 등을 고려할 수 있을 것이다. "귀환"이라는 포괄적인 용어와 이스라엘이 돌아오지 않는다는 진술 역시 여기에 속한다.

[3] 예언자들이 이방 민족의 왕들의 입에 올려놓았던 기품 있는 독백들 역시 전형을 만드는 이런 경향에 속해 있다. 참고. 사 10:8ff.; 14:13ff.; 37:24; 겔 28:2; 29:3, 9; 27:3.

청중을 하나님께 맞섰던 유일한 이들로 여기지 않았다. 예언자들이 상대해서 말했던 이들은 이미 "범죄한 나라요 허물 진 백성이요 행악의 종자요 행위가 부패한 자식"(사 1:4)이었다. 그리고 이것은 그들에게 변명거리를 제공하기보다는 오히려 그들의 상황을 철저하게 희망이 없는 것으로 만들었다.

때로 예언자들의 비난이 역사의 심연을 휘젓는 방식은 특별히 주목할 만하다. 그리고 이것은 그들에게 하나님의 백성의 역사를 철저히 재고할 기회를 제공했다. 물론 그런 과격한 생각들은 보편타당성을 주장하지 않는다. 그러나 예언자들은 그런 생각들을 임의적으로 표현하고 한 가지 단일한 개념에 집중하는 것을 통해 역사에 대한 독립적인 인식과 이해를 보여 주었다.

아모스는 하나님께서 이스라엘에 재앙을 초래하며 개입하셨던 일련의 경우들을 두고 그런 식으로 이야기한다. 가뭄, 기근, 마름병과 깜부기 재앙, 메뚜기 떼, 그리고 전쟁의 참화 등은 모두 이스라엘을 각성시키기 위한 것이었다. 그러나 그런 것들조차 이스라엘을 회개에 이르게 하지 못했다(암 4:6-11). 이런 일련의 이야기들은 구속사에 대한 패러디처럼 보일 정도다. 이때 아모스는 일반적으로 수용되고 있는 전승을 여호와께서 자기 백성과 함께 하셨던 역사, 즉 극적인 역사적 행위들의 연속이었던 역사의 완전히 다른 측면과 대비시키려 했던 것처럼 보인다.

이사야서에서 여호와께서는 반역하는 아들들을 고발하는 아비의 모습으로(신 21:18-21) "내가 자식을 양육하였다"(사 1:2)라고 불평하신다. 이런 몇 마디 말들은 우리에게 역사 안에서의 하나님의 행위와 관련된 큰 그림을 열어서 보여 준다.

그러나 포도원의 노래(사 5:1-7)는 은유적 측면에서 훨씬 더 완전하고 심지어 과감하기까지 하다. 여기에서 여호와는 자기의 "포도원"(이것은 "사랑하는 자"를 상징하는 말이다)에 크게 공을 들이는 끈질긴 구애자로 나타난다. 우리가 그의 모든 노력(땅을 파고, 돌을 제하고, 망대를 세우고, 술틀을 파는 일 등)을 풍유적으로 해석해서는 안 되지만, 이사야가 그 구애자가 자기의 포도원을 위해 했던 모든 일들을 요약해서 말한 것은 그의 청중에게 여호와께서 이스라엘의 역사를 통해 보여 주셨던 인내 및 그 민족을 향해 품고 계셨던 목적의식과 관련된 몇 가지 표상을 제공한다. 아버지로서의 여호와의 모습은 호세아서에서 다시 나타나는데, 그때 여호와께서는 어린아이와 같은 이스라엘에게 걸음을 가르치고 그를 사랑했던 아버지의 모습을 갖고 계시다(호 11:1ff.).

그러나 이런 식의 역사 서술 방식은, 그것이 제 아무리 대담하고 자의적이라고 할지라도, 그 자체로는 새로운 것이 아니다. 참으로 새로운 것은 예언자들이 그때까지의 역사에 대해 내렸던 유죄 판결이다. 즉 그 나라의 역사는 큰 실패였으며, 그 나라 역사의 어느 면을 펼치더라도 거기에서 이스라엘의 실패에 대한 증거가 나타난다는 것이다. 예언자들은 족장 야곱 같은 인물조차 이런 혁명적인 견해에 포함시키기를 주저하지 않았다(호 12:4f., 13). 사실 그들은 이 길 위로 첫발을 내디뎠을 뿐이다. 나중에, 특히 에스겔이 그들의 예를 따라 이스라엘의 역사에 대해 훨씬 더 폭넓은 회고를 하게 될 것이다(겔 20).

역사 속에 나타난 여호와의 행위

그러나 여호와께서는 이스라엘과 그 이상의 관계를 맺고자 하셨다. 그분은 이런 실패를 이유로 이스라엘 역사에서 철수하실 생각이 없었다. 그로 인해 이스라엘은 무언가 굉장한 것과 직면하게 되었다. 그리고 이것은 우리를 예언자들의 마음속으로 이끌어 간다. 주지하다시피, 예언자들이 이뤄낸 가장 위대한 성취들 중 하나는 신앙을 위해 여호와께서 자신을 탁월하게 드러내시는 차원, 즉 역사와 정치의 차원을 복원시켰던 것이다. 이스라엘은 늘 과거의 역사에 사로잡혀 있었다. 그러나 다윗 시대 이후 점차 이스라엘은 적어도 현재와 미래에 관해서는 그들의 하나님이신 여호와를 역사에서 지워버렸다. 이스라엘은 정치와 미래를 형성하는 일을 자기들의 손으로 해결했다. 구속사는 중지되었다. 이제 그것은 존경심을 갖고 회고하는 과거의 일이 되고 말았다. 그러므로 우리는 보편사에 대한 8세기 예언자들의 이런 선포가 초래했을 당혹감에 대해 상상할 수 있을 것이다. 확실히 그들은 역사 속에 나타난 여호와의 행위와 관련된 오래된 족장 시대의 개념들─그것들은 사사기에 나오는 거룩한 전쟁에 관한 이야기들을 통해 잘 드러난다─을 재생하지는 않았다. 오래된 거룩한 역사의 개념은 특히 솔로몬 시대의 계몽기에 이루어진 역사편찬 기술의 발달 이후에 역사를 바라보는 새로운 방식에 의해 대체되어 있었다.

예언자들의 신학의 가장 흥미로운 측면들 중 하나는 그들이 세상의 크고 작은 모든 나라들을 포괄하는 정치적 소용돌이를 여호와의 행위와 관계시켰다는 데 있다. 우리는 위에서 언급했던 아모스서의 몇 구절들

(암 4:6ff.)만 흘끗 살피더라도 예언자들이 역사를 얼마나 완벽하게 이 새로운 방식으로 바라보았는지 알 수 있다. 그 역사는 본질적으로 여호와에 의해 초래된 역사였다. 왜냐하면 가뭄, 기근, 그리고 역병 같은 재앙은 비록 다른 의미에서이기는 하나 여호와의 행위였기 때문이다. 그것들은 기적적인 행위가 아니었고, 연쇄적인 사건들을 완전히 새로운 무언가로 깨뜨리지도 않았다. 가뭄과 기근은 어디에서든 일어날 수 있기 때문이다. 불가피하게 우리는 다음과 같은 결론에 이르게 될지도 모른다: 여호와의 그런 역사적 행위는 모든 역사적 현상의 모호성에 보다 깊이 관여하고 있기에 믿음이 인식하기가 어렵다. 그러나 예언자들은 그런 결론을 분명하게 거부했다. 아모스의 시는 이스라엘이 하나님께서 역사를 통해 하신 말씀을 이해하지 못한 것에 대한 대한 점증하는 놀라움으로 가득 차 있다. 더 나아가 이사야는 우리가 역사 속에 나타난 여호와의 행위를 우리의 눈으로 분명하게 볼 수 있다고 확언하기까지 한다.

> [18]그 날에는 여호와께서 애굽 하수에서 먼 곳의 파리와 앗수르 땅의 벌을 부르시리니 [19]다 와서 거친 골짜기와 바위틈과 가시나무 울타리와 모든 초장에 앉으리라 [20]그 날에는 주께서 하수 저쪽에서 세내어 온 삭도 곧 앗수르 왕으로 네 백성의 머리털과 발 털을 미실 것이요 수염도 깎으시리라 (사 7:18-20)

이것들(18-19절과 20절)은 이사야가 그의 활동 초기에 했던 두 가지 발언인데, 여기에서 예언자는 팔레스타인에 대한 앗수르의 공격과 그들이 수행할 징벌을 예견하고 있다. 그리고 이것들은 고전적 예언의 특징적인 표현으로 간주될 수 있다. 왜냐하면 그것들의 양식과 내용이 역사 속에 나타난 여호와의 행위에 관해 언급하는 과거의 모든 방식들과 완전히 다르기 때문이다. 이 구절에 들어 있는 은유적인 표현들 - 한 제국을 마치 짐승을 부르듯 휘파람을 불어 소환하시는 여호와(18-19절), 이발사가 삭도를 사용하듯 제국을 사용하시는 여호와(20절) 등 - 은 역사 속에 나타난 여호와의 절대적인 능력에 대해 이야기한다. 그 능력은 너무나 절대적이어서 역사 속에는 다른 활동을 위한 여지가 없어 보일 정도다.[4]

어느 한 개인이 제국의 위력과 마주할 때, 그는 그 너머에 있는 것을 보지 못하며 어쩔 수 없이 제국의 전쟁 능력과 하나님의 전능하심을 화해시키는 어려운 문제에 직면하게 된다. 그러나 예언자들은 상황을 아주 다르게 본다. 티그리스와 나일 강 주변에서 일어난 제국들은 아무것도 아니다. 그들은 여호와의 손에 들려 있는 빌려온 도구들에 불과하다. 비록 이스라엘이 군주 시대 초기부터 역사에 대한 세속적이고 현실주의적인 견해를 취하기 시작한 것은 사실이지만, 그것이 곧 역사가 하나님의 손에서 떠났음을 의미하는 것은 아니었다. 오히려 그 반대다. 우리가 여기에서 제시된 하나님 개념, 즉 역사의 전 영역을 통할하시며 정치적 세계의 가장 강력한 요소들을 무로 돌리시는 하나님

---

[4] 그러나 이 두 가지 말 사이에는 약간의 차이가 있다. 첫 번째의 경우에는 여호와께서 부르시자 불결한 파리 떼가 몰려와 땅을 덮는다. 두 번째의 경우에는 여호와께서 삭도를 사용해 직접 행동하신다. 두 번째 경우 역시 "신인협력"의 모든 흔적은 제거된다. 아리엘 시편(사 29)에서 여호와는 예루살렘을 공격하고 낮추시는 분(2-4절)인 동시에 또한 그 예루살렘을 구원하시는 분으로 묘사된다(5-8절).

("내가 움켜갈지라 내가 탈취하여 갈지라도 건져낼 자가 없으리라," 호 5:14) 개념에 대한 증거를 과거의 역사적 전승 안에서 찾으려 하는 것은 헛된 일이다.

그러므로 우리는 예언자적 역사관의 특징을 다음과 같이 묘사할 수 있을 것이다: 그것은 역사 속에 나타난 여호와의 계획과 의도를 가장 분명하게 인식하게 해줄 뿐 아니라, 또한 관련된 다양한 역사적 세력들을 다른 이들과는 아주 다른 각도에서 바라보게 해준다. 역사의 무대의 중심을 차지했던 대제국들조차 예언자들이 하나님을 보지 못하도록 가로막을 수 없다. 모든 것을 포괄하는 여호와의 능력 앞에서 그런 제국들은 없는 것이나 다름없다. 역사의 영역을 극한까지 채우는 것은 여호와께서 말씀하시는 "나"이다.

이사야가 자신의 역사관에 대한 자신의 주관적 확신과 충돌하는 모습을 지켜보는 것은 감동적이다. 이런 충돌은 그의 역사관이 갖고 있는 철저하리만큼 비교리적인 유연성과 개방성을 보여 주는 증거다. 앗수르가 팔레스타인으로 진군했을 때 이사야가 그 나라를 여호와의 손에 들려 있는 징벌의 도구로 해석했던 것은 부적절하거나 적어도 부분적으로만 옳은 것으로 판명되었다. 앗수르가 팔레스타인 지역의 나라들을 멸절시켰던 방식과 예루살렘과 유다에 가했던 위협 역시 문제를 제기했다. 앗수르는 시온을 괴멸시키려 하지 않았는가? 그럼에도 이사야는 그런 상황에서조차 여전히 여호와의 계획을 해석할 수 있었다. 그는 앗수르가 자기에게 주어진 과업을 과도하게 수행하고 있다고 말함으로써 그 어려움을 설명했다. 그들에게 주어진 과제는 유다를 징벌하는 것이었지 전멸시키는 것이 아니었다(사 10:5-7).

이사야의 관점의 이런 변화는 자신이 역사를 그것과 하나님과의 관계의 측면에서 분명하게 그리고 완벽히 이해하면서 볼 수 있다는 주장에 대한 또 다른 주목할 만한 확언이었다. 이사야의 입장에서 볼 때, 역사는 하나님의 계획이라는 상수常數와 자의적인 인간의 능력이라는 계수係數로 분석될 수 있다. 이런 설명에 이르기 위해 이사야는 자신의 신앙뿐 아니라 모든 지적 능력을 동원해 씨름했다. 그가 이처럼 이성을 동원해 역사와 드잡이했던 사실을 보여 주는 문서화된 증거는 이사야 28:23-29에 실려 있는 시를 통해 제공된다. 거기에서 이사야는 농부가 씨를 뿌리고 추수하는 것과 관련해 신중하게 계획된 행위들을 역사 속에 나타난 하나님의 행위에 대한 투명한 비유로 바꿔놓는다. "그의 경영은 기묘하며 지혜는 광대하니라"(사 28:29).

과거에서 미래로

그러나 지금까지 우리는 역사를 지나치리만큼 일반적 의미의 측면에서만 다뤄왔기에 다음과 같은 오해가 일어날 소지가 있다. 그것은 바로 예언자들 역시 객관적 역사라는 우리 식의 개념을 갖고 있었다고 가정하는 것이다. 그러나 이것은 예언자들이 그 용어를 사용해 역사에 대해 이야기할 때마다 그것이 어떤 의미에서든 이스라엘과 관련되어 있었다는 사실과 부합하지 않는다. 이사야의 그 유명한 보편주의 universalism조차 여전히 여호와께서 역사를 이스라엘과 관련해 이끌어 가신다는 생각에 집착한다.

그러나, 구원에 관한 예언들을 면밀히 살펴보면, 여호와께서 역사 속에서 이스라엘에게 행하실 미래의 일들이 여전히 또 다른 특성을 갖고 있음이 드러난다. 여기에서 문제가 되는 것은 여호와께서 철저히 자유롭게 고안하셨던 계획이 아니라, 오히려 그분이 이미 옛 전승을 통해 이스라엘에게 하셨던 약속의 성취다. 우리가 이스라엘이 다시 한 번 광야로 이끌려 다시 한 번 아골 골짜기를 지나 그들의 땅으로 인도되리라는 호세아의 예언에 관해 생각하든, 혹은 여호와께서 (결국 다시 보호하시기는 하겠지만) 다시 한 번 열국을 모아 시온과 대적하게 하시리라는 예언에 관해 생각하든, 혹은 아모스, 이사야, 그리고 미가가 말하는 다가오고 있는 기름 부음 받은 자에 관한 예언들에 관해 생각하든, 우리는 그 모든 것에서 미래에 대한 예언자들의 예언이 어느 정도 옛 전승들에 묶여 있다는 것을 깨닫게 된다. 그리고 이것은, 예언자들의 선포에 의하면, 다가오는 그리고 (우리가 안전하게 그렇게 부를 수 있는 바) 종말론적인 구속 사건들이 그보다 앞서 일어났던 사건들과 대형antitype과 예표type로서 상응한다는 점에서 그렇다. 그러므로 그들이 미래에 관해 말하는 경우에조차 예언자들은 주로 여호와 신앙의 옛 전승들에 대한 해석자의 역할을 한다.

그와 동시에 그들은 이스라엘에 아주 새로운 요소 하나를 도입하는데, 그것은 오직 미래에 있을 여호와의 행위만이 이스라엘의 구원을 위해 중요하다는 주장이다. 옛 전승들은 여호와께서 이스라엘을 그들의 땅으로 인도하셨고, 시온을 수립하셨고, 다윗의 왕좌를 세우셨다고 말했고, 또한 그것만으로 충분했다. 그러나 예언자들은 이제 더 이상 그런 전승들의 주장을 믿을 수 없었다. 왜냐하면 그들과 이스라엘의 터를 놓았던 옛 사건들 사이에는 이스라엘에 대한 무서운 심판이라는 불 휘장이 드리워져 있었기 때문이다. 예언자들이 보기에 그 심판은 이미 시작되었다. 그리고 심판에 대한 이런 메시지는 옛 여호와 신앙 전통에서는 찾아볼 수 없는 것이었다. 그러므로 그들은 구원은 오직 여호와께서 일어나 이스라엘을 위해 새로운 일을 행하실 때에야 가능하다고 믿었다. 그들은 그런 행위가 있을 것을 확신했고, 여전히 들을 수 있는 귀를 갖고 있던 이들을 향해 헛된 것을 의뢰하지 말고(미 3:11) 다가오고 있는 것을 바라보라고, 그리고 임박한 여호와의 구원 행위에서 피난처를 얻으라고 간청했다.

그런 의미에서 예언자들은 이스라엘 안에서 거듭해서 그리고 점점 넓어지는 토대 위에 서서 여호와의 구원이 심판의 그늘에서 찾아온다고 선포했던 최초의 사람들이었다. "종말론적인 것"이라고 적절하게 규정될 수 있는 것은 임박한 하나님의 행위에 관한 이런 예언뿐인데, 그 예언은 옛 선택 전승들과 밀접하게 관련되어 있으며, 또한 그것들에 아주 대담하고 새로운 해석을 가한다. 당시에는 모든 곳에서 경건한 희망과 하나님의 신실하심이 지속되리라는 확신에 찬 진술들이 넘쳐나고 있었다. 하지만 예언자들의 예견은 신학적으로 완전히 다른 내용을 갖고 있었다. 그들은 당시의 이스라엘에 대한 여호와의 강력한 부정, 그리고 오랫동안 파탄 상태에 있었던 여호와와 그들의 관계를 자신들의 선포의 토대로 삼았다. 그러나 그들은 심판이 있은 후에 여호와께서 새로운 행위를 통해 구원을 이루시리라고 확신하고 있었다. 그리고 그들의 가장 중요한 임무는 단순히 희망과 확신에 관해 말하는 것이 아니라, 그분의 그런 행위를 미리 선포하는 것이었다.

정리하자면, 8세기의 예언자들은 율법에 관한 가르침과 구원에 관한 선포 모두에서 이스라엘을 완전히 새로운 토대 위에 올려놓았다. 율법에 관한 그들의 가르침은 그것을 구원에 관한 그들의 선포와의 관계하에서 고려할 때만 제대로 이해될 수 있다. 이미 우리는 예언자들이 여호와께서 심판을 계획하고 계시다는 그들의 확신을 그분의 구원 행위와 무관한 어떤 특별한 계시를 통해 얻은 것이 아니라 오래된 구원 전승들로부터 얻었다는 것, 그리고 그들이 그 메시지를 그들의 동시대인들은 물론이고 그 이전의 세대들과도 다른 방식으로 해석했다는 것을 강조한 바 있다.

그들에게 그런 전승들은 율법이 되었다. 그러나 그들은 율법주의의 선봉이 아니었다. 그들은 자신들의 동족이 율법을 따라 살지 않는다고 비난하지 않았다. 오히려 그들의 비난은 그들이 여호와의 백성임에도 계속해서 계명을 어겼고 하나님의 보호에 대한 확신을 갖지 않았다는 것이었다. 예언자들의 사역이 율법의 멍에를 지고 사는 삶을 목표로 하지 않았음은 그들의 메시지가 (비록 그 수가 얼마 되지는 않으나) 부정적인 비난을 넘어서 적극적인 요구로 넘어가는 곳들에서 특히 분명하게 드러난다. "너희는 여호와를 찾으라 그리하면 살리라"(암 5:6). "선을 구하고 악을 구하지 말지어다"(14절). 이것은 삶을 율법에 맞추어 살기를 원하는 이들의 말이 아니다.

아모스에 따르면, 여호와께서 이스라엘에게 바라시는 것은 아주 분명하고 단순했다. 만약 그렇지 않다면 그가 어떻게 그것을 "선"이라는 지극히 일반적인 단어를 사용해 묘사할 수 있었겠는가(참고. 호 8:3; 사 5:20; 미 3:2)? 또한 미가의 말을 들어 보라. 그는 이스라엘 백성이 자신들의 상황에 대한 근심 때문에 관심을 쏟고 있는 율법적이고 제의적인 의식들의 과도한 수행에 대해 다음과 같이 답한다. "사람아 주께서 선한 것이 무엇임을 네게 보이셨나니 여호와께서 네게 구하시는 것은 오직 정의를 행하며 인자를 사랑하며 겸손하게 네 하나님과 함께 행하는 것이 아니냐"(미 6:8). 바로 이것이 예언자들이 이해했던 계명들의 정수였다. 여기에는 마치 예언자들이 원했던 것이 사람들을 일련의 율법으로부터 또 다른 일련의 율법으로 이끌어가는 것인 양 "제의적 행위" 대신 "윤리적 행위"를 강조하는 요구 같은 것이 들어 있지 않다. 아니다, 여기에는 실패로 끝날 수밖에 없는 버거운 일들의 수행과 대비되는 아주 단순한 무언가가 존재하는데, 그것은 인간이 하나님 앞에서 따라서 살아갈 수 있는 길이었다. 이것은 마치 야당의 정강정책처럼 보이는 호세아서의 몇 구절들에도 해당된다. 여호와께 중요한 것은 적절한 제사를 드리는 것이 아니라 언약에 충성하고 하나님을 아는 것이다(호 6:6). 이 선지자가 여호와께 돌아오는 자들로 하여금 공언하게 했던 서약은 부정적인 용어로 되어 있다. 의심할 바 없이 이것은 그 서약이 예배에서 사용되는 문학적 범주를 따르기 때문이다. 하지만 원칙적으로 그것은 동일한 입장을 취한다. 그것은 특정한 율법의 요구에 대한 이행을 기대하지 않는다.

> 우리가 앗수르의 구원을 의지하지 아니하며 말을 타지 아니하며
> 다시는 우리의 손으로 만든 것을 향하여 너희는 우리의 신이라
> 하지 아니하오리니 (호 14:3)

이사야는 시련을 이겨낸 남은 자들의 내적 성향에 대해 아무것도

말하지 않는다. 따라서 우리가 그 성향이 어떤 것인지 상상하기는 쉽지 않다. 어쨌거나 남은 자들은 여호와께서 그들을 향해 얼굴을 감추지 않으셨던 이들, 즉 믿음을 지녔던 이들로 이루어진다(사 8:17). 언젠가 이사야는 시온에서 피난처를 찾는 이들을 "그의 백성의 곤고한 자들"(사 14:32)이라고 부르기도 했다.

물론 8세기의 예언자들은 이 새로운 신학적 길을 걸었던 최초의 사람들이었을 뿐이다. 그들의 후계자들은 그 길을 따라 더 멀리 나아갔고, 특히 새로운 순종의 문제에 관해 좀더 많은 말을 하게 될 것이다. 대개 그들은 자기들이 물려받은 주제들을 취해 그것들을 나름의 방식으로 발전시켰다. 그러나 또한 그들은 8세기의 예언과 관련해서는 아직 등장하지 않았던 새로운 주제들로 그들의 선포를 풍성하게 할 것이다.

제3부

바벨론과 페르시아 제국 초기의 예언자들

제14장

바벨론 시대로의 이행

나훔, 하박국, 스바냐

오랫동안 유다 왕국을 위협했던 앗수르 제국은 예루살렘이 산헤립의 군대에게 항복한 후 90년 만에 결국 붕괴되었다. 그 붕괴는 급속도로 이루어졌다. 앗수르는 애굽을 정복했던 664년에 힘의 정점에 이른 듯 보였다. 그러나 612년에 니느웨는 이미 몇 차례에 걸쳐 앗수르의 멍에를 벗어던졌던 바벨론과 이제 막 세계 정치 무대에 등장한 메데인들 Medes과 말을 타는 스구디아인들 Scythians들에 의해 함락되었다. 물론 앗수르는 이사야가 예언했던 것처럼 시온의 문 앞에서 격파되지는 않았다. 다른 한 편으로 앗수르는 유다를 자신들의 지방제도에 편입시키지도 못했다. 만약 앗수르의 몰락 같은 획기적인 사건이 세상의 모든 정치적 상황 변화에 극도로 예민했던 예언자들의 책에서 언급되지 않는다면, 그것은 아주 놀라운 일이 될 것이다.

나훔

앗수르의 몰락에서 영감을 받았던 최초의 인물은 나훔이었다. 그는 매우 장중한 몇 편의 시들을 통해 그 "피의 성"(나 3:1)에 대한 여호와의 심판을 찬양했다. 나훔서는 여호와께서 세상에 대해 자신을 잘못된 일에 보응하시는 분으로 드러내신 것에 대한 기쁨과 만족의 분위기를 드러낸다. 이 책에서 직접 유다를 향해 선포되는 말은 오직 하나뿐인데, 그 말은 "아름다운 소식을 알리고 화평을 전하는 자"를 통해 전해진다. 그는 유다에게 여호와 앞에서 축제의 절기를 지키라고 권한다(1:15).

종종 나훔은 그가 하나님의 백성들의 죄에 대해 한 마디도 하지 않는다는 점에서 동시대의 예언자들과 다르다는 비난을 받아 왔다. 그런 사실은, 만약 예언자들이 하나의 단체로서 윤리적 단일신론이나 하나님과 인간의 윤리적 관계 같은 어떤 단일한 이념을 대변하는 자들이었다면, 주목할 만한 일이 되었을 것이다. 그러나 만약 우리가 그들의 선포가 철저하게 그 시대의 역사적 사건들에 종속되었다고 이해한다면, 나훔은 그런 비난을 받아야 할 이유가 없다. 그것은 제의적 축제의 시간과 금식의 시간을 구별하는 경우에 그런 구별에 대한 책임을 그 특별한 시간들을 그렇게 해석했던 이들에게 돌리는 것이 부당한 것과 마찬가지 이유에서다.

어쩌면 나훔은 제의라는 틀 안에서 어떤 역할을 감당했던 유일한 예언자였을 수 있다. 그의 메시지 역시, 비록 그것이 외국에 대한 신탁이라는 문학적 범주와 긴밀하게 연결되어 있기는 하나, 거룩한 예식에서 사용되는 하나님의 백성의 적들에 대한 전통적인 위협의 말을 따르는 것처럼 보인다. 하나님의 백성에 대한 심판의 말이 없는 것과 관련해 우리는, 나훔의 예언적 메시지가 어쩌면 요시아 시대에, 그리고 그 "발견"(왕하 22f. 성전에서 율법책을 발견한 사건 – 역주) 직후에, 다시 말해, 왕뿐 아니라 예언자들조차 백성들이 여호와께 돌아옴으로써 미래에 대한 약속을 기대할 수 있었던 종교개혁 시기에 유래했을 가능성에 유념할 필요가 있다.

하박국

돌이켜 보면, 그 즐거운 시간은 곧 끝났다. 609년에 요시아는 애굽 왕 바로 느고에게 패배하고 살해되었다(왕하 23:29; 대하 35:20-24). 그로 인해 유다는, 비록 우리가 그로 인한 정치적 결과에 대해 알 수 있는 것은 거의 없지만, 처음으로 애굽의 지배를 받게 되었다. 그로부터 불과 몇 년 후인 605년에 애굽인들은 느부갓네살에게 패했고, 신 바벨론 제국은 그 승리로 인해 팔레스타인 지역의 새로운 지배자가 되었다(왕하 24:7). 그러나 요시아의 후계자였던 여호야김은 믿을 만한 봉신이 아니었고, 그로 인해 그의 나라는 바벨론 군대에게 크게 고통을 당해야 했다(왕하 24:1f.).

바로 이 무렵, 즉 609년에서 597년 사이가 하박국이 활동한 시기였을 것이다. 그의 예언의 첫 부분(합 1:2-2:4)은 그 예언자와 여호와 사이의 예전문禮典文 형태의 대화로 이루어져 있다. 예언자는 두 번에 걸쳐 여호와께 불만을 늘어놓는다. 그리고 여호와께서 두 번에 걸쳐 그에게 답하신다. 첫 번째 불만은 잘못된 일들과 포악에 관한 것이었다.

하박국은 율법이 해이해지고 사악한 자들이 의인들을 에워싸고 있다고 투덜거린다(1:2-4). 이런 불만이 내부의 적들에 의한 압박을 가리키는지 외부의 적들에 의한 압박을 가리키는지를 밝히기는 쉽지 않다. 어쨌거나 그런 불만에 대해 아주 놀라운 답이 제공된다. 여호와께서는 다음과 같이 말씀하신다. "놀라고 또 놀랄지어다 … 내가 사납고 성급한 백성 곧 땅이 넓은 곳으로 다니며 자기의 소유가 아닌 거처들을 점령하는 갈대아 사람들을 일으켰나니…"(1:5-11). 여기에서 하나님의 말씀을 통해 밝혀진 전망이 예언자를 기겁하게 했는데, 그 전망은 더 나쁜 일이 닥쳐올 것이고 역사에 대한 하나님의 섭리의 수수께끼가 더 이해하기 어려워지리라는 것이었다.

그로 인해 예언자는 두 번째 불만을 쏟아낸다. 그것은 어떻게 여호와께서 그런 무도한 일을 보고도 개입하시지 않을 수 있느냐는 것이었다. 이번에 의인들을 에워싼 악인들은 확실히 외국의 세력이었다. 이스라엘 백성은 그들의 그물에 걸린 물고기 같았다. 그 이방인들이 자신들의 전쟁 도구들을 숭배하는 모습은 터무니없을 정도다("그물에 제사하며 투망 앞에 분향하오니," 합 1:16). 여호와께서는 이에 대해서도 대답하시는데, 그 말씀은 기록되어야 할 필요가 있었다. 왜냐하면 그것은 즉각 이루어지지는 않을 것이었기 때문이다(그 일의 성취가 지체되리라는 것은 처음부터 예견되고 있다). 그 대답은 무슨 일이 일어나더라도 "의인은 그의 믿음으로 말미암아 살리라"(2:4)는 것이었다. 최근의 비평적 연구자들은 이것이 아주 정교한 서론을 갖고 있을 뿐 아니라 또한 아주 포괄적인 내용을 담고 있는 "묵시"(2, 3절)에 대한 충분한 설명이 될 수 없으며, 따라서 그 구절을 해석하기 위해서는 3장에 나타나는 하나님의 현현, 즉 여호와께서 여러 나라들 및 악인들(13절)과 맞서 싸우기 위해 일어서시는 것에 관한 놀라운 설명 역시 고려되어야 한다고 주장한다.

한두 가지 해결되지 않는 문제들을 제외하면, 하박국의 예언 역시 몇 가지 특징들을 보여 준다. 아모스, 미가, 혹은 이사야를 거쳐 하박국서를 읽는 독자들은 여호와와 그 예언자의 관계에서 나타나는 변화에 놀라지 않을 수 없을 것이다. 역할이 뒤바뀐 듯 보인다. 주도권은 예언자에게 있다. 불만과 짜증을 드러내는 쪽이 예언자이기 때문이다. 반면에 여호와께서는 질문을 받는 자가 되신다. 물론 일차적으로 제의를 통해 행동하는 임무를 받은 예언자들이 어떤 중재를 한 후에 하나님의 답을 얻는 것은 있을 법한 일이다. 그러나 과연 하박국의 예언이 제의적 예언으로 분류될 수 있는지는 의문이다.

한 가지는 확실하다. 그것은 그가 질문을 제기하는 방식과 그가 당했던 시련들이 하박국이 바로 그 시대의 자녀였음을 보여 준다는 것이다. 여호와와 유다의 마지막 왕조의 관계의 문제 그리고 그 시대의 신학적 문제들에 대한 예언적 태도의 문제는 나중에 다시 살펴야 할 것들이다. 그러나 하박국이 그의 불만과 관련해 받은 답들에 대해서는 지금 살펴볼 필요가 있다. 먼저 그것은 어느 의미에서든 위로가 될 만한 답이 아니었다(여기에서 여호와께서 옛 제의의 형태를 깨뜨리신 것일까?). 바야흐로 여호와께서는 역사를 좀더 불길하게 형성하시려는 참이다(우리는 예언자의 질문에 주어지는 거친 대응과 관련된 유사한 예를 예레미야에게서 찾을 수 있다). 그러나 여호와를 굳게 의지하는 자들은 구원을 얻을 것이다. 여기에서 하박국이 믿음을 통한 구원의 능력에 대해

하는 말은 이사야의 예언의 메아리처럼 들린다. 특히 하박국 역시 임박한 여호와의 "일"(합 3:2)에 관해 은밀하게 말하고 여호와께서 적들과 싸우기 위해 나타나실 것을 암시한다는 점에서 그러하다. 그러나 하박국은 그가 아주 오래된 주제(여호와께서 남쪽에서 나타나실 것이다)를 가나안의 지역 신화에서 취한 주제(바알-하닷과 혼돈의 세력과의 싸움)와 뒤섞는다는 점에서 이사야와 다르다.

스바냐

스바냐서의 내용은 주로 여호와의 임박한 강림 및 그 날에 있을 열방과의 우주적 전쟁과 관련되어 있다. 그러나 그 예언자에게서 보다 강조되는 것은 그로 인해 발생할 예루살렘에 대한 심판과 자기만족에 빠져 있는 그 도시의 사람들에 대한 위협이다(습 1:10-13).

그러나 하박국과 스바냐와 동시대에 살았던 또 다른 인물이 있었는데, 그의 선포는 훨씬 더 넓은 범위를 포괄했고, 그의 과제는 여호와와 이스라엘의 관계에 있어 새로운 영역을 개척하고 이스라엘이 전에는 상상하지도 못했던 새로운 신학적 지평을 여는 것이었다.

제15장

예레미야

　예레미야는 627년 혹은 626년에 예언자로 부르심을 받았는데, 그것과 그 무렵에 세계 정치무대에서 벌어진 사건들 사이에는 밀접한 관계가 있었다. "재앙이 북방에서 일어나 이 땅의 모든 주민들에게 부어지리라"(렘 1:14). 이것이 625년에 느보폴라사르 Nebopolassar(625-605)의 영도 하에 앗수르로부터 독립을 쟁취했던 신 바벨론 사람들에 대한 언급인지는 확실하지 않다. 사실, 당시의 메소포타미아의 상황은 앗수르의 몰락과 스구디아인 및 메데인들의 출현으로 인해 위험스럽기 짝이 없었다. 예레미야의 예언자로서의 삶의 초기부터 북쪽에서 오는 이 적은 그의 예언의 결정적 요소였다. 그리고 예레미야의 예언은 그 후로 그가 침묵할 때까지 바벨론 사람들로 인해 발생한 수많은 정치적 위기들 가운데서 계속되었다. 이것이 예레미야의 예언이 의존하고 있는 첫 번째 요소다.

　다른 요소는 정치가 아니라 전승과 관련되어 있다. 예레미야는 아나돗에 살았던 제사장 가문 출신이다. 그의 가까운 친척들은 그곳에 땅을 소유하고 있었다(렘 32:6ff.). 예루살렘 북동쪽에 있던 그 마을은 베냐민 지파에 속해 있었다. 베냐민은 야곱이 라헬에게서 낳은 아들이었다. 그러나 만약 레아가 아니라 그녀가 예레미야의 조상이었다면 (31:15), 우리는 베냐민과 에브라임 지파 모두가 소중히 여겼던 전승들이 북 왕국 이스라엘에 특유한 것들, 즉 출애굽과 시내산 언약에 관한 전승들이었음을 떠올릴 수 있을 것이다. 그리고 우리는 그런 전승들을 남 왕국 유다의 그것들과 구별할 필요가 있다.

이런 구별에 유념하면서 이사야를 거쳐 예레미야서를 읽는 독자들은 또 다른 신학적 세계 안으로 들어서게 된다. 이사야의 예언 전체에 걸쳐 결정적인 역할을 했던 시온 전승은 예레미야에게서는 거의 아무런 역할도 하지 않는다. 대조적으로 예레미야에게 중요한 것은 (구원에 관한 예언들에서조차) 출애굽, 언약, 그리고 정복에 관한 전승들이다. 의심할 바 없이, 예레미야가 소명을 받은 후 주로 활동했던 곳은 예루살렘이었다. 그곳에서 그는 왕들을 상대해야 했고 다윗과 관련된 거룩한 전승들과 마주했다. 그는 그 전승을 진지하게 취급했고 때로 자신의 예언에 그것을 사용하기도 했다. 그러나 그가 그 전승을 (그의 예언들에서 북 왕국 이스라엘의 전승이 두드러지게 나타나는 것과 대조적으로) 제한적으로 사용했던 것은 그 전승이 그에게 얼마간 낯선 것이었음을 분명하게 보여 준다.

또 다른 요소가 있다. 초기에 예레미야는 호세아에게 의존했다. 용어의 선택에까지 영향을 주었던 이러한 의존은 예인자들 사이에서 관례적이었던, 그리고 기껏해야 주제와 관련되었던 의존을 넘어서는 것이었다. 이것은 우리로 하여금 예레미야가 호세아의 제자들과 긴밀한 관계를 갖고 있었을 뿐 아니라 또한 호세아가 남긴 기록을 훤히 알고 있었다고 여기도록 만든다. 또한 호세아는 (우리가 이미 보았듯이) 분명하게 북 이스라엘의 전승 안에 서 있었다.

그러나, 만약 우리가 고려해야 할 것이 예레미야의 예언이 갖고 있는 이런 두 가지 전제들뿐이라면, 우리는 예레미야로부터 (비록 그의 예언의 개인적이거나 역사적인 몇 가지 특수성들을 감안하더라도) 이사야, 미가, 혹은 아모스의 예언과 대체로 유사한 메시지를 얻게 되리라고 예상할 수밖에 없을 것이다. 그러나 실상은 그렇지 않다. 사실 그들 사이의 실제적 차이는 한두 개의 문장만으로 설명할 수 없을 정도로 크다. 그 차이는 이 예언자의 메시지의 핵심과 관련되어 있고 특정한 구절들에서 매우 다양하게 나타난다. 따라서 그 차이를 밝히려면 우리는 차근차근 접근해갈 수밖에 없다.

예레미야의 예언에 들어 있는 특별한 요소를 확인하기 위한 한 가지 방법은 그것의 문학적 양식을 살피는 것이다. 사실, 예레미야의 선포와 그보다 이른 시기의 예언자들의 그것 사이의 급격한 차이는 예레미야의 메시지의 핵심적 내용이 전적으로 그 자신만의 독특한 것이었다는 결론을 정당화하기에 충분하다. 그 이전 시기에 두드러지게 나타난 "책망의 말"과 "위협의 말"이라는 양식은 무대 뒤로 사라졌다. 예레미야가 자신이 하나님으로부터 받은 메시지를 간결하고 객관적으로 (예컨대, "사신 공식"을 사용해) 전하는 경우가 거의 없다는 사실은 주목할 만하다. 더 나아가, 그 이전에 예언자 자신의 말과 실제로 하나님이 주신 말씀 사이에 분명하게 그어져 있던 구분선이 사라지기 시작한다. 예레미야는 하나님의 말씀을 1인칭 형식으로 보다 자유롭게 전한다. 때로 그는 여호와로 하여금 길게 불만을 늘어놓게도 하고, 다른 곳에서는 자신의 목소리로 아주 포괄적인 불만을 늘어놓기도 한다. 이사야와 아모스에게서 이런 것이 발견된 적이 있는가? 예레미야에게서 우리는 (아마도 처음으로) 오늘날 우리가 "서정시"라고 부르는 것을 만나게 된다. 그의 선포가 그처럼 독특한 개인적 특색을 갖는 것은 바로 그것 때문이다. 간단히 말해, 예레미야에게서는 고전적인 예언들에서 발견되는 모든 표현 양식이 분명하게 해체된다. 물론 그 과정을 부정적이고 파괴적인 측면에서만 바라보면서 예레미야가 이사야보다 못하다고 여기는 것은 어리석은 일이 될 것이다. 그보다 훨씬 더 중요한 것은 예레미야의 예언에서 이런 양식상의 변화를 위한 배경을 제공했던 계수(係數), 즉 그런 변화를 초래했던 요소들, 다시 말해, 적절한 자기표현을 위한 새로운 양식의 창조를 요구했던 것이 무엇인지를 찾아내는 것이다.[1]

하나님의 불만과 예언자의 고통

예레미야의 초기 선포(렘 1-6장)는 다음과 같이 요약될 수 있다: 여호와에 대한 예배를 저버리고 바알 숭배에 빠진 이스라엘에게 북쪽으로부터 재앙이 다가오고 있다. 그러나 우리는 특히 예레미야가 이

---

[1] 예레미야 전승 내부의 비교적 큰 층은 신명기와 신명기사가의 영향을 보여준다. 즉 그것은 신명기사가의 용어에 의존하며 산문으로 되어 있다. 예언적 어법과 관련해 산문은 원칙적으로 이차적 편집을 의미한다. 문제가 되는 구절들은 렘 7:1-8:3; 11:1-14; 16:1-13; 17:19-27; 18:1-12; 21:1-10; 22:1-5; 25:1-14; 34:8-22; 35 등이다.

메시지에 부여한 외적 양식에 주목해야 한다. 왜냐하면 그 메시지에 대한 그런 식의 진술은 그 메시지의 내용의 실제적 특성에 대한 이해를 제공하려는 것이 아니기 때문이다.

최초로 등장하는 중요한 문단(렘 2:1-13)은 아주 특징적이다. 여호와께서 이스라엘과의 첫사랑 시절을 회상하신다. 그분은, 마치 재판정에 선 사람처럼, 자신이 이스라엘을 광야를 지나 약속의 땅에 이르도록 이끌며 그들에게 보였던 친절에 호소하면서 자신을 변호하신다(5-7절). 이스라엘은 그 땅에 정착한 후에 여호와를 저버렸다. 그 누가 자신들의 하나님을 바꾸는 백성에 관해 들어보았는가? 이 문단은 이스라엘의 배교가 완전히 상식에 반하여 치닫는 것을 지적하는 데서 정점에 이른다. 세상에 이런 일을 위한 전례는 없었다(10절).

이어지는 두 개의 문단(렘 2:14-19, 20-28)에서도 예레미야는 다시 한 번 이스라엘이 그들의 하나님을 저버렸다는 사실에서 출발한다. 이런 배교는 그 기원을 훨씬 더 먼 과거에 두고 있다(20a절). 이 동일한 관점은 여호와께서 심으신 귀한 포도나무에 관한 이야기에서 다시 드러난다. 이스라엘은 그분의 역사적인 계획을 망쳐놓았는데 그 파장은 아주 멀리까지 미쳤다. 이스라엘은 바알 신앙에 빠짐으로써 여호와께서 그동안 그들을 위해 해오신 모든 일을 수포로 돌아가게 만들었다.

그런데 그런 일은 어떻게 가능했던 것인가? "처녀가 어찌 그의 패물을 잊겠느냐 신부가 어찌 그의 예복을 잊겠느냐 오직 내 백성은 나를 잊었나니 그 날 수는 셀 수 없거늘"(렘 2:32). 인간의 결혼생활에서 현재의 남편을 버리는 여자는 법적으로 그녀의 전 남편에게 돌아가지 못한다. 그렇다면 이스라엘이 어떻게 여호와와의 이혼을 무효화시킬 수 있겠는가(3:1-5)? 사실 젊은 예레미야가 이스라엘의 총체적 실패를 제의의 영역, 즉 제단과 관련시키는 방식에는 보다 먼 과거에 속하는 무언가가 존재한다. 예레미야는 아직도 제의적 범주 안에서 생각하고 있다. 예컨대, 예레미야 3:2 이하에 실려 있는 논의는 여전히 철저하게 제의적이다. 그 땅이 더럽혀진 것은 여호와께서 혐오하시는 예배 때문이고, 그로 인해 그 땅에서 비가 그쳤다는 것이다. 율법을 어긴 것에 대한 비난은 이스라엘의 제의적 배교에 대한 불만보다 덜 나타난다(2:8b; 5:1f.; 6:6b; 7:27f.; 13:27). 예레미야 4:5-6:30은 산만한 시의 형태로 이루어진 예언들의 집합으로 북쪽에서 오는 적에 대해, 즉 유다가 여호와를 잊은 것을 징계하고 그 나라가 여호와의 눈앞에서 행한 수많은 잘못들을 벌하기 위해 오는 말을 탄 백성에 관해 이야기한다.[2]

예레미야가 그의 활동 초기에 선포했던 내용을 정확하게 이해하려면, 우리는 한 가지 주목할 만한 사실과 직면해야 한다. 그것은 바로 그의 예언에서는 그 이전의 예언자들이 그토록 분명하게 선포했던 정치적 예언이나 심판에 대한 위협이 두드러지게 나타나지 않는다는 점이다. 사실 예레미야 2:1-13에서는 그런 것이 전혀 나타나지 않는다. 그 구절이 담고 있는 모든 것은 여호와의 불만과 도저히 이해할

---

2 오늘날에도 이 시들은, 비록 그것들을 헤로도투스 Herodotus가 전하는 630년과 625년 사이에 팔레스타인을 침공한 스구디아인들 Scythians에 관한 전설적인 이야기로 보아야 하는지에 대해 점점 더 많은 의문이 제기되어 왔음에도, 여전히 때로 스구디아인들과 연결되고 있다. 예레미야가 상정하는 적은 아주 불확실하다. 어쩌면 그는 팔레스타인에 대한 신바벨론의 신속한 침공에 대해 생각하고 있었던 것일 수도 있다.

수 없는 이스라엘의 배교에 관한 생각뿐이다. 예레미야 2:14-19은 유다가 배교를 통해 징벌을 자초하고 있음을 분명하게 지적한다(19절). 그리고 예레미야 2:26은 여호와께서 애굽을 의지하는 자들을 실망시키실 것을 예견한다.

우리는 예레미야 4:5-6:26에 실려 있는 전쟁 시를 통해서 비로소 심판을 향해 내달리는 민족에 대한 오래된 예언적 문체로 된 순수한 예언들(렘 4:5f., 13; 5:15-17)을 발견하게 된다. 그러나 이것은 그와 동시에 예레미야만의 특징을 분명하게 보여 준다. 이상한 일이지만, 그 분명한 위협들은 이 시의 클라이맥스나 실제적인 주제가 될 수 없다. 그것은 그런 위협들이 모든 것이 그것을 향해 움직이는 최종적인 목표로 제시되지 않는다는 점에서 분명하게 드러난다. 오히려 그것들은 놀람의 외침들, 전쟁이 그 땅에 초래하는 불행에 관한 묘사들, 회개에 대한 권면들, 그리고 그 나라의 엄청난 죄악에 대한 반성들 사이에 끼워 넣어져 있으며, 그 모든 것들과 더불어 하나의 분리할 수 없는 전체를 이룬다.

만약 우리가 이런 시들이 무엇을 말하는 것인지 묻는다면, 그것들이 비난이나 임박한 심판에 대한 선포보다 훨씬 더 많은 것을 포함하고 있음이 분명하게 드러날 것이다. 예레미야의 말은 초점을 흩뜨리는 강력한 경향을 갖고 있으며, 또한 서사적이고 심지어 극적인 특성을 갖고 있다. 의심할 바 없이, 아모스나 이사야 역시 예레미야처럼 위협의 말과 책망의 말 모두를 통해 다가오는 것에 관해 선포할 뿐 아니라, 때로 그 일에 관한 생생한 설명을 제시한다. 그러나 예레미야의 경우에는, 첫째로, 이런 서술적 요소가 훨씬 더 많은 자리를 차지한다. 그리고 둘째로, 그의 서술은 매우 신학적인 성향을 보이는데, 그것을 통해 주로 드러나는 것은 불만과 고통의 감정이다. 예레미야 2:1-13에는 잃어버린 자신의 백성을 향한 하나님의 갈구의 심정, 그분이 느끼시는 부당함, 그리고 백성들이 자기들의 신을 바꾼 것에 대한 그분의 당혹감 등에 관한 말들이 실려 있다. 그렇게 해서 이스라엘의 배교에 관한 말들은 직접적으로 말해지지 않으며, 우리는 하나님의 불만을 통해 간접적으로 그것에 관한 지식을 얻는다. 그리고 이것이 그 안에 들어 있는 모든 것이다. 그러므로 그런 불만은 어느 의미로든 심판의 말에 대한 전주가 아니고 그 자체로 존재한다. 이런 상황은 예레미야 4:5-6:26에 실려 있는 전쟁 시들에서도 마찬가지다. 유일한 차이는 거기에서 거울처럼 상황을 비춰주는 것이 예언자 자신의 고통이라는 것뿐이다.

> 슬프고 아프다 내 마음속이 아프고 내 마음이 답답하여 잠잠할
> 수 없으니 이는 나의 심령이 나팔 소리와 전쟁의 경보를 들음이로
> 다 (렘 4:19)

이것은 예레미야가 다가오는 전쟁에 대한 묘사를 중단하고 외쳤던 말이다. 그러나 사실 이것은 그 묘사에 대한 실제적인 중단이 아니다. 왜냐하면 다른 곳에서도 예언자의 마음의 고통을 통해 그 재앙이 묘사되기 때문이다.

> 23보라 내가 땅을 본즉 혼돈하고 공허하며 하늘에는 빛이 없으며

²⁴내가 산들을 본즉 다 진동하며 작은 산들도 요동하며 ²⁵내가
본즉 사람이 없으며 공중의 새가 다 날아갔으며 ²⁶보라 내가
본즉 좋은 땅이 황무지가 되었으며 그 모든 성읍이 여호와의
앞 그의 맹렬한 진노 앞에 무너졌으니 (렘 4:23-6)

여기에서도 미래는 전적으로 그 일이 발생하기 전에 최대한 그것의 고통을 느끼는 사람의 입장에서 서술된다. 이것과 대조할 때, 그보다 이른 시기의 예언자들의 선포는 (비록 그것이 아주 깊은 감정을 지닌 말일지라도) 얼마나 객관적이고 초연했는가! 우리는 예레미야에게서 그가 위험에 처한 자기 백성에 대해, 그리고 심지어 그들의 땅에 대해 지녔던 연대감을 의식할 수 있다. 우리는 이런 연대감을 그 어디에서도 다시 만나지 못할 것이다.

마지막으로 지적해 둘 것은, 예레미야가 그의 활동 초기에 여호와와 유다의 관계를 영원히 깨진 것으로 여기지 않았다는 사실이다. 그는 극심한 시련을 상정했다. 하지만 그 시련이 아무리 크더라도 여호와의 마음이 예루살렘을 떠난 것은 아니었다. 그러므로 예언자의 과업은 예루살렘을 훈계하는 것이었다(렘 6:8). 그로 인해 우리는 다른 어느 곳에서보다도 그의 이른 시기의 글에서 "권고"라는 문학 양식이 더 자주 사용되는 것을 보게 된다. 예루살렘은 구원을 얻기 위해 마음의 악을 씻어 버려야 한다(4:14). 필요한 것은 묵은 땅을 갈고, 가시덤불에 파종하지 않는 것, 혹은 마음의 할례다(4:3f.). 예레미야는, 비록 그것이 요시아 통치기에 모든 이들이 품었던 희망을 공유하는 것이었을지라도, 북 왕국의 "회개"에 특별한 희망을 두었다(3:6ff.).

메시지로부터 메신저로

우리는 예레미야가 요시아의 개혁(621) 이후 한동안 침묵했다고 믿을 만한 충분한 이유를 갖고 있다. 우리는 이 시기에 그의 태도가 호의적이었다고 여겨도 좋은데, 그것은 요시아가 훗날 예레미야가 특별히 감사의 마음을 담아 말했던 왕이었기에(렘 22:15f.) 더욱 그럴 것이다. 그러나 예레미야의 활동이 이렇게 중단된 이유가 아주 분명한 것은 아니다. 따라서 우리가 그것을 바탕으로 그가 신명기적 개혁에 대해 견지했던 태도가 어떠했는지에 대해 명확한 결론을 내리기는 어렵다.[3] 요시아가 비참하게 죽은 후 여호야김이 왕좌를 물려받았는데, 안타깝게도 그는 모든 면에서 그의 전임자와 정반대되는 사람이었다. 그리고 우리는 예레미야가 즉시 활동을 재개하는 것을 보게 된다. 십계명에 유의하지 않는 백성에게는 성전 자체도 안전을 제공하지 못한다. 예레미야는 그의 유명한 성전 설교에서 그렇게 외친다(렘 7:1-15). 여호와께서는 이미 자신이 오래되고 명예로운 역사를 가진 성소(실로)조차 철저히 파괴하실 수 있음을 보여 주셨다. 여호와의 명령을 경시하는 자들이 성소에서 안전을 얻을 수 있다고 여긴다면, 도대체 그런 성소가 무슨 가치가 있겠는가! 가장 거룩한 것들조차 비난하고 안전을 얻으려는 모든 경건한 노력들을 산산이 부숴버리는 이런 완고함은 예레미야를 철저히 8세기의 고전적 예언자들의 반열에

---

[3] 자주 논의되는 신명기에 대한 예레미야의 태도의 문제와 관련해서는 사정이 조금 다르다. 예레미야가 오래된 전승이 전해주고 신명기를 통해 드러난 여호와의 뜻을 요약하고 편찬하는 일에 단도직입적으로 반대할 수 있었을 것 같지는 않다.

올려놓는다.

그러나 예레미야가 했던 말을 전하는 자료가 오직 그의 말만을 보도하는 반면, 이차적 편집에 의한 추가적인 설명은 그 예언자가 그런 말로 자초했던 위험과 적대감에 대한 여러 가지 이야기들을 상세하게 전한다(렘 26:10f.). 이것은 우리가 어떤 사건에 대한 예언자 자신의 설명과 화자의 설명을 모두 얻을 수 있는 유일한 경우다. 그러나 이런 설명의 병존은 우연한 것이 아니다. 왜냐하면 관심의 초점이 이처럼 메시지로부터 그 메시지를 전하는 자에게로 이동하는 것은 사실상 예레미야와 관련된 모든 전승이 보여 주는 특징이기 때문이다. 물론 보다 이른 시기의 예언자들 역시 반복적으로 적대적인 위협에 노출되었다. 그러나 예레미야에게서 이런 위협은 훨씬 더 심각한 양상을 보인다. 하지만 이것은 그 자체로는 중요하지 않다. 중요한 것은 무엇이 예언자를 만드는가 하는 질문에 대한 대답과 관련해 나타난 변화다. 그리고 이로부터 예언자의 메시지뿐 아니라 그의 삶에 대한, 그리고 그의 메시지로 인해 발생하는 분규에 대한 점증하는 관심이 나타난다. 그 두 가지가 서로 긴밀하게 연결되어 있다는 사실이 점차 분명해지기 시작했다. 예레미야 19:1-20:6은 이 새로운 관심에 관한 좋은 예다.[4] 예레미야는 몇 사람들 앞에서 옹기를 깨뜨린 후 여호와께서 그 나라와 그 도시를 바로 그런 식으로 깨뜨리실 것이라고 말했다. 이야기는 계속해서 그 사건으로 인해 예레미야가 제사장 바스훌에게 매를 맞고 하룻밤 동안 갇혔던 일을 전한다.

---

4 2b-9절과 12-13절은 후대의 추가분으로 볼 수 있다.

비록 성전 설교가 헛된 안전을 추구하던 백성을 향한 권고의 형태로 전해지기는 했으나, 그것의 결론은 완전한 거부에 대한 전망을 열어놓았을 뿐이다. 이어지는 구절들은 예언자의 중재를 금하는데, 그것은 여호와께서 "그 노하신 바 이 세대"(렘 7:29)를 거부하실 것이기 때문이다. 재앙에서 살아남은 자들조차 죽기를 바랄 것이다(8:3). 이것은 예레미야가 과거에 했던 그 어떤 예언들보다도 단호한 느낌을 준다. 또한, 같은 방식으로, 큰 기근과 관련된 예전문禮典文 역시 자비를 위한 모든 탄원을 쓸모없게 만드는 심판에 관한 무서운 말로 끝난다(15:1ff.). 가죽부대에 관한 신탁은 그 나라를 - 심지어 제사장들과 예언자들과 왕들까지 - 취하게 만들어 그들이 서로를 파괴하는 것으로 끝나게 하실 이가 여호와 자신임을 알려 준다(13:12-14). 그리고 이 때 예레미야는 곧 발생할 사건들, 즉 적들에 의한 약탈(17:3), 청년들에 대한 학살(15:8f.), 그리고 추방(10:18; 13:8-10; 17:4) 등에 관해 생각하고 있었다.

예레미야는 예루살렘이 결국 거부되리라는 것을 분명히 알고 있었다. 그럼에도 계속해서 그는 마치 여전히 희망이 있는 것처럼, 그 나라가 구원을 얻는 것이 여전히 가능한 것처럼, 그리고 "그가 어둠을 일으키시기 전, 너희 발이 어두운 산에 거치기 전, 너희 바라는 빛이 사망의 그늘로 변하여 침침한 어둠이 되게 하시기 전에"(13:16) 여전히 어떤 결단을 내릴 수 있는 것처럼 말한다. 토기장이의 작업장에 관한 예레미야의 계시 역시 여기에 속해 있다. 왜냐하면 그 예언자가 토기장이가 망가진 그릇들을 반죽해서 그 반죽덩어리로 새로운 그릇을 만들어 내는 것을 보았을 때 여호와께서 하신 말씀("이 토기장이가 하는 것 같이 내가 능히 너희에게 행하지 못하겠느냐")은 단지 질문의 형식만 갖추고 있을 뿐 실제로는 회개로의 부름을 위한 문을 여는 것이었기 때문이다 (18:1ff.).

▌ 이 마지막 구절의 내용은 다소 모호하며 그로 인해 그것이 갖고 있는 강력한 인상을 감소시킨다. 서두에서 예레미야는 하나님의 백성들을 상대하는데, 그들은 하나님이 갖고 계신 무한한 자유에 대해 눈뜸으로써 경고를 얻어야 한다. 그러나 갑자기 그 내용은 일반적인 것으로 넘어간다. 만약 여호와께서 어느 특정한 나라에 대해 악한 일을 계획하셨는데 그 나라가 회개하고 돌아선다면, 그 때 그분은 자신이 하고자 했던 일을 포기하실 것이다. 그리고 만약 그분이 또 다른 나라에 대해 선한 일을 계획하셨는데 그 나라가 순종하지 않는다면, 그 때 그분은 자신의 계획을 바꿔 그들에게 벌을 내리실 것이다. 이 구절 역시 여호와께서 역사를 이끌며 누리시는 자유를 지적하기 위한 것이다. 그러나 이 구절이 그런 지적을 하기 위해 취하는 이론적 방식이 아주 특이한데, 그것은 바로 이 구절의 의미와 정반대되는 상상속의 예들을 제시함으로써 그렇게 하기 때문이다. 그리고 그런 예들은 여호와의 능력을 자유보다는 율법에 의존하도록 만든다. 중간 구절(7-10) - 유다는 이 구절 후에 다시 언급된다 - 은 신학적 부연으로 간주되어야 할 것이다.

예레미야는 단지 이스라엘 백성들만 재앙으로 위협했던 것이 아니다. 그가 애굽, 블레셋, 모압, 암몬, 에돔, 수리아, 아랍, 엘람, 그리고 바벨론 같은 여러 민족들의 파멸에 대해 예언하는 일련의 신탁들이 있다.[5] 이런 신탁들이 묘사하는 재앙은 늘 전쟁에 관한 것이다. 그러나 아주 이상하게도 그런 파괴적인 결과의 근원이 되는 힘은 거의 철저하게 베일에 싸여 있다.6 그러므로 이런 신탁들은 여호와의 활동을 더욱 더 강조한다. 행동하는 이는 여호와이시다. 이런 나라들에 맞서 맹위를 떨치는 칼은 그분의 칼이다. 이런 신탁들이 여전히 과거의 거룩한 전쟁들에서 나타나는 요소들을 포함하고 있기에, 이런 양식(전쟁 신탁)이 가장 이른 시기의 예언적 전승에 속해 있을 가능성은 더욱 크다.

이것은 한때 이런 전쟁들에서 역할을 했던 이스라엘의 예언자들이 이스라엘이 적과 맞서 싸우러 나아갈 때 실제로 말했던 방식이었다. 그런데 시간이 흐르면서 그 양식에 큰 변화가 나타난다. 그것은 이스라엘의 거룩한 전쟁이라는 원래의 정황에서 분리된다. 그것의 지평은 보편사를 포괄할 만큼 넓어진다. 왜냐하면 이제 그것은 고대 이스라엘과 전쟁을 했던 적이 없는 나라들에 대해 말하기 때문이다. 이방민족들에 대한 예레미야의 신탁은 온 세상에 대한 심판을 묘사한다. 그 민족들의 오만함과 불경한 자기 확신에 대한 비난(렘 46:7f.; 48:1f., 7, 14, 42; 49:4)이라는 요소는 아마도 후기(고전적 예언기)의 개념들에서 나왔을 것이다. 그러나 가장 이른 시기의 전승들에서 나온 다른 요소들은 그들의 자리를 놀랄 만큼 완고하게 지켜왔다. 바로 이 초기의 전승이야말로 여호와께서 직접 싸우시리라는 예언에 대한, 그리고 심판의 인간적인 도구(예레미야가 염두에 두었던 것은 의심할 바 없이 바벨론이었다)에

---

5 렘 25:15-38; 46-51. 이 중에서 바벨론에 대한 신탁들(렘 50f.)은 확실히 예레미야 이후에 덧붙여진 것이다.
6 렘 47:2에 따르면, 그 적은 북방에서 온다. 49:30에서만 느부갓네살의 이름이 언급된다.

대해 말하기 위해 시 형태로 사용된 모호한 언어들에 대한 유일하게 가능한 설명이다.

그러므로 예레미야는 그의 선배 예언자들과 마찬가지로 미래를 내다보면서 보편사의 지평 위에 나타나는 움직임에 주목했다. 그는 사건들을 대담하게 해석하고 여호와의 직접적인 행동을 확신하는 점에서 선배들에게 뒤지지 않았다. 그러나 우리가 아모스나 이사야의 경우에는 단지 그들이 미래에 관해 말하는 내용을 살핌으로써 그들의 선포의 핵심을 이해할 수 있었던 반면, 예레미야의 경우에는 사정이 아주 다르다. 예레미야서에는 미래에 대한 예언豫言/prediction들뿐 아니라 분명하게 현재를 다루는, 그리고 그 예언자만의 독특한 특성을 보여 주는 구절들이 아주 많기 때문이다.

> 18슬프다 나의 근심이여 어떻게 위로를 받을 수 있을까 내 마음이 병들었도다 19딸 내 백성의 심히 먼 땅에서 부르짖는 소리로다 여호와께서 시온에 계시지 아니한가, 그의 왕이 그 가운데 계시지 아니한가 그들이 어찌하여 그 조각한 신상과 이방의 헛된 것들로 나를 격노하게 하였는고 하시니 20추수할 때가 지나고 여름이 다하였으나 우리는 구원을 얻지 못한다 하는도다 21딸 내 백성이 상하였으므로 나도 상하여 슬퍼하며 놀라움에 잡혔도다 22길르앗에는 유향이 있지 아니한가 그 곳에는 의사가 있지 아니한가 딸 내 백성이 치료를 받지 못함은 어찌 됨인고 1어찌하면 내 머리는 물이 되고 내 눈은 눈물 근원이 될꼬 죽임을 당한 딸 내 백성을 위하여 주야로 울리로다 (렘 8:18-9:1)

이 구절을 어떤 특정한 문학적 장르에 예속시키는 것은 불가능하다. 분명히 여기에는 공동체의 탄식의 메아리와 여호와로부터 오는 대답 같은 것이 들어 있다(19절). 그러나 그것들은, 말하자면, 밖에서 감지될 뿐이다. 반면에 첫 번째 문장은 우리를 예레미야의 생각 속으로 이끌어 가는데, 그곳이야말로 모든 본질적인 행동이 발생하는 곳이다. 첫째, 거기에는 그 땅을 뒤덮을 재앙에 대한 인식이 있다. 예언자는 구원을 기대한다. 그 후 그는 모든 것이 끝났음을 분명하게 깨닫는다. 그리고 마지막으로 그는 자기가 슬픔의 눈물을 흘릴 수 있기를 바란다는 소망을 피력한다. 바로 이것이 우리가 이 구절에서 듣는 "사건"이다! 이것이 어떻게 예언적 선포가 될 수 있는가? 이런 구절들은 사실상 오늘날 우리가 자유로운 형식의 서정시로 여기는 것과 아주 가깝다. 이것은 다시 한 번 우리에게 예레미야가 예언과는 별개로 존재하는 시적 충동에 의해 날카롭게 그리고 전적으로 새로운 방식으로 불타올랐음을 보여 준다.

또한 이것은 우리가 예레미야에게서 순수시적 요소가 이처럼 현저하게 증가하는 것을 어떻게 평가해야 하는가 하는 문제를 제기한다. 물론 이에 대한 한 가지 대답은 그가 시적 충동에 굴복함으로써 예언의 본질적 요소를 약화시켰다는 것이 될 수 있다. 또한 이런 예언적 요소의 분명한 약화가 그의 말에 새로운 힘을 주었다는 것 역시 대답이 될 수 있다. 이런 구절들이 자유롭고 개인적인 자아의 첫 출현을 의미하며 예레미야야말로 자유롭고 개인적인 기도의 아버지라는 입장을 취하는 이들은 이런 질문을 비교적 단순한 것으로 여겼다. 물론 그들의 이론에는 진리의 요소가 있다. 그러나 그 이론이 이 구절들이 갖고 있는 특별한 성격에 들어맞는지는 매우 의심스럽다. 하나님과 이스라엘의 그리고 특히 예레미야와의 관계의 특수한 성격 때문에 이런 구절들의 특별한 양식과 메시지는 오직 그것들의 특별한 전제조건들에 비추어서만 이해될 수 있다는 것은 그럴 듯한 추론이 될 수 있다.

예레미야의 고백

또한 그것은 여전히 애가哀歌이기는 하나 순전한 독백에 머물지 않고 여호와와의 대화의 수준에 이르는 구절들을 통해 훨씬 더 분명하게 드러난다. 그런 구절들은 흔히 "예레미야의 고백"이라고 불린다. 물론 그것들 각각은 그 형태와 내용 면에서 큰 차이를 보인다. 그것들의 공통적 요소는 그것들이 하나님의 신탁의 경우처럼 사람들에게 말해진 것이 아니라, 예레미야가 자기 자신과 하나님에 대해 묵상함으로써 얻어낸 결과물이라는 것이다. 이 예언자의 이런 매우 사적인 발언들의 형태와 문체가 얼마간 개인적인 애가라는 고대의 문학 양식과 관련되어 있다는 것은 이미 오랫동안 인정되어 왔다.7 그러므로 예레미야가 경우에 따라 오래된 제의의 양식을 인습적으로 사용하되 예언자로서 자신의 관심사를 그것과 뒤섞으면서 그것에 변화를 주는 것은 매우 흥미롭다.

전통적 용법에 가장 집착하는 시는 예레미야 11:18-23이다. 그 시는 자기를 공격하는 자들에 대한 불평과 자기에게 일을 맡기신 분이

---

7 렘 11:18-23; 12:1-6; 15:10-12, 21; 17:12-18; 18:18-23; 20:7-18.

자기를 보호해 주셔야 한다는 탄원을 담고 있다. 물론 이것은 다른 어떤 이가 박해를 당하면서 드렸을 수도 있는 기도다. 하지만 예레미야 15:10-18에 실려 있는 기도는 그런 경우에 해당되지 않는다. 그 기도 역시 여러 가지 인습적인 간구들을 포함하고 있다. 하지만 그것들은 오직 예레미야의 개인적 경험을 통해서만 나올 수 있을 정도로 아주 상세하게 표현된다.

> 16내가 주의 말씀을 얻어먹었사오니 주의 말씀은 내게 기쁨과 내 마음의 즐거움이오나 17내가 기뻐하는 자의 모임 가운데 앉지 아니하며 즐거워하지도 아니하고 주의 손에 붙들려 홀로 앉았사오니 이는 주께서 분노로 내게 채우셨음이니이다 (렘 15:16-17)

그러자 하나님께서 이 불평에 대해 대답하신다. 이것은 예전문에서 나타나는 일반적인 순서에 상응한다. 왜냐하면 거기에서 여호와께서는, 비록 제사장이라는 대변인을 통해서이기는 하나, 탄식의 기도에 대해 구원의 신탁으로 대답하시기 때문이다. 그러나 더 이상 제의용 예전문이 아닌 여기에서는 어떤 변화가 나타난다. 즉 여호와께서는 그 탄식에 대해 비난으로 응답하신다. 실제로 여호와께서 그 예언자에게 그가 자기에게 돌아온다는 조건하에서 전에 자신이 그에게 주셨던 위대한 약속을 다시 확언하신 것은, 사실상 그분이 그가 그의 예언적 소명을 저버렸다고 말씀하셨던 셈이다. 하지만 그가 돌아온다면, 그는 다시 하나님 앞에 "설" 것이고 그분의 "입"이 될 것이다(렘 15:19).

예레미야 12:1-5 역시 하나님과 예언자 사이에서 오가는 질문과 대답 형식의 대화를 포함하고 있다. 예레미야는 여호와 앞에 자기의 사정을 탄원하고자 한다. 그러나 첫마디에서부터 그는 자기의 입장을 포기한다. "여호와여 내가 주와 변론할 때에는 주께서 의로우시니이다"(1절). 예언자가 하는 말의 주제는 악한 자의 형통이다. 그들의 성공의 사슬은 모든 면에서 안전해 보인다. 여기에서 예레미야는 분명히 그의 세대 전체가 매달렸던 문제를 제기한다. 개인에게 여호와의 은혜는 어떻게 배분되는가? 이 질문은 예레미야에게 아주 중요했다. 왜냐하면 그는 다른 이들보다 훨씬 더 크게 배수진을 쳤고, 여호와에 대한 그의 의존은 그의 삶을 위험하고 고독하게 만들었기 때문이다. 여기에서도 역시 하나님의 대답은 완고하다.

> 만일 네가 보행자와 함께 달려도 피곤하면 어찌 능히 말과 경주하겠느냐 네가 평안한 땅에서는 무사하려니와 요단 강 물이 넘칠 때에는 어찌하겠느냐 (렘 12:5)

여호와께서는 예언자의 질문을 반대 질문으로 받아치신다. 그분은 예레미야가 그 정도의 어려움 앞에서 무너지려 하는 것에 놀라워하신다. 왜냐하면 그런 어려움은 그가 앞으로 견뎌야 할 것에 비한다면 아무것도 아니기 때문이다. 여호와의 이런 대답은 그가 이제 겨우 그의 시련의 문턱에 서 있을 뿐이며, 따라서 여호와의 예언자로서 그는 그 정도의 문제들 앞에서 불만을 터뜨려서는 안 된다는 것을 알려준다.

아마도 예레미야는 그의 생애 전체를 통해 이런 식으로 여호와와 더불어 자신의 직무에 따르는 시련들에 대해 논쟁을 벌였을 것이다. 그는 특별한 임무를 부여받았다. 예컨대, 그는 이삭 줍는 사람이 되어야 했다(렘 6:9). 즉, 그는 눈에 보이지 않는 선의 열매들을 찾아내야 했다. 이에 대한 그의 대답은 그런 노력은 쓸모없다는 것이었다. 다른 경우에 하나님은 그에게 마치 시금試金하는 자가 제련소에서 하듯 백성들 사이를 돌아다니면서 광석 찌꺼기가 순금과 분리될 수 있는지 살피라는 명령을 내리신다. 이에 대한 예레미야의 대답은 그런 일은 불가능하다는 것이었다(6:27-30). 한 가지 사실이 분명하게 드러난다. 예레미야가 하나님과 나누는 대화와 홀로 하는 말 모두가 어두움, 즉 예언자의 과업의 불가능성을 지적하는 것으로 끝난다는 것이다. 그의 말이 희망을 가리키는 경우는 한 번도 없다. 그가 여호와께서 자기에게 구속에 관한 통찰을 허락하시거나 어떤 성공을 허락하신 것에 감사하는 경우는 단 한 번도 없다. 이것은 미가의 힘찬 자랑과 얼마나 다른가!

이 본문을 사건이 일어나는 순서를 따라 읽다보면(사실 그것은 최대한 예언자의 삶의 과정을 따라 배열되어 있다) 우리는 그 어두움이 점차 깊어지면서 예언자의 영혼을 점점 더 깊이 갉아먹고 있다는 느낌을 받게 된다. 이런 종류의 본문 중 마지막 둘이 예레미야의 극심한 절망감을 묘사하는 것은 우연이 아니다. 이스라엘이 하나님께 탄식의 기도를 드릴 때 사용하는 언어는 소심하지 않았다. 그 이전에도 이스라엘은 적극적으로 대담한 표현을 사용하는 것을 두려워하지 않았다. 그러나 여기에서 예레미야는 비록 자유롭게 표현되기는 하나 여전히 얼마간 인습적인 제의용 언어를 유지했던 전통적인 애가 양식을 훨씬 넘어선다.

> 7여호와여 주께서 나를 권유하시므로 내가 그 권유를 받았사오며 주께서 나보다 강하사 이기셨으므로 내가 조롱거리가 되니 사람마다 종일토록 나를 조롱하나이다 … 9내가 다시는 여호와를 선포하지 아니하며 그의 이름으로 말하지 아니하리라 하면 나의 마음이 불붙는 것 같아서 골수에 사무치니 답답하여 견딜 수 없나이다 (렘 20:7, 9)

우리가 그동안 점잖게 "권유하다"(7절)로 번역해 온 단어는 사실은 젊은 여자를 꾀고 유혹하는 행위를 가리킨다 — "당신은 나의 단순함을 이용하셨습니다"(Rudolph). 예언자는 자신의 무능을 비난할 수 없었다. 그의 능력과 여호와의 능력은 너무나 큰 차이가 나기 때문이다. 그는 자기가 그 견딜 수 없는 직무에서 벗어나고자 했음을 인정한다. 그러나 그에게 영감을 준 말씀이 그의 가슴속에서 불처럼 타올랐다. 그래서 그는 계속해서 예언자 노릇을 할 수밖에 없었다. 그 결과 그는 어떻게 되었는가! 그는 조롱거리가 되었다(18절). 그리고 마침내 — 그리고 이것이야말로 최고의 결과다 — 예레미야는 완전한 포기 상태에서 자신의 삶을 저주한다(14f.). 이 마지막 말들은 독백으로 끝난다. 이제 하나님은 더 이상 그에게 대답하지 않으신다.

이런 고백들은 예레미야서를 해석하는 데 아주 중요하다. 그것들은 여호와와 예레미야 사이의 놀랍고도 독특한 교제에 대한 문서화된 증거로 이해되어야 한다. 이런 고백들이 나타나는 외적 상황의 순서는 그가 차츰 보다 깊은 절망 속으로 빠져들어 가는 과정을 보여 준다.[8] 이런 구절들 각각은 개별적인 경험들에 대해 이야기한다. 이런 경험들이 발생하는 영역들은 서로 다르다. 그러나 그 구절들은 모두 예레미야가 극복할 수 없었던 어떤 어둠을 가리키며, 바로 그것이 그것들을 하나로 묶어준다. 그것은 아주 끔찍한 어둠이다. 또 그것은 이스라엘과 그들의 하나님의 관계에서 철저하게 새로운 그 무엇이었기에 한 개인의 삶 이상의 훨씬 더 많은 것에 대해 위협을 가했다. 그로 인해 이스라엘을 다루시는 하나님의 모든 방식이 어떤 형이상학적 심연 속에서 끝나버릴 것처럼 보일 정도다. 왜냐하면 여기에서 언급되는 고통은 한 명의 사인私人으로서 모든 인간에게 공통되는 경험에 대해 이야기하는 인간 예레미야의 관심사가 아니었기 때문이다. 모든 경우에 그의 고백들은 그가 예언자로서 처했던 특수한 상황으로부터 나온다. 그런 고백들 배후에는 아주 특별한 방식으로 자신을 섬기라는 여호와의 명령 및 그분과의 특별하게 친밀한 관계가 있다. 그러므로 그런 고백들은 이스라엘에게 지극히 범례적인 의미를 지닌다. 물론 이것이 곧 예레미야에 대한 모든 주석이 그 문제의 인간적 측면에 주의를 기울이지 말아야 한다는 의미는 아니다. 사실 여기에서 나타나는 하나님과의 친밀한 영적 교제, 성숙한 자기표현, 그리고 자신의 실패를 기꺼이 인정하고 하나님의 비난을 숨기지 않는 것 등은 가장 고귀한 인간의 정신에 대한 표현이다.

그러나 여기에서 우리의 특별한 관심은 그런 일들이 발생한 상황,

---

8 물론 이것은, 설령 주어진 본문의 순서가 이 예언자의 삶 속에서 벌어진 일련의 사건들의 순서와 일치하지 않을지라도, 여전히 마찬가지다. 왜냐하면 중요한 것은 예레미야가 이런 경험을 통해 겪었던 수난의 양상들이 아니라, 그가 그런 경험들을 했다는 사실 자체이기 때문이다.

이스라엘의 예언 전통 안에서 그런 고백들이 차지하는 위치, 그리고 그것들이 덧붙인 것 등에 있다. 우리가 그런 고백들을 이런 보다 넓은 정황 속에 바라볼 때 그것들이 우리에게 보여 주는 놀라운 특징은 문제 제기적 성격의 반성인 것처럼 보인다. 우리는 보다 이른 시기의 예언자들을 단지 계시를 통해 하나님의 뜻을 전달했던 무의식적인 기관처럼 생각해서는 안 된다. 그러나 예레미야에게 발생한 일은 자기가 어디로 가고 있는지 알 수 있는 능력이 점점 줄어들어가는 것이었다. 그는 단순히 자신의 일의 실패에 대해서만 생각했던 게 아니다. 그 실패는 다른 이들로부터 기인한 외적인 것일 뿐 아니라, 또한 그가 더 이상 그의 직무 및 과업과 하나가 되지 못했다는 점에서 – 어쨌거나 이제 그는 자신의 직무를 의문시했다 – 개인적인 것이기도 했다.

예레미야에게서 인간과 그의 예언적 과업은 분리된다. 실제로 진지한 긴장이 그의 예언자로서의 소명 과정 전체를 위협한다. 인간과 예언자의 이런 분리로 인해, 예레미야 당대까지 알려져 왔던 예언적 소명은 그것의 존속과 관련해 중대한 국면에 접어들었다. 그 시대의 자녀로서 예레미야가 자신을 여호와의 뜻에 내맡기는 것은 더 이상 가능하지 않았다. 그는 질문해야 했고, 또한 이해해야 했다. 예민함과 부서지기 쉬움 그리고 신앙 문제에 대한 그의 감정이라는 측면에서 확실히 그는 그의 동시대인들 중 많은 이들과 다름없었다. 의심할 바 없이 그는 영적 측면에서 아모스나 미가보다 훨씬 더 복잡한 상태에 있었다. 그러기에 그에게는 또한 불응不應이라는 커다란 요소, 즉 자기들의 믿음 안에 확고히 거했던 보다 이른 시기의 예언자들이라면 기꺼이 받아들였을 하나님의 뜻에 대한 반항이라는 요소가 있었다. 한편으로 그는 여호와께 묶여 있었고 그 어떤 선지자들보다도 훨씬 더 그분에게 종속되어 있었다. 그러나 다른 한편으로 그는 자신의 생각을 풀어놓아야 했다. 그가 이런 지적 상태를 얼마나 진지하게 견지했는지는(물론 그런 노력은 그에게 합당한 예언적 소명의 범위를 벗어난 것이다) 신학적인 문제들에 관한 그의 폭넓은 반성을 통해 정확하게 드러난다. 그런 면에서 예레미야는 의심할 여지없이 예언자 계열의 후발주자로 간주되어야 한다. 또한 그는 자신의 영적 기원을 철저히 의식하고 있었다. 그는 한 번 이상 과거의 예언자들에 대해 말했다.[9] 그가 살아 있는 동안 확실히 독립적인 예언자들조차 전통처럼 여겼던 무언가가 있었다. 거기에는 예언적 선포에서 전통적인 것으로 간주되는 주제와 화제들뿐 아니라 여러 세대의 경험과 실망들이 들어 있었다. 또한 오직 이런 독립적인 예언자들 사이에서만 발견되고 전달되는 변하지 않는 실패의 유형에 대한 인식도 있었다. 토기를 깨는 일을 그 이전의 다른 예언자들이 아니라 예레미야가 떠맡았다면, 그것은 그의 예언적 직무가 그 넓이와 깊이에 있어서 그의 선배 예언자들 중 그 누구의 것보다도 컸기 때문일 것이다. 이와 비례해서 그에게는 하나님의 지속적인 지원 역시 필요했다.

그러나, 설령 우리가 예레미야를 그 시대의 올바른 역사적 틀 안에 위치시키기 위해 아무리 노력할지라도, 그리고 그것이 아무리 중요할지라도, 우리가 설명할 수 없는 것들이 많이 남아 있다. 예레미야가 자신의 직무에 관해 점점 더 회의하면서도 어떻게 여전히 하나님을

---

9 렘 7:25; 26:5; 28:8.

향해 거의 초인적일만큼 순종할 수 있었는지, 그리고 자신의 소명으로 인한 막대한 긴장을 견디면서도 여전히 궁극적으로 실패로 끝날 길을 걸어갈 수 있었는지는 예레미야에게 속한 신비로 남아 있다. 그는 자신의 이런 중재적 고통이 하나님이 보시기에 어떤 의미를 지닐 수 있으리라는 생각을 결코 하지 못했다. 하나님께서 자신의 대사들 중 가장 신실한 자의 삶을 그토록 무섭고 도무지 이해할 수 없는 암흑 속으로 이끌어 가셨던 것과 모든 면에서 그를 처절한 슬픔에 이르게 하셨던 것은 하나님께 속한 신비로 남아 있다.

바룩의 이야기

아주 놀랍게도 예레미야서에는 그런 고백들 외에도 그 예언자의 궤적을 보여 주는 또 다른 자료가 있다. 그것은 바룩의 이야기(렘 37-45)이다. 그러나, 예레미야의 고백들이 그 예언자의 내적 삶의 발전과정에 국한되어 있었던 것처럼, 바룩의 이야기는 그 예언자가 걸었던 고난의 길 via dolorosa의 외적 상황을 묘사하는 데만 초점을 맞춘다. 그러나, 비록 그것이 때로 예레미야가 말했던 신탁들을 포함하고 있기는 하나, 우리는 그 이야기들을 다른 경우들에서처럼(가령, 렘 26-29) 신탁을 위한 틀로서만 이해해서는 안 된다. 아니다, 여기에서 묘사되는 주제는 그 예언자가 개입했던, 그리고 그를 보다 큰 위험 속으로 이끌어 갔던 극적인 사건들이다.

바룩은 예레미야의 투옥 사건에서 시작해 그 이후에 벌어진 일들을 담담하게 추적해 나간다. 그는 그 예언자가 나눴던 다양한 대화의 내용을 기록하고 그가 애굽으로 끌려가는 것을 묘사하는 것으로 자신의 설명을 마무리한다. 여기에서 화자가 엄격하게 시간과 공간 안에서 벌어진 사건들에 초점을 맞추고 있다는 것은 그가 그 이야기의 여러 단계들에 대한 설명을 마무리하면서 제시하는 예레미야의 이력들을 통해서 분명하게 드러난다.[10]

예레미야가 당한 고난의 상황을 그토록 정확하게 묘사했던 이는 분명히 그 사건들을 아주 잘 알고 있었을 것이다. 따라서 그의 묘사가 믿을만하다는 데에는 의문의 여지가 없다. 그러나 우리는 그의 의도에 대해서는 무슨 말을 할 수 있는가? 그가 그 사건들을 기록한 목적은 무엇인가? 그가 그런 상세한 상황을 기록으로 남기려 했던 이유는 무엇인가? 사실 그는 예레미야가 겪은 모든 고통의 참된 이유를 알려 준다. 주지하다시피, 이 무렵에 예레미야가 확고하게 믿었던 것은 바야흐로 하나님께서 느부갓네살을 도구 삼아 국제적 상황에 큰 변화를 초래하실 것이며 유다를 바벨론 제국의 지배에 예속시키시리라는 것이었다(렘 27:5f.). 결과적으로, 바벨론으로부터의 위협이 가장 컸던 몇 달 동안에 예레미야가 예언할 수 있었던 모든 것은 그 도시가 포로가 되는 것은 확실하다는 것이었다(37:8, 17; 38:3; 참고. 34:2). 그의 조언은 가능한 한 빨리 항복하라는 것이었다(38:17). 예레미야가 공개적으로 표현했던 이런 확신이 그의 고통의 원인이었다. 예루살렘의 민족주의자들은 그런 확신을 지닌 사람을 그대로 놔둘 수가 없었다.

---

10 예레미야는 뚜껑 씌운 웅덩이에 들어가 여러 날을 그곳에 머물렀고(렘 37:16), 감옥 뜰에 머물렀고(37:21; 38:13, 28), 사반의 손자 아히감의 아들 그다랴에게 넘겨져 그와 함께 지내야 했다(39:14).

예레미야의 고통은 엄격한 리얼리즘의 시각으로 묘사되며, 그 모습은 하나님의 그 어떤 위로의 말씀이나 기적을 통해서도 누그러지지 않는다. 화자는 하나님의 인도의 손길과 관련해 할 말을 갖고 있지 않았다. 굶주리는 예언자에게 음식을 물어다 주는 까마귀도, 사자의 입을 막는 천사도 없었다. 적들에게 넘겨진 예레미야는 완전히 무력했다. 그는 그가 하는 말로든 그가 당하는 고통으로든 적들을 감동시키지 못했다. 특별히 불길한 것은 그 고통 안에 그 어떤 선하거나 희망적인 결과도 없다는 점이었다. 이것은 고대의 작가들이 거의 하지 않는 일이다. 왜냐하면 고대인들은 대개 마지막이 이르기 전에 조화가 회복되는 것이 필요하다고 생각했기 때문이다. 예레미야의 길은 아무런 극적인 결과도 없이 불행 속으로 사라진다. 그 이야기가 예레미야와 그의 인내를 기리기 위한 것이라고 추정하는 것은 완전히 잘못이다. 예레미야가 겪은 일들을 묘사했던 이는 고통 자체나 그 고통이 진행된 방식이 어떤 긍정적인 가치를 갖고 있다고 여기지 않았다(영웅적 가치는 말할 것도 없다). 그는 예언자의 머리 위에서 그 어떤 후광後光도 발견하지 못한다. 오히려 예레미야는 때로 고대의 독자들조차 당혹스러워할 만한 모습으로 등장한다(렘 38:14-27).[11]

이스라엘의 설화적 서술의 모든 다른 예들의 경우에서처럼, 예레미야의 고통에 관한 이야기의 실제적이고 신학적인 토대는 매우 하찮다. 그 이야기를 쓴 이는 벌어진 일들의 필연성에 주목하지 않는다. 다른 한편, 그는 약간의 실마리들을 제공한다. 신학의 문제와 관련해 이토록

---

[11] 이와 완전히 반대되는 개념의 예로 순교자들이 영웅이 되는 방식을 참고하라. 마카베오하 7장 참고.

과묵한 작품에서는 그 작품의 결론에서 특별한 해석학적 의미를 찾아야 한다는 것이 일반적인 예상이다. 그리고 그것은 최근의 문학 연구에서 적절하게 강조되고 있다. 여기에서의 결론은 그런 해석학적 의미와 관련해 특별한 무언가를 갖고 있다. 왜냐하면 여기에서 바룩은 자기가 했던 불평과 관련해 예레미야가 자기에게 말해 주었던 신탁에 대해 이야기하기 때문이다.

> 3네가 일찍이 말하기를 화로다 여호와께서 나의 고통에 슬픔을 더하셨으니 나는 나의 탄식으로 피곤하여 평안을 찾지 못하도다 4너는 그에게 이르라 여호와께서 이와 같이 말씀하시기를 보라 나는 내가 세운 것을 헐기도 하며 내가 심은 것을 뽑기도 하나니 온 땅에 그리하겠거늘 5네가 너를 위하여 큰일을 찾느냐 그것을 찾지 말라 보라 내가 모든 육체에 재난을 내리리라 그러나 네가 가는 모든 곳에서는 내가 너에게 네 생명을 노략물 주듯 하리라 여호와의 말씀이니라 (렘 45:3-5)

여기에서 우리는 다시 한 번 세계사의 재구성 및 그것이 초래하는 파멸이라는 개념과 마주하게 된다. 여호와의 말씀에 슬픈 빛깔의 배경음이 따른다. 그분의 말씀은 그분이 자신의 손으로 세우신 것을 허무는 작업에 대한 고통의 감정을 드러낸다. 하나님께서 자신이 역사 속에서 이루신 일을 스스로 허물어야 하실 때, 인간은 자신을 위해 그 어떤 선한 것도 찾을 수 없다. 그러니 그 예언자와 그의 주변에 있던 이들이 아주 특별한 방식으로 이런 파멸 속으로 휩쓸려 들어가는 것은 놀랄 일이 아니다. 그러므로 바룩이 예레미야의 고난의 길을 이처럼 의식적으로 상세히 추적하는 까닭은 그 예언자가 그 안으로 휩쓸려 들어간 재앙들이 결코 우연히 찾아온 것이 아니었기 때문이다. 그것들은 하나님의 파괴를 초래했다. 그리고 여기에서 한 인간이 아주 독특한 방식으로 하나님의 고통에 참여했던 것이다.[12]

구원에 관한 예언

항복하라는 권유

방금 언급한 신탁은 "내가 너에게 네 생명을 노략물 주듯 하리라"는 수수께끼 같은 말로 끝났다. 이것은 그가 심판 이후의 파괴를 이기고 살아남으리라는 것이다. 이 말은 자연스럽게 우리를 예레미야의 "구원에 관한 예언"의 특별한 측면에 대해 질문하도록 이끈다. 물론 이런 종류의 예언은 그의 활동 초기에는 찾아보기 어렵다. 왜냐하면 (우리가 이미 보았듯이) 그 무렵에 그는 이스라엘이 여전히 어느 쪽으로든 — 하나님을 위해서든 혹은 하나님과 맞서서든 — 결단할 수 있다고 보았기 때문이다. 그러나 이 마지막 시기, 즉 시드기야의 통치기에 이르러서는 사정이 완전히 달라졌다. 바벨론 사람들은 이미 유다에 대한 공격을 감행한 바 있었다. 젊은 왕 여호야긴은 598년에 그의 관료들 및 상류층

---

12 비록 예레미야 45장의 부가물이 바룩이 추구했던 특별한 목적 때문이 아닐지라도 — 실제로 그것은 우연한 부가물로 간주될 수 있는데, 그것은 그것이 기록하는 사건이 바로 앞 장에 기록된 사건보다 20여 년 정도 앞서기 때문이다 — 그것은 바룩의 이야기를 위해 여전히 아주 중요하다. 왜냐하면 그것은 하나님의 역사 파괴 안에서 그의 위치를 분명하게 규정해 주기 때문이다. 그는 그것의 바깥에 서 있을 수 없다.

사람들과 함께 국외로 유배되었다. 지금은 과거에는 그 문제에 대해 생각해 본 적이 없는 이들조차 여호와께서 다음에 어떤 행동을 하실지에 관해 묻고 있었다.

우리는 이미 예레미야가 바벨론 사람들이 완전한 승리를 거두리라고 예견했음을 살펴본 바 있다. 그러나 그의 이런 입장은 고립된 것이었다. 그것은 압도적 다수인 주전파主戰派와, 그리고 더 심각하게는 종교적 흥분을 고조시키고 여호와께서 자기 백성과 그의 약탈된 성전의 명예를 회복하시기 위해 신속하게 개입하시리라고 예언했던 예언자 집단과 대립되는 주장이었다. 예레미야와 그의 동료 예언자들 사이의 이런 충돌은 아마도 그의 생애에서 가장 힘든 싸움이었을 것이다(렘 23:9ff., 28). 때로 예레미야는 그렇게 해서 발생한 문제들에 완전히 압도당한 듯 보인다. 우리는 그가 거짓 예언자들을 식별하기 위한 실제적 기준을 신중하게 찾고 있음을 볼 수 있다. 어느 경우에 그는 그들의 메시지의 내용을 예언적 전승과 비교한다. 그리고 다른 경우에는 그들이 계시를 받은 방식에 대해 의심의 눈초리를 보내는데, 왜냐하면 그들은 여호와의 말씀이 아니라 자기기만에 빠질 위험이 있는 꿈에 호소했기 때문이다. 더 나아가 그는 그들의 공격적인 행위가 그들이 참된 예언자가 아님을 보여 준다고 여겼다. 예레미야가 원칙적으로 그 질문 곧 누가 거짓 예언자이고 누가 참 예언자인가 하는 질문에 답하기 위한 기준을 제시하지 못했다는 것은 그 문제가 갖고 있는 어려움을 보여 준다. 왜냐하면 형식이나 내용의 측면에서 그런 기준 같은 것은 있을 수 없었기 때문이다. 여호와는 "가까운 데에 있는" 하나님이 아니라 "먼 데에 있는" 하나님이시므로(렘 23:23), 그것을 통해 계시가 주어지는 표준적인 방법 같은 것은 있을 수 없었다.

다른 한편, 어느 예언자가 어떤 문제로 인해 이토록 고통을 당하는 것을 지켜보는 것은 놀라운 일이다. 하나냐와의 그 유명한 만남에서 예레미야의 주장은 암중모색이나 다름없었다(렘 28:5-9). 이때 예레미야에게서는 고전기의 예언이 사물을 바라보는 방식의 특징을 이루는 빛나는 확실성과 직접성이 제대로 드러나지 않았다. 두 세기 전에 이믈라의 아들 미가야는 서로 갈등했던 예언자들의 문제와 관련해 완전히 다른 답을 내놓은 적이 있었다. 미가야는 자신의 적대자들을 다루기 위한 기준을 구하지 않았다. 그는 모든 문제가 초월적인 영역에, 즉 여호와께서 주재하시는 회의에 달려 있음을 보았는데, 그가 보기에 그분은 아합을 꼬드기기 위해 거짓 예언자들에게 영감을 불어넣으시는 분이셨다(왕상 22:21ff.). 그런 관점을 갖고 있던 그는 자기의 적대자들의 선의 bona fides와 자기들이 위임을 받았다는 그들의 주관적 확신을 예레미야보다는 훨씬 더 차분하게 수용할 수 있었다.[13]

---

[13] 신명기 역시, 비록 아주 성공적이지는 않으나, 거짓 예언자들을 식별하는 객관적인 기준을 세우려 한다(신 18:21f.). 각각 여호와의 이름을 빌어 말하는 예언자와 예언자 사이의 대립(참고. 렘 27:4; 28:2)은 군주제 말기에 와서 특별히 혼란스러운 것이 되었다. 우리가 관련된 본문들을 통해 알 수 있는 한, 참된 예언자들은 그들의 동료들이 행하는 구원의 선포를 특별히 의심스러워했다(왕상 22:11ff.; 미 3:5ff.; 렘 6:14; 14:13; 23:9ff.; 28:5-9; 겔 13:16). 어쩌면 거짓 예언자들과 그들이 했던 구원의 선포가 국가의 제의적 관심사와 일치했을 가능성이 있다. 사실 그들이 예견했던 것은 이사야의 믿음과 일치하지 않았는가? 거짓은 그들의 직책을 통해서도, 그들이 했던 말을 통해서도, 또는 그런 말을 했던 이들의 오류 가능성을 통해서도 발견될 수 없었다. 그것은 오직 그 시대를 향한 여호와의 의도와 관련해 참된 통찰을 갖고 있었던, 그리고 그런 통찰에 기초해 다른 이들이 계시를 받았다는 주장을 부정해야 했던 사람에 의해서만 발견될 수 있었다.

미래와 희망

독립국 유다의 마지막 십 년은 예레미야의 예언 활동의 절정기였는데, 이때 그는 재앙에 관한 메시지를 선포함으로써 자신의 지위를 매우 어렵게 만들었다. 그러나 그보다 더 큰 어려움을 초래했던 것은 아마도 그의 구원에 관한 메시지였을 것이다. 왜냐하면 그것은 그의 동료 예언자들의 그것과 완전히 달랐기 때문이다. 그가 598년에 바벨론으로 잡혀간 이들에게 보낸 편지는 조용한 확신 속에서 쓴 것이었다. 그 편지는 그들의 불신앙적인 "낙심"과 그에 못지않게 불신앙적인 "열광적 소망"에 초점을 맞췄고, 아주 분명하게 그 둘 사이에 존재하는 긴장을 드러냈다.

> ⁵너희는 집을 짓고 거기에 살며 텃밭을 만들고 그 열매를 먹으라 ⁶아내를 맞이하여 자녀를 낳으며 너희 아들이 아내를 맞이하며 너희 딸이 남편을 맞아 그들로 자녀를 낳게 하여 너희가 거기에서 번성하고 줄어들지 아니하게 하라 ⁷너희는 내가 사로잡혀 가게 한 그 성읍의 평안을 구하고 그를 위하여 여호와께 기도하라 이는 그 성읍이 평안함으로 너희도 평안할 것임이라 (렘 29:5-7)

여기에는 차분하게 생각하라는 외로운 권면과 종교에 의해 고양된 열정적인 헛된 소망에 대한 공격이 들어 있다. 추방된 자들은 분명히 그 상황의 참된 엄중함을 제대로 이해하지 못하고 있었다. 따라서 예레미야는 그들에게 그들이 마땅히 해야 할 일을 하면서 그곳에 정착할 준비를 하라고 권했다. 물론 이것은 포로로 잡혀간 자들이 바벨론에 대해 취하는 태도에 변화가 있어야 한다는 것을 의미했다. 바벨론은 이제 더 이상 적이 아니다. 바벨론은 하나님의 백성을 품고 있으며, 따라서 그 나라를 위해 기도하는 것은 적절한 일이다. 상황이 바뀌었다. 이제 바벨론을 위한 기도는 곧 하나님의 백성을 위한 기도다. 그가 보기에 하나님의 백성에게는 여전히 미래가 있다.

> 여호와의 말씀이니라 너희를 향한 나의 생각을 내가 아나니 평안
> 이요 재앙이 아니니라 너희에게 미래와 희망을 주는 것이니라
> (렘 29:11)

이 구절에서 이스라엘의 구원을 위한 여호와의 뜻과 관련된 예레미야의 모든 메시지는 "미래와 희망"이라는 두 단어에 들어 있다(열방으로부터의 귀환에 관해 말하는 14b절은 아마도 삽입구일 것이기 때문이다). 예레미야는 밭을 사라는 명령을 받았을 때 그 나라의 미래에 관해 보다 명확한 입장을 취했다. 그는 그의 가정사의 맥락에서 여호와로부터 말씀을 받았다. 그리고 그는 포위군들이 이미 예루살렘에 맞서 토성을 쌓고 그로 인해 그 도성 안에 기근이 창궐하던 때에 땅을 매입한 후 절차에 맞춰 보증서를 작성하고 그것을 안전하게 보관했다. 이것은 "사람이 이 땅에서 집과 밭과 포도원을 다시 사게 되리라"(렘 32:15)는 상징이었다. 예레미야가 이렇게 흘끗 미래를 내다보았을 때, 그는 598년에 추방된 자들과 여전히 예루살렘에 남아 있는 자들 모두를 염두에 두었다. 그러나 무화과 두 광주리에 관한 환상에서는 추방당한 자들이 지금도 여전히 유다 땅에 남아 있는 자들보다 훨씬 더 높은

자리를 차지한다. 약속은 오직 그들에게만 해당된다.

> 5이스라엘의 하나님 여호와께서 이와 같이 말씀하시니라 내가 이곳에서 옮겨 갈대아인의 땅에 이르게 한 유다 포로를 이 좋은 무화과 같이 잘 돌볼 것이라 6내가 그들을 돌아보아 좋게 하여 다시 이 땅으로 인도하여 세우고 헐지 아니하며 심고 뽑지 아니하겠고 7내가 여호와인 줄 아는 마음을 그들에게 주어서 그들이 전심으로 내게 돌아오게 하리니 그들은 내 백성이 되겠고 나는 그들의 하나님이 되리라 (렘 24:5-7)

바로 이것이 여호와께서 자기 백성을 위해 계획하셨던 종말론적 구원이었다. 721년(북 왕국 이스라엘이 멸망한 해-역주)에 추방된 자들과 587년(남 왕국 유다가 멸망한 해-역주)에 추방된 자들 모두가 고향으로 돌아오게 될 것이다. 예루살렘은 재건될 것이고(렘 33:4ff.), 사람들은 다시 밭과 포도원을 살 것이고, 특별히 강직한 서원을 하고 낯선 방식으로 여호와를 섬기는 레갑 지파에 속한 이들이 나올 것이다(렘 35:18f. 참고. 렘35:1-17). 미래에 대한 이런 묘사는 실망스러우리만큼 침울하다. 예레미야는 하나님의 선택된 백성이 거주하게 될 땅의 자연계에서 일어날 그 어떤 변화에 대해서도 언급하지 않는다. 그는 낙원 같은 비옥함에 대해서도 언급하지 않는다. 그가 말하는 것은 오직 그 황폐해진 땅의 상황이 다시 정상화될 것이고 삶이 계속되리라는 것뿐이다. 예루살렘을 향한 순례가 다시 계획될 것이고(렘 31:6), 다시 한 번 웃고 떠드는 소리가 들려올 것이다(30:18f.; 33:10f.). 예레미야는 여호와께서 "유다 포로를 이 좋은 무화과 같이 잘 돌볼 것이라"(24:5)고 말씀하셨다고 전한다. 분명히 이것은 이스라엘이 여호와 앞에서 얻게 될 새로운 삶의 모습에 대한 결론이다.

이런 말을 읽는 이들은 예레미야가 말하는 구원의 시기가 본질적으로 과거의 상황이 회복되는 시기라고 느낄지도 모른다. 그러나 사실은 정반대다. 예레미야에게 옛 삶과 새로운 삶 사이의 간격은 그의 선배 예언자들 중 그 어떤 이의 경우보다도 훨씬 더 크다. 왜냐하면 구원에 관한 예레미야의 예언들을 설명할 때 우리는 여호와께서 그의 백성에게 하나님을 아는 마음을 주시리라는 그의 진술을 고려해야 하기 때문이다(렘 24:7). 만약 이 진술을 무시한다면, 우리는 예레미야가 상정했던 구원의 특징들을 결코 이해하지 못할 것이다. 왜냐하면 이 진술은 새 언약에 관한 그의 예언을 한 문장으로 압축하고 있기 때문이다.

마음에 새겨진 새 언약

예레미야는 과거의 북 왕국의 추방자들을 향한 새 언약에 관해 말한다(렘 30:1-3). 그러나 그가 염두에 두었던 구속 사건은 분명히 이스라엘 전체와, 특히 721년과 598년에 추방된 자들과 상관이 있었다.[14] 여호와께서 이스라엘과 맺으실 새 언약에 관한 예언에는 중요할 뿐 아니라 그 이전의 모든 예언을 뛰어넘는 무언가가 들어 있다. 그것은 여호와께서 자신이 이스라엘과 맺으신 언약을 다시 기억하실 날이 오리라는

---

14 "에브라임을 위한 위로의 문서"(렘 30f.)의 작성 시기는 논쟁거리가 되고 있다. 렘 31:31ff.가 렘 24:7과 32:37ff. 모두와 아주 흡사하다는 사실은 이 예언이 예언자의 후기 활동기에 속해 있을 가능성을 제기한다.

여호와 자신의 말씀과는 아주 다른 그 무엇이다. 아니다, 옛 언약은 깨졌다. 그리고 예레미야가 보기에 이제 이스라엘은 언약이 없는 백성이었다. 가장 중요한 것은 예레미야서에는 신명기의 경우처럼 이스라엘을 옛 언약에 기초해 다시 세우려는 그 어떤 시도도 없다는 것이다. 새 언약은 전적으로 새로운 것이고, 그것은 한 가지 핵심적 측면에서 옛 언약을 넘어선다. 그러나 오늘 우리에게 그 두 언약 사이의 큰 차이는 즉각 분명하게 드러나지 않는다. 따라서 우리는 그동안 여러 가지 방식으로 해석되어 왔던 예레미야 31:31 이하의 구절에 특별한 주의를 기울이고 그것을 몇 가지 일반적인 그릇된 해석들로부터 보호해야 한다.

시내산 언약의 내용은 토라의 계시 곧 여호와의 이스라엘 선택과 자기 백성 삼음 그리고 율법을 통해 드러난 그분의 뜻에 관한 계시였다. 또한 이 토라는 여호와께서 "그 날"에 이스라엘과 맺으실 새 언약의 중심을 차지할 것이다. 그러므로 새 언약은 여호와의 자기 계시의 내용이라는 측면에서는 아무런 변화도 가져오지 않는다. 예레미야는 시내산에서 주어진 계시가 전체적으로든 부분적으로든 무효화될 것이라고 말하지 않으며(여호와께서 주신 계시가 무효화되거나 취소되는 것이 어떻게 가능하겠는가!), 또한 어떤 의미로든 새 언약 안에서 그것의 내용이 변화되거나 확대되리라고 주장하지도 않는다. 옛 언약에 이어서 새 언약이 체결되어야 하는 이유는, 옛 언약을 통해 계시된 규정들이 부적절한 것으로 입증되어서가 아니라, 그 언약이 이스라엘이 그것에 복종하기를 거부함으로써 깨졌기 때문이다.

그리고 바로 여기에서 새로운 요소가 필요해진다. 하나님의 뜻이 인간에게 전달되는 방식에 변화가 있어야 한다. 시내산에서 여호와는 산꼭대기에서 말씀하셨다. 그리고 엘로힘 문서(E)는 이스라엘 백성이 그 말씀을 견딜 수 없었고 그로 인해 모세에게 자기들을 대신해 하나님의 뜻에 대한 계시를 받아올 것을 요청했다고 기록한다(출 20:18ff.). 우리가 예레미야서를 제대로 이해하고 있다면, 거기에서 주장되는 새로운 요소는 새 언약에서는 하나님의 말씀하심과 인간의 들음이라는 전 과정이 제거되리라는 것이다. 귀를 통해 하나님의 뜻에 관해 듣는 과정은 그분에 대한 이스라엘의 순종을 이끌어내지 못했다. 그러므로 이제 여호와께서는 말하기와 듣기의 과정을 생략하고 자신의 뜻을 이스라엘의 마음에 새겨 넣으려 하신다. 이제 우리는 외적 순종과 마음의 순종 같은 구분을 완전히 무시해야 한다. 왜냐하면 그런 구분은 예레미야가 염두에 두고 있는 (옛 언약과 새 언약 사이의 - 역주) 대조에 미치지 못하기 때문이다.

우리가 이미 보았듯이, 신명기의 모든 구절들 역시 마음과 양심으로부터 솟아나오는 순종을 강조한다. 그러나 예레미야는 바로 이 점에서 신명기를 훨씬 넘어선다. 왜냐하면 새 언약에서는 그때까지 알려진 바 인간의 순종이라는 의심스러운 요소가 완전히 제거되기 때문이다. 만약 하나님의 뜻이 사람들 밖으로부터 와서 그들과 맞서 심판하기를 그친다면, 그리고 만약 하나님께서 그분의 뜻을 직접 사람들의 마음에 새겨 넣으신다면, 그때는 (적절하게 말한다면) 순종이라는 표현이 완전히 사라질 것이다. 왜냐하면 순종의 문제는 오직 인간의 뜻이 외부의 낯선 뜻과 대치될 때만 발생하기 때문이다. 그러나 이제 더 이상 그런 대립 가능성이 존재하지 않게 된다. 왜냐하면 사람들이 그들의 마음에 하나님의 뜻을 품을 것이고 오직 그 뜻만을 이루려 할 것이기 때문이다. 여기에서 드러나는 것은 새로운 인간, 즉 그의 본성이 기적적으로 변화되었기에 완전하게 순종할 수 있는 인간의 모습이다. 예레미야가 이스라엘 역사의 비교적 늦은 시기에 글을 쓰면서 여호와의 구원 사역과 관련된 인간적 측면을 이토록 강조하는 것은 아주 중요하다.

> 31보라 날이 이르리니 내가 이스라엘 집과 유다 집에 새 언약을 맺으리라 32이 언약은 내가 그들의 조상들의 손을 잡고 애굽 땅에서 인도하여 내던 날에 맺은 것과 같지 아니할 것은 내가 그들의 남편이 되었어도 그들이 내 언약을 깨뜨렸음이라 여호와의 말씀이니라 33그러나 그 날 후에 내가 이스라엘 집과 맺을 언약은 이러하니 곧 내가 나의 법을 그들의 속에 두며 그들의 마음에 기록하여 나는 그들의 하나님이 되고 그들은 내 백성이 될 것이라 여호와의 말씀이니라 34그들이 다시는 각기 이웃과 형제를 가리켜 이르기를 너는 여호와를 알라 하지 아니하리니 이는 작은 자로부터 큰 자까지 다 나를 알기 때문이라 내가 그들의 악행을 사하고 다시는 그 죄를 기억하지 아니하리라 (렘 31:31-34)
> 37보라 내가 노여움과 분함과 큰 분노로 그들을 쫓아 보내었던 모든 지방에서 그들을 모아들여 이 곳으로 돌아오게 하여 안전히 살게 할 것이라 38그들은 내 백성이 되겠고 나는 그들의 하나님이 될 것이며 39내가 그들에게 한 마음과 한 길을 주어 자기들과 자기 후손의 복을 위하여 항상 나를 경외하게 하고 40내가 그들에게 복을 주기 위하여 그들을 떠나지 아니하리라 하는 영원한

언약을 그들에게 세우고 나를 경외함을 그들의 마음에 두어 나를
떠나지 않게 하고 ⁴¹내가 기쁨으로 그들에게 복을 주되 분명히
나의 마음과 정성을 다하여 그들을 이 땅에 심으리라 (렘 32:37-41)

▌이 두 구절은 거의 한 본문에 대한 두 개의 탈굼Targums(히브리 성서에 대한 아람어 역으로 비교적 자유로운 번역 형태를 갖고 있다-역주)처럼 읽힌다. 하여튼 이 둘은 내용에 있어 거의 유사하므로 우리는 예레미야 31:31 이하에 대한 설명을 좀더 확대할 기회를 얻기 위해 그 둘을 비교해 볼 필요가 있다. 그 두 본문 모두 동일한 사건을 염두에 두고 있으나, 그 사건을 묘사하는 방식에서 상당한 차이를 보인다. 우리는 그 두 본문 사이의 문학적 관계에 관해서는 할 말이 많지 않다. 다만 우리는 예레미야 32:37 이하가 31:31 이하의 복사본이나 쌍둥이가 아니라는 것은 확신할 수 있다. 두 번째 구절의 어법은 아주 특별하다. 그리고 그 특징은 그 주장의 중심부에서 나타난다. 만약 우리가 32:37 이하가 예레미야 이후에 작성된 것으로 여긴다면, 그 때 우리는 그것을 31:31 이하에 대한 해석적 부연 설명 같은 것으로 볼 수 있을 것이다. 그러나 그 둘의 의존 관계는 이런 설명을 위해 충분할 만큼 가깝지 않다. 더 나아가, 예레미야 31:31 이하는 예레미야가 그것을 처음으로 말했을 당시의 신탁의 양식을 갖고 있지도 않다. 왜냐하면 그는 다른 예언자들과 마찬가지로 대개 그의 신탁을 운문 형태로 제시했는데, 31:31 이하는 (비록 한두 군데에서 여전히 원래의 운문의 모습이 감지되기는 하나) 산문으로 되어 있기 때문이다. 그러므로 이에 대한 최선의 설명은, 예레미야가 두 번의 다른 경우에 서로 다른 방식으로 새 언약에 관해 말했는데, 그 두 번의 말이 각각 개작되어 현재 우리가 갖고 있는 구절들의 형태로 고정되었다는 것이다.

인간의 마음속에 자신의 뜻을 새겨 넣으시겠다는 하나님의 약속은 예레미야 32:37 이하에서 아주 약간만 변경될 뿐이다. 그분은 인간의 마음에 자신에 대한 "경외"를 새겨 넣으실 것이다. 여기에서 우리는 구약성서에서 하나님에 대한 경외가 하나님의 뜻에 대한 순종과 동의어라는 사실을 떠올릴 필요가 있다. 이처럼 창조적으로 인간의 마음에 하나님의 뜻을 접목시킨 결과, 모든 신학적 교육이 불필요해졌고 더 이상 훈계가 필요하지 않게 되었다. 이것은 여호와에 대한 두려움을 갖고 있는 이들이 "한 마음과 한 길"을 갖게 되리라고 말하는 예레미야 32:39의 진술과 일치한다. 하나님의 뜻은 하나다. 그리고 각 사람은 자기 마음 안에 새겨진 그 뜻을 알게 될 것이다. 같은 방식으로 예레미야 24:7에는 이스라엘의 북쪽 지파 사람들이 귀환할 때 여호와께서 그들에게 자기를 아는 마음을 주시리라는 예언이 나타난다. 바로 이것이 예레미야가 말하는 미래에 하나님의 영이 부어지는 방식이다. 그가 생각하는 것은 하나님의 뜻에 대한 영적 지식과 준수 외에 다름 아니다. 나중에 에스겔은 같은 의미로 그때까지 돌처럼 굳었던 마음에 하나님의 영이 심겨지는 것에 관해 말할 것이다. 예레미야가 실제로는 "영"이라는 단어를 사용하지 않는다는 사실은 우리가 그가 이런 변화가 발생하는 방식을 묘사할 때 사용하는 아주 견고한 용어들을 떠올린다면 별 의미가 없다(에스겔서에는 "언약"이라는 단어가 나타나지 않는다). 이 두 번째 구절에는 첫 번째 구절에 나오는 죄의 용서에 상응하는 것이 들어 있지 않다.

예레미야가 새 언약에 관해 말하면서 흘끗 그 끝을 보았던 길은 아주 먼 길이었다. 예언적 언어로 말하자면, 그것은 이스라엘이 하나님께 온전히 그리고 최종적으로 돌아오는 것이라고 불릴 수도 있을 것이다. 만약 예언자들이 갱생을 외치는 설교자들이었다면, 우리는 회심에 대한 그들의 진술이 권고의 양식으로 나타날 것을 기대해야 할 것이다. 그러나 그렇지 않다. 오히려 그런 진술은 심판에 대한 선포 안에서 발견된다. 예언자들이 그 주제에 관해 말해야 했던 내용은 당대의 이스라엘이 여호와께 돌아오지 않고 있다는 것이었다.15 그리고 그들이 이 "돌아옴"이라는 말로 의미했던 것은 오늘 우리가 생각하는 것과 같은 개인적이고 영적인 회심이라기보다는 그 나라 전체가 여호와와의 원래의 평온한 관계를 회복하는 것이었다. 그리고 예레미야는 이스라엘이 돌아오기를 거부했다며 불만을 터뜨린다(렘 8:5). 아니, 가끔 그는 여호와께 돌아가는 것은 율법에 위배되므로 사실상 허락될 수 없는 일이라고 말하기까지 한다(3:1). 그럼에도 바로 이 예언자와 그의 권면의 말에서 "돌아오라"는 요구가 갑자기 광범한 토대를 얻는다.16 이사야(사 7:3)와 호세아(호 3:5; 14:2ff)의 경우, 이스라엘의 돌아옴은 약속의 주제였다. 그리고 바로 그런 이유에서 호세아는 이스라엘에게 돌아오라고 권하고 하나님의 제안에 응하라고 요구할 수 있었다(호 14:1-2). 그러므로 여기에서 다시 예레미야가 호세아의 제자였음이 드러난다. 그 요구는 예레미야에게서 더 커진다. 그러나, 그가 아는 한, 그런 돌아옴은 이스라엘에 대한 여호와의 역사였다(렘 24:7). 그리고 바로 이 점에서 그는 호세아를 넘어선다. 그러나 이사야와 호세아 그리고 예레미야 사이에는 그들의 기본적인 신학과 관련해 본질적인

---

15 암 4:6, 8, 9, 10, 11; 사 9:12; 30:15.
16 렘 3:12, 14, 22; 18:11; 35:15.

차이가 존재하지 않는다. 왜냐하면 그들 모두에게서 돌아옴에 관한 말들은 구원에 관한 선포 속에서 발견되기 때문이다.

구속사의 인간적 측면

그러나 예레미야는 그가 하나님의 구속사의 인간적 측면을 보다 크게 강조한다는 점에서 그의 선배 예언자들과 다르다. 또한 예레미야는 그의 선포를 통해 우리로 하여금 인간의 성향이 바뀔 수 있는지 혹은 없는지에 관해 계속해서 숙고하도록 만든다. 하나님은 그를 사람들의 길을 살피는 자로 임명하셨다(렘 6:27). 그리고 그는 인간의 마음이 "거짓되고 심히 부패한 것"을 알게 되었다(17:9). 그는 인간의 본성에 관해 숙고한 후 그 안에 있는 요소들에 대해 심원한 이해를 얻게 되었다. 그의 생각은 계속해서 인간이 거기에 묶여서 하나님께 반대하는 일에 포로가 되었던 무서운 사슬 주변을 맴돌았다. 자기의 길을 결정하는 것은 인간의 능력에 속한 일이 아니었다. 인간에게는 자신의 발걸음을 이끄는 것이 허락되지 않았다(10:23). 자신을 하나님 보시기에 깨끗한 자로 만들고자 하는 인간의 모든 시도는 성공하지 못할 것이다. 인간은 여전히 자신의 죄악으로 얼룩진 채 남아 있을 것이다(2:22).

> 구스인이 그의 피부를, 표범이 그의 반점을 변하게 할 수 있느냐
> 할 수 있을진대 악에 익숙한 너희도 선을 행할 수 있으리라
> (렘 13:23)

우리는, 이스라엘이 그 자신의 노력만으로 하나님과의 관계를 재정

립할 가능성에 대한 이처럼 부정적인 판단에 비추어서만, 예레미야가 "새 언약"에 관해 말하는 내용뿐 아니라 "돌아오라"는 그의 애타는 탄원을 이해할 수 있다. 예레미야는 인간의 실제 상황에 대한 점증하는 통찰을 얻었다. 그리고 바로 그 이유 때문에 그는 아무 생각 없이 사람들에게 그들이 필연적으로 다시 슬픔에 빠질 수밖에 없는 길을 따르라고 요구할 수가 없었다. "돌아오라"는 그의 호소는 인간을 구원하고자 하시는 하나님의 결단을 바탕으로 제기된다. 그 호소는 이스라엘 백성에게 하나님께서 그들을 위해 하시겠노라고 약속하셨던 것을 받아들이라고 촉구한다.

어느 예언자의 메시지를 그의 심리 상태에 비추어 해석하는 것은 여러 가지 문제를 야기할 수 있다. 그럼에도 우리는 예레미야가 계속해서 인간의 문제에 대해 숙고했다고 주장할 수 있다. 다시 말해, 예레미야는 하나님이 인간을 자신과의 새로운 교제 안으로 받아들이려 하실 경우 인간인 우리 안에서 어떤 일이 일어나야 하는지에 관해 숙고했다. 만약 하나님이 다시 인간에게 은혜를 베푸신다면, "어떻게 해야" 인간이 그분과 맞서려는 자신의 마음 때문에 다시 슬픔에 빠지는 일 없이 그분 앞에 설 수 있을까? 예레미야가 이 질문과 관련해 받은 대답은 하나님이 직접 인간의 마음을 바꾸심으로써 완전한 순종을 가져오시리라는 것이었다. 예레미야 이전에 하나님의 구속 사건의 인간적 측면을 위한 기초를 제공하기 위해 이토록 많은 수고를 했던 예언자는 아무도 없었다. 그럼에도 예레미야가 이 특별한 신학적 문제와 씨름했던 유일한 인물은 아니다. 따라서 나중에 우리는 새 언약에 관한 그의 예언을 고립된 것이 아니라 보다 넓은 정황에 속한 것으로서 살피게 될 것이다.[17]

옛 전승에 대한 의존과 그것의 변형

우리가 예레미야의 예언이 전승에 뿌리를 두고 있음을 발견한 이상, 상황은 분명해진다. 예레미야는 출애굽-시내산 전승 위에서 행동했던 것이다. 그리고 이것은 그의 선포에 아주 넓은 토대를 제공해 주었다. 그는 과거를 회고하는 경우(렘 2)와 미래를 전망하는 경우(31:31ff.) 모두에서 자신이 그 전승에 의존하고 있음을 밝힌다. 하지만 그와 동시에 그는 자신이 또한 다윗과 결부된 메시아 전승을 취하고 있음을 분명하게 드러낸다. 그 나라의 쓸모없는 목자들에 대한 책망의 말에 이어서 다음과 같은 예언이 나오는데, 이 두 문학 양식들 사이의 연관성은 분명하지 않다.

> 5여호와의 말씀이니라 보라 때가 이르리니 내가 다윗에게 한 의로운 가지를 일으킬 것이라 그가 왕이 되어 지혜롭게 다스리며 세상에서 정의와 공의를 행할 것이며 6그의 날에 유다는 구원을 받겠고 이스라엘은 평안히 살 것이며 그의 이름은 여호와 우리의

---

17 하나님 앞에서 의롭다 하심을 얻은 종말론적 인간이라고 불릴 수 있는 것에 대한 이 특별한 예언적 관심은 하나님께서 오만한 자들을 제거하시리라는 내용을 담고 있는 습 3:11-13에 실려 있는 예언의 배후에도 놓여 있다. "그 날에 네가 내게 범죄한 모든 행위로 말미암아 수치를 당하지 아니할 것은 그 때에 내가 네 가운데서 교만하여 자랑하는 자들을 제거하여 네가 나의 성산에서 다시는 교만하지 않게 할 것임이라 내가 곤고하고 가난한 백성을 네 가운데에 남겨 두리니 그들이 여호와의 이름을 의탁하여 보호를 받을지라 이스라엘의 남은 자는 악을 행하지 아니하며 거짓을 말하지 아니하며 입에 거짓된 혀가 없으며 먹고 누울지라도 그들을 두렵게 할 자가 없으리라."

공의라 일컬음을 받으리라(렘 23:5-6)

이 신탁은 오랫동안 관례적으로 군주에게 적용되었던 용어를 사용하고 있으나 그것이 곧 이 신탁이 예레미야 자신에게서 오지 않았음을 암시하는 것은 아니다. 왕을 목자라고 부르는 것, 그의 왕좌의 이름에 따르는 특별한 의미, 그리고 그가 공의와 지혜로 통치하리라는 것 등은 모두 전형적인 궁중 언어에 속한다. 그러나 우리는 이 예언이 일종의 무채색, 즉 거의 모든 다른 곳에서 그의 어법의 특징을 이루는 개인적 감정의 결여를 드러낸다는 느낌에 기초해 이것이 예레미야의 예언이 아니라고 여겨서는 안 된다. 그가 옛 전승에 자신의 개성을 가미해 그것을 새로운 것으로 만드는 일은 경우에 따라 다양한 모습으로 나타난다. 또 그가 옛 전승에 늘 동일하게 변화를 가해야 할 필요가 있었던 것도 아니다. 그가 옛 전승을 자신이 받은 형태 그대로 보존하는 것으로 충분했던 경우들도 있었다. 물론 그가 예레미야 23:5 이하에서는 다윗 계열의 기름 부음 받은 자에 관해 말하고, 30:9에서는 다윗 자신의 귀환에 대해 말하는 것은 주목할 만하다. 그러나 패망한 북왕국과 관련된 예언들(렘 30-31)에는 기름 부음 받은 자의 도래라는 주제에 관한 신탁이 하나 실려 있는데, 거기에서 우리는 예레미야가 말해야 했던 특별한 무언가와 만나게 된다.

> 그 영도자는 그들 중에서 나올 것이요 그 통치자도 그들 중에서
> 나오리라 내가 그를 가까이 오게 하리니 그가 내게 가까이 오리라
> 참으로 담대한 마음으로 내게 가까이 올 자가 누구냐 여호와의

말씀이니라 (렘 30:21)

여기에서는 기름 부음 받은 자의 여러 가지 권능과 역할들 중 오직 하나만 거론된다. 그러나 그것은 분명히 가장 중요한 것이고, 또한 가장 어려운 것이다. 여호와께서 그를 자신에게 "가까이 오게" 하실 것이다. 이 "가까이 오다"라는 말은 제사장들이 사용하는 전문 용어이므로, 여기에서 그것을 사용하는 것은 기름 부음 받은 자가 갖고 있는 어떤 신성한, 특히 제사장적인 역할을 지적하는 것일 수 있다. 그러나, 전통적인 메시아 개념의 토대 위에서 본다면, 여기에 나오는 표현은 왕궁에서 누리는 특권을 지적하는 것일 가능성이 훨씬 더 크다. 기름 부음 받은 자는 세상에서 여호와를 대리하는 자다. 그런 자로서 그는 그분의 보좌에 참여하며(시 110:1), 그분과 아주 친밀한 대화를 나눈다. 기름 부음 받은 자와 여호와 사이의 친밀한 관계 그리고 하나님의 세계 통치에 대한 그분의 참여를 입증하고 강조하는 것들 중에는 여호와에 대한 그의 자유로운 접근권이 포함되어 있다. 예레미야가 이 말로 의미하고자 했던 것은 기름 부음 받은 자가 여호와를 직접 상대할 수 있다는 것이다. 그는 세상의 통치자의 가장 은밀한 회의에 접근할 수 있다.[18]

그러나 이 예언의 특징은 무엇보다도 이런 접근의 독특성에 대한

---

18 이 "접근하다"라는 단어는 삼하 15:5에서 특별히 왕궁과 관련된 의미로 나타난다. 이 동사가 또한 인자가 하늘에서 열린 왕의 회의에 모습을 드러낼 때도 사용된다는 것은 중요하다(단 7:13b). 그런 측면에서, 이 예언이 왕이 아니라 통치자에 대해 말하는 것은 아주 옳다. 왜냐하면 여호와는 왕이시기 때문이다. 참고. 슥 3:7b.

반성을 통해 드러난다. 그런 접근은 오직 한 사람 곧 기름 부음 받은 자만이 할 수 있다. 그 외에는 아무도 "자신의 마음을 담보로 내주지" 못할 것이다. 이 표현은 법률의 영역에서 나오는 것이며 담보물 혹은 안전 보장을 의미한다. 그 예언을 이처럼 이상하게 중단시키는 수사적 의문문은 기름 부음 받은 자가 여호와께 이런 식으로 접근하는 것이 오직 그가 자신의 생명을 내놓는다는 조건하에서만 가능하다는 것을 암시하는 것일 수 있다. 예레미야가 특정한 위험이 숨어 있다고 여겼던 곳을 지적해 주는 말은 없다. 주석가들은 초기 여호와 신앙이 갖고 있던 믿음, 즉 하나님을 보는 자는 반드시 죽는다는 믿음에 대해 말한다.[19] 나로서는 예레미야가 메시아 예언에서조차 구속 사건의 전제 조건들에 특별한 관심을 두는 것이 아주 특별하게 보인다. 그의 견해에 따르면—그리고 여기에서 우리는 예레미야를 다시 인식하게 된다—가장 중요한 것은 그 기름 부음 받은 자가 자신의 목숨을 내걸고, 또 그렇게 함으로써 가능한 한 가장 개인적인 방식으로, 하나님께 접근하는 길을 열어놓는다는 점이다. "참으로 담대한 마음으로 내게 가까이 올 자가 누구냐?" 이것은 고대 이스라엘에서 제기되었던 가장 어려운 질문들 중 하나였다. 이런 질문이 제기되기 위해서는 하나님과 인간에 관한 어떤 지식이 필요했을까!

---

[19] 삿 6:23f.; 13:22; 사 6:5. 이 예언은 옛 언약 양식으로 22절에서 끝난다. 이것은 완전히 다른 기원을 지닌 전승층들이 이제 하나로 뒤섞이기 시작하고 있음을 보여 준다.

제16장

에스겔

　예레미야와 에스겔은 거의 동시대를 살았기 때문에 우리는 자연스럽게 그들의 선포 내용을 서로 비교하게 된다. 비록 두 사람 모두 제사장 가문 출신이지만, 그들이 기질에서뿐 아니라, 사고, 말하기, 그리고 글쓰기 방식 등에서 크게 다르다는 것은 어린아이조차 알 수 있을 정도다. 그러나 우리가 그 차이를 적시하고 예언자로서의 에스겔의 특별한 관점과 그가 전승 자료들을 예레미야와 정반대로 사용하는 방식을 규정할 수 있다면, 우리는 그것을 통해 에스겔의 메시지가 갖고 있는 난점들뿐 아니라 예레미야의 그것까지도 해결할 수 있게 될 것이다.

　에스겔의 외면적 삶에 관한 집중적인 연구는 몇몇 비평가들이 그의 활동 무대가 추방지였음을 부정했던 이유들이 타당하지 않다는 것을 분명하게 보여준다. 그의 메시지에서 추방지의 색채를 벗겨내고 그가 587년 이전에 예루살렘에서만 활동했다고 가정하는 급진적인 비평은 에스겔서 본문에 영향을 준 예언의 성격을 크게 손상시킨다. 그러므로 우리는 에스겔이 598년에 있었던 첫 번째 추방시에 바벨론에 도착했고, 그곳에서 593년에 예언자로 부르심을 받았으며, 571년경까지 계속 그곳에서 자신의 직무를 수행했다고 가정하는 데서 시작할 것이다. 그가 예루살렘에서 일어난 일들에 보였던 큰 관심은 모든 시대의 추방자들의 그것과 동일한 것이었다 – 사실 그런 일들에 대한 그의 관심이 너무나 컸기에 당시에 그는 바벨론이 아니라 고향에 남아 있던 이들과 함께 지냈던 것처럼 보일 정도다.

의심할 바 없이, 에스겔서의 신중한 배열은 아주 복잡한 편집의 결과이다. 1-24장은 예루살렘과 유다의 멸망에 관한 신탁이고, 25-32장은 외국들에 대한 신탁이고, 33-48장은 유다의 구원에 관한 신탁이다. 그러나 오늘날의 비평가들은 에스겔서에 들어 있는 순전한 예언들이 어떤 중요한 토대를 갖고 있다고 여긴다. 특히 이런 확신은 그의 작품이 지니고 있는 전기적 양식에, 그리고 여러 신탁들에 대한 신중한 연대 추산에 의존한다. 왜냐하면 이런 신탁들은 (분명한 예외가 없는 것은 아니지만) 예언자 자신에게서 나온 것이 틀림없기 때문이다.

신학자 에스겔

에스겔은 그의 모든 선배 예언자들과 마찬가지로 정치 무대에서 벌어지는 사건들을 예의 주시했다. 앗수르는 무대에서 사라졌다(겔 32:22f.). 이제 팔레스타인 지역에 영향을 주고 있는 두 제국은 바벨론과 애굽이었다. 바벨론의 위협 앞에서 유다는 애굽에 도움을 청했으나 크게 낭패를 당했다(17:1ff.; 30:20f.). 그 일 후에 예언자는 느부갓네살의 진군에 주목한다(21:23ff.). 그 바벨론 황제는 가장 먼저 두로를 쳤다. 그리고 에스겔은 그곳의 상황을 아주 잘 알고 있었다(겔 26-27). 그 후에 바벨론 군대는 유다와 예루살렘을 향해 진군했는데, 한 전령이 추방된 자들에게 예루살렘의 몰락에 관한 소식을 전했다(33:21). 또한 예언자는 암몬(25:2ff.)과 에돔(25:12ff.) 같은 보다 약한 이웃 나라 백성들이 유다에 대해 보였던 적대적인 태도에 관해서도 알고 있었다. 이미 말했듯이, 에스겔이 고향에서 진행되고 있는 모든 일들을 아주 상세한 부분까지 알고 있었다는 사실에는 놀랄 만한 것이 없다. 왜냐하면 그것은 사실상 모든 세대의 추방자들이 그러하기 때문이다.

에스겔은 일반적인 지식은 물론이고 문화와 관련된 문제들에 대해서도 아주 많은 것을 알고 있었다. 우리는 나중에 구속사 및 제의법과 관련된 전승들에 관한 그의 지식 ─ 이것은 제사장으로서의 그의 전문적 지식이라는 보다 제한된 영역에 속한다 ─ 에 대해 보다 상세히 살펴볼 것이다. 그러나 초기 예루살렘이 갖고 있던 특별한 인종적 상황에 관한 그의 무심한 말은 놀라울 정도다. "주 여호와께서 예루살렘에 관하여 이같이 말씀하시되 네 근본과 난 땅은 가나안이요 네 아버지는 아모리 사람이요 네 어머니는 헷 사람이라"(겔 16:3). 왜냐하면 그 두 용어는 정확하게 다윗 시대 이전의 예루살렘의 역사적 사실("가나안" 주민과 "헷" 출신의 지배층)과 정확하게 일치하기 때문이다.[1]

에스겔은 그런 역사적 지식을 지녔을 뿐 아니라 신화나 전설과 관련된 다양한 전승 자료들에도 익숙했는데(최초의 인간들 ─ 겔

---

[1] 에스겔은 또한 701년의 재앙으로 인한 결과, 즉 유다의 영토가 블레셋에 병합된 것에 대해서도 알고 있었다(겔 16:26f.).

28:11ff.; 버려진 아기 - 16:1ff.; 기적의 나무 - 31:1f.), 이런 지식은 그 당시에는 결코 보편적이거나 일반적인 것이 아니었다. 적어도, 그가 이런 자료들을 이용하고 그것들을 아주 다른 요소들과 접목해 융화시키는 방식은 자료들을 통합하는 그의 비상한 지적 능력을 보여 준다. 만약 우리가 에스겔이 조선 기술에 대해 그리고 거기에 필요한 나무들을 어디에서 가져와야 하는지에 대해 잘 알고 있었다는 사실에 주목한다면(겔 27:1ff.), 우리는 전방위적인 교양뿐 아니라 일급 지적 능력까지 갖춘 한 인물의 상像을 얻게 된다.

에스겔은 예레미야보다도 자신의 예언적 메시지를 기록을 통해 질서정연하게 표현해야 할 더 큰 필요를 갖고 있었다. 그는 고전적 예언이 사용했던 책망의 말이나 위협의 말 같은 짧은 표현 단위들을 거의 사용하지 않는다. 따라서 그의 말은 대개 한편의 문학적인 작문, 심지어 큰 규모의 논문이 된다.[2] 다른 어느 예언자보다도 에스겔은 이처럼 아주 긴 문장들을 통해 자신의 메시지의 주제를 하나의 비유나 예표가 되도록 만드는 것을 좋아한다. 예언자들은 처음부터 어떤 감춰진 요소들을 지닌 비유나 수수께끼를 사용해 청중의 관심을 끌고자 했다. 그러나 에스겔과 그의 청중 사이의 공적인 논쟁에서는 더 이상 그런 위장된 표현 양식이 나오지 않는다. 그보다 더 중요한 것은 정교한 문학 양식이었다. 이런 범주에 속하는 것들로는 거의 비유에 가까운 포도나무에 관한 이야기(겔 15:1ff.), 수수께끼라고 불릴 만한 독수리 두 마리와 백향목의 높은 가지에 관한 알레고리(17:1ff.), 여호와께서

---

2 겔 19:1ff., 10ff.; 27:1ff.; 28:1ff.; 31:1ff.; 32:1ff.

처음 발견하시고 훗날 결혼까지 하신 한 여인에 관한 알레고리(겔 16), 시드기야에 관한 두 개의 애가들(19:1-9; 19:10-14, 암사자와 포도나무), 그리고 에스겔 21:2 이하와 24:3 이하에 실려 있는 알레고리들 등이 있다.

에스겔이 전형적인 상황을 사용해 문제들을 조명하고 그것의 해결을 위한 길을 제시하는 곳에서는 위에서 언급한 것들과는 다르지만 역시 특징적인 한 가지 간접적인 방식이 나타난다. 에스겔 18:5 이하가 언급하는 연속하는 삼대三代에 관한 이야기는 도식적인 추상화이고, 노아, 다니엘, 그리고 욥 같은 세 명의 중재자들(14:12-23) 역시 본보기 역할을 하는 전형들이다. 이런 종류의 비유적 묘사와 추상 및 전형을 지향하는 경향은 에스겔로 하여금 얼마간 그의 주제로부터 물러설 수 있게 했다. 그의 설명은 주로 침착한 교훈적 초연함의 분위기를 갖고 있다. 그리고 이것은 그가 어떤 설명을 하다가 거칠어지거나 심지어 조잡해지기까지 하는 곳에서 적극적으로 냉각 효과를 가져온다. 바로 여기에서 에스겔과 예레미야(그의 설교는 그 자신의 고통스러운 마음의 감정들로 꽉 차 있다)의 차이가 특별히 두드러지게 나타난다.

사실 에스겔은 예레미야와는 완전히 반대되는 기질을 가진 사람이었다. 그럼에도 모든 주석가들이 언급하는 에스겔의 이런 냉정함과 엄격함은 웅장함과 숭고함 같은 인상을 낳는다. 물론 우리가 에스겔에게서 그의 시대의 패역에 대한 초연한 심판을 발견한다면, 그것은 완전히 잘못된 일이 될 것이다. 왜냐하면 이 사람 안에서는 이상하리만큼 격렬한 열정이 빛나기 때문이다. 그리고 그것은 단순히 여호와만을 위한 것이 아니라 또한 이스라엘을 위한 것이기도 하다.

그러나 정말로 주목할 만하고 우리의 호기심을 자극하는 것은 에스겔이 그의 작품 속에서 환상과 영감에 의한 요소들 외에 이성적 반성을 위한 자리를 찾아낸다는 점이다. 당면한 문제들을 그토록 철저하게 숙고하고 그토록 철저히 일관성 있게 설명할 필요를 그만큼 크게 느꼈던 예언자는 달리 없었다. 다시 말해, 에스겔은 예언자인 동시에 또한 신학자였던 것이다. 그리고 그의 이런 이중의 직무는 그에게는 필연적이었다. 왜냐하면 그는 어느 한 예언자의 선포만으로 충분하지 않았던 참으로 반역적일 뿐 아니라 젠체하는 세대를 상대하면서 그 세대와 더불어 토론하고 논쟁해야 했기 때문이다.

제사장적 전승과 그것의 변형

에스겔이 그발 강가에서 부르심을 받은 것에 관한 이야기(겔 1:4-3:15)는 그 자체가 아주 복잡한 전승들의 합성물이다. 그것은 몇 종류의 전승 자료들이 모여 현재와 같은 하나의 이야기 단위를 이루게 되었다. 에스겔은 "여호와의 권능"이 하늘로부터 내려오는 것을 보고, 그 후에 하늘에서 쓰인 일종의 공문서를 수령하는 식으로 사명을 받는다. 그가 여호와의 대사로서 선포해야 할 메시지는 두루마리에 적혀서 그에게 건네진다. 이 이야기 단위의 각 부분들은 그 배후에 나름의 긴 전승사를 갖고 있다. 그리고 이것은 그가 예언적 직무를 수행하는 과정에서 귀머거리들에게 설교하고 전갈 가운데 거주해야 한다는 설명(2:6)의 경우에도 마찬가지다. 예언자가 사역을 시작하는 시점에 받았던 "성공 가능성 없음"이라는 전망으로 인한 부담은 계속해서 커지는 데, 이것 역시 전통적이다.3 그러나 여호와께서는 사역 도중에 그 어떤 인간의 힘으로도 견딜 수 없을 만큼 큰 반대와 직면하게 될 그 예언자를 무장시키신다. 그분은 그의 얼굴을 "화석보다 굳은 금강석같이"(3:9) 만드신다. 그러나 에스겔이 받아먹어야 했던 재앙의 메시지(그것은 이미 하늘에 존재하는 책에 기록되어 있다)는 그에게 꿀처럼 달았다. 그리고 그것은 이제부터 그가 전적으로 하나님의 편임을 의미했다. 그 예언자와 그의 메시지는 동일하다. 그러므로 그는 예레미야와 달리 그 메시지에 대해 항의하지 않는다.

본문을 흘끗만 살피더라도 한 가지 사실이 분명해진다. 그것은 에스겔이 죄에 관해 말할 때 특별히 거룩한 질서를 침해하는 것에 깊은 관심을 보인다는 것이다. 사회적인 그리고 도덕적인 계명들의 침해에 대한 불평은 크게 두드러지지 않는다. 에스겔이 보기에 다가오고 있는 이스라엘의 몰락의 원인은 의심할 바 없이 거룩한 것의 영역에서의 실패 때문이었다. 이스라엘은 성소를 더럽혔고(겔 5:11), 사교邪敎에 마음을 빼앗겼고(8:7ff.), 우상을 마음에 들였다(14:3ff.). 다시 말해, 이스라엘은 여호와 보시기에 "자신을 더럽혔고", 바로 그것이 그들이 벌을 받는 이유였다.4 물론, 이에 대한 가장 풍성한 자료는 에스겔 16, 20, 23장에 실려 있는 역사적 회고들이다. 그것들이 제사장적 관점에서 쓰였음은 분명하다. 의심할 바 없이 에스겔은 다른 무엇보다

---

3 이 예언자의 메시지에 대한 사람들의 무심함은 이상한 형태를 취했음이 분명하다. 심지어 그를 아름다운 음색을 지닌 가수처럼 여겼던 이들이 있었던 것처럼 보인다(겔 33:32).

4 겔 20:30f., 43; 23:7, 13, 30; 22:26; 23:39; 26:22f.

도 예언자였다. 그러나 그가 살았던 이념의 세계, 그가 적용했던 기준, 그리고 그가 여호와 앞에서 이스라엘의 실존이 그것을 따라 질서를 얻는다고 보았던 규범들은 분명히 제사장적인 것들이었다.

제사장적 사고방식의 또 다른 결과는 에스겔이 이스라엘의 땅과 그것의 제의적 지위에 부여하는 중요성이다(겔 36:17). 실제로 에스겔에게 이스라엘 백성과 땅은 서로 밀접하게 연관되어 있기 때문에 종종 그는 "이스라엘 땅" 혹은 "이스라엘의 산들"을 이스라엘 자신인 양 말하기도 한다.[5]

에스겔이 그것에 비추어 이스라엘의 행위를 판단하는 기준은 여호와께서 그의 백성에게 주신 "규례"와 "율례"이다(겔 5:6).[6] 아모스가 이스라엘을 고발했을 때, 그 역시 계명들에 대한 침해에 관심을 두었다. 그러나 에스겔에게서 나타나는 차이는 특히 그가 사용하는 문학 양식의 현저한 변화로부터 나온다. 에스겔 14:1-11에 대한 정확한 분석은 그 구절이 예언적인 책망의 말로 시작되지만, 그 양식이 곧 포기되고, 그 담화가 제의법의 규정들을 위해 사용된 비개인적인 문학 양식의 형태로("이스라엘 족속 중에 그 우상을 마음에 들이며 죄악의 걸림돌을 자기 앞에 두고 선지자에게로 가는 모든 자에게…," 4절) 계속된다는 것을 분명하게 밝혀 준다. 동일한 것이 위협의 말에서도 발견된다. 6절에서 하나님은 보통 쓰이는 "그런즉" 이후에 1인칭으로 말씀하신다. 그러나 그 말씀은 제의용 언어의 특징을 갖는 문학 양식으로 넘어간다("이스라엘 족속과

---

[5] 겔 7:2; 21:7f. 36:6; 6:2f.; 35:12; 36:1, 4, 8.

[6] 겔 18:5ff 혹은 33:25 같은 본문들은 우리에게 예언자가 염두에 두었던 "규례"가 무엇인지를 알 수 있게 해준다.

이스라엘 가운데에 거류하는 외국인 중에 누구든지 나를 떠나고…," 7절). 이것은 단순히 그 예언자가 어떤 낯선 양식을 횡탈해 임시변통으로 적용한 후 멋대로 버렸음을 의미하지 않는다. 그는 기묘한 양식들을 마구잡이로 사용했던 것이 아니다. 그는 책망의 말에 오래된 거룩한 규례들을 이용하는 것에 그치지 않는다. 오히려 더 중요한 것은 그가 심판을 선언하면서 아무런 추가적인 의식 없이 오래된 규례와 그것이 규정하는 심판의 어법을 사용한다는 점이다. 그는 자신의 예언적 전망에 의지해 심판을 선포하지 않는다. 여기에서 그는 파문과 관련해 규정된 옛 형벌을 옛 규례의 언어를 빌어 인용하는 것으로 만족한다. 이것은 에스겔의 선포의 기초를 이루는 전승의 문제에 답하기 위한 중요한 단서를 제공하며, 우리가 그를 더 잘 이해하도록 돕는다.

에스겔의 뿌리는 제사장들의 제의적 전승에 있다. 그는 바로 거기에서 거룩한 생각을 품은 모든 이들이 그것을 통해 세상을 이해하는 거룩한 양식들을 가져왔다. 그와 동시에 제의적 전승은 또한 그에게 거룩한 것과 접촉하고 있는 이들이 그것에 의지해 살아가야 하는, 그리고 그때까지도 여전히 존재하고 있던 여러 가지 기준들을 제공해 주었다. 물론 에스겔은 그 어떤 제사장적 역할도 하지 않았다. 그의 메시지는 제사장적 신학을 훨씬 넘어 섰으며, 어느 면에서는 그런 신학의 기초들을 산산이 부숴버리는 것처럼 보였다. 이 제의적 전승과 에스겔의 관계는 이상하리만큼 양면적이다. 그는 그것에 의존하고 있으나, 그것으로부터 자유롭다. 이런 태도가 그의 예언에 끼친 영향은 새 이스라엘에 관한 그의 예언들조차 세상에 대한 이런 제의적 이해하에서 형성되었다는 것이다.

이스라엘의 가망 없는 타락

에스겔이 이스라엘의 기원에 관해 서술할 때 의존했던 자료 역시 이 제사장적 전승이었다. 다른 예언자들처럼 에스겔도 이스라엘의 파멸과 악한 타락을 드러내기 위해 역사를 요약했다. 그는 광범한 역사적 토대 위에서 세 가지 고발을 시도했다(겔 16, 20, 23). 에스겔 20장에 실려 있는 이스라엘이 택함을 받은 때로부터 땅을 소유하게 되기까지의 역사에 대한 요약은 특별히 주목할 만하다. 왜냐하면 여기에서 예언자는 한편으로는 오래 되고 잘 알려진 전승(그것이 우리의 육경 Hexateuch을 형성하는 원천 자료 중 어느 것의 전승이 아닌 것은 분명하다)을 통해 오래 전에 확립된 구속사의 도식을 따르면서, 다른 한편으로는 그 전승 자료에 대한 지극히 개인적인 해석과 배열을 통해 그것에 완전히 새로운 변화를 주기 때문이다.

선택, 다시 말해, 이스라엘과 하나님의 관계의 역사의 발단은 여호와께서 애굽에서 그들에게 자기의 이름을 여호와로 밝히시고 첫 번째 명령을 주시는 것으로 시작되었다. 그러나 바로 이 출발점에서 우리는 이 역사적 조망이 갖고 있는 새로운 측면과 마주하게 된다. 애굽에서조차 이스라엘 백성은 이 계시에 순종하기를 거부했다. 그들은 그곳에서 시행되었던 이방 제사들을 포기하지 않았다. 그로 인해 여호와께서는 애굽에서조차 그들을 거부하실 뻔했다(5-10절)! 이어서 두 번째 국면이 나타난다. 여호와께서는 이스라엘을 광야로 이끄시고 그곳에서 이스라엘에게 계명들을 알려 주셨다. 그러나 그 나라를 자신에게 묶어두시려는 여호와의 그런 시도 역시 실패하고 만다(11-14절). 그 결과

세 번째 국면이 나타난다. 여호와께서는 출애굽 2세대에게도 자신의 계명의 이행을 촉구하셨으나 여전히 그 어떤 순종도 얻지 못하신다(15-17절). 이어서 네 번째이자 마지막 국면이 나타난다. 여호와께서는 자기 백성에게 "선하지 못한 율례", 특히 그들의 장자를 예물로 드리는 율례를 주시는데, 이로써 불가피하게 이스라엘은 하나님 보시기에 더럽혀졌다(18-26절). 설명은 여기에서 끝난다 — 전통적인 역사 요약이 "가나안 정복"이라고 부르는 곳에서.

우리는 에스겔이 거룩한 역사에 관한 이런 설명과 관련된 상세한 내용을 전승 안에서 발견했는지에 대해서는 확실하게 말할 수 없다. 그러나 역사에 대한 이런 개작, 즉 하나님의 실패와 그로 인한 징벌의 연속이라는 해석이 전적으로 에스겔의 작품인 것은 분명하다. 예언자는 유서 깊은 전승을 끔찍한 것으로 만들었고, 한편으로는 그것에 견고하게 집착하고 다른 한편으로는 그것을 아주 대담하게 해석하는 모순된 태도를 보인다. 그는 역사를 네 단계로 나누는데, 그 각각의 단계에서는 네 가지 행위가 나타난다(1. 여호와께서 자기를 계시하신다; 2. 이스라엘이 순종하지 않는다; 3. 여호와께서 진노하신다; 4. 여호와께서 이스라엘을 용서하신다). 우리는 에스겔이 실제로는 그런 해석이 가능하지 않은 자료들로 작업하고 있음을 쉽게 알 수 있다. 특히 이것은 "선하지 못한 율례"를 다루는 구절에 해당되는데, 거기에서 예언자의 해석은 담대함의 절정에 이른다.[7]

---

[7] 이 계명에 대한 신학적 해석은 제사장 전승 안에서도 발견된다(민 3:12ff.; 8:16). 에스겔이 이 계명(분명히 그것은 여호와께서 주신 것으로 알려져 있으나 이미 오래 전부터 문자적으로 지켜지지 않았다)에 부여한 이런 의미는 아주 대담한

또한 분명한 것은 그 전승 자료들이 어떤 낯선 도식에 의해 억압되었다는 것이다. 각각의 경우에 여호와께서 그분의 진노를 퍼부으시는 것을 그만 두셨던 이유는 "내 이름을 그 이방인의 눈앞에서 더럽히지 아니하려고"(겔 20:9, 14, 22)였다. 역사의 처음 세 단계는 여호와께서 자기 백성에 대한 동정심 때문의 그분의 진노를 거두시고 계속해서 이스라엘을 이끄시기로 결심하셨다는 말로 끝난다(9, 14, 17절). 이것은 예언자로 하여금 보다 이른 시기의 역사 요약들(물론 이것은 이스라엘이 여호와의 인도를 받았던 방식과 관련해 실제적인 사실들을 열거할 뿐이다)과 관련을 맺을 수 있게 해준다. 마지막 단계에서 이 후렴구는 나타나지 않는다. 따라서 예언자 자신의 시대에까지 이어지고 있는 이 단계는 아직 열려 있는 셈이다.

물론 에스겔이 이스라엘의 역사를 지적으로 파악하는 과정에서 그것의 성격을 얼마간 왜곡했다는 사실은 부인할 수 없다. 예언자는 이스라엘의 역사를 도식화했고, 단계별로 나눴다. 그러나 이런 단계들은 — 마지막 단계는 예외로 하고 — 절대적인 순환 과정을 갖고 있다. 왜냐하면 각각의 단계들은 그 이전의 단계가 끝난 곳으로 돌아가기 때문이다. 그 이전의 역사 요약들 — 그것들은 역사를 아주 치밀하게 다룬다 — 은 각 단계들 안에서 "진보"라는 요소를 찾아냈다. 그러나 에스겔서에서 하나님의 행위는 "반복"이라는 특징을 갖는다. 물론 이것

것이다. 그러나 에스겔은 시내산에서 주어진 계명들 역시 인간이 그것을 준수함으로써 살 수 있는 계명들로 이해했기에, 어느 한 고립된 계명에 대한 이런 해석이 곧 우리에게 이스라엘 안에서 그 계명의 신학적 의미와 관련해 과격한 결론을 내리도록 허락하지는 않는다. 에스겔 자신도 그것을 예외적인 것으로 묘사한다.

은 여호와께서 아직 열려 있는 이 마지막 단계에서 어떻게 행동하실지에 관한 질문을 보다 더 흥미로운 것으로 만든다.

정경적 구속사에 관한 에스겔의 이해는 그런 것이었다. 즉 여호와께서는 계속해서 성공하지 못하는 행위를 하시고, 이스라엘은 계속해서 하나님의 뜻에 순종하는 일에 실패한다. 그 모든 이야기를 지속시키는 유일한 요소는 계속되는 하나님의 "지조 없음 inconsistency", 그리고 열방 가운데서 자기의 이름을 높이는 것에 대한 하나님의 관심이다. 에스겔이 이처럼 역사적 일탈을 감행하는 진짜 의도는 이것이다: 이런 역사를 지닌 백성에게서, 즉 그토록 오랜 세월 동안 자기들의 하나님의 인내심을 철저히 기만했던 백성에게서 도대체 무엇을 기대할 수 있겠는가? 더 나아가, 여호와께서 이스라엘 백성을 다루셨던 역사는 실제적인 예언적 힘을 갖고 있다. 그 역사는 하나님의 심판의 역사였으므로 여호와께서는 다시 자기 백성을 "광야"로 이끌어 가셔서 거기에서 그들을 심판하실 것이다(겔 20:35f.). 그러나 이 심판 역시 이스라엘을 멸절시키지 않을 것이다. 오히려 그것은 정화시키는 심판이 될 것이다.

또한 에스겔은 군주 시대의 역사를 살폈다. 그러나 이 경우에 그는 정경적 구속사를 요약할 때보다도 의존할 수 있는 문서 자료가 훨씬 더 적었다. 사료에서 발췌한 내용들은 그에게 필요한 것을 제공하지 못했다. 그에게 필요한 것은 그 시대를 정치적 관점이 아니라 하나님의 행위에 관한 이야기라는 측면에서 고찰하는 역사적 개관이었다. 그러나 그런 것은 아직 존재하지 않았다. 왜냐하면 신명기적 역사는 에스겔 이후에야 나타났기 때문이다. 그러므로 그는 그 자신의 자료로 되돌아갔고, 그 자신의 것이든 아니면 동시대인들의 것이든 당시에 활용할 수 있었던 회상들에 의지해야 했다. 그 결과는 우리가 이미 익숙하게 아는 것이다. 실제로 이 시기에 관한 설명은 생동감이 덜하며, 실제적인 역사적 사건들은 보다 이른 시기의 구속사의 경우보다 덜 분명하게 서술되고 묘사된다.

이 두 경우 모두에서 예언자는, 비록 역사적 사건들을 직접 설명하기 위해 은유적 언어들을 포기하기는 하지만, "알레고리"라는 문학 양식을 택한다. 에스겔 16장에서 그는 예루살렘의 역사를 나자마자 버림 받았으나 그 곁을 지나가던 여호와에 의해 발견되어 "살아 있으라"는 명령을 받았던 한 소녀의 이야기로 묘사한다. 그녀는 자라나서 여호와와 결혼하지만, 그 후 계속적인 음행을 통해 여호와와 맺은 언약을 깨뜨렸다. 역사에 대한 이런 묘사는 매우 암울하다. 우리가 에스겔 시대에 이스라엘 백성이 자신들이 여호와께서 보시기에 얼마나 무가치한지를 의식하고 있었다는 것을 상기할지라도("너희는 오히려 모든 민족 중에 가장 적으니라," 신 7:7), 하나님의 선택 행위의 모순에 관한 그의 신랄한 묘사는 그때까지 이야기되었던 모든 것을 초월할 정도다. 유다-예루살렘은 혐오스럽게 버려진 여아女兒와 같았다. 그 누구도 그녀에게 최소한의 돌봄도 베풀지 않았다. 그러나 그녀가 "피투성이가 되어 발짓하는 것을" 보신 여호와께서 그녀에게 "살아 있으라"고 명령하셨다(6절). 그분은 그녀를 목욕시키고, 피를 닦아내고, 옷을 입히고, 꾸미셨다. 그러나 그녀가 성장했을 때, 그녀는 음행에 빠져들었다. 이제 여호와께서는 그녀의 정부情夫들을 소환하실 것이다. 그리고 그들은 한때 여호와의 신부였던 그녀에게 무시무시한 심판을 수행할 것이다.

다른 알레고리, 즉 두 자매인 오홀라와 오홀리바(그녀들은 각각 사마리아와 예루살렘에 수도를 두고 있는 두 왕국을 가리킨다)에 관한 알레고리에서 내려진 평결(겔 23)은 훨씬 날카롭다. 그녀들은 애굽에서조차 음행을 했으나 여호와께서는 그녀들을 자기 아내로 삼으셨다. 그러나 그녀들은 여호와의 자식들을 낳고서도 여전히 음행을 포기하지 않았다. 여호와께서는 그녀들을 충분히 참으셨다. 그리고 이제 그 마지막은 에스겔 16장에 실려 있는 것과 동일하다. 그녀들의 정부들이 몰려와 그녀들에게 심판을 가할 것이다.[8]

이 세 가지 회고는 이스라엘의 자신들의 역사에 대한 이해에 있어서 특별한 위치를 차지한다. 그것들은 역대기의 역사를 고려하지 않은 채 이스라엘의 역사에 대한 일련의 긴 서술에 대해 최종적일 뿐 아니라 완전히 새로운 해석을 덧붙인다. 자신들의 역사에 대한 이스라엘의 해석은 결코 영웅적인 것이 아니었다. 이스라엘이 칭송했던 것은 그들 자신이 아니라 여호와의 행위였다. 그러나 에스겔은 인간적 요소와 관련된 모든 것을 전례가 없는 방식으로 여호와의 심판 아래로 가져갔다. 구속사에서 인간적 요소—어쨌거나 그들은 여호와와의 교제 속으로 부르심을 받은 자들이었다—는 완전한 어둠 속으로 사라진다. 이스라엘의 불충, 하나님의 사랑에 대한 그들의 무관심, 그리고 최소한의 복종도 할 수 없는 그들의 무능과 관련해 여기에서 언급되는 것 이상의 말을 하기란 불가능하다.

---

8 여기에서 그리고 16장에서 에스겔은 "음행"을 이중적 의미로 사용한다. 그는 그것을 자연의 신들을 향한 제의적 배교 행위로 이해하지만, 때로는 그 단어를 보다 큰 세력에게 빌붙어 안전을 구하는 정치적 행위를 가리키는 데 사용하기도 한다.

그러나 이것을 적절하게 이해하려면, 우리는 그 메시지가 갖고 있는 신학적 입장에 주목해야 한다. 우리는 다음 두 가지 사항에 유념할 필요가 있다. 첫째, 지금 에스겔은 가까운 미래에 닥쳐올 하나님의 심판의 이유를 설명하기 위해 그런 식으로 말하고 있는 것이다. 둘째, 또한 그는 자기가 이미 그것의 윤곽을 감지하고 있는 구속사건, 즉 이스라엘이 얻게 될, 그것도 그들의 입장에서는 전혀 그럴 만한 자격이 없이 얻게 될 구속 사건의 빛 안에서 말하고 있는 것이다. 어느 의미에서는 이 세 가지 침울한 장들조차 여호와의 구원 행위의 영광을 위한 전주곡에 지나지 않는다. 그 행위는 그것이 이스라엘 편의 그 어떤 공로에도 기초를 둘 수 없다는 이유 때문에 훨씬 더 밝은 빛을 발한다.

그렇게 해서 에스겔은 죄를 드러내는 오래된 예언적 과업에 새로운 방향을 부여한다. 물론 그는 인간에 대한 죄의 완전한 지배를 드러내는 일에 자기의 선배들보다 훨씬 더 관심이 많았다. 역사 서술에서의 이런 일탈은 인간에 대한 죄의 지배가 개별적인 범죄나 단순히 한 세대의 실패의 문제가 아니라, 뿌리 깊은 불순종 곧 이스라엘이 존재하기 시작했던 날부터 있었던 하나님에 대한 저항의 문제임을 분명히 하려는 것이었다. 이스라엘의 역사에 대한 에스겔의 서술을 그처럼 일관되게 만드는 것은 그가 그 역사의 마지막을 결코 처음보다 좋게 보지 않는다는 점이다. 이스라엘의 역사의 모든 시대에는 아무런 차이도, 긴장된 순간도 존재하지 않는다. 모든 세대의 상태는 똑 같다. 그러나 이제 여호와께서 그런 상태를 끝내실 것이다. 그분은 역사에 대한 자신의 계획을 취소하신다. 그분의 의도에 관한 증거는 구속사를 위해 비극적인 동시에 엄중하기도 한 한 사건을 통해 드러날 수 있다.

예언자는 "여호와의 영광"(이것은 신비로운 방식으로 이스라엘을 다스리셨던 여호와의 현시顯示다)이 장엄하게 예루살렘 성전을 떠나 동쪽 방향으로 솟아오르는 것을 목격한다(겔 10:18f.; 11:22ff.).

목회적 활동으로서의 예언

지금까지 논의된 모든 내용은 에스겔의 과업이 그 모든 어려움에도 불구하고 기본적으로 단순한 것이었다는 느낌을 줄 수도 있다. 왜냐하면 그것은 사람들에게 그들의 가망 없는 상태를 알리는 것에 불과했기 때문이다. 그러나 놀랍게도 우리는 여기에서 그 예언자가 맡았던 아주 복잡한 역할들 중 하나와 마주하게 된다. 에스겔의 특수한 과업은 굉장한 정신적 신축성을 갖고서 그의 청중이 처해 있는 특별한 종교적 상황에 관여하는 것이었다. 예언자로서의 그의 소명에는 한 가지 보충 조항이 들어 있었는데, 그로 인해 그의 직무는 특별한 방향으로 확대되었다. 그 보충 조항이란 그가 이스라엘 집을 위한 "파수꾼"으로 임명되었다는 것이다.[9] 그렇게 해서 그의 직무는 그가 단지 하나님의 말씀을 전할 뿐 아니라, 또한 재앙에 관한 메시지를 받았을 때 마치 도시의 성벽에 선 초병처럼 그 도시의 주민들에게 위험이 다가 오고 있음을 경고하는 데까지 확대 변경되었다.

하지만 그런 비교는 가장 중요한 부분에서 결함을 갖고 있다. 파수꾼

---

[9] 그 예언자의 파수꾼으로서의 직무(겔 33:1-9)와 그의 소명(3:16-21)이 연관된 것은 편집에 의한 것이다. 그 의도는 그에게 파수꾼의 직무를 위임하는 것을 그의 소명의 일부로 만들려는 것이었다.

의 임무는 단순하다. 그것은 적이 다가오고 있음을 알리는 것이다. 그러나 에스겔의 입장은 좀더 복잡한데, 실제로 그것은 거의 모순에 가깝다. 왜냐하면 이스라엘을 위협하는 동시에 그들이 구원을 얻도록 그들에게 경고를 주고자 하는 이가 다름 아닌 여호와이시기 때문이다. 그러므로 에스겔의 메시지 전달에는 두 번째 과업이 따르는데, 그것은 바로 이스라엘에게 "돌아설" 기회를 제공하는 것이다. 예언자가 사악한 자들에게 경고하는 일에 실패할 경우 그 사악한 자들은 죽을 것이다. 그러나 여호와께서는 예언자에게 그 책임을 물으실 것이다. 에스겔 33:1-9(3:16b-21)는 이런 경고의 직무에 특별히 어떤 활동이 포함되었는지를 분명하게 밝히지 않는다. 그러나 다른 곳에 이 특별한 역할과 관련된 두 가지 예가 나오는데, 그것은 이 예언자가 자신의 직무를 어떻게 여겼는지를 분명하게 보여 준다.

에스겔 18장에서 예언자는 하나님의 섭리가 개인들을 고려하지 않기 때문에 자기들이 고통을 당한다고 말하는 이들과, 한 세대가 그것을 따라 하나의 커다란 유기체(그것 역시 하나님 보시기에는 하나의 단위다)를 형성하는 (죄와 심판에 대한- 역주) 오래된 집단적 이해에 반대하는 이들을 상대한다. 그들은 하나님이 조상들의 죄 때문에 자기들을 벌하시는 권리를 부인한다. 예언자는 그들에게 그런 문제들을 철저하게 생각하도록 돕는다. 그리고 모든 삶은 하나님과 직접적인 관계를 맺고 있다고 말함으로써 혼란에 빠진 그들의 마음을 다독거린다. 아비의 악함이 그의 아들이 여호와께 나아가는 것을 가로막을 수 없다. 또한 악한 아들이 그의 아비의 의 때문에 은혜를 입을 수도 없다. 실제로 어느 개인의 삶에서 그의 삶에 대한 개별적 판단이 생략되는 경우는 없다. 여호와께서는 어느 한 인간의 삶의 평균값을 산정하지 않으신다. 사악한 자에게는 하나님께 돌아올 길이 항상 열려 있다. 그리고 그가 돌아올 때 그는 과거의 모든 악들로 인해 정죄되지 않을 것이다.

두 번째 경우(겔 14:12ff.) 역시 예루살렘을 위협하고 있던 불가피한 재앙 때문에 추방지에 있는 사람들에게까지도 민감한 문제가 되었던 종교적 질문을 출발점으로 삼고 있다. 물론 이 경우에 그 질문은 분명히 다른 방식으로 작동했다. 총체적인 파멸의 시기에 여호와께서 아끼시는 어떤 이가 그의 자녀들을 구하는 것이 가능할까? 에스겔의 대답은 큰 위협을 받고 있는 도시에서는 노아나 다니엘이나 욥처럼 모범적인 의를 지닌 사람들이라도 오직 자기들의 생명만 구할 수 있다는 것이었다.

두 경우 모두에서 에스겔은 그 문제를 추상적으로 그리고 아주 비개인적으로 다룸으로써 그의 과제를 풀어나간다. 즉 그는 그 문제를 순전히 이론적이고 교훈적인 차원에 올려놓고 다소 과장된 전형적인 예들을 수단으로 삼아 그것을 해결한다. 이것은 그의 제사장적 사고방식과 맥을 같이 한다. 그러나 우리는 이런 설명들이 그 문제에 대한 아주 독립적인 사고에 기초하고 있다는 것과, 또한 에스겔(그의 눈은 하나님의 임박한 행동에 맞춰져 있다)이 제공한 답이 오직 그에게서만 나올 수 있는 것임을 간과하지 말아야 한다.

여기에서 에스겔의 예언 활동은 새로운 영역으로 접어든다. 고전기의 예언자들이 그들의 메시지를 전했던 대상은 이스라엘이라는 다소 막연한 청중이었다. 예언자들은 청중에게 메시지를 전함으로써 그들

각자가 그 중에서 자신에게 해당되는 것을 취하게 했다. 그 자신이 매우 개인주의적이었던 예레미야조차 같은 일을 했다. 그런데 에스겔에게 와서 변화가 일어났다. 그는 의식적으로 이 새로운 활동 영역에 발을 들여놓은 최초의 예언자였다. 그 활동은, 만약 우리가 그것이 신약성서의 "권유", "약속", "경고" 혹은 "위로의 말" 등에 상응한다는 사실을 기억한다면, "영혼의 치유"라는 말로 묘사될 수 있을 것이다. 그의 논의는 사색적 필요를 충족시키기 위한 것이 아니라, 인간의 의지를 향해 말을 건네기 위한 것이었고, 때로는 개인적인 호소로 이어지기도 했다(겔 18:30f.; 33:11.).

그런 목회적 활동의 전제조건은 집단으로부터 개인이 출현함으로써 자연스럽게 형성되어 있었다. 그리고 이 과정은 특별히 군주 시대 후기에 활동적으로 전개되었다. 그 무렵에 각 세대는 자기들이 조상들의 세대와 구별된다는 사실을 의식했다. 그리고 여호와와 개인의 문제가 전례를 찾을 수 없을 만큼 논의되고 있었다. 예언자들이 처음으로 민족뿐 아니라 개인들을 돌보는 과업, 즉 개인들의 문제를 해결하고 그들 각자에게 하나님 보시기에 그들의 개인적 상황이 어떠한지를 알려주는 과업을 떠안은 것은 바로 이런 배경하에서였다. 그 과정에서 에스겔이 특별히 노력한 것은 종교가 제공하는 안전과 자기들이 갖고 있다고 여기는 "의"라는 은밀한 요새 안에 숨어 있던 이들을 찾아내 그들을 그 요새로부터 몰아내는 것이었다. 그 시대의 개인주의는 그의 목적에 완벽하게 들어맞았다. 왜냐하면 그는 그것을 바탕으로 사람들을 살아 계신 하나님과 일대일로 대면하도록 이끌었기 때문이다. 그러나 그의 모든 목회적 활동의 기초와 방향을 결정한 것은 다음과 같은 여호와의 말씀이었다. "나의 삶을 두고 맹세하노니 나는 악인이 죽는 것을 기뻐하지 아니하고 악인이 그의 길에서 돌이켜 떠나 사는 것을 기뻐하노라"(겔 33:11).

에스겔에게 이 목회적 직무는 단순히 예언적 소명의 확대나 그 소명에 주어진 특별한 의미를 훨씬 넘어서는 무언가를 의미했다. 다른 이들을 위해 사는 것, 그들을 찾아내는 것, 그리고 자신과 자신의 예언이 그들을 위한 것이 되게 하는 것이 그의 의무였다. 그리고 이것은 그의 삶에 아주 큰 영향을 주었다. 왜냐하면 여호와께서 그에게 이런 개인들의 영혼에 대한 책임을 맡기셨기 때문이다. 만약 그가 사악한 자들이 경고를 받지 못한 채 죽도록 내버려둔다면, 여호와께서는 그들의 생명에 대한 책임을 그에게 묻겠노라고 위협하신다. 여호와께서는 그렇게 그 예언자에게 고통이 수반되는 특별한 중재적 임무를 부과하셨다. 그러나 이것이 그가 떠안았던 중재적 임무를 보여 주는 유일한 예는 아니다. 에스겔에게 예언자적 직무가 삶과 죽음의 문제였음을 보여 주는, 또한 그가 전해야 할 책임을 맡은 메시지가 우선 그 자신에게 얼마나 충격을 주었는지 그리고 때로 그것이 상징적 행동을 통해 얼마나 이상하고 고통스럽게 표현되어야 했는지를 보여 주는 또 다른 구절이 있다.

> 인자야 탄식하되 너는 허리가 끊어지듯 탄식하라 그들의 목전에서 슬피 탄식하라 (겔 21:6)

이런 일은 값싼 연기가 아니었다. 다가오는 재앙 곧 예루살렘의 멸망이 그 예언자 앞에 그림자를 드리우면서 그의 몸과 마음에 힘겨운 고통의 멍에를 지우고 있었다. 그러나 여호와께서는 그가 그렇게 하도록 명령하셨다. 왜냐하면 에스겔은 "이스라엘에게 징조가"(겔 12:6b) 되어야 했기 때문이다. 그는 상징적 행위에 직접 개입해야 했고, 그 자신의 모습을 통해 다가오는 심판의 고통을 미리 보여 주어야 했다 (12:17ff.). 그가 "이스라엘 족속의 죄악을 담당"(4:5)하기 위해 상당한 기간 동안 처음에는 이편으로 그리고 다음에는 저편으로 누워 있어야 했던 것은 그의 내면에 훨씬 더 심대한 영향을 주었을 것이다. 여기에는 아직 죄책을 대신 짊어진다는 개념이 나타나지 않는다. 왜냐하면 이 경우에 에스겔이 한 일은 무엇보다도 예보, 즉 앞으로 일어날 일에 대한 극적인 예시였기 때문이다. 그러나 예보의 방식이 구두 소통에 국한되지 않았던 것과 여호와께서 예언자의 전 존재를 재앙의 징조 속으로 이끄시고, 또한 그를 환난 날에 다가올 고통을 미리 경험하는 최초의 사람으로 만드신 것은 의미심장하다.

우리는 나중에 에스겔의 중재적 직무가 이사야 53장에 나오는 "종"의 그것과 얼마나 유사한지에 대해, 그리고 그것이 그것에 얼마나 못 미치는지에 대해 논의하게 될 것이다. 한번은 에스겔이 자기가 예언적 섬김의 핵심이라고 여겼던 것에 대해 아주 분명하게 진술한 적이 있다. 그 진술은 그가 거짓 선지자들과 대결하던 때에 나왔다. 에스겔은 그들이 여호와로부터 심각한 위협을 받고 있는 상황에서도 "성 무너진 곳에 올라가지도 아니하였으며 이스라엘 족속을 위하여 여호와의 날에 전쟁에서 견디게 하려고 성벽을 수축하지도 아니하였느니라"(겔 13:5)라고 비난했다. 이 구절은 전쟁, 포위, 그리고 하나님의 백성에 대한 심각한 위협 등을 암시하고 있다. 에스겔의 견해에 따르면, 예언자의 과업은 여호와 앞에서 최일선에 서서 자신의 생명을 바쳐 백성들을 보호하는 것이었다. 예언적 직무에 대한 이런 식의 이해는 그를 "종"의 중재적 직무에 대해 말하는 제2이사야와 연결시킨다.

새롭고 부드러운 마음

에스겔서에서는 한 세대 이상에 걸쳐 학자들에게 갖가지 오해를 불러일으켰던 "재앙에 관한 예언"과 "구원에 관한 예언"의 퉁명스러운 병렬이 고전기의 예언들에서와 동일한 정도로 일어나지 않는다. 왜냐하면 그는 예루살렘의 파멸 이전에도 이미 구원의 가능성들에 대해 말했기 때문이다. 그의 선포에 이처럼 유연한 형태를 제공한 것은 무엇보다도 그의 "신학적 개인주의"였다. 그는 사람들이 여호와를 위하는 결정에서든 여호와와 맞서는 결정에서든 상당한 자유를 행사하도록 허락할 만큼 자유로웠다. 그러므로 에스겔의 경우에 재앙에서 구원으로의 이행은 논리적 관점에서 볼 때 분명히 훨씬 더 납득할 만하다.

구원을 얻을 자들은 여호와께 충성하는 자들, 즉 예루살렘에서 자행되는 "모든 가증한 일로 말미암아 탄식하며 우는 자"(겔 9:4)들이거나 마지막 순간에 예언자의 경고를 받아들여 회개하는 자들이다. 때로 에스겔이 분명하게 심판을 정화로 여기는 것(20:37f.; 22:17ff.; 24:11)은 이런 사실을 강화하는 것처럼 보인다. 그러나 그 점이 신앙의 논리와 관련해서는 그렇게 명확하지는 않다. 오히려 우리는 에스겔 이상으로 재앙과 구원 사이의 간격을 크게 벌려놓고 아주 과격한 방식으로 그것을 공식화했던 다른 예언자는 없었다고 말할 수 있다. "하나님의 영광"이 사람들이 보는 앞에서 성전에서 떠나갔다(11:22f.). 이스라엘은 그 말의 참된 의미에서 죽은 셈이다(37:1ff.). 이것은 예언자가 재앙과 구원 사이에 놓여 있다고 믿는 신학적으로 적절한 사건이다. 이런 전망은 팔레스타인에서 이스라엘의 삶이 지속되는 것이 오직 기적을 통해서만 가능해 보이도록 만든다.

에스겔이 새로운 이스라엘에 관해 길게 말할 때, 그는 늘 하나님의 백성이 그들의 조상의 땅에서 역사적으로 그리고 정치적으로 실존하는 것을 염두에 둔다. 그들은 이스라엘의 시민명부에 등록될 것이고 이스라엘 본토로 돌아올 것이다(겔 13:9). 그 후에 여호와께서 그 백성을 번성케 하실 것이고 그 땅을 풍요로 축복하실 것이다(36:9, 29f., 37). 이와 관련해 에스겔은 한때 황폐하게 되었던 그 땅과 에덴동산을 비교한다(36:35). 그러나 그가 신화적이고 낙원 같은 조건들이나 일종의 이상향 같은 것을 상정하고 있지 않음은 분명하다. 농부들은 미래를 위해 땅을 갈 것이고(36:34), 도시들도 다시 정비될 것이다(36:35).

새로운 이스라엘을 위해서는 이런 외적 조건들이 중요할 뿐 아니라 본질적이기도 하다. 하지만 그 무엇보다도 중요한 것은 여호와께서 인간의 마음 안에서 일으키실 구원의 사건이다.

> 24내가 너희를 여러 나라 가운데에서 인도하여 내고 여러 민족 가운데에서 모아 데리고 고국 땅에 들어가서 25맑은 물을 너희에게 뿌려서 너희로 정결하게 하되 곧 너희 모든 더러운 것에서와 모든 우상 숭배에서 너희를 정결하게 할 것이며 26또 새 영을

너희 속에 두고 새 마음을 너희에게 주되 너희 육신에서 굳은
마음을 제거하고 부드러운 마음을 줄 것이며 27또 내 영을 너희
속에 두어 너희로 내 율례를 행하게 하리니 너희가 내 규례를
지켜 행할지라 28내가 너희 조상들에게 준 땅에서 너희가 거주하
면서 내 백성이 되고 나는 너희 하나님이 되리라 (겔 36:24-28)

이 구절을 해석하기 위한 최선의 출발점은 마지막 인용구다. 왜냐하
면 "너희는 내 백성이 되고 나는 너희의 하나님이 된다"라는 표현에는
옛 언약의 형식이 들어 있는데, 그것은 지금 에스겔이 그 옛 언약의
체결과 유사한 여호와의 구원 약속에 관해 말하고 있음을 분명하게
보여 주기 때문이다. 여기에서 "언약"이라는 단어가 언급되지 않는다는
사실은 별 의미가 없다. 왜냐하면 에스겔은 다른 곳에서 구속 사건을
언약으로 칭한 적이 있고(겔 34:25; 37:26), 또한 이 구절의 내용은
새 언약에 관한 예레미야의 발언(렘 31:31ff.)과 세세한 항목에서까지
매우 유사하기 때문이다. 여기에서도 하나님의 구원 행위의 목적은
계명들을 완전히 준수할 수 있는 백성을 새롭게 창조하는 것이다.
또 그것은 용서를 통해 과거의 죄를 없애는 것과 관련되어 있다(렘
31:34b=겔 36:25). 그러나 무엇보다도 두 예언자 모두가 구속사를 하나
님께서 인간들에게 순종의 마음을 주심으로써 그들이 완전한 순종을
할 수 있도록 만드시는 것으로 이해한다. 물론 에스겔은 예레미야보
다도 구속사에서의 인간적 요소에 관해 훨씬 더 깊게 파고든다. 하나님께
서는 그들의 "굳은 마음"을 제거하고 그것을 대신할 "새 마음" 곧 "부드
러운 마음"을 주실 것이다. 더 나아가 하나님은 이스라엘에게 그분의

영을 부어주실 것이며, 이스라엘은 그 영으로 구비됨으로써 하나님의 율례들을 지키며 살아갈 것이다. 이것은 예레미야 31:31 이하의 내용과 놀라울 정도로 상응한다. 우리는 에스겔이 자기 앞에 예레미야의 예언들을 펼쳐 놓고 있었다고 느낄 정도다(특히, 렘 32:37ff.). 그러나 "나를 경외함을 그들의 마음에 두어"(렘 32:40)라는 예레미야의 말은 에스겔이 갱신의 과정을 설명할 때 보이는 신학적 정확성과 비교할 때 약간 막연해 보인다. 그 갱신 과정 자체가 아니라 그것의 결과와 관련된 또 다른 표현이 있는데, 거기에서 에스겔은 예레미야를 훨씬 넘어선다. 이스라엘은 완전히 변화된 상태에서 자신의 악한 과거를 돌아보며 그것을 기억할 것이고 또한 자신을 혐오할 것이다(겔 36:31).

시내산 전승

그러나 우리는 이것만으로 새 이스라엘에 대한 에스겔의 생각을 충분히 설명했다고 여겨서는 안 된다. 왜냐하면 하나님의 백성은 또다시 어느 군주에 의해 인도될 것이기 때문이다. 마지막 시기에 왕관을 썼던 이들이 왕직에 끼쳤던 통탄스러운 해악조차 여호와께서 다윗의 왕좌를 두고 하셨던 약속, 즉 "마땅히 얻을 자가 이르면 그에게 주리라"(겔 21:27)는 약속의 성취에 대한 에스겔의 소망을 해치지 못했다. 그런 식으로 에스겔은 은밀하게 – 말보다는 침묵을 통해서 – 다가오고 있는 기름 부음 받은 자에 관해 언급한다. 그러나 다른 때에 그는 여호와께서 이스라엘의 높은 산들 위에 심으실 두 개의 가지에 관한 비유를 통해 훨씬 더 분명하게 자신의 생각을 밝혔다. 이 가지(참고. 사 11:1)는 생명을 제공하는 큰 나무가 될 것이고, 여호와께서는 그 마른 나무가 다시 싹을 틔우게 하실 것이다(겔 17:22-24). 또한 에스겔은 두 번에 걸쳐 직접 메시야의 문제를 다뤘다. 그는 에스겔 34:23-24에서 하나님께서 그의 백성 위에 세우실 목자 곧 "내 종 다윗"에 대해 언급한다. 또 그는 에스겔 37:25 이하에서 다시 정확하게 같은 방식으로 그 목자에 대해 언급하는데, 그 "종 다윗"은 이제 최종적으로 한 나라가 된 유다와 요셉을 다스릴 것이다.

물론 에스겔이 메시아의 문제와 그것과 관련된 특별한 전통적 개념들을 모두 적절하게 설명하지 않았다는 데는 이론의 여지가 없다. 이상하게도 그는 다윗 전승을 상세하게 설명하지 않는다. 우리는 에스겔로부터 그것과 관련된 주제들에 대한 설명을 듣지 못한다. 오히려 그 두 구절 모두에서 그는 다윗 전승을 건너뛰고 출애굽-언약 전승으로 미끄러지듯 넘어간다. 에스겔 34:23 이하에서는 시내산 언약에 속한 양식("나는 그들의 하나님이고, 그들은 내 백성이다")이 왕의 메시아적 출현에 관한 말을 뒤따라 나온다. 그리고 에스겔 37:23에서는 전자가 후자 바로 앞에 놓인다. 그렇다면 우리는 이 두 구절에서 등장하는 언약 개념을 전승사의 관점에서 어떻게 이해해야 하는가? 그것은 다윗과 맺은 언약의 갱신인가, 아니면 시내산 언약의 갱신인가? 의심할 바 없이 후자다! 방금 우리는 에스겔이 한때 널리 알려졌던 메시아-다윗 전승에 대해 얼마나 적게 설명하는지 보았다. 그렇게 에스겔은 예레미야가 여전히 본질적으로 분리시켰던 시내산 전승과 다윗 전승을 융합시킨다. 그러나 그의 생각을 지배하고 있는 것은 시내산 전승이다 — 새 다윗의 치하에서 이스라엘은 계명들에 순종하게 될 것이다(겔

37:24).

에스겔은 때로 이 모든 구속사를 그의 모든 메시지의 특징을 이루는 신학적 관점에서 바라보았다. 여호와께서는 이스라엘을 한데 모아 본토로 귀환시키심으로써 열방의 목전에서 자신의 거룩하심을 드러내신다.[10] 그러므로 여호와의 이런 현시는 단순히 내적이거나 영적인 것을 훨씬 넘어선다. 그것은 정치적 영역에서 온전하게 빛을 발하며 발생하는, 그리고 이스라엘뿐 아니라 열방이 목도할 수 있는 사건이다. 여호와께서는 다름 아닌 자신의 명예 때문에 모든 이방 나라들에 의해 모욕을 당한 이스라엘과의 언약을 갱신하신다. 이런 식의 논증 방식에는 아주 명백한 이성적 요소가 있다. 에스겔은 모든 구속사를 신학적으로 이해할 만한 것으로 만들기 위해 그것을 여호와의 영광과 연관시키는 과격한 과정을 밟아나간다.

> 22그러므로 너는 이스라엘 족속에게 이르기를 주 여호와께서 이같이 말씀하시기를 이스라엘 족속아 내가 이렇게 행함은 너희를 위함이 아니요 너희가 들어간 그 여러 나라에서 더럽힌 나의 거룩한 이름을 위함이라 23여러 나라 가운데에서 더럽혀진 이름 곧 너희가 그들 가운데에서 더럽힌 나의 큰 이름을 내가 거룩하게 할지라 내가 그들의 눈앞에서 너희로 말미암아 나의 거룩함을 나타내리니 내가 여호와인 줄을 여러 나라 사람이 알리라 주 여호와의 말씀이니라 (겔 36:22-23)

---

10 겔 20:41; 28:25; 36:23.

우리는 이 구절을 통해 에스겔서에서 여호와께서는 다가오는 사건들에 관한 그분의 여러 가지 예언들을 "그들이 내가 여호와인줄 알도록"이라는 말로 마감하신다는 것을 알 수 있다. 그러므로 하나님의 행동의 최종 목표는 여호와께서 그동안 그분을 알지 못했던 이들이나 지금도 그분을 제대로 알지 못하는 이들로부터 인정과 예배를 받으시는 것이다.

제17장

제2이사야

학자들은 여호와께서 그의 입을 독자들을 매료시키고 움직일 만한 탁월한 말들로 채워주셨던 한 예언자를 위해 "제2이사야 Deutero-Isaiah"라는 이름을 고안해 내야 했다. 그 메시지의 전달자가 분명한 이름을 갖고 있지 않다는 것은 그 메시지가 어느 특별한 예언자로부터 나왔음이 성서비평을 통해서야 겨우 인식되었음을 의미한다. 그 메시지를 전한 자(그는 성서학자들에게 아주 큰 관심의 대상이 되고 있다)는 그의 메시지 뒤에 완전하게 숨어 있다. 너무나 완전하게 숨어 있기에 우리는 그의 이름, 그가 사역했던 장소(대개 바벨론이었다고 간주되고는 있으나), 혹은 그의 삶에 대해 아무것도 알지 못한다. 그의 문체 역시 이사야의 그것과 아주 다르다. 이사야의 문체는 우리가 그를 평범한 사람이 아니었다고 믿게 만들었다. 그러나 제2이사야의 말들이 갖고 있는 매우 감정적인 어조와 독자들을 매료시키는 풍성한 어휘는 찬송가나 다른 제의적 양식의 어법과 긴밀하게 연결되어 있고 따라서 덜 개인적이다.

다른 한편으로 우리는 이 메시지에서 이스라엘의 역사가 이제 곧 접어들게 될, 그리고 이 예언자가 그것을 해석하게 될 새로운 시대를 쉽게 인식할 수 있다. 고레스가 페르시아 제국의 왕위에 올랐고 세계를 지배하려 하고 있었다. 그의 연속적인 승리는 온 세상을 뒤흔들고 있었다. 자연스레 그의 행적은 다른 모든 곳에서처럼 바벨론에 억류되어 있는 자들 사이에서도 큰 관심의 대상이 되었다. 사실 그는 나중에 신 바벨론 제국을 파멸시켰다.[1] 제2이사야의 선포는 한 동안의 평화로운 전환기를 끝내고 그 시대의 역사의 판도를 바꿔놓았던 이런 사건들과 아주 밀접하게 관련되어 있다.

제2이사야에게 영향을 준 전승들

그러나 그의 메시지를 살펴보기 전에 제2이사야에게 영향을 준 신학적 전승들과 익숙해지는 것이 유익할 것이다. 예언자들이 다가오는 사건들에 관해 말했을 때 그들이 느닷없이 불쑥 그렇게 했던 것이 아님은 분명하다. 오히려 그들은 자기들이 물려받은 어떤 전승들에 묶여 있었다. 따라서 그들은 미래에 관해 말할 때조차 여호와 신앙에 관한 보다 이른 시기의 해설자들이 사용했던 양식과 흡사한 변증법적 방식을 사용한다. 예언자들이 전승을 그런 식으로 사용하는 것이 그들

---

[1] 546/7년에 있었던 리디아(크뢰수스)의 항복(그것은 제2이사야가 출현했을 무렵에 발생한 것으로 간주되고 있다)은 특별히 중요한 의미를 갖는 사건이었다. 제2이사야의 선포가 바벨론 제국의 붕괴보다 앞섰음은 확실해 보인다. 그러나 대략적인 시기 이외의 그 어떤 다른 설명도 가설에 불과하다.

에게 적법성을 부여했다. 하지만 그와 동시에 그들은 전승을 넘어선다. 그들은 위험할 정도까지 그것을 새로운 내용으로 채우거나, 적어도 자기들의 목적에 맞도록 그것의 토대를 넓힌다.

제2이사야는 그의 예언 전체를 구성하는 세 가지 전승들(출애굽, 다윗, 그리고 시온 전승)을 모두를 취한 후 뛰어난 시의 형식을 빌려 그것들을 재구성한다. 그러나 전체적으로 보아 미래에 대한 그의 견해에서 가장 중요한 전승은 의심할 바 없이 출애굽 전승이다.[2] 이스라엘을 위한 여호와의 구원 행위에서 출애굽의 위치는 너무나 중요했기에 이 예언자는 새로운 구원 행위를 또 다른 형태의 출애굽으로 상상할 수밖에 없었다. 이것에 대해서는 나중에 좀더 이야기하게 될 것이다. 제2이사야는 출애굽 전승에 익숙해 있었으므로, 그가 때로 아브라함의 선택에 대해 말하고(사 41:8; 51:1ff.) 야곱의 어두운 모습에 관해 언급하는 것(43:22)은 놀랄 일이 아니다. 왜냐하면 그 족장들이야말로 출애굽으로까지 이어지는 구속사의 출발점이었기 때문이다.

제2이사야는 이스라엘의 모든 선택 전승들 중 가장 오래되고 가장 중요한 이런 전승에 의존하는 것 외에도 시온 전승에도 빚을 지고 있다. 왜냐하면 출애굽은 재건되기로 예정되고 여호와께서 그렇게 보증하신(사 44:26; 45:13; 49:14f.; 54:1ff., 11ff. 등), 그리고 하나님의 흩어진 백성들은 물론이고 이방인들까지 포함해 모든 사람들을 위한 미래의 집이 될 한 도시(49:22ff.; 45:14)로 이어지기 때문이다. 제2이사야의 생각은 계속해서 시온에 머문다. 그는 단지 어느 한 장소의

---

[2] 사 43:16f., 18:21; 48:20f.; 51:10; 52:12. 아브라함은 사 41:8; 51:2에서, 그리고 야곱은 사 48:28에서 언급된다.

이름에 불과한 그 용어를 사용해 하나의 공동체로서의 하나님의 백성을 가리키는 것을 선호한다.3 제2이사야가 열방이 성도聖都로 모여드는 것에 관한 예언들에서 특별한 종류의 전승 자료를 취하고 있다는 사실은 쉽게 간파된다(사 45:14f.; 49:14-21, 22:3; 52:1-2). 전승사의 관점에서 이런 예언들은 본래의 시온 전승과 중첩되는 어떤 복합적인 전승에 속해 있다. 때로 그것들은 후기 예언들에서도 나타난다. 그런 예언들에 공통된 특징은 열방이 예루살렘으로 모여 든다는 종말론적인 개념이다. 그리고 그런 예언들은 현저하게 자기 충족적인 일군의 예언적 개념들을 형성한다. 그것들에 대해서는 나중에 논의하게 될 것이다.

다른 한편, 제2이사야와 다윗 전승의 관계는 아주 이상하게 보인다. 그는 단 한 번 그것에 관해 언급하는데, 그것을 전통적 서술 방식을 사용해 장중하게 "다윗에게 허락한 확실한 은혜"(사 55:3; 참고. 대하 6:42)라고 부른다. 그러나 그는 다윗의 보좌와 이스라엘의 기름 부음 받은 자에 관한 여호와의 약속들을 전통적인 방식으로 해석하지 않는다. 왜냐하면 그는 그 약속들이 다윗 한 사람이 아니라 그 나라 전체에게 주어진 것으로 이해하기 때문이다. 그러므로 다윗에게 주어진 그 약속들이 실현되는 것은 이스라엘 전체를 위한 것이다. 이스라엘은 "만민의 인도자와 명령자"(55:4)가 될 것이다. 제2이사야는 전승을 그런 식으로 "민주화"하면서 실제로 그것으로부터 특별한 내용을 삭제했다. 메시아와 관련된 소망은 그의 예언적 이해 안에서 그 어떤 자리도 얻지 못했다. 오래된 다윗 전승에 대한 이처럼 대담한 재구성은 예언자들이 옛 전승

---

3 사 41:27; 46:13; 49:14; 51:3, 11, 16; 52:1, 7, 8.

들을 재해석하며 누렸던 (비록 분명히 극단적인 것이기는 하나) 자유에 대한 한 예다.[4]

그러나 아주 놀랍게도 제2이사야서에는 여전히 또 다른 전승 하나가 나타난다. 그것은 과거의 예언자들 중 아무도 의존하지 않았던 전승이다. 그것은 여호와의 세계 창조를 다룬다. 여호와께서는 혼란을 잠재울 힘을 갖고 계시기에 예언자는 그분을 향해 역사의 영역에서 고통의 시기를 겪고 있는 그분의 백성을 도와 달라고 호소할 수 있었다(사 51:9f.). 또한 여호와께서는 땅 끝까지 창조하셨기에 이제 그분이 이스라엘 백성에게 보내시는 메시지는 믿을 만한 것일 수 있다(40:27ff.). 물론, 창조에 관한 제2이사야의 사상에서 특별한 것은 그가 창조를 그 자체로 하나의 작품으로 여기지 않고 여호와의 역사적 행위에 부가된 그 무엇으로 여긴다는 점이다. 실제로 그는 여기에서 그 둘을 분명하게 구별하지 않는 것처럼 보인다. 그에게 창조는 여호와의 기적적인 역사적 행위들 중 최초의 것이고 그분의 구원 의지에 대한 분명한 증거다.

창조에 관한 이런 "구원론적" 이해를 위한 결정적 증거는 제2이사야가 어느 때에는 여호와를 "세계의 창조자"로 부르고 다른 때에는 "이스라엘의 창조자"로 부른다는 사실이다.[5] 여호와는 그분이 이스라엘 백성을 불러 "존재하게 하셨다"는 의미에서 창조자이시다. 그러나 또한 그분은 특히 그분이 이스라엘을 "택하시고" "구원하셨기"에 창조자

---

4 집합적 의미에서의 동일한 재해석이 시 105:15("나의 기름 부은 자를 손대지 말며")에서 나타난다.
5 사 43:1, 7, 15; 44:2, 21.

이시다. 그러나 그 예언자가 이스라엘의 창조에 관해 말할 때, 그는 옛 출애굽 전승이 이스라엘의 하나님께 돌렸던 역사적 행위, 특히 기적을 통해 홍해를 건넜던 일을 염두에 두고 있다. 제2이사야에서 "창조하다"와 "구속하다"는 완전히 동의어로 사용될 수 있다.6 그가 찬송가의 문학 양식을 취해 여호와를 이스라엘의 창조주와 구속주로 묘사할 때, 그는 서로 분리된 두 행위가 아니라 하나의 단일한 행위 곧 애굽에서의 구출에 대해 언급한다(사 44:24; 54:5). 우리는 이런 구원 행위가 그 자체만을 위해서는 결코 언급되지 않고 오직 그것이 다가 오는 이의 예표와 모범이기에 언급된다는 사실을 나중에 좀더 상세하게 살필 것이다.

그러므로 우리는 제2이사야에게서 원래 서로 아무 상관이 없었던 두 전승의 놀라운 결합을 보게 된다. 우리는 제2이사야가 이렇게 갑자기 창조 전승을 자신의 선포에 편입시킨 이유를 당시의 이스라엘이 처해 있던 새로운 상황에서 찾아야 할 것이다. 갑자기 바벨론 사람들과, 그리고 그토록 큰 제국의 힘과 마주친 상황에서 여호와와 그분의 능력에 대한 호소는 이스라엘이 얼마간이라도 그들 자신의 삶을 살았던 시절에 했던 것보다는 그 범위가 훨씬 더 넓어져야 할 필요가 있었다. 만약 이런 설명이 옳다면, 그것은 곧 그 예언자가 창조 전승을 다루면서 상당한 자유를 행사했음을 전제한다. 옛 구원 전승들과 그의 관계는 훨씬 더 자유로웠던 것으로 보인다. 제2이사야는 그런 전승들 중에서 자신에게 필요한 것들을 선택하고, 결합하고, 때로는 새로운 방식으로

---

6 사 44:1f.에서 이스라엘의 창조는 이스라엘의 선택과 동등하다.

해석까지 할 수 있었다.

양식비평에 따르면, 이런 취사선택적인 태도는 아주 새로운 그 무엇이었다. 제2이사야가 그의 구원 선포를 위해 특별히 "제사장의 응답 신탁"이라는 문학 양식을 사용했다는 사실은 오래 전부터 알려져 왔다. 이것은 탄원자에게 하나님의 도우심을 약속하는 제의적 양식이었다. "두려워 말라"와 "내가 구속하리라, 내가 너를 강건케 하리라, 내가 너를 도우리라, 내가 너와 함께하리라" 혹은 "너는 내 것이다"(사 41:10, 13f.; 43:1, 5; 44:2) 같은 특징적인 표현들은 모두 이 범주에 속해 있다. 그러나 (이런 말들과 결합되어 있는) 여호와를 세상과 이스라엘의 창조주로 이야기하는 담화들은 분명히 그렇지 않다. 제2이사야는 그렇게 옛 전승들에 변화를 주어 원래는 그것들과 아무 상관이 없는 그 자신이 택한 문학 양식 안으로 편입시켰다. 여기에서 다시 이사야(제1이사야-역주)를 살펴보는 것이 도움이 될 것이다. 그 역시 시온을 위해 구원을 선포했을 때 옛 시온 전승의 양식을 유지했기 때문이다.

여호와의 말씀 신학

그러나 제2이사야는 정말로 그 말의 특화된 의미에서 "예언자"였을까? 사실 이 위대한 무명의 인물은—사실 그가 공적으로 말하는 것을 상상하기는 매우 어렵다—예언자가 아니라 최고의 재능을 지닌 "종교적 작가"였을 가능성이 더 크지 않을까?[7] 이 질문에 답하기는 쉽다.

---

[7] 그 당시의 위험한 정치적 상황은 실제로는 제2이사야의 익명성에 대한 만족할 만한 설명이 되지 않는다. 오히려 그가 무대에 등장한 지 수십 년이 지나고 그가

왜냐하면 그의 모든 선포가 의지하고 있는 중심축은 여호와의 창조적인 말씀의 현실성에 대한 인식이기 때문이다. 그가 소명을 받았을 때 하늘에서 들려온 음성은 그에게 영원히 서 있을 "하나님의 말씀"(사 40:8)을 가리켰다. 그는 자기 스스로 과거의 예언자들을 계승하고 있다고 여기는 것이 중요하다는 것을 깨달았다(44:26; 45:19). 그들이 오래전에 예언했던 것이 지금 성취되기 시작하고 있다(48:9ff.; 44:7; 45:21). 그리고 제2이사야가 하는 예언들은 그 이전의 예언들을 뒤따라 성취될 것이다(55:10ff.).

참으로 제2이사야는 세계사의 전 과정을 그것과 그보다 앞서 말해진 예언과의 일치라는 관점에서 보고 있다. 그런 점에서 그는 우리에게 그와 거의 동시대인이었던 신명기적 역사서의 저자를 떠올리게 한다. 그 두 사람 사이의 유일한 차이는, 제2이사야의 경우에 역사의 이런 신학적 측면이 실제적 응용성을 훨씬 더 많이 갖는다는 데 있다. 그는 그것을 변증적 목적을 위해, 다시 말해, 결국 바벨론의 신들이 여호와보다 훨씬 더 강력하다고 입증될지도 모른다는 불안에 대처하기 위해 사용한다. 사실 제2이사야는 아주 대담하게 누가 세계사를 통제하는가 하는 질문을 제기한다. 그가 제시하는 답은 놀랄 만하다— 역사의 주님은 미래를 미리 말할 수 있는 자다.[8] 이것은 이방의 신들이 할 수

예견했던 커다란 상황 변화가 나타난 후에 사람들이 그를 기억하고 그의 이름을 그가 전한 메시지와 충실하게 연결시키는 것이 훨씬 더 자연스럽지 않았을까? 제2이사야는 공적으로 모습을 드러냈을까? 혹은 오직 간접적으로만, 즉 "작가"로서만 활동했을까? 제2이사야의 메시지, 특히 그의 구원 신탁들은 추방된 자들이 행했던 예전적 탄식 예배에서 발생했다고 가정하는 것이 훨씬 더 나을 것 같다.

[8] 사 41:25ff.; 48:14.

없는 일이다. 그러므로 그들은 아무것도 아니다. 여호와와 우상들과의 경쟁에서 여호와를 그들로부터 특별히 구별해 주는 것은 미래를 예언하는 그분의 능력이다. 물론 여호와께서는 강력한 경쟁의 장소인 역사 안에서 그분의 백성 이스라엘에게 의존하시는데, 그것은 이스라엘이 그분의 증인이기 때문이다. 이 증인은 형편없지만(사 42:19), 어쨌거나 그 일을 수행할 수 있다.

> 9열방은 모였으며 민족들이 회집하였는데 그들 중에 누가 이 일을 알려 주며 이전 일들을 우리에게 들려주겠느냐 그들이 그들의 증인을 세워서 자기들의 옳음을 나타내고 듣는 자들이 옳다고 말하게 하여 보라 10나 여호와가 말하노라 너희는 나의 증인, 나의 종으로 택함을 입었나니 이는 너희가 나를 알고 믿으며 내가 그인 줄 깨닫게 하려 함이라(사 43:9-10)

역사 안에서 여호와의 말씀이 갖고 있는 능력은 특히 그 말씀이 하나님의 백성의 미래를 형성하는 것을 통해 드러난다(사 55:10ff.).

제2이사야는 창조의 유일한 근원으로서의 여호와의 말씀에 대해 거의 영지주의적인 비전을 갖고 있었다. 역사와 그 안에서 살아가는 모든 이들은 무상함의 영역에 속해 있다(사 40:6-8). 그러나 그것은 예언이 실제로 성취되는 영역이며, 또한 참 하나님의 종들의 증언이 이방의 신들 및 그들의 예언들의 주제넘은 힘과 맞서는 전쟁터이기도 하다(44:25). 분명히 이런 비전은 그에게 예언자라는 칭호를 부여할 만하다. 제2이사야의 경우에 간혹 지루해지기까지

하는 그의 신학적 반성과 이성적 논증이 예언의 큰 부분을 차지한다는 사실은 그 시대의 정신적 분위기와 일치하며, 또한 그를 예레미야와 에스겔과 연결시켜 준다.

새로운 구속 사건

제2이사야가 처음으로 여호와께서 자기에게 말씀하시는 소리를 들었을 때, 그는 자기가 받은 메시지를 다음과 같이 압축해서 이해했다: 여호와의 오심이 임박했다. 그러나 그분은 자신을 이스라엘에게만 계시하지 않으실 것이다. 이번에 그분의 오심은 온 세상을 위한 마지막 현현顯現이 될 것이다. 그분은 자신의 영광을 세상 모든 민족들 앞에 드러내실 것이다. 이스라엘에서 이런 사실을 아는 이는 오직 한 사람뿐이다. 그러나 하늘에서는 천사들이 이미 움직이고 있었다. 그들은 이미 호출되어 왕이신 여호와의 이와 같은 도래를 위해 놀랄만한 큰길을 마련하는 과업을 수행중에 있었다(사 40:3-5). 고레스가 세계사에 제공한 새로운 방향 전환은 여러 가지 사건들을 일으켰는데 그것들은 신속하게 종국을 향해 나아가고 있었다. "내 공의가 가깝고 내 구원이 나갔은즉, 나의 구원이 지체하지 아니할 것이라"(51:5; 46:13). 여호와께서는 이미 "열방의 목전에서 그의 거룩한 팔을 나타내셨다"(52:10). 이제 곧 놀라운 일이 벌어질 참이다.

제2이사야는 고레스가 역사에 제공한 새로운 정치적 방향에 대해 아주 다양한 방식으로 언급한다. 또 그는 과거의 예언자들의 관습을 깨고 그의 이름을 두 번씩이나 직접 언급한다.[9] 고레스를 이스라엘뿐 아니라 열방의 관심의 대상이 되게 하신 분은 여호와 자신이시다. 여호와께서 "그를 일깨우셨다"(사 41:2, 25). 그분은 그를 고대 근동의 궁중 언어를 사용해 부르시는데, 여호와께서 그의 오른 손을 붙들어 주시는 자, 친구처럼 동행해 주시는 자, 이름으로 불러 주시는 자, 그리고 사랑해 주시는 자라고 칭하신다.10 이제 여호와께서는 고레스에게 세계사를 좌지우지할 힘을 부여하셨다. 그는 열방의 쇠빗장을 꺾을 것이고, 흑암 중에 있던 보화와 재물들이 그에게 넘어갈 것이다(45:2f.). 이런 말들은 세계의 지배에 관한 예레미야의 생각을 떠올리게 하는데, 예레미야 당시에 여호와께서는 그런 지배력을 느부갓네살에게 주셨다(렘 27:5ff.). 그러나 이제 그의 시대는 지나갔고, 지금은 고레스의 시대다. 그는 세계의 지배자로서 여호와의 뜻을 수행할 것이다. 그러나 지금도 여전히 이스라엘은 여호와의 이런 범세계적인 역사적 계획의 목적이다. 고레스가 일으켜 세워진 것은 이스라엘을 위해서였다. 그가 세계적인 제국을 얻은

---

9 여호와께서 고레스를 "여호와의 기름 부음 받은 자"(사 45:1)라고 부르시는 것은 확실히 놀랄 만하다. 그러나 이것은 실제 상황에 의해 고무되어 나타난 자극적인 수사적 과장에 불과하다. 제2이사야가 어떻게 이 말로 그 이상의 무언가를 의미할 수 있었겠는가? 왜냐하면 고레스는 다윗의 후손이 아니었고, 그 예언자는 이미 그의 민족에게 다윗과 관련된 예언을 한 적이 있으니 말이다(55:1ff.). 제2이사야에게 고레스는 기본적으로 앗수르가 예루살렘의 이사야에게 그랬던 것과 동일한 방식으로 여호와의 도구였다. 그러므로 제2이사야는 예언을 하면서 감정이 북받쳐서 고레스에게 그 자신의 선포를 통해 그것에 관한 그 어떤 타당한 증거도 제시할 수 없었던 칭호를 부여했던 것이다. 설령 고레스가 어떤 권능 charisma을 지녔을지라도, 그것은 정치적 영역에만 국한되었을 뿐이다.

10 사 45:1-3; 48:14. 이것들과 소위 고레스의 원주圓柱(고레스의 치적이 기록되어 있다-역주)에서 마르둑Marduk 신과 고레스의 관계를 묘사하는 데 사용된 궁중 언어 양식과의 유사성은 계속해서 주목을 받아 왔다. J. B. Pritchard, *Ancient Near Eastern Texts relating to the Old Testament*, 1955, pp. 315f.

것 역시 이스라엘을 위해서였다(45:4). 왜냐하면 바벨론을 정복하고 바벨론의 포로들을 "돈 없이, 값없이"(55:1) 고향으로 돌아가게 할 자가 바로 그였기 때문이다(48:14; 45:13).

좋은 소식

이것은 제2이사야의 예언의 유일한 주제로, 혹은 임박한 역사적 사건들과 관련된 일련의 자기 충족적인 개념들로 묘사될 수 있다. 그러나 우리가 여기에서 보는 것은 오직 예언자가 들어서 알게 된 이런저런 준비뿐이다. 여호와께서는 그런 준비를 통해 역사가 자신의 실제적인 관심사를 향해 나아가도록 만드신다. 구속사건 자체는 포로된 자들이 바벨론을 떠나 고향으로 돌아가는 것, 그리고 여호와께서 오셔서 자기 백성과 동행하시는 것이다. 바로 여기에서 예언자의 메시지는 정점에 이르고, 그의 언어는 가장 높은 곳을 향해 솟아오른다. 이 구절들에서 느껴지는 감정의 동요와 흥분으로 인한 떨림은 구약의 예언서 전체에서도 견줄 만한 것이 없을 정도다. 언젠가 그는 포로된 자들에게 불결한 것을 만지지 말고 여행을 시작하기 위한 제의적 준비를 하라고 명령하는데, 그것은 여호와께서 직접 그들의 행렬에 동참하실 것이기 때문이다(52:11-12; 48:20). 또 다른 때에 그는 사막을 건너는 행렬에 따르게 될 기적적인 상황과 관련해 다음과 같이 말한다.

> 그들이 주리거나 목마르지 아니할 것이며 더위와 볕이 그들을
> 상하지 아니하리니 이는 그들을 긍휼히 여기는 이가 그들을
> 이끌되 샘물 근원으로 인도할 것임이라 (사 49:10)

앞으로 나아가는 자들은 굶주리거나 목마르지 않을 것이다(사 48:21). 그들에게 그 길은 험하지 않을 것이다. 왜냐하면 모든 장애물이 제거될 것이고, 따라서 그들은 평탄한 대로를 걷게 될 것이기 때문이다(49:11). 잣나무가 가시나무를 대신할 것이고(55:13), 여호와께서 암흑을 광명으로 바꿔주실 것이다(42:16). 모든 자연이 이 구속 사건의 아름다움에 참여할 것이다. 산들이 노래할 것이고 나무들이 손뼉을 칠 것이다(49:13; 55:12). 그때는 여호와께 구속을 얻은 자들이 그들의 머리 위에 영원한 기쁨을 이고 돌아올 것이다(55:11). 또 다른 경우에 제2이사야는 이런 사건들을 거룩한 도시의 관점에서 제시한다. 그는 "좋은 소식을 전하는 자"가 행렬에 앞서 달려오고 파수꾼이 그를 보며 기쁨의 노래를 부르는 것에 대해 말한다.

> 7좋은 소식을 전하며 평화를 공포하며 복된 좋은 소식을 가져오며 구원을 공포하며 시온을 향하여 이르기를 네 하나님이 통치하신다 하는 자의 산을 넘는 발이 어찌 그리 아름다운가 8네 파수꾼들의 소리로다 그들이 소리를 높여 일제히 노래하니 이는 여호와께서 시온으로 돌아오실 때에 그들의 눈이 마주 보리로다 9너 예루살렘의 황폐한 곳들아 기쁜 소리를 내어 함께 노래할지어다 이는 여호와께서 그의 백성을 위로하셨고 예루살렘을 구속하셨음이라 (사 52:7-9)

그러므로, 예언자가 이해하는 바에 따르면, 이 사람은 "복음 전도자"(사 42:7, LXX), 즉 주님의 도래에 앞서 달려와 하나님의 왕적 통치의 여명이 밝았음을 선포하는 기쁨의 전령이다! 다른 곳에서 제2이사야는 승리의 소식을 전하는 이 직무를 시온 성 자체에 위임한다. 이 놀라운 일이 아직 사람들에게 전혀 알려지지 않은 때에 오직 시온만이 그것에 대해 알고 있다. 그러므로 시온은 여호와의 오심에 관한 소식을 온 땅에 널리 알려야 할 의무가 있다(40:9-11).

이전 일과 새 일

그러나 그 사건의 적절한 의미는 우리가 그것을 제2이사야와 더불어 구속사의 맥락에서 볼 때만 분명하게 드러난다. 그 예언자가 바벨론에서 구속 받은 자들이 탈출하는 것을 구속사의 맥락에서 훨씬 오래 전에 이스라엘 백성이 애굽에서 탈출하는 것에 상응하는 것으로 여겼음은 의심할 나위가 없다. 사실 그는 그 두 사건의 병행하는 과정을 강조한다. 여호와께서는 과거에 애굽인들과 맞서 그렇게 하셨던 것처럼 다시 한 번 용사처럼 앞서 나아가실 것이다(사 42:13). 그분은 이 새로운 탈출에서도 첫 번째 탈출에서 그러셨던 것처럼 그의 백성들이 마시도록 바위에서 물을 내실 것이다(48:21). 그와 동시에 이 새로운 탈출은 이적의 측면에서 옛 탈출을 훨씬 능가할 것이다. 왜냐하면 이번에 이스라엘 백성들은 "황급히" - 옛 전승 안에서 중요한 요소였던 개념이다(출 12:11; 신 16:3) - 출발하지 않을 것이고, 여호와께서 직접 그들을 이끄실 것이기 때문이다(사 52:12).

우리는 여기에 내포된 의미를 분명하게 알 필요가 있다. 제2이사야는 새로운 탈출에 대해 언급하면서 이스라엘의 원래의 신앙고백에 의문을 제기한다. 실제로 그는 모든 수단을 동원해 그의 동시대인들에게 지금까지 그들의 신앙의 기초가 되어 왔던 사건에서 눈을 돌려 새로운, 그리고 보다 위대한 사건을 바라보라고 설득한다. 그렇다면 이것은 제2이사야가 자기 백성을 위한 하나님의 구원 행위가 두 국면으로 나뉜다고 생각했음을 의미하는가? 실제로 그 예언자는 여호와께서 "이제 나타낼" "새 일"과 "이전 일"을 분명하게 구분함으로써 이 문제를 분명하게 진술한 바 있다.[11] 그가 말하는 "이전 일"은 아브라함에 대한 부르심과 이스라엘 백성의 출애굽에서 시작해 예루살렘의 멸망으로 끝난 구속사를 가리킨다. 제2이사야는 이 옛 역사에서 발생한 사건들이 모두 예언되었고 그대로 이루어졌다는 사실에 큰 의미를 부여한다. 왜냐하면 분명히 그것들은 여호와께서 자신의 말씀에 부여하시는 중요성을 보여 주며, 또한 사람들로 하여금 예언된 새로운 사건에 대해 믿음을 갖도록 만들어 주기 때문이다. 모든 구속사가 여호와께서 미리 말씀하셨던 역사라는 이해와 관련해 제2이사야는 그와 같은 시대를 살았던 신명기적 역사가들과 의견을 같이 한다.

그가 말하는 "새 일"은 구속사에서 오랜 침묵을 끝내고 나타날 구원 행위를 가리킨다. 그리고 그는 예언자로서 세속사의 과정 속에서 그 행위를 예견할 수 있었다. 제2이사야의 메시지가 갖고 있는 주목할 만한 측면은, 그가 한편으로 포로 된 자들이 바벨론을 떠나는 것을 출애굽과 그것에 수반된 기적들을 회상하듯 묘사하면서, 다른 한편으로는 여호와의 새로운 계시를 설명이 불가능한 그 무엇으로 인식하고 있다는 점이다 – 그는 아무도 자신이 그 이전의 사건의 기초 위에서

---

[11] "이전 일"–사 43:18; 41:22; 42:9; 43:9, 18; 46:9; 48:3; "새 일"–사 42:9; 43:19; 48:6; "뒤에 올 일"– 41:23.

그 일을 알거나 예견했다고 상상하지 말라고 강조한다(사 48:7f.). 그리고 이제 여호와께서 수행하실 과업은 너무나 놀라울 뿐 아니라 그 이전의 일들을 완전히 능가할 것이므로, 제2이사야는 그의 동시대인들이 그들의 모든 생각을 그것에 집중해야 하며 과거에 그들의 신앙의 토대가 되었던 사건들로부터 돌아서야 한다고 믿었다. 어느 경우에 그는 특별히 이에 대해서 (경건한 사람들이라면 신성모독의 요소를 갖고 있다고 느꼈을 만한 말로) 아주 퉁명스럽게 다음과 같이 말했다.

> 16나 여호와가 이같이 말하노라 바다 가운데에 길을, 큰 물 가운데에 지름길을 내고 17병거와 말과 군대의 용사를 이끌어 내어 그들이 일시에 엎드러져 일어나지 못하고 소멸하기를 꺼져가는 등불 같게 하였느니라 18너희는 이전 일을 기억하지 말며 옛날 일을 생각하지 말라 19보라 내가 새 일을 행하리니 이제 나타낼 것이라 너희가 그것을 알지 못하겠느냐 반드시 내가 광야에 길을 사막에 강을 내리니 (사 43:16-19)

이 구절들은 먼저 제2이사야가 "이전 일들"이라는 말로 의미하고자 하는 것이 구속사의 토대가 된 홍해에서의 구속 사건과 출애굽이라는 점을 분명하게 밝힌다. 우리는 16절 이하의 문체를 통해 제2이사야에게 친숙한 구원 행위에 관한 설명이 예배에서 사용되는 찬송가를 통해 제공된 것이라고 추론할 수 있다. 그러나 이제부터 이스라엘은 여호와 신앙의 그 고귀한 전승으로부터 벗어나야 한다. 그리고 이것은 오직 한 가지를 의미할 뿐이다. 즉 이스라엘에 대한 여호와의 첫 번째 구원 활동이 완료되었다는 것이다. 예언자들의 역사관에 따르면, 포로됨은 곧 종국(위협의 성취)을 의미했다. 그러나 이제 제2이사야는 "새 일"이 시작되고 있음을 본다. 최초의 여명이 이미 보이고 있다. "처음 것은 지나갔다." 그리고 이제 그것은 새것의 예표로서만 타당할 뿐이다. 그 이전에는 어느 예언자도 종말의 시작을 이토록 날카롭게 특정하거나 역사 안에서의 여호와의 모든 과거의 행위들로부터 그토록 엄격하게 분리시킨 적이 없었다.

사실 이처럼 날카로운 구분에는 한 가지 커다란 위험이 내포되어 있었다. 그것은 그 예언자의 청중에게 여호와의 행위가 완전히 둘로 나뉘었음을 의미하지 않겠는가? 그리고 그로 인해 새로운 예언의 신뢰성에 관한 타당한 의문들이 제기되지 않겠는가? 만약 옛 일과 새 일 사이에 아무런 연속성이 없다면, 그 두 경우에 활동하셨던 여호와는 정말로 동일한 분이었을까? 그러나 이런 질문들은 제2이사야에게 아무런 문제가 되지 않았다. 왜냐하면 옛 일과 마찬가지로 새 일도 이미 오래 전에 예언되어 있었기 때문이다. 이것이 그의 메시지에 적합성을 제공한다. 그의 메시지는 예언의 연속성에 의해 합법화된다.12

심판과 용서

이런 예언을 통한 증명(제2이사야는 이 방식을 두드러지게 열심히 사용한다)

---

12 사 44:7f.; 45:21. 제2이사야가 이렇듯 이미 성취된 예언에 관해 말할 때 무엇을 염두에 두고 있었는지를 밝히기는 쉽지 않다. 그는 사 13장이나 14장처럼 바벨론에 관한 보다 과거의 신탁들을 생각하고 있었을까? 아니면, 어쩌면 그의 선배인 호세아처럼, 옛 구속사를 예언으로 이해했던 것일까? 그것이 어떻든, 그가 자신이 예언적 전통 안에 서 있다고 믿었던 것은 분명하다.

은 이스라엘만을 위한 것 이상의 넓은 의미를 갖고 있다. 우리가 이미 보았듯이, 그런 증명의 힘은 이방 신들의 능력 혹은 능력의 부족에 대해 내려진 신학적 심판에 달려 있다. 참으로 제2이사야가 여호와의 온전한 구원 행위를 이스라엘에 대해서뿐 아니라 그와 동시에 이방인들과 관련시켜서, 다시 말해, 이스라엘에 대한 이런 행위들이 이스라엘 주변의 정치적 세계에 끼칠 영향과 관련시켜서 서술하는 방식에는 완전히 새로운 무언가가 있다. 제2이사야는 그런 행위들의 결과가 범세계적인 것이 되리라고 확신하고 있다.

일단 여호와께서 이스라엘에게 그분의 일을 행하신다면, 열방 사이에서 전면적인 "신들의 황혼"이 찾아올 것이다. 왜냐하면 이방인들이 그들의 우상들의 무능함을 깨닫게 될 것이기 때문이다. 이방인들은 수치를 당할 것이다(사 41:11; 42:17; 45:24). 그들은 여호와께로 나아올 것이다. 참으로 그 때 그들은 주님의 흩어진 백성들을 그들의 고향으로 데려올 것인데, 그것은 그들이 이스라엘의 하나님의 위대함과 영광을 확신하기 때문이다(45:24; 49:22f.). "왕들이 보고 일어서며 고관들이 경배하리니 이는 이스라엘의 거룩하신 이 신실하신 여호와 그가 너를 택하였음이니라"(49:7).

참으로 여호와께서는 다시 한 번 제2이사야의 입을 통해 열방을 향해 이 구원의 여명의 시간을 놓치지 말고 이용하라고 호소하신다. "땅의 모든 끝이여 내게로 돌이켜 구원을 받으라"(사 45:22). "내 공의가 가깝고 내 구원이 나갔은즉 내 팔이 만민을 심판하리니 섬들이 나를 앙망하여 내 팔에 의지하리라"(51:5). 그러나 우리는 이것을 "선교적 사고"라고 불러서는 안 된다. 왜냐하면 제2이사야가 이스라엘을 열방의 "증인"으로 묘사했을 때(43:10; 44:8; 55:4), 그는 이스라엘이 열방으로 사자들을 파송하는 문제를 염두에 두지 않았기 때문이다. 그 예언자가 보기에 이스라엘은 오히려 이방인들이 인식하게 될, 그리고 그들이 종말론적 사건들의 과정 속에서 자발적으로 의지하게 될 일종의 표지였다. 열방은 이스라엘 앞으로 나아와 다음과 같이 고백하게 될 것이다. "하나님이 과연 네게 계시고 그 외에는 다른 하나님이 없다." "진실로 주는 스스로 숨어 계시는 하나님이시니이다"(45:14f., 24).

그런데 제2이사야가 이렇게 말했을 때 사람들이 그를 믿었을까? 이 질문은 우리를 그의 활동의 또 다른 특별한 측면으로 이끌어간다. 그것은 믿음이 없는 자들과의 대화, 즉 자신들의 현실이 아주 다른 모습을 하고 있을 뿐 아니라, 또한 자기들이 하나님께 버림 받았다고 느끼고 여호와께서 자신들의 "길"을 살피신다고 믿을 수가 없어서 지쳐버린 사람들과의 대화다.

> 야곱아 어찌하여 네가 말하며 이스라엘아 네가 이르기를 내 길은 여호와께 숨겨졌으며 내 송사는 내 하나님에게서 벗어난다 하느냐(사 40:27)

> 두려워하지 말라 내가 너와 함께 함이라 놀라지 말라 나는 네 하나님이 됨이라(사 41:10)

> 14오직 시온이 이르기를 여호와께서 나를 버리시며 주께서 나를 잊으셨다 하였거니와 15여인이 어찌 그 젖 먹는 자식을 잊겠으며

자기 태에서 난 아들을 긍휼히 여기지 않겠느냐 그들은 혹시 잊을지라도 나는 너를 잊지 아니할 것이라 16내가 너를 내 손바닥에 새겼고 너의 성벽이 항상 내 앞에 있나니 (사 49:14-16)

7내가 잠시 너를 버렸으나 큰 긍휼로 너를 모을 것이요 … 10산들이 떠나며 언덕들은 옮겨질지라도 나의 자비는 네게서 떠나지 아니하며 나의 화평의 언약은 흔들리지 아니하리라 (사 54:7, 10)

과거에 여호와께서 어느 예언자의 입을 빌려 이렇게 말씀하신 적은 결코 없었다. 과거에 그분이 자신의 백성에게 이처럼 가까이 오셔서 말씀하신 적은 결코 없었다. 이 대화에서 예언자는 가능한 설득 수단을 모두 다 동원한다. 그는 이성과 감성에 호소한다. 그는 논쟁하고 증명한다. 제2이사야가 고통으로 인해 강퍅해진 이스라엘 백성의 마음을 얻고자 애쓸 때, 그는 자기의 하나님의 마음을 거의 수치스러울 만큼 드러내는 용어들을 사용한다. 그는 이스라엘에 대한 하나님의 진노와 그동안 수행되어 왔던 심판을 멸시할 정도다. 이스라엘은 이미 너무 큰 대가를 치렀다(사 40:2). 혹은 하나님의 진노는 짧은 기간만 지속되었고, 지금 그것은 과거의 일이 되었다(54:7). 확실히 여호와께서는 적들이 그분의 백성을 노략할 때 침묵하셨다. 그러나 그분이 어떻게 더 이상 자신을 억제하고 고통을 숨기실 수 있겠는가(42:14)! 아무도 여호와께서 진노 가운데서 그분의 백성을 영원히 거부하셨다고 생각해서는 안 된다. "내가 너희의 어머를 내보낸 이혼 증서가 어디 있느냐?" 그런 것은 없다(50:1)! 만약 어째서 여호와께서 여전히 이 백성에게 집착하시는가라는 질문이 제기된다면, 그 대답은 "네가 내 눈에 보배롭고 존귀하며 내가 너를 사랑하였은즉"(43:4)이 될 것이다. 또 만약 어째서 포로기 이전의 예언자들에게서 그토록 현저하게 나타났던 비난이 제2이사야에게서는 나타나지 않는가, 그리고 어째서 오직 그에게서만 여호와의 완강한 사랑의 메시지가 그토록 강력한 힘을 지니고 폭발하는가라는 질문이 제기된다면, 그 대답은 "여호와께서 그의 백성을 용서하셨기 때문이다"가 될 것이다. 예언자는 이 용서를 그가 이 특별한 역사적 시기에 목소리를 높여 전해야 할 예기치 않았던 사건으로 여기고 있다.

새로운 종

흔히 "종의 노래들"은 각각 개별적으로 논의되는데, 그것은 우리가 그것들을 온전하게 이해할 수 없기 때문이다. 우리는 그 노래들이 어법과 신학적 주제 모두에서 제2이사야의 나머지 부분들과 많은 공통점을 갖고 있다는 것을 안다. 우리로서는 그 노래들의 저자가 제2이사야가 아니라고 생각할 아무런 이유가 없다. 그러나 다른 한편으로 우리는 그 노래들을 우리가 위에서 개괄했던 제2이사야의 사상 속으로 부드럽게 그리고 성공적으로 밀어 넣을 수가 없다. 그 노래들과 그의 선포 사이의 밀접한 연관성에도 불구하고, 그것들은 여전히 그 선포 안에서 어떤 고립된 위치를 차지하고 있으며 그것들을 덮고 있는 특별한 수수께끼들을 갖고 있다. 그것들을 이해하는 데 필요한 핵심적인 문제들 중 아직 답을 얻지 못한 것들이 적지 않다. 혹은 적어도 주석가들은 그 노래들 중 몇몇 구절들에서는 한 가지 이상의 답이 가능하다는 사실을 인정하지 않을 수 없다.

종의 임명과 파송

> 1내가 붙드는 나의 종, 내 마음에 기뻐하는 자 곧 내가 택한 사람을 보라 내가 나의 영을 그에게 주었은즉 그가 이방에 정의를 베풀리라 2그는 외치지 아니하며 목소리를 높이지 아니하며 그 소리를 거리에 들리게 하지 아니하며 3상한 갈대를 꺾지 아니하며 꺼져가는 등불을 끄지 아니하고 진실로 정의를 시행할 것이며 4그는 쇠하지 아니하며 낙담하지 아니하고 세상에 정의를 세우기에 이르리니 섬들이 그 교훈을 앙망하리라 (사 42:1-4)

이 첫 번째 노래에서 화자話者는 하나님이시다. 이 노래에서 여호와는 자신의 종을 소개하시는데, 궁중에서 빌려온 것이 분명한 양식을 따라 그렇게 하신다. 그 양식은 황제가 어느 엄중한 경우에 속국의 왕들이나 총독을 귀족들에게 소개하고 법적으로 새로운 관원의 의무와 권력을 규정할 때 따르는 방식이다.[13] 그런 소개 후에는 그 관원이 엄중한 책임을 수행하는 데 필요한 것, 즉 그의 카리스마charisma에 관한 진술이 나온다. 그 다음에는 책임에 대한 간략한 설명이 뒤따른다. 즉 그는 그의 가르침을 기다리고 있는 열방으로 "진리"를 가져가야

---

13 우리는 다윗이 솔로몬을 자신의 후계자로 선포하는 것 같은 행위를 생각해 볼 수 있다(대상 28:1ff.).

한다. 마지막으로 우리는 그의 사역 방식에 관한 이야기를 듣는다. 거기에는 폭력적인 것은 아무것도 없다. 그의 사역 방식은 용서하고 구원하는 것이다. 이 노래에서 세 차례 나타나는 "정의" 혹은 "진리"라는 말의 의미는 이 구절을 이해하는 데 중요하다. 우리는 그것을 "심판의 선언", 즉 그 종이 열방을 향해 선포해야 하는 관대한 심판을 의미하는 것으로 이해할 수 있다. 그러나 보다 그럴듯한 견해는 그 말이 아주 일반적인 의미를 갖고 있으며, 하나님께서 이스라엘의 제사와 삶을 위해 제공하신 확정된 질서를 의미한다는 것이다. 사실상 그것은 참된 종교와 동일시될 수 있다.[14]

임무의 갱신

> ¹섬들아 내게 들으라 먼 곳 백성들아 귀를 기울이라 여호와께서 태에서부터 나를 부르셨고 내 어머니의 복중에서부터 내 이름을 기억하셨으며 ²내 입을 날카로운 칼 같이 만드시고 나를 그의 손 그늘에 숨기시며 나를 갈고 닦은 화살로 만드사 그의 화살통에 감추시고 ³내게 이르시되 너는 나의 종이요 내 영광을 네 속에 나타낼 이스라엘이라 하셨느니라 ⁴그러나 나는 말하기를 내가 헛되이 수고하였으며 무익하게 공연히 내 힘을 다하였다 하였도다 참으로 나에 대한 판단이 여호와께 있고 나의 보응이 나의 하나님께 있느니라 ⁵이제 여호와께서 말씀하시나니 그는 태에서

---

14 가령, 왕하 17:27과 사 58:2: 참고. 렘 5:4; 8:7. 이런 개념과 관련해서는, 우리가 사용하는 "진리"라는 말이 "정의"라는 말보다 훨씬 더 가깝다.

> 부터 나를 그의 종으로 지으신 이시요 야곱을 그에게로 돌아오게
> 하시는 이시니 이스라엘이 그에게로 모이는도다 그러므로 내가
> 여호와 보시기에 영화롭게 되었으며 나의 하나님은 나의 힘이
> 되셨도다 6그가 이르시되 네가 나의 종이 되어 야곱의 지파들을
> 일으키며 이스라엘 중에 보전된 자를 돌아오게 할 것은 매우
> 쉬운 일이라 내가 또 너를 이방의 빛으로 삼아 나의 구원을 베풀어
> 서 땅 끝까지 이르게 하리라 (사 49:1-6)

여기에서 화자는 종 자신이다. 그가 자기의 말을 들으라고 호소하는 대상은 세상의 모든 나라들이다. 무엇보다도 먼저 그는 정확하게 1인칭을 사용해 예언적 설명의 방식을 따라 자신의 소명에 관해 말한다. 그 종은 예레미야처럼 그가 태어나기도 전에 그리고 그가 쓰임을 받기도 전에, 즉 그가 하나님의 화살통 안에 있는 동안 부르심을 받았고, 하나님은 그에게 자신의 계획을 알려주셨다. 그분의 계획은 자신이 종을 통해 영광을 받으시는 것이었다.[15] 그 종이 자신의 노력이 헛되었다고 탄식하자—이런 탄식과 그것에 뒤따르는 하나님의 대답은 예레미야의 고백들이 갖고 있는 양식을 강력하게 상기시킨다—하나님은 그의 임무를 갱신하신다. 그것도 특별한 용어들을 사용해 그렇게 하신다. 한편으로 그 종은 이스라엘을 향한 사명을 갖고 있었다. 그것은 보존된 사람들을 회복시키고 야곱의 지파들을 다시 일으켜 세우는 것이었다. 그러나 아직 전혀 수행되지도 않은 이런 사명 뒤에 두 번째 사명이

---

15 나는 대다수의 주석가들과 마찬가지로 3절에 나오는 "이스라엘"을 후대에 삽입된 것으로 여긴다.

놓여 있었는데, 그것은 이방의 빛이 되고 여호와의 구원을 땅 끝까지 중재하는 것이었다. 분명히 그 둘 사이에는 그 어떤 내적 연관성도 없어 보인다. 사실 그 둘은 서로 아무 상관이 없. "야곱의 지파들을 일으키며"라는 구절은 하나의 나라로서의 새 이스라엘이 아니라 옛 부족 동맹의 재건을 가리키는 것처럼 보인다.

여호와에 대한 신뢰

⁴주 여호와께서 학자들의 혀를 내게 주사 나로 곤고한 자를 말로 어떻게 도와 줄 줄을 알게 하시고 아침마다 깨우치시되 나의 귀를 깨우치사 학자들 같이 알아듣게 하시도다 ⁵주 여호와께서 나의 귀를 여셨으므로 내가 거역하지도 아니하며 뒤로 물러가지도 아니하며 ⁶나를 때리는 자들에게 내 등을 맡기며 나의 수염을 뽑는 자들에게 나의 뺨을 맡기며 모욕과 침 뱉음을 당하여도 내 얼굴을 가리지 아니하였느니라 ⁷주 여호와께서 나를 도우시므로 내가 부끄러워하지 아니하고 내 얼굴을 부싯돌 같이 굳게 하였으므로 내가 수치를 당하지 아니할 줄 아노라 ⁸나를 의롭다 하시는 이가 가까이 계시니 나와 다툴 자가 누구냐 나와 함께 설지어다 나의 대적이 누구냐 내게 가까이 나아올지어다 ⁹보라 주 여호와께서 나를 도우시리니 나를 정죄할 자 누구냐 보라 그들은 다 옷과 같이 해어지며 좀이 그들을 먹으리라 ¹⁰너희 중에 여호와를 경외하며 그의 종의 목소리를 청종하는 자가 누구냐 흑암 중에 행하여 빛이 없는 자라도 여호와의 이름을 의뢰하며

자기 하나님께 의지할지어다 11보라 불을 피우고 횃불을 둘러 띤 자여 너희가 다 너희의 불꽃 가운데로 걸어가며 너희가 피운 횃불 가운데로 걸어갈지어다(사 50:4-11a)

이 노래의 양식과 내용은 예레미야의 고백을 상기시킨다. 그리고 이것은 "신뢰에 관한 예언적 시편"이라는 말로 가장 잘 정의된다. 종과 여호와의 관계는 예언자와 여호와의 관계와 동일하다. 종은 특별히 지친 자를 위로하는 데 사용되는 순종하는 혀와 쉴 새 없이 계시를 받아들이는 귀를 갖고 있다. 계시가 계속해서 그리고 중단 없이 그에게 온다는 점에서 그의 경험은 그의 선배들의 그것과 다르다. 종과 하나님의 대화는 계속된다. 그의 사역은 분명히 그에게 극심한 고통을 가져다 주었다. 그러나 그는 자신이 여호와 안에서 안전하다는 확신을 결코 잃어버리지 않는다. 이런 확신은 그에게 고난을 견디고 자신에 대한 변호를 기대할 힘을 제공했다. 여기에서 사용된 언어가 법정의 언어라는 사실이 필연적으로 그 종이 특별한 법적 지위를 갖고 있었음을 의미하지는 않는다. 그런 언어는 확신에 관한 이런 표현들에 적합한 심상의 일부를 형성한다(참고. 욥 13:18f.). 10-11절이 그 노래의 일부인지는 확실하지 않다. 왜냐하면 여기에서는 갑자기 어떤 다른 인물—아마도 그는 예언자 자신일 텐데, 어쩌면 여호와일수도 있다—이 그 종에 관해 말하기 때문이다. 그러나 그가 그 종의 고난과 그의 믿음에 관해 말하는 것을 감안한다면, 우리는 이 구절들을 배제해서는 안 된다. 그 구절들은 그 종을 무시하거나 어쩌면 그에게 고난을 가하고 있는 이들을 향한 권면 혹은 위협을 포함하고 있기 때문이다.

고난 받는 종

13 보라 내 종이 형통하리니 받들어 높이 들려서 지극히 존귀하게 되리라 14 전에는 그의 모양이 타인보다 상하였고 그의 모습이 사람들보다 상하였으므로 많은 사람이 그에 대하여 놀랐거니와 15 그가 나라들을 놀라게 할 것이며 왕들은 그로 말미암아 그들의 입을 봉하리니 이는 그들이 아직 그들에게 전파되지 아니한 것을 볼 것이요 아직 듣지 못한 것을 깨달을 것임이라 1 우리가 전한 것을 누가 믿었느냐 여호와의 팔이 누구에게 나타났느냐 2 그는 주 앞에서 자라나기를 연한 순 같고 마른 땅에서 나온 뿌리 같아서 고운 모양도 없고 풍채도 없은즉 우리가 보기에 흠모할 만한 아름다운 것이 없도다 3 그는 멸시를 받아 사람들에게 버림 받았으며 간고를 많이 겪었으며 질고를 아는 자라 마치 사람들이 그에게서 얼굴을 가리는 것 같이 멸시를 당하였고 우리도 그를 귀히 여기지 아니하였도다 4 그는 실로 우리의 질고를 지고 우리의 슬픔을 당하였거늘 우리는 생각하기를 그는 징벌을 받아 하나님께 맞으며 고난을 당한다 하였노라 5 그가 찔림은 우리의 허물 때문이요 그가 상함은 우리의 죄악 때문이라 그가 징계를 받으므로 우리는 평화를 누리고 그가 채찍에 맞으므로 우리는 나음을 받았도다 6 우리는 다 양 같아서 그릇 행하여 각기 제 길로 갔거늘 여호와께서는 우리 모두의 죄악을 그에게 담당시키셨도다 7 그가 곤욕을 당하여 괴로울 때에도 그의 입을 열지 아니하였음이여 마치 도수장으로 끌려가는 어린 양과 털 깎는 자 앞에서 잠잠한

양 같이 그의 입을 열지 아니하였도다 8그는 곤욕과 심문을 당하고 끌려 갔으나 그 세대 중에 누가 생각하기를 그가 살아 있는 자들의 땅에서 끊어짐은 마땅히 형벌 받을 내 백성의 허물 때문이라 하였으리요 9그는 강포를 행하지 아니하였고 그의 입에 거짓이 없었으나 그의 무덤이 악인들과 함께 있었으며 그가 죽은 후에 부자와 함께 있었도다 10여호와께서 그에게 상함을 받게 하시기를 원하사 질고를 당하게 하셨은즉 그의 영혼을 속건제물로 드리기에 이르면 그가 씨를 보게 되며 그의 날은 길 것이요 또 그의 손으로 여호와께서 기뻐하시는 뜻을 성취하리로다 11그가 자기 영혼의 수고한 것을 보고 만족하게 여길 것이라 나의 의로운 종이 자기 지식으로 많은 사람을 의롭게 하며 또 그들의 죄악을 친히 담당하리로다 12그러므로 내가 그에게 존귀한 자와 함께 몫을 받게 하며 강한 자와 함께 탈취한 것을 나누게 하리니 이는 그가 자기 영혼을 버려 사망에 이르게 하며 범죄자 중 하나로 헤아림을 받았음이니라 그러나 그가 많은 사람의 죄를 담당하며 범죄자를 위하여 기도하였느니라 (사 52:13-53:12)

이 구절은 여호와의 말씀(사 52:13-15), 창화唱和(53:2-10), 그리고 여호와의 또 다른 말씀(53:11-12)으로 구성되어 있다. 따라서 우리는 이것을 "예언적 예전문"이라고 부를 수도 있을 것이다. 그러나 우리는 이 구절을 구성하는 양식(세상의 모든 왕들에 대한 종의 소개)뿐 아니라 특별히 그것이 갖고 있는 만가輓歌적 내용이 예배라는 정황 속에서 발견될 수 있는 것을 훨씬 넘어선다는 것을 기억해야 한다.

이 노래의 시작 부분에 나오는 여호와의 말씀(사 52:13-15)은 종의 미래, 즉 그의 고양高揚에 초점을 맞춘다. 그것은 그를 세상의 모든 나라들 앞에 드러낼 뿐 아니라, 그 나라들이 조롱을 당하고 인간의 형상을 넘어설 정도로 훼손된 이의 참된 위상을 인식하게 될 때를 미리 내다본다. 그 때 크게 놀란 그들은 "아직 그들에게 전파되지 아니한 것"(51:15)을 보게 될 것이다. 이 위대한 시가 갖고 있는 특별한 측면은 그것이 사실상 그 모든 이야기의 마지막 결론, 즉 종의 영광 받음과 온 세상이 그 종의 의미를 인식하는 것으로 시작된다는 것이다. 그러나 이것은 이 노래 전체에서 가장 중요한 요소들 중 하나를 가리킨다. 그것은 종과 관련해서 벌어지는 사건들은 원칙적으로 그 사건들의 결말에 비추어서만 이해될 수 있다는 것이다. 그 이전의 모든 행위들은 오직 그런 식으로만 그것들의 참된 의미를 드러낼 수 있다.

그러므로 여호와의 말씀을 뒤따르는 창화 부분(사 53:2-10)은 종이 중심이 되는 사건들을 과거를 회고하는 식으로 묘사한다. 즉 그것은 오직 종말론적 견지에서만 드러날 수 있는 통찰들을 표현하고 있다. 이 노래를 부르는 자들이 누구인지에 대해서는 약간의 논란이 존재한다. 만약 우리가 이 노래의 문맥을 고려한다면, 이 노래를 부르는 자들은 동시대의 이방인들인 것처럼 보일 수 있다. 그러나 어떤 주석가들은 이 노래가 죽은 자를 위한 애가와 닮았다는 이유로 오직 이스라엘에 의해서만 불릴 수 있었으리라고 믿는다.16 만가의 양식을 따르는

---

16 이에 대한 판단은 어느 정도는 우리가 사 53:1b를 이해하는 방식에 달려 있다. "여호와의 팔이 누구에게 나타났느냐"라는 질문은 아마도 그 종과 관련되어 있을 것이다(그 질문은 "어떤 종류의 사람에게"라는 의미를 갖고 있다). 다른 해석은

이 창화 부분은 죽은 자에 대한 서술로 나아간다. 그러나 여기에서 강조되는 것은 관습적인 송덕문頌德文에서처럼 그 종의 명성이 아니라 그가 처했던 비참한 상황과 그가 받았던 조롱이다. 노래하는 자들은 자기들이 눈이 멀었음을 비난한다. 그들은 자기들의 눈앞에서 벌어졌던 사건을 이해하지 못했다. 그 종은 다른 이들을 위해서 고난을 받았던 것이다. 그들이 교제하기를 거부했던 이는 참으로 그들을 위했던 이였다. 노래하는 자들은 계속해서 그 종이 대속적 행위를 했다는 사실을 되풀이해서 말한다. 그 종은 죽음에 이르기까지 유순하게, 저항하지 않고, 의도적으로, 그리고 여호와의 계획에 순종하면서 중재의 직무를 떠안았다.[17] 이 노래는 그 고난의 본질에 관한 정확한 정보를 제공하지는 않으나 그 종의 고난의 깊이를 묘사하는 데 인색하지 않다. 애가의 관습을 따라 그 종이 겪어야 했던 여러 가지 험한 일들이 묘사된다—그의 외모, 혈통, 그가 받았던 조롱, 질병(그가 문둥병자였다는 개념은 아주 오래된 것이다), 매 맞음 등. 또 그는 감옥에 갇혔고, 불구가 되었고, 찔림을 받았고(5a절), 얻어맞았고, 수치스럽게 매장되었다. 이 노래는 그 종의 고난을 비길 바 없는 것으로 묘사하려고 애쓴다. 그와 동시에

그 계시를 여호와께서 그들에게 자신을 계시하지 않으신 다른 집단과 맞서고 있는 한 그룹의 사람들과 관련시킨다. 그러나 종에게 아무 관심도 기울이지 않는 집단이 어떤 이들인지에 대해서는 본문 어디에서도 암시되지 않는다.

17 그 종이 자신의 생명을 "속건제물로"(10절) 드렸다는 진술은 대속적 고통이라는 주제에 대한 또 다른 변형이다. 만약 이것이 특별히 제사에서 드려졌던 희생제물을 언급하는 것이라면, 그 표현에는 신학적 관점에서 어떤 특별한 의미가 제공될 것이다. 왜냐하면 그 종의 희생이 희생제사 제도를 능가했다는 주장은, 분명히 구약성서에서는 다른 예를 찾아볼 수 없고, 아마도 제2이사야 자신의 생각과도 모순될 것이기 때문이다(사 43:22f.). 그러므로 우리는 이 "속건제물"이라는 말을 "보상" 혹은 "담보" 같은 일반적인 법률적 의미로 이해하는 것이 옳을 것이다.

거기에는 그 종을 지명하셨던 여호와의 목적이 실패로 끝나지 않았으며, 그 종이 분명히 무덤 저편에서 생명과 후손을 얻게 되리라는 인식이 들어 있다(10b절).[18]

이 노래의 끝에 나오는 여호와의 말씀(사 53:11-12)은 그 종의 구원 사역을 묘사하면서 또 다른 중요한 개념 하나를 소개한다. 그는 "많은 사람을 의롭게" 할 것이다. 즉 그는 "그들의 죄악을 담당함으로써" 그들을 하나님과의 올바른 관계 안으로 이끌어 갈 것이다. 종의 고난과 마찬가지로 구원을 위한 그의 역할도 몇 가지 다른 방식으로 묘사된다. 그는 "깨끗하게 하고", 질병을 "감당하고", 슬픔을 "대신 지고", 징계를 "받고", 채찍에 맞음으로써 "치유하고", 자기의 생명을 "대속물로 내주고", 많은 사람들을 "의롭게 하고", 자기의 영혼을 "버리고", 대속적으로 행동한다(인용부호 속의 동사들은 본문에 사용된 히브리어들로 우리말 성서에서는 조금씩 달리 표현되어 있다 – 역주).

종의 정체

이런 "노래들"에 대한 해석은 처음부터 그것들에서 사용된 매우 회화적인 언어들로 인한 한계에 종속될 수밖에 없다. 종종 독자들은 그 노래들의 저자가 은유metaphor를 사용하고 있다는 사실을 전혀 의식하지 못한다. 심지어 그는 직접적인 말을 할 때조차 정확한 표현을 사용하지

---

[18] 이 노래에서는 종과 대비되는, 그리고 그가 그들을 대신해 고난을 당하는 "많은 사람들"이 네 번에 걸쳐 언급된다(사 52:15; 53:11, 12a, 12b). 이 용어는 "모두"(따라서 배타적이지 않은 것으로, 즉 "많은, 그러나 모두는 아닌")라는 포괄적인 의미로 이해되어야 한다.

않는다. 그는 너무 많은 말들을 쌓아 올리기 때문에 그가 말하는 내용은 힘과 감정을 얻는 반면, 그가 사용하는 용어들은 부정확하다. 그리고 그 결과 그의 노래 안에는 여전히 어떤 모호함이 남아 있게 된다.

이것은 그가 사용하는 문학 양식에도 해당된다. 이 노래의 저자는 명확한 문학 양식들을 사용한다. 하지만 그는 그런 양식들에 제공하는 내용을 통해 그것들을 크게 확장시킨다. 그런데 그의 방법은 아주 놀라워서 그런 문학 양식들조차 주석적 지침으로 사용하기에는 한계를 드러낸다. 그런 양식들은 많든 적든 모두 "분해되어 있다." 즉 그것들은 그것들에게 적당한 "삶의 자리 Sitz im Leben"로부터 분리되어 있고, 또한 그것들이 전달해야 할 특별한 내용으로 인해 파괴되어 있다.

그러나, 일단 우리가 이런 사실을 인식한다면, 우리는 하나의 그룹으로서의 이 노래들을 이해하기 위한 단서를 얻은 셈이다. 그런 극단적인 언어는 결코 어느 살아 있는 인물이나 최근에 죽은 이에게 적용될 수 없다. 만약 그 종이 (가령) 제2이사야 자신 같은 동시대의 예언자였다면, 그 노래들의 저자가 굳이 궁중 전승의 문학 양식들로 되돌아갈 필요는 없었을 것이다. 그리고 만약 그 종이 과거의 어느 왕이었다면, 우리는 그 노래들이 예언적 양식들을 그렇게 많이 사용하는 것에 대해서도 같은 말을 할 수 있을 것이다. 그 노래들이 모든 익숙한 인간적 범주들을 이처럼 초월하고 있는 것은 미래를 예견하는 담화의 특징을 보여 준다.

이 노래들을 완전히 이해하기 위한 유일한 방법은 그 종에게 주어진 직무의 본질을 이해하는 것이다. "여호와의 종"이라는 칭호는 도움을 얻기에는 너무 모호하다.[19] 우리가 당연한 것으로 여길 수 있는 첫 번째 사항은 그가 (비록 전적으로 새로운 방식으로이기는 할지라) 어떤 분명한 직무를 갖고 있으며, 따라서 모든 익숙한 전통적 직무들과 무관한 상상 속의 인물이 아니라는 것이다. 그렇다면 오직 두 가지 가능성만이 열려 있다. 즉 그 종의 역할은 왕 아니면 예언자의 역할인 것이다. 내 생각에는 이들 중 두 번째 것만이 타당할 수 있다. 분명히 그 노래들 속에는 전형적인 왕의 속성에 해당하는 한두 가지 표현들이 들어 있다(많은 이들이 생각하는 것처럼 많지는 않다). 그러나 그것들은 아주 쉽게 예언자에 대한 전통적인 설명의 우발적 확대로 설명될 수 있다.[20] 이 노래들에는 왕의 기본적인 역할, 즉 통치자로서의 역할이 나타나지 않는다.

다른 한편, 이 노래들은 선포와 고난을 주제로 삼고 있는데, 그것들은 그 무렵에 예언자들이 갖고 있던 기본적인 역할이었다. "소개의 신탁"(사 42:1ff.)에서 종에게 주어졌던 직무가 어떻게 예언적 직무 이외의 다른 것으로 이해될 수 있겠는가? 두 번째 노래에서 종이 가장 먼저 언급하는 것은 여호와께서 날카로운 칼 같이 만드신 그의 입이었

---

19 구약성서에서 족장들, 모세, 다윗, 예언자들, 그리고 욥 등은 모두 "여호와의 종"이라는 칭호를 받고 있다. 고레스가 제2이사야의 희망을 무너뜨렸고, 그로 인해 제2이사야가 종이라는 칭호를 그와는 아주 다른 누군가에게, 즉 하나님의 종에게 넘겼다는 착상은 오직 그 칭호만이 갖고 있는 특별함을 상실한다는 점에서 설득력이 없다. 여호와에게는 다른 많은 종들이 있지 않은가? 그러나 무엇보다도 이런 심리학적 해석은 성서 주석이 허용할 수 있는 범위를 넘어선다. 우리는 우리가 그에 관해 아무것도 알지 못하는 어느 예언자에 대해 그런 예민한 심리학적 분석을 할 만한 위치에 있지 않다. 물론 그런 해석에 무언가 그럴듯한 것이 있을 수도 있다. 그러나 상황이 아주 다를 수도 있다.

20 특별히 여호와에 의한 종의 소개(사 42:1ff.), 갇힌 자들의 석방(42:7), 그리고 입을 다문 왕들 앞에서 종이 높아짐(52:13f.) 등이 여기에 속한다.

다(49:2). 그리고 세 번째 노래에서—여기에서도 가장 먼저 입이 언급된다—그는 자신을 순종하는 대언자와 계시의 수납자로 여긴다(50:4). 우리는 7세기경에 이르러 예언자적 역할의 개념이 변화되었으며, 예언자들이 고난 받는 중재자로 묘사되었다는 많은 증거들을 갖고 있다. 그러나 고난 받는 왕에 대한 그런 증거들은 어디에 있는가?

물론 종의 직무에 관한 이런 개념은 다음과 같은 두 번째 질문에 답을 주지 못한다. 이 노래들에서 종은 한 개인인가, 아니면 세상을 향해 사명을 수행하고 있는 이스라엘 전체를 위한 상징인가? 두 번째 해석은 아주 오래된 것이다. 실제로, 이사야 49:3에 들어 있는 삽입구와 이사야 52:1에 대한 70인역(LXX)의 번역이 보여 주듯이, 그것은 우리가 알고 있는 가장 오래된 해석이다.[21] 그런 해석은 제2이사야가 다른 곳에서 "여호와의 종"이라는 용어를 이스라엘 민족에게 적용하기 때문에[22], 그리고 그가 이스라엘에 관해 하는 말들 중 많은 것이 이 노래들에서 종을 가리키는 데 사용되기 때문에 지지를 얻는다. 그러나 이런 "집단적 해석"은 극복하기 어려운 문제들을 제기한다. 이에 대한 오래된 반론, 즉 이사야 49:6에 근거해 그 종이 이스라엘을 향한 사명을 갖고 있었다고 주장하는 것은 여전히 타당하다. 게다가, 예언적 고백(사 49:1ff.; 50:4ff.)처럼 개인과 관련된 문학 양식을 집단에게 적용하는 것은 아주 무리한 일이다. 그러나 무엇보다도 제2이사야가 말하는 이스라엘의 신앙의 결여와 반역적 태도를 그 노래들에 등장하는 종의

---

21 그러나 고대에 이런 집합적 해석은 그 분야에서 유일한 것이 결코 아니었다. 팔레스타인 유대교 안에는 개인적인 해석과 메시아적 해석의 예들이 존재한다.
22 사 41:8; 42:19; 44:1, 2, 21; 45:4; 48:20.

순종, 완전한 자기 포기, 그리고 강력한 신앙과 동일시하는 것은 불가능하다. 제2이사야는 이스라엘의 고통을 (마지막 노래가 종의 고통에 대해 말하듯이) 무고한 것으로 여기지 않았다(40:2; 43:24; 50:1).

그럼에도 최근의 연구는 그 종에 대한 철저히 개인주의적인 개념조차 이런 어려움들을 해결해 주지 못한다는 것을 밝혀냈는데, 그것은 그 두 개념들 사이의 경계가 어느 지점에서는 유동적이기 때문이다. 우리는 그 종의 모습이 여호와 앞에서의 이스라엘의 실존과 관련된 모든 선한 것들을 구체화한다고 분명하게 말할 수 있다. 그러므로 그 종과 이스라엘 사이에는 신학적 교차접속이 존재한다. 여호와께서는 그 둘 모두와 관련해 자신이 그들을 택하시고(사 42:1; 41:8), 그들을 붙들고 계시고(42:1; 41:10), 또한 그들을 태에서 불러내셨다(49:1; 48:12)고 말씀하신다. 물론 주석가들은 이런 공통점들을 신중하게 고려해야 한다. 그러나 그런 공통점들이 이 노래들이 묘사하는 종이 온 세상을 향한 예언적 사명을 부여받은 한 인간이라는 사실을 모호하게 하거나 덮어버리도록 허락해서는 안 된다.

그런데 도대체 그는 어느 시대에 속해 있는 것일까? 우리는 이 종 안에서 과거의 인물을 보는 해석들(그 중 일부는 조악할 정도로 비현실적이다)을 배제할 수 있다. 그 종이 제2이사야 자신이었다는 오래 전에 유행했던 생각 역시 만족스럽지 않다. 왜냐하면 그것은 너무 많은 질문들에 대해—특히 마지막 노래와 관련해—답을 주지 못하기 때문이다. 그 노래들을 어느 한 개인과 연결시키는 이런 전기적 해석 방법은 비평가들이 너무 오랫동안 간과해 왔던 한 가지 특별한 측면 앞에서 실패하는데, 그것은 그 방식이 그 노래들을 지나치게 좁은 틀 안에

가두기 때문이다. 그 노래들에서 사용된 표현들은 전기적 표현을 훨씬 넘어선다. 실제로 그것들은 과거나 현재에 존재했거나 존재하고 있는 어떤 이에 대한 묘사를 훨씬 넘어선다. 여호와의 종에 관한, 이스라엘과 세상을 향한 그의 사명에 관한, 그리고 그의 대속적 고난에 관한 묘사는 "미래"에 관한 예언이다. 그리고 그것은 제2이사야의 다른 모든 예언들과 마찬가지로 여호와께서 그분 자신을 위해 보존해 두신 순전한 기적의 영역에 속한다.

물론 제2이사야가 종에 관해 묘사하면서 그 노래들에 자신이 예언 사역을 하면서 겪었던 여러 가지 개인적인 경험들을 포함시켰을 가능성도 있다. 하지만 그것이 곧 그와 그 종이 동일한 인물임을 의미하지는 않는다. 예레미야의 고난과 하나님과 그의 대화 역시 그 종에 대한 묘사에서 어떤 역할을 담당하지만, 예레미야가 그 종은 아니다. 그러나 우리가 이런 노래들의 기원과 관련해 특별히 유념해야 하는 한 가지 전승이 존재한다. 그것은 바로 모세의 전승, 특히 신명기를 통해 드러나는 그에 관한 전승이다. 거기에서 모세는 "하나님의 종"으로 불린다.[23] 실제로 거기에서 그는 예언자의 원형으로 묘사된다. 또한 그는 야곱의 지파들에게 그들이 거주하게 될 여러 지역들을 할당하는 임무를 수행한다(민 32:33; 수 13:8, 15ff.; 14:1f.). 그는 또한 여호와와 이스라엘 사이에

---

23 구약성서에서 모세는 40차례에 걸쳐 "하나님의 종"으로 불린다. 그 중 11번은 신명기 이후에 나타나며(그것들은 모두 역대기에서 나타나며 따라서 신명기적 어법에 의존하고 있다), 오직 5번만 신명기 이전에 나타난다(출 4:10; 14:31; 민 12:7, 8; 11:11). 그러므로 그런 언급 중 대다수는 신명기와 신명기적 역사에서 나타나는 셈이다. 이것은 그것과 거의 동시대에 속하는 제2이사야의 "하나님의 종"과 관련된 본문들의 해석을 위해 무의미한 것일 수 없다.

서 중재자의 역할을 감당하고, 여호와를 향해 불만의 목소리를 높이고, 마지막에는 그의 백성들의 죄를 대신해 죽는다.24 "*그가 징벌을 당했다*" – 이것은 제2이사야가 말하는 "종"에게 거듭해서 일어나는 특징이 아닌가? 또한 그 종이 야곱의 지파들을 일으켜 세우고 그동안 보존되어 왔던 이들을 회복시키는 과업을 받았음을 고려해 보라. 여기에서 새로운 출애굽에 관한 메시지가 나타나는데, 그것은 제2이사야의 주된 주제들 중 하나다. 그렇다면 그 메시지는 새로운 출애굽이 옛 출애굽을 능가하는 것만큼이나 모세보다 위대한 인물이 될 예언자적 중재자(대형 對型/antitype으로서의 중재자)에 대한 예언을 요구하는 것 아닌가? 물론 그는 "제2의 모세"나 "모세의 환생"으로가 아니라 "모세 같은 예언자"로 언급되어야 한다. 내 생각에, 제2이사야는 신명기에서처럼 모세 같은 예언자를 고대하는 전승 안에 서 있었을 가능성이 아주 크다.25

제2이사야는 신명기에 의존하지 않았다. 오히려 그 둘 모두가 중재자로서의 그의 직무와 관련해, 그리고 다가올 예언자와 관련해 이미 존재하던 모세 전승을 사용했을 가능성이 더 크다. 물론 제2이사야는 신명기보다 그 전승을 훨씬 더 완전하게 발전시켰다. 그가 도입한

---

24 신 3:23ff.; 4:21; 9:9, 18ff., 25ff. 모세에 대한 이런 묘사와 종의 노래들 사이의 일치는 오래 전부터 인정되어 왔다.

25 나는 그 유명한 구절, 즉 신 18:18("내가 그들의 형제 중에서 너와 같은 선지자 하나를 그들을 위하여 일으키고 내 말을 그 입에 두리니 내가 그에게 명령하는 것을 그가 무리에게 다 말하리라")을 분배적 의미에서 이해하는 것, 즉 그를 영원히 계속해서 일하는 예언자로 이해하는 것이 옳은지에 대해 점점 더 확신이 서지 않는다. 아마도 그 구절은 오히려 새로운 모세에 대한 약속을 포함하고 있을 것이다. 그러나, 설령 이 구절에 대한 전통적 해석이 그 구절의 의미에 관한 올바른 해석일지라도, 종의 노래들과 이런 기대 사이에는 여전히 어떤 연관성이 있을 수 있다. 영속적인 제도에 관한 약속이 어떻게 틀이 잡히는지는 렘 33:17을 통해 잘 드러난다.

완전히 새롭고 과거의 모든 예언들을 훨씬 능가하는 요소는 그의 예언이 갖고 있는 보편적 차원이다. 그리고 제2이사야는 앞으로 올 예언자에 관한 전승, 즉 그가 물려받았던 것이 확실한 전승을 이 새로운 차원에 맞도록 개작했다. 신명기와 달리, 그가 강조하는 것은 세상을 위한 예언자적 중재자의 의미다. 만약 여호와의 종을 모세 같은 예언자로 해석하는 것이 옳다면, 이것은 또한 종의 노래들과 제2이사야의 나머지 메시지들 사이에서 느껴지는 불편한 간격을 좁히게 될 것이다.

제18장

바벨론과 페르시아 제국 초기 예언의 새로운 요소들

　신 바벨론과 페르시아 제국 초기에 세 명의 대大 예언자들이 시간적으로 연속해서 활동했다는 사실은 그들의 공통점에 관한 질문을 촉발한다. 에스겔은 예레미야의 동시대인으로 그보다 젊었다. 그 두 사람은 틀림없이 서로 알고 있었을 것이다. 그리고 에스겔의 예언이 그쳤을 때(571년 이후), 제2이사야가 이미 세상에 살고 있었을 것이다. 그러나 그들을 특별하게 연결시켜 주는 것은 그들이 메소포타미아의 제국들이 팔레스타인에 관심을 두기 시작함으로써 발생한 위기가 가장 긴장되고 심각한 국면에 접어들었던 시기에 살았다는 사실이다.

　600년경에 예루살렘에서 살았던 이들은 누구라도 세계의 지형을 뒤바꾸는 사건들이 이미 진행되고 있다는 것을 알 수 있었다. 그러나 그런 사건들 배후에 있는 여호와의 계획은 무엇이었는가? 참으로 여호와께서는 여전히 그 사건들을 통제하고 계신 것인가? 어쨌거나 그 무렵에는 그분의 역사 지배 능력에 대한 의문이 제기되고 있었다. 스바냐는 그 무렵에 어떤 이들이 "여호와께서는 복도 내리지 아니하시며 화도 내리지 아니하시리라"(습 1:12)고 말하고 있었음을 보여 준다. 그들은 무신론자가 아니었으나 더 이상 하나님의 행위를 현재적 의미에서 생각하지 않았다. 그리고 남 왕국은 북 왕국이 겪었던 것과 동일한 운명을 겪었고, 그 왕국의 지배층 사람들이 바벨론으로 잡혀가는 것을 목격했다. 이스라엘과 여호와의 관계는 완전히 불확실해졌다. 실제로 그들 중 많은 이들은 이미 그 문제와 관련해 부정적인 답을 얻고 있었다(참고. 렘 44:15ff.). 제2이사야 역시 이 심각한 위기의 시대에 속해 있었다. 그는 다른 대답들이 훨씬 더 그럴듯해 보였던 시기에 예루살렘에 대한 여호와의 열정적인 관심에 관한 메시지를 들고, 또한 이제 여호와께서 자기 백성을 향해 자신의 성실하심을 공언하시고 역사 속에서 자신을 영화롭게 하시기 위해 세상의 권력자 한 사람을 일으키려 하고 계시다는 예언을 들고 등장했다.

개인의 발견

다른 한편, 이들 세 예언자들의 공통점을 고찰할 때 우리는 그들 모두가 사람들이 이전보다 종교의 속박으로부터 크게 이탈했던 시기에 살았다는 사실을 기억해야 한다. 그런 이탈은 그 시대의 예언자들에게조차 분명한 징후를 남겼다. 그것은 그 시대 사람들이 신앙을 잃어버린 것 때문에 그들의 예언자적 열정이 약해졌다는 것이 아니라, 그들과 신앙 전통의 관계에서 얼마간의 변화가 나타났다는 것을 의미한다. 군주제의 마지막 시기에 개인들은 자신들을 집단으로부터 해방시켰고 개인으로서 자신들의 권리에 관한 질문을 제기했다.[1] 그로 인해 군주제시기의 예언자들 역시 전보다 훨씬 더 개인적이 되었다. 그들은 아모스나 이사야보다 종교적 문필가의 특성을 훨씬 더 많이 갖고 있었다. 즉 그들에게서는 특별히 인간적인 요소와 그것에 수반하는 모든 문제들이 훨씬 더 큰 자리를 요구하고 있었다. 따라서 이들 세 예언자와 거룩한 전승들의 관계 역시 보다 느슨해지고 절충적이 되었다. 사실 에스겔이나 제2이사야는 오랜 시간을 통해 신성한 지위를 얻은 전승을 다룰 때 얼마나 자의적이었는가(참고 겔 20; 사 55:1ff.)! 흔히 예레미야는 극단적인 고독과 개성화의 길을 걸어갔던 이로 간주되는데, 그와 비교할 때 에스겔은 훨씬 더 전승에 묶여 있었던 것으로 보인다. 그러나 그는 전승에서 취한 요소들을 아주 풍성하게 사용하면서 그 시대에 일어났던 변화보다 훨씬 더 많은 것을 드러내 보인다. 참으로 그가 자신의 자료들을 해석하고 그것들을 아주 솜씨 있게 이성적으로 그리고 전혀 새로운 관점에서 능란하게 다루며 보여 준 "현대성"은 그 시대의 그 어떤 이들보다도 앞선 것이었다. 에스겔은 자신의 사고의 세계가 자신이 그 시대를 위해 얼마간 적실성을 갖게 했던 전승의 세계와 아주 다르다는 것을 분명하게 밝혔다. 그러므로 이 예언자들이 공통적으로 갖고 있었던 것이 무엇인지에 대해 적절하게 답하려면, 우리는 그들 모두가 "개인individuals"이 되어가는 길을 따라 긴 여행을 했다는 사실로부터 출발해야 할 것이다.

먼저 외적 측면에서 시작하자면, 이런 예언자들에게서 나타나는

---

1 예루살렘 사람들의 회의적인 발언들 역시 여기에 포함된다. "주의 길이 공평하지 아니하다"(겔 18:25, 29). 또 다른 언급은 겔 12:22에서 인용된다. "모든 묵시가 사라지리라."

새로운 요소는 그들의 선포가 양식적 측면에서 이전의 예언자들의 그것보다 훨씬 더 넓은 토대 위에 서 있다는 것이다. 그들에게서 예언적 전승의 상(像)은 훨씬 더 많은 빛깔을 지니게 되었다. 우리는 이 예언자들에게서 사신 공식이나 다른 나라들에 관한 신탁 같은 전통적인 문학 양식들 외에도 그 시대에 관한 장대한 알레고리들(겔 16; 23), 신학적 여담(겔 18), 목회 서신(렘 20), 예언자와 하나님과의 대화, 애가 형태의 긴 독백 등을 발견한다. 여기에서 두 가지가 두드러진다. 적어도 예레미야와 에스겔에게서는 예언자가 자신을 "나"라고 칭하는 일이 현저하게 두드러진다(실제로 에스겔서는 한 예언자의 긴 자서전이나 다름없다). 이들은 실제로 보다 분명한 개성을 지니고 있고, 훨씬 더 고립적이며, 영적·신학적 생동감의 측면에서 그들의 선배들보다 훨씬 더 독립적이다.[2] 또한 그들은 자신들의 메시지를 감싸는 표현과 양식뿐 아니라 여호와를 대하는 문제에서도 훨씬 더 자유로웠다. 여호와를 대하는 문제와 관련해 가장 두드러진 특징은 그들(특히 하박국과 예레미야)이 때로 여호와께 불평과 비난을 쏟아놓았다는 사실이다.

두 번째 특징은 의심할 나위 없이 개인으로서 그들의 융통성과 긴밀하게 연관되어 있다. "너희" 곧 그들이 상대해서 말했던 백성과 그들의 관계 역시 변했다. 왜냐하면 그 관계가 더욱더 격앙되었기 때문이다. 그들의 메시지는 청중의 종교적 상황 속으로 더 깊이 들어갔

---

[2] 예언의 이런 개인주의화의 분명한 결과는 동일한 상황을 다른 눈으로 보았던, 그리고 우리가 "거짓 선지자들"이라고 부르는 이들과의 잦은 충돌이었다. 그런 충돌은 이런 개인주의화 과정이 진행되는 것과 비례해서 점점 더 늘어 갔을 것이 분명하다. 이 시기에 와서 예언적 말의 권위와 관련해 숨어 있던 문제가 가장 심각하게 나타났다.

다. 참으로 그들의 메시지는 청중을 철저하게 추격했다. 그리고 이것은 예언자들의 논쟁이 전보다 훨씬 더 깊은 수준에서 진행되었음을 의미한다. 그들의 청중은 아주 회의적이지는 않았으나 대체로 그들에게 비판적이었다. 따라서 예언자들은 청중의 이해를 얻기 위해 그런 상황에 적응해야 했고, 결국 그들의 노력은 그들의 선배들의 경우보다 훨씬 더 청중에게 이해를 얻는 쪽으로 집중되었다. 그들은 잘못된 개념들을 바로잡으려 했고, 청중을 설복시키려 애썼고, 자기들의 논거가 설득력 있는 것이 되도록 힘썼다. 이런 노력들은 제2이사야의 논쟁이나 풍성한 신학적 기초에 근거한 예언 증명(사 41:26f.; 43:9f.; 48:14) 등에서 정점에 이르렀다.

이것은 신학적 반성이 이런 예언자들의 선포에 특성을 부여하는 데 큰 역할을 했음을 의미한다. 이 시대의 예언자들이 (우리가 아는 한) 여호와의 말씀이라는 현상을 분명하게 정의하고 설명하려 했던 최초의 사람들이었던 것은 우연이 아니다. 우리는 그들이 자기들이 전해야 했던 각각의 개별적인 "말씀들"뿐 아니라 "여호와의 말씀"이라는 현상 일반을 다루는 일에 얼마나 골몰했는지 잘 알고 있다. 예레미야는 서로 다른 방식의 계시들이 지닌 가치를 철저히 이론적으로 고찰하면서 여호와의 말씀을 "바위를 쳐서 부스러뜨리는 방망이"라고 불렀고, 또한 그것을 보다 권위가 덜한 꿈을 통한 계시 방식과 대비시켰다(렘 23:28f.). 여호와의 말씀에 관한 제2이사야의 진술 역시 이론적인 신학자의 진술임이 분명하다. 그가 인간이 경험하는 세계를 두 개의 영역으로 나누는 방식에는 거의 도식적인 무언가가 있다. 즉 한편에는 그 안에 속한 모든 것이 변하는 육의 세계가 있었고, 다른 한편에는 유일하게 창조적이며 복을 산출하는 여호와의 말씀이 있었다(사 40:6-8; 45:10f.). 여호와의 말씀에 부여된 이 최고의 가치는 자연스럽게 예언자들의 자기 확신을 증가시켰다. 그들은 여호와의 말씀의 담지자이자 대변인으로서 여호와와 그분의 세계 통치 사이에서 절대적으로 중요한 위치를 차지했다.

고통에 대한 질문

그들이 숙고했던 중요한 주제들 중 하나는 하나님의 공의 곧 자신의 언약에 대한 여호와의 성실하심이 어떤 결과를 낳을 것인가 하는 문제였다. 이것은 당대의 사람들을 크게 당혹스럽게 했던 요소였을 뿐 아니라, 예언자들로서는 이스라엘이 그때까지 사용해 왔던 방식으로는 더 이상 답할 수 없었던 문제이기도 했다. 하박국이 여호와께서 여전히 그분의 백성에게 은혜로우신가 하는 의문을 제기한 것은 그 시대의 강력한 정치 세력들의 방종과 오만함 때문이었다. 예레미야와 에스겔은 동일한 문제를 다른 각도에서 보았다. 여호와의 구원 의지는 개인들을 위해 어떻게 표현되는가? 그분의 행위는 그분이 개인들에게 관심을 두지 않으신다는 것, 그리고 그분은 개인의 죄책이나 경건이나 순종에 대해 무관심하시다는 것을 입증하지 않는가? 여호와의 행위는 신앙을 위한 타당한 기초를 제공하는가?

그 시대에 제기된 이런 당혹스러운 질문들에 대한 예언자들의 대답이 동일한 패턴을 따르지 않는다는 것은 놀랄 일이 아니다. 그것은 서로 다른 예언자들이 그 질문을 서로 다른 방식으로 제기했기 때문이다! 에스겔은 여호와께서 그 세대 사람들을 도매금으로 싸잡아 심판하려 하신다는 불평에 대해 그와 정반대되는 것을 분명하게 확언함으로써 대응했다. 각 개인들은 하나님과의 직접적인 관계하에 있다. 그리고 여호와께서는 개인들과 그들이 내리는 결단에 아주 깊은 관심을 갖고 계시다. 왜냐하면 그분은 개인들이 그들의 생명을 보존하기를 원하시기 때문이다(겔 18). 이런 견해를 발전시키면서 에스겔은 오래된 집단적 사고방식을 포기했다. 그러니 이 예언자는 오래된 거룩한 질서들에 의해 영향을 받았으면서도 그와 동시에 또한 얼마나 현대적이고 혁명적이었는가! 예레미야 역시 자식들이 아비들의 죄책을 짊어져야 한다고 말하는 소리를 들었다. 그리고 그 역시 과격하리만큼 개인주의적인 견해를 사용해 그런 말에 대응했다(렘 31:29f.).

하박국과 예레미야가 "왜"라는 질문과 관련해 받은 대답은 에스겔이 받았던 것과 달랐다. 에스겔은 개인의 책임 있는 결단과 관련해 하나님의 행위에 들어 있는 분명하게 납득할 만한 논리에 대해 말하는 것을 주저하지 않았다. 반면에 그토록 크고 수수께끼 같은 고난이 존재해야 하는 이유에 대한 예레미야와 하박국의 대답은 아주 애매하고 모호하기 때문에 우리는 마치 여호와께서 그런 질문 앞에서 움츠리시고 더 깊은 곳으로 숨으시는 듯한 느낌을 받을 정도다. 여하튼, 두 경우 모두 그들이 "왜"라는 질문에 답하는 대신 여전히 더 큰 고난과 시련의 지평을 드러낸다는 점에서 유사하다. 예레미야는 자기가 이제 겨우 그 길의 출발점에 서 있다는 것, 즉 만약 자기가 "보행자와 함께 달려도 피곤하면"(렘 12:5) 여호와께서 더 이상 자기를 사용하실 수 없으리라는 것을 배워야 했다. 예레미야가 받은 이 신탁이 혼란에 빠진 그로 하여금 큰 문제와 고난을 바라보게 하는 데 국한되었던 반면, 하박국이 받은 신탁은 보다 큰 위로를 포함하고 있었다. 그 신탁은 믿음을 갖고 인내하는 의인에게 주어지는 약속에 관해 말했다(합 2:4).

그 시대의 사람들과 여호와의 관계는 또 다른 측면에서 문제가 되었다. 그 시대의 사람들에게는 자신의 언약에 대한 여호와의 성실하심만 문제가 되었던 게 아니다. 점차적으로 그들 중 많은 이들이 과연 그 언약이 이스라엘에게 여전히 타당한지, 즉 그 언약의 한 당사자인 인간이 여호와께서 그들에게 주신 언약 관계를 유지하는 것이 가능한지에 대해 의문을 품기 시작했다. 그들은 그 언약에 대한 인간의 성실함에 관한 의심 때문에 오늘날 우리가 "구원의 확신"이라고 부르는 것을 유지할 수 없었던 것이다. 이것은 우리를 예레미야가 "새 언약"에 관한 메시지로, 그리고 에스겔이 "새 마음"에 관한 메시지로 대답했던 아주 혼란스러운 질문들로 이끌어 간다.

여기에서 우리는 무엇보다도 이들이 속해 있던 보다 큰 신학적 정황에 관해 좀더 이야기할 필요가 있다. 왜냐하면 예레미야와 에스겔은 이 문제와 관련해 광야에서 외치는 외로운 목소리가 아니었기 때문이다. 오히려 우리는 이 시기 동안 적어도 몇몇 집단들에서는 종교적 사고가 매우 활발했으며, 분명히 그 사유가 주로 언약의 문제, 즉 인간이 얼마나 언약에 의지할 수 있는지 그리고 그 언약이 얼마나 지속될 수 있는지에 집중되었다는 것을 쉽게 알 수 있다. 여기에서 우리는 먼저 신명기와 그것에 최종적 형태를 부여했던 이들을 언급해야 한다. 왜냐하면 신명기는 그 시대의 사람들로 하여금 언약이 그들 자신의 시대와 세대에 여전히 의미가 있다고 믿도록 만드는 것을 목표로 삼고 있는 언약 신학의 포괄적인 개요이기 때문이다. 신명기는 모세와 시내산 사건들로부터 그것이 작성되었던 시대에까지 이르는 광범한 시간을 포괄하고 있다. 또 그것은 이 후대의 사람들을 향해 목소리를 높인다: 지금은 용납의 시기이며 구원의 날이다! 특히 여기에서 우리는 신명기 5:2 이하와 29:4 이하 두 구절을 고찰할 필요가 있다. 왜냐하면 그 구절들은 시내산 언약의 "동시성 contemporaneousness"을 그 당시에도 타당한 것으로 만들고자 했던 노력을 가장 잘 보여주기 때문이다. 신명기가 시내산 언약이 제공하는 구원을 강조하는 방식 역시 이스라엘이 이제는 거의 최후통첩이나 다름없는 것(신 30:15ff.)을 거부하지나 않을까 하는 우려를 보여 준다. 그럼에도 신명기는 여전히, 만약 이스라엘이 모세의 말에 귀를 기울이고 계명들에 순종한다면, 이스라엘이 생명을 얻게 되리라는 생생한 확신을 표명하고 있다.

인간의 실패에 대한 인식

신명기의 출판이라는 위대한 사건이 있은 후 몇 십 년이 지난 시점에, 즉 요시아 왕의 통치기에 신명기적 역사서가 등장했다. 사실 멋진 발상을 지닌 이 역사서는 언약의 문제들을 특별하게 다루지는 않는다. 하지만 그것은 그 나라의 왕들까지 포함해 이스라엘이 그런 고난을 겪는 것이 그들이 여호와와 그분의 계명을 무시했기 때문이라는 것을 신학적으로 놀랄 만큼 정확하게 규명한다. 이런 치명적인 판결을 여호수아가 세겜에 모인 무리들 앞에서 했던 말 이상으로 강력하게 표현하는 것은 달리 없다. 그는 자기들이 여호와를 섬길 준비가 되어 있다는 이스라엘 백성들의 선언을 철저하게 무시한다.

> 너희가 여호와를 능히 섬기지 못할 것은 그는 거룩하신 하나님이
> 시요 질투하시는 하나님이시니 너희의 잘못과 죄들을 사하지
> 아니하실 것임이라 (수 24:19)

분명히 이 말(육경 Hexateuch에서는 이것에 상응하는 것을 찾을 수 없다)은 어떤 식으로든 예언자들 특히 예레미야와 에스겔이 내린 판결과 연결된다. 이 말은 예레미야가 구스 인들과 관련해 하는 말(그들은 자신들의 피부색을 바꿀 수 없다!)과, 그리고 인간에 대한 에스겔의 이해와 일맥상통한다. 이스라엘 사람들 중 인간이 하나님과 더불어 살고 그분께 속할 수 없다는 것을 에스겔만큼 분명하게 인식했던 이는 달리 없었다. 그가 구속사를 하나님 편의 소득 없는 일련의 시도들로 묘사하는 것(겔 20)은 거의 신성모독에 가깝다. 그리고 그것 또한 여호수아 24:19과 연결된다.

가망 없음

그러므로 이 시기에 여호와의 뜻에 관한 인간의 이해에 급진적일 만큼 새로운 요소가 들어온 것은 분명하다. 그 요소는 특히 예언자들에게 영향을 주었다. (과거의 예언자들의 그것과 비교되는 바) 이 시기의 예언자들에게서 발생한 변화는 예레미야와 에스겔이 이스라엘에게 전해진 하나님의 뜻이라는 개념을 여호와의 율법(혹은 성문법)을 요약해서 말하는 것을 통해 견고한 무언가로 만들었던 것을 통해 잘 드러난다.[3]

이제 그들은 더 이상 개별적인 죄들을 각각의 계명들에 비추어 심판하는 대신 이스라엘 백성이 여호와의 뜻 전체와 맞서고 있다고 판단했으며, 따라서 이스라엘이 그 정도까지 하나님의 뜻에 순종할 수 없다는 사실을 시인했다.

이 예언자들에게 가장 어려운 문제는 인간학의 영역에 놓여 있었다. 이 "패역한 백성"(겔 2:3), "얼굴이 뻔뻔하고 마음이 굳은 자"(4절), 구스인이 그의 피부색을 바꿀 수 없는 것만큼이나 변화될 수 없는 자들(렘 13:23) – 도대체 이런 자들이 어떻게 여호와의 백성이 될 수 있는가? 바로 여기에서 여호와의 계명들이 심판하고 파괴하는 율법으로 바뀐다. 이런 변화는 이 무렵에 나온 한 가지 예언적 발언을 통해 분명하게 드러난다. 그것은 출입문 앞 의식儀式, 즉 성소의 경내로 들어갈 때 행하는 문답이라는 예전禮典의 양식을 통해 나타난다. 그러나 이제 그 일반적인 질문은 완전히 다른 방향을 취한다. 그것은 거의 "죄인들"이 스스로 묻고 답하는 수사학적 질문이 된다.

> 우리 중에 누가 삼키는 불과 함께 거하겠으며 우리 중에 누가
> 영영히 타는 것과 함께 거하리요 (사 33:14)

한때 예배에서 사용되는 종교적 예전이었던 것이 이제는 해결할

---

3 율법을 이처럼 요약해서 인용하는 것에 관한 두드러진 예들로는 렘 6:15; 8:8; 9:12; 16:11; 31:33; 32:23; 겔 5:6; 11:12, 20; 18:5ff.; 20:5ff.; 36:27 등이 있다. 물론 우리는 이런 몇 가지 구절들과 함께 이 예언자들의 말에 주어진 신명기적 흔적에 관한 설명들을 고려해야 한다.

수 없는 문제가 된 것이다.

예언자들이 마주했던 이 가장 어려운 질문에 대한 그들의 대답을 이해하고자 한다면, 우리는 신명기에서 그토록 분명하고 인상적으로 표현된 여호와와 이스라엘의 언약이라는 개념을 다시 한 번 숙고할 필요가 있다. 왜냐하면 신명기에서 모세가 상대해서 말하는 이스라엘 백성은 실제로는 군주 시대 후기의 이스라엘 백성이기 때문이다. 신명기는 그 장면을 과거의 것으로 묘사하지만, 실제로 여호와와 언약을 맺고 그분의 위대한 약속들의 성취를 기대하는 것은 요시아 시대의 이스라엘이었다. 확실히 이스라엘은 그때까지도 휴식을 얻지 못하고 있었다. 이것은 축복에 관한 위대한 약속의 성취가 여전히 미래의 일이었음을 의미한다.

신명기 신학의 이런 기본적인 개념과 예레미야의 새 언약에 관한 예언을 비교해 보면 즉각 그들 사이의 유사성이 드러난다. 신명기 역시 미래 곧 이스라엘이 계명에 순종하면서 약속의 땅에서 살아가게 될 때를 기대한다. 신명기도 예레미야도 이스라엘의 미래의 삶의 외적 조건이 기적적으로 변화되리라고 기대하지 않는다. 신명기에 따르면, 이스라엘은 참된 나라가 될 것이고 역사와 자연의 영역에서 여호와의 축복을 누리게 될 것이다. 예레미야에 따르면, 예루살렘은 재건될 것이고, 다시 팔고 사는 일이 있을 것이고, 사람들은 다시 성소를 찾을 것이고, 성읍에서는 다시 즐거워하는 자들의 웃음소리가 들릴 것이다(렘 24:5ff.; 33:4ff.; 30:18f.). 이것은 "즐거워하라"고 명령하는 신명기의 서술과 맥을 같이 한다(신 12:7, 12, 18; 14:26; 16:11 등).

단 한 가지 차이가 있다. 그것은 예레미야가 "새 언약"을 말하는 반면, 신명기는 "옛 언약"을 유지하고 또 그것이 갖고 있는 힘을 동시대(군주제 말기)의 상황에 적용하면서 신학적 가능성의 한계를 향해 나아간다는 것이다. 이런 차이는 예언적 선포가 갖고 있는 한 가지 중요한 측면을 강조한다. 예레미야는 여호와께서 시내 산 언약을 무색케 하는 새로운 구원 행위를 하시리라고 확신하는 반면, 신명기는 여호와께서 옛 언약의 약속들을 성취하실 것이라고 소망하기 때문이다. 여기에서 그 둘은 주목할 만한 심각한 차이를 드러내는데, 그것은 (우리가 이미 살펴본 것처럼) 신명기가 이스라엘의 순종을 문제시하지 않는 반면, 예레미야와 에스겔은 순종에 대한 이스라엘의 전적인 무능력을 그들의 예언의 출발점으로 삼기 때문이다.

물론 우리는 이미 예레미야가 새 일을 기대하는 것이 곧 시내산 언약과 그것의 내용이 쓸모없게 되었음을 의미하지는 않는다는 것을 살펴본 바 있다. 그 예언자는 여호와께서 자신과 이스라엘의 관계를 전적으로 새로운 토대 위에 올려놓으시리라고 기대하지 않았다. 새 일은 다른 무언가의 일부다. 왜냐하면 예레미야는 여호와께서 예전에 이스라엘에게 하신 권유, 즉 자신의 백성이 되어 자신의 계명을 지키라는 권유가 여전히 유효하다고 믿었기 때문이다. 여기에서 시내산 언약의 성취에 관한 그의 견해는 정확히 신명기의 그것과 동일하다. 새 일은 인간의 영역, 즉 인간의 마음의 변화에 속해 있다.

에스겔의 생각은 그만의 독특한 것이어서 그가 이스라엘의 영적 갱신에 관해 했던 말들이 예레미야 31:31 이하에서 직접 인용한 것일 가능성은 거의 없다. 그러므로 에스겔 36:25 이하에 실려 있는 그의 예언의 핵심적 내용이 거의 정확하게 예레미야의 그것과 일치한다는 사실은 매우 의미심장하다. 유일한 차이는 인간의 재창조 과정에 관한 에스겔의 서술이 예레미야의 그것보다 훨씬 더 정확하고 세밀하다는 점이다. 그는 여호와의 재창조 사역을 일련의 분리된 하나님의 행위로 나눈다는 점에서 예레미야보다 훨씬 더 나아간다. 그리고 그런 일련의 행위들 중 첫 번째는 이스라엘이 그들의 죄로부터 씻김을 받으리라는 하나님의 약속이다(예레미야는 그것을 부록으로 포함시켰을 뿐이다). 다음으로 여호와께서는 이스라엘에게 돌처럼 굳은 마음 대신 살처럼 부드러운 마음을 주실 것이다. 그리고 마지막으로 그분은 이스라엘에게 무엇보다도 중요한 선물 곧 그분의 영이라는 선물을 주실 것인데, 이로써 이스라엘은 그분의 거룩한 계명들을 지킬 수 있게 될 것이다.

말이 난 김에 우리는, 제2이사야 역시 여호와께서 이스라엘과 맺으실 새 언약에 관해 말했다는 사실에 주목할 필요가 있다. 이사야 55:3은 그 예언자가 미래의 사건을 이미 존재하는 언약의 실현으로 여기지 않는다는 것을 분명하게 보여 준다. 새로운 형태로 이스라엘 온 백성을 포괄하고 그들에게 영광을 가져다 줄 것은 다윗과의 언약이다(사 55:3ff.). 비록 제2이사야가 예레미야나 에스겔과 다를지라도, 우리는 언약의 문제가 이 모든 시기 동안 사람들의 생각에 많은 영향을 주었고, 또한 예언자들 역시 그 문제에 대해 어떤 식으로든 분명하게 입장을 밝혀야 한다는 심리적 압박을 받았음을 분명하게 알 수 있다.

옛 일과 새 일

우리는 예레미야, 에스겔, 그리고 제2이사야가 그들의 청중을 위해 포함시켜야 했던 놀랄 만큼 새로운 요소가 갖고 있는 혁명적인 의미에 대해 여전히 좀더 생각해 볼 필요가 있다. 예레미야 31:31에 나오는 "새로운"이라는 형용사는 이스라엘이 그때까지 의존했던 구속 사건들에 대한 완전한 부정을 의미한다. 이것은 과거의 그 어떤 것보다도 거친 판단이다. 왜냐하면 그것은 이스라엘이 의지했던 구원의 기초의 타당성에 대한 전면적인 도전이었기 때문이다. 이것은 마치 이 예언자들이 신앙에 대한 그들의 견해를 완전히 바꾼 것처럼 보이게 한다. 옛 율례들이 갖고 있던 구원의 능력은 폐지되었다. 그리고 이제 이스라엘은 오직 여호와께서 행하실 미래의 새로운 구원 행위에서만 구원을 찾을 수 있을 것이다. 그러나 옛 일의 종말과 여호와의 미래의 행위를 향해 돌아 설 필요에 관한 메시지는 그 자체로는 새로운 것이 아니었다. 사실 그것은 8세기의 예언자들에게서도 찾아볼 수 있다. 그러나 우리가 논하는 시대의 예언자들의 경우, 옛 일과 새 일 사이의 간격은 훨씬 더 넓어졌다. 미래의 구속 사건인 새 일은 아주 분명하게 그리고 참으로 공격적으로 옛 일과 구별된다. "이 언약은 내가 그들의 조상들의 손을 잡고 애굽 땅에서 인도하여 내던 날에 맺은 것과 같지 아니할 것은"(렘 31:32), 혹은 "너희는 이전 일을 기억하지 말며 옛날 일을 생각하지 말라"(사 43:18), 혹은 "보라 날이 이르리니 그들이 다시는 이스라엘 자손을 애굽 땅에서 인도하여 내신 여호와의 사심으로 맹세하지 아니하고"(렘 23:7) 같은 말 등을 생각해 보라.

예레미야가 언약궤에 관해 언급했던 것 역시 이런 범주에 속할 수 있다(렘 3:16f.). 분명히 그 무렵에 사람들은 새 언약궤를 만드는 문제에 대해 생각하고 있었다. 그러나 예레미야는 그런 제안을 퉁명스럽게 거부한다. 왜냐하면 그는 마음속으로 "사람들이 여호와의 언약궤를 다시는 말하지 아니할" 때를 그리고 있었기 때문이다. 언약궤는 이제 더 이상 기억되거나 다시 만들어지지 않을 것이다. 왜냐하면 언약궤가 아니라 예루살렘이 "여호와의 보좌"(렘 3:17)라고 일컬어질 것이기 때문이다. 언약궤가 오랜 세월 동안 이스라엘의 예배를 위한 신성한 중심이었음을 기억한다면, 우리는 구속사의 이 시기에 나타난 과거와 미래의 간격에 다시 주목할 수 있을 것이다. 이 점에서 그 신탁은 이사야 43:18과 상통한다. 예언자들의 청중은 자신들이 신성한 것으로 여겼던 모든 것들에 거의 신성모독에 가까울 만큼 도전했던 그런 말들을 어떻게 묵인할 수 있었을까? 그러나 이런 식으로 말했던 이들은 여호와께 열정적으로 헌신하는 자들이었고, 또한 동시대인들 중 그 누구보다도 진지하고 열정적으로 그분에 관해 말했던 자들이었다.

이 예언자들의 메시지에 들어 있는 당혹스러운 요소는 그들이 자기 백성을 향한 여호와의 구원 행위의 심연에 관해 말했다는 점이다(겔 37). 신학적으로 말해 그들은 자신들의 청중과 모든 동시대인들을 죽음의 왕국 안으로, 즉 이제 더 이상 옛 일을 통한 구원을 누릴 수 없는 곳으로 밀어 넣었다. 이 상태에서 그들에게 남아 있는 것은 오직 자신들의 전 존재를 임박한 미래의 구원 행위에 내맡기는 것뿐이었다. 제2이사야 같은 이가 수행해야 했던 과업은 자신이 사용할 수 있는 모든 수단, 즉 부드러운 권면이나 신학적 논쟁을 동원해 그들의 회의와 불신을 극복하는 것이었다. 이 시기의 예언자들 중 역사에 대한 해석을 통해 옛 일과 다가오는 새 일 사이의 간격을 그만큼 분명하게 보여줄 수 있었던 이는 달리 없었다(사 41:22; 42:9; 43:9, 18f.; 44:6-8; 45:21; 46:9-11; 48:3-6).

이렇듯 겉보기에 도저히 해결할 수 없을 듯 보이는 옛 일과 새 일(그것은 이미 새순처럼 솟아나오고 있다! 사 42:9; 43:19) 사이의 대립 배후에서 이스라엘에 대한 하나님의 역사의 연속성이라는 난감한 문제를 감지하지 못할 사람은 없다. 그 역사는 587년에 유다와 예루살렘에 임한 하나님의 심판에서 마지막에 이른 듯 보였다. 결국 문제는 과연 이 예언자들의 동시대인들이 여전히 자신들을 한때 하나님에 의해 삶을 얻었던 이스라엘로 여길 수 있는가 하는 것이었다. 하나님의 자기 백성과의 역사는 한번 시작되었다고 해서 자동적으로 계속되는 것이 아니었다.

언뜻 보면 제2이사야는 옛 일과 새 일을 퉁명스럽게 대조하면서 하나님의 역사의 연속성에 대해 부정적인 판단을 내리는 것처럼 보인다. 그러나 그가 계속해서 옛 일과의 논쟁에 개입한다는 사실, 즉 그가 보다 이른 시기의 역사에 대한 진술들 역시 (그것들이 예언되었다가 옳은 것으로 입증되었기에) 필요로 한다는 사실은 연속성의 문제에 관한 그의 대답이 아주 분명한 "아니오"가 아님을 보여 준다. 그러므로 우리가 제2이사야와 이 시대의 다른 예언자들이 구속사를 서로 상관없는 두 부분으로 나뉘어 완전히 단절되어 있는 것으로 보았다고 여긴다면, 그것은 잘못이다. 그들의 예언에 따르면, 새 일은 옛 일의 패턴을 따를 것이다(예컨대, 새 출애굽, 새 언약, 그리고 새 다윗 같은 식으로). 그런 식으로 옛 일이 갱신된다. 옛 일은 타당성과 무용성의 수수께끼 같은 변증법을 통해 새 일 안에 현존한다. 예언자들은 분명히 이런 유형론적 일치를 매우 중요하게 여긴다. 그들은 자신들의 예언을 통해 그런 일치를 표현하고, 또 그렇게 하면서 아주 신중하게 새 일이 어떻게 옛 일을 따라잡고 추월하는지를 보여 준다. 새 언약은 옛 언약보다 훌륭할 것이다. 새 출애굽은 옛 출애굽보다 더 영광스러울 것이다. 그리고 종말론적 종이 겪는 고난은 모세가 겪은 고난보다 더 클 것이고, 그러하기에 더 효과적일 것이다.

메시아에 대한 기대

이 시기의 예언자들은 다윗과 관련된 약속을, 그리고 그러하기에 메시아와 관련된 개념들을 아주 주목할 만한 방식으로 다룬다. 여기에서도 이런 개념들은 다른 전승들에 기초를 둔 예언적 선포와 크게 분리된 것처럼 보인다. 이것은 놀랍다. 예컨대, 과연 그 누가 에스겔 36:16 이하에 실려 있는 미래에 관한 포괄적인 관점이 그것과 아주 다른 관점 곧 에스겔 17:22-24; 34:23f.; 37:24 등에 실려 있는 메시아적 관점과 병행할 수 있다고 상상할 수 있겠는가? 이 예언자들이 옛 전승을 다시 표현하면서 보였던 놀라운 자유—그것은 8세기 예언자들에게 가능했던 것을 넘어서는 것이었다—에도 불구하고, 그들은 여전히 출애굽-가나안 정복 전승과 다윗 전승의 흔적들을 아주 분명하게 유지하고 있다. 그들은 우리에게 그토록 분명한 필요, 즉 그런 전승들을 묶어 하나의 상을 만들어 낼 필요를 크게 느꼈던 것 같지 않다.

그럼에도 이 시기의 예언은 특별히 메시아적 소망과 밀접하게 관련되어 있다. 왜냐하면 이 예언자들은 다윗 왕조가 역사의 장으로부터 사라지는 것을 보았기 때문이다. 예레미야는 그다랴가 다윗 가문을 계승하는 것을 목격했다(렘 40f.). 그러나 그는 바벨론 왕에 의해 임명된 자였고, 따라서 (예레미야에 따르면) 그의 통치는 적법한 것이 아니었다. 여호와께서 직접 세상의 통치를 느부갓네살에게 위임하셨고, 유다 백성들조차 그에게 순종해야 했다(렘 27:6). 유다와 그 나라 왕의 독립적인 주권은 끝났다. 여기에서 우리는 메시아적 기대와 관련해 한 가지 심각한 위기가 발생했음을 알 수 있다. 바벨론에 의한 혹은 고레스에 의한 세계 통치(대하 36:23)가 어떻게 오래 전에 다윗 가문에 약속되었던 내용과 조화를 이룰 수 있을까? 예레미야 27:7이 분명하게 말하듯이, 여호와께서 세계에 대한 통치권을 일정한 기간 동안 세속의 권력자에게 위임하셨다는 사실은 메시아적 역사 이해와 함께 역사에 대한 완전히 새로운 이해를 도입했다. 이제 관심의 초점은 개별적인 통치자들이 아니라 세계 제국들과 그들의 계승에 맞춰진다. 역사에 대한 이런 개념은 묵시문학에서 가장 크게 발전되었다(참고. 단 2:7).

제2이사야는 이스라엘이 이처럼 세계 권력에 복속된 사실로부터 아주 분명한 결론을 이끌어냈다. 그는 다윗 언약을 통해 제공된 약속을 백성들에게 넘김으로써 메시아적 전승을 철저하게 재해석했다. 그러나 예레미야와 에스겔은 다른 과정을 택했다. 그들의 메시아적 선포를 이해하려면, 우리는 597년과 587년 사이에 누가 적법한 통치자였는지와 관련해 얼마간 불확실성이 존재했다는 사실에 유념해야 한다. 추방된 여호야긴이 적법한 왕이었는가, 아니면 시드기야가 적법한 왕이었는가? 예레미야와 에스겔은 모두 현존하는 가능성들에 맞춰졌던 모든 소망들을 공격했다.[4] 두 사람 모두 이제 다윗 왕조가 완전히 끝나가고 있다고 믿었다. 그러므로 여기에서도 역시 그 틈은 이사야가 상상했던 것보다 훨씬 더 크게 벌어졌다. 왜냐하면 다윗 가문의 몰락은 최종적인 것이었기 때문이다. 에스겔이 다윗 가문을 위해 부르는 애가哀歌(겔 19)는 아직 남아 있는 것들조차 결국에는 사라지리라는 것을 아주 분명하게 선포한다.

그러나 우리는 이 모든 것들에도 불구하고 예레미야가 그리고 더 특별하게는 에스겔이 메시아적 미래에 관해 말했다는 사실에 주목해야 한다. 만약 우리가 먼저 에스겔이 그토록 분명하게 주장하는 죽음의 최종성을, 그리고 그 후에 예레미야가 현재의 세계 질서에 부여하는 유효 기간(렘 25:11; 29:10)을 기억한다면, 우리로서는 8세기 예언자들이 숙고했던 여호와의 임박한 도래와 상반되는 먼 미래에 있을 메시아적 사건들에 대한 기대에 관해 말하는 것 외에는 다른 대안이 없다.

예언자적인 여호와의 종

이런 개념들 중 마지막 것, 즉 "예언자적인 여호와의 종"이라는 개념을 이해하려면, 우리는 앞에서 했던 요약에 무언가를 첨부해야 한다. 비록 하나님의 고난 받는 종에 관한 설명이 거의 초인적 자질을 지닌 사람을 묘사하고 있을지라도, 그것의 기원에 관해서는 여전히 한두 가지 말해야 할 것이 있다. 왜냐하면 그것은 겉보기와 달리 예언자들의 메시지 안에서 완전히 고립되어 있지 않기 때문이다.

그 종의 직무가 분명히 예언자적이라는 사실을 우리의 출발점으로

---

4 참고. 예컨대, 렘 22:24-30.

삼아 보자. 그는 하나님의 뜻을 선포하며, "예언자적"이라고 불릴 수밖에 없는 중재 사역을 위임받았다. 비록 제2이사야에 대한 우리의 지식이 매우 얕을지라도, 우리는 그가 그 종의 직무를 설명하는 데 특별히 유능했음을 여전히 확신할 수 있다. 사실 그는 자신의 직무를 한껏 고양된 모습으로 묘사해야 했다. 다시 말해, 그는 자신의 경험과 고난을 바탕으로 자기보다 더 위대한 사람을 묘사해야 했다. 예언자가 되기 위해 오직 자신의 증거만 제시할 뿐 다른 정당화가 필요하지 않았던 시절은 이미 오래 전에 지나갔다. 그 시절에 어떤 이들은 여호와께서 자기에게 말씀하셨기에 예언했다(암 3:7). 그러나 예레미야, 에스겔, 그리고 제2이사야가 속했던 시대에는 예언자적 직무 자체가 신학적 반성의 대상이 되었다.

만약 어느 면에서 우리가 8세기 예언자들의 선포를 전승과의 지속적인 대화로 간주하는 것이 옳다면, 같은 것이 바벨론과 초기 페르시아시대의 예언자들에게도 분명하게 해당된다. 그러나 한 가지 차이가 있다. 그것은 바로 그 두 시대 사이에 전승이 새로운 요소들 곧 축적된 경험과 문제들로 인해 풍부해졌다는 것이다. 세대를 거듭할수록 이런 경험과 문제들은 예언자적 직무와 그것의 대표자들에게 점점 늘어나는 짐처럼 덧붙여졌다.

문제가 되는 전승은 독특한 것이었음에 틀림없다. 그리고 그것은 매우 비우호적인 환경 속에서 형성되었다. 왜냐하면, 우리가 굳게 확신하듯이, 지금 우리의 논의의 대상이 되고 있는 예언자들은 한 무리의 독립적인 자들이었지, 어떤 공적 절차를 통해 권위를 부여받은 공직자들이 아니었기 때문이다. 군주 시대 말기에 예언자 직과 관련해 그런 전통이 있었으며 또 그것이 결국 그 시대의 예언자들을 만들어냈으리라는 주장에 대한 가장 훌륭한 증거는 그 시대에 비록 여러 가지 모습으로 나타나기는 하나 어느 정도 확정된, 그리고 실제로 그 무렵에는 거의 관습적인 것이 된 예언자 상像이 존재했다는 것이다.

대속적 고난

이 시대의 예언자들에게 영향을 주었던 가장 중요한 요소들 중 하나는 그들의 예언자 직職이 점차적으로 그들의 개인적이고 영적인 삶을 침해했던 방식이다. 물론 여기에서 다시 우리는 이 시기의 예언자들과 보다 이른 시기의 예언자들의 차이를 근본적인 차이로 확대 해석하지 않도록 조심해야 한다. 엘리야와 아모스 역시 그들이 받았던 반대와 괴롭힘 때문에 개인적 삶을 크게 해칠 수밖에 없었다. 그럼에도 예레미야서를 읽는 이들은 누구라도 어떤 중요한 지점에서 무언가가 깨졌다는 느낌을 받을 것이다. 그가 사용하는 양식들이 그것에 대해 증거한다. 그는 자신의 메시지를 새로운 요소가 가미된 서정시로 확대한다. 이런 시들을 통해 예언자는 고통의 차원을 열어 보인다. 그것은 이중의 고통이다. 하나는 심판을 받는 이들의 고통이고, 다른 하나는 자기 백성에 대한 하나님의 슬픔이다. 그리고 이어서 – 그리고 이것은 정말로 중요하다 – 예레미야 자신이 그 이중의 고통 속으로 발을 들여놓는다. 그 고통이 그를 짓누른다. 그리고 그는 마치 그 고통이 자신의 것인 양 말한다.

여기에서 아모스와 비교되는 한 가지 차이가 나타난다. 아모스의 경우에 우리는 그의 가장 내밀한 존재 곧 영적인 동시에 개인적인 존재가 손상되지 않고 남아 있었다고 분명하게 말할 수 있다. 하지만 예레미야의 경우는 사정이 다르다. 예레미야서는 그가 동정심으로 가득 차 직접 심판 당하는 사람들 편에 가담했음을 보여 준다. 특히 그의 고백은 그 결과 그의 예언적 직무가 그를 얼마나 부서뜨렸는지, 그 철저하게 가망 없는 직무의 파편들이 어떻게 그를 괴롭혔는지, 그리고 그 후에 모든 면에서 부서지기 쉬운 한 인간에 불과한 그가 어떻게 점차적으로 하나님에 의한 유기遺棄라는 무서운 결과를 향해 한걸음씩 인도되어 나아갔는지를 보여 주었다.

그 후에 바룩은 예레미야가 겪었던 고난과 실패에 대해 객관적인 설명을 제공했다. 그의 저술의 주된 목적은 예언자로서의 예레미야의 사역에 관한 모든 의심들을 불식시키는 것이었다. 연속적으로 발생하는 고난과 실패는 예레미야의 예언자적 역할을 부정하는 증거가 아니다. 예레미야의 길이 불가피하게 그런 식으로 끝났던 것은 그가 여호와의 참된 예언자였기 때문이다. 그의 실패와 몰락은 의심할 바 없이 그가 참된 예언자였음을 증거한다. 바룩은 이 수난 이야기에서 (현대의 작가들이 하듯이) 오직 자신이 예레미야에게서 실제로 보았던 것만을 묘사했던 것일까, 아니면 예레미야가 구현하고 있는 듯 보이는 고난 받는 예언자의 상像에 관한 얼마간의 선이해를 갖고 있었던 것일까? 이 질문에 대한 답이 무엇이든, 그것 역시 예언자의 직무와 관련해 아주 변화된 개념을 드러낸다.

그러나 우리는 에스겔에게서도 동일한 개념을 만나게 된다. 그는 책임 있는 파수꾼으로 임명됨으로써 자신의 목숨을 내걸고 그 직무를 이행해야 했다(겔 33:1f.). 언젠가 여호와께서는 그에게 이스라엘 족속의 죄악을 감당하기 위해 한 동안 이쪽으로 누워 있고, 그 다음에는 유다 족속의 죄악을 감당하기 위해 저쪽으로 누워있으라는 이상한 명령을 내리시기까지 했다(4:4-8). 예언자들은 처음부터 상징적인 행동들을 수행했다. 그러나 여기에는 무서운 죄책을 실제적으로 드러내는 것 이상의 무언가가 있다. 그것은 죄책을 선포하는 과업을 맡은 자에게 실제로 그 죄책을 지우는 것이었다. 그리고 그 예언자가 그런 식으로 수행한 직무는 그의 개인적 삶에 깊은 영향을 끼쳤고 그로 하여금 고난을 당하게 했는데, 이 고난은 분명히 대속적인 것이었다.

이 차이는 중요하다. 보다 이른 시기의 상징적 행위들은 그런 행위를 하는 예언자의 영혼과 정신 밖에 있는 그 무엇이었다. 그러나 이제 예언자 자신이 징조가 된다(겔 12:6). 그리고 이 징조는 그가 하나님에 의해 이끌려 모든 사람들보다 앞서서 그리고 하나의 본보기로서 심판을 견디는 것으로 이루어졌다(참고. 겔 21:11). 또 우리는 에스겔이 거짓 예언자들에게 내렸던 심판의 말을 통해 예언자에게 의무로 주어진 것과 관련해 아주 크게 변화된 개념 하나를 만나게 된다. 그는 여호와께서 그 나라를 위협하셨을 때 거짓 선지자들이 "성 무너진 곳에 올라가지도 아니하였으며" "성벽을 수축하지도 아니하였다"고 비난한다(13:5). 즉 그들은 이스라엘을 보호해야 했고, 그 나라를 위한 방어 태세를 갖춰야 했다. 의심할 여지없이 이 때 에스겔은 그들이 기도를 통해 그 민족을 위해 탄원하지 않았던 것에 대해 언급하고 있었다. 그러나 어쩌면 그는 어떤 다른 형태의 중재 사역을 염두에 두고 있었을지도 모른다.

우리는 시편 106:23을 통해 한 단계 더 앞으로 나아가게 된다.

그 구절은 모세를 찬양하고 있는데, 모세는 여호와께서 이스라엘 백성이 우상을 숭배한 것 때문에 그들을 멸하기로 결정하셨을 때 여호와와 그 백성 사이로 들어섰다. 그리고 여호와께서는 모세의 중재 때문에 자신의 계획을 철회하셨다(출 32:9ff.). 분명히 중재는 가장 이른 시기부터 예언자의 특별한 역할들 중 하나였다. 그러나 이제 그 사역이 하나님과 이스라엘 사이의 틈 속으로 자신의 생명을 던져 넣을 준비가 된 어느 예언자에 의해 수행되었다면, 그 사역에 큰 변화가 일어난 것이 분명하다! 그러나 바로 그것이 여기에서 거론되는 후기의 예언자들이 자신들의 직무를 이해한 방식이었다. 예레미야의 고난은 여전히 중재자로서의 그의 직무와 아무런 특별한 관계를 갖고 있지 않았다. 사실 예레미야는 자신의 고난을 설명하지 못했다. 그리고 분명히 그는 그 고난이 대속적인 무언가와 관련되어 있다거나 여호와께서 실제로 이스라엘의 구원을 위해 자기에게 그런 고난을 주셨다고 생각하지 못했다.

그러나 예레미야와 거의 동시대에 나왔을 것이 분명한 어느 고난받는 중재자에 관한 설명이 있다. 그 설명이 묘사하는 차원은 단순히 인간적인 것을 넘어선다. 그것은 모세에 관한 신명기의 설명이다. 모세는 자신을 이스라엘의 중재자로 만든다. 그는 자신의 두려움에 관해(신 9:19), 그리고 자신으로 하여금 백성과 아론을 위해 중재하도록 내몰았던 여호와의 진노에 관해 말한다. 그리고 그 때 자기가 했던 기도의 말을 상세히 열거한다. 그러나 또한 그는 자신을 위해서도 탄원했다. 왜냐하면 여호와께서 이스라엘을 향한 진노를 자신에게 쏟으셨고("여호와께서 너희 때문에 내게 진노하사"), 이스라엘을 대신해 자신에게 무서운 벌을 내리셨기 때문이었다(그는 약속된 땅에 발을 들여놓을 수 없었고 그곳에 이르기 전에 죽어야 했다). 이런 운명을 바꿔달라는 그의 탄원은 단호하게 거부되었다. 그리고 그는 그 엄한 명령에 순종해야 했다(신 3:23-28; 4:21-27). 길게 서술된 기도와 응답을 포함해 이야기를 전개하는 상세한 방식은 그 당시에 예언자의 직무의 이런 측면에 대한 깊은 관심이 존재했음을 보여 준다. 참으로 여기에서 중재의 행위는 방금 언급된 것 이상이었다. 신명기는 크게 두려워하면서도 하나님의 진노를 스스로 짊어졌던, 그리고 약속의 땅 밖에서 대속적으로 죽어야 했던 한 인물에 관한 묘사를 통해 그 책의 독자들을 움직이고자 했다. 그리고 모세가 이스라엘 백성에게 미래에 나타날 자기와 같은 예언자를 기대하라고 말했던 것을 고려할 때(신 18:18) 우리는 즉각 고난 받는 종에 관한 제2이사야의 예언을 떠올리게 되는데, 그것은 하나님께서 직접 온 세상을 향해 "그가 자기 영혼을 버려 사망에 이르게 하며 범죄자 중 하나로 헤아림을 받았음이니라"(사 53:12)고 증언하시기 때문이다.

이것은 제2이사야가 예언자에 관한 신명기의 서술을 자신의 출발점으로 삼아 그 위에 자신의 설명을 덧붙였다는 의미가 아니다. 그러나 이것은 예언자의 직무의 본질에 관한 그의 생각이 그 당시에 친숙한 것이었고 일정한 신학적 학파들에 의해 지지를 받고 있었음을 의미한다. 이사야 53장은 사람들이 흔히 생각하는 것처럼 예언적 메시지 안에서 다른 것들과 무관하게 고립되어 있지 않다. 오히려 그것이 말하는 내용은 이미 오래 전부터 준비되어 있었다. 우리는 그것의 신학적 선역사의 공식이 두 가지 선례에 의존하고 있다고 말할 수 있다. 하나는 중재적 직무인데, 처음부터 예언자들은 자신들에게 그런 직무가 위임되었다고 여겼다. 다른 하나는 예언자의 역할이 그의 영혼과 정신에 끼친 침해인데, 우리는 이미 그것에 대해 언급한 바 있다.

우리는 이사야 53장을 그것의 적절한 맥락에서 보기만 해도 그것이 얼마나 독특한지 알 수 있다. 이사야 53장의 예언을 그 시대에 유행했던 생각들과 다른 것으로 만들어 주는 다섯 가지 요소가 있다. 첫째, 이 예언자의 고난의 깊이와 포괄성에 관해 말해진 것들은 그 이전에 말해졌던 것들 모두를 능가한다. 둘째, 그러나 종의 노래들이 특히 그것들 이전에 말해진 모든 것을 넘어서는 이유는 그 종이 기꺼이 고난을 받으려 한다는 것과, 그럼에도 역설적으로 하나님 안에서 자신의 안전을 확신한다는 것 때문이다. 셋째, 이사야 53장은 종이 고난 너머의 영역 곧 그가 온 세상 앞에서 영광을 받는 영역으로 들어가는 것에 관해 예언한다. 넷째, 이사야 53장에서 종이 그들을 대신해 고난을 당하는 백성들은 그들이 지녔던 최초의 맹목 상태를 극복하고 그를 인식하게 된다. 거기에서는 그들의 실제적인 고백의 말들이 나타난다. 다섯째, 그 노래는 종이 이스라엘을 훨씬 넘어서는 의미를 갖고 있다고 전한다. 그는 세상의 모든 나라들과 대결한다. 그리고 세상의 왕들은 이 하나님의 종 앞에서 입을 다물게 될 것이다(사 52:15).

제4부

포로기 이후의 예언자들

제19장

페르시아 제국 후기의 예언자들:

제3이사야, 학개, 스가랴, 말라기, 요나

제2이사야는 여호와께서 직접 인도하실, 포로되었던 자들의 임박한 귀환에 관해 말했다. 그러나 우리는 그 귀환 사건과 관련된 정보를 제공하는 그 어떤 문서도 갖고 있지 않다. 그 일은 발생했으나 우리는 그것이 언제 어떻게 발행했는지 알지 못한다. 역사적으로 살핀다면, 이스라엘 백성의 첫 번째 귀향이 고레스 Cyrus(600-530)의 칙령 때문에 발생한 것이 아니라, 그의 아들 캄비세스 Cambyses(530-522) 치하에서 발생했다고 믿을 만한 몇 가지 이유들이 있다. 그러나 분명한 것은 그 사건이 그 당시나 이후의 세대들에게 특별한 영향을 주지 않았다는 것이다. 분명히 그 귀향에는 기적적인 사건들이 수반되지 않았다. 사실 그 사건에 참여했던 이들은 어떤 식으로도 그것을 구속 사건으로 여기지 않았다. 만약 그들이 그것을 구속 사건으로 여겼다면, 그들은 그 사건을 마치 그것에 별다른 의미가 없었던 양 망각되도록 내버려 두지 않았을 것이다. 분명히 그 사건은 위대한 예언의 성취로서 기념되지 않았다. 그러므로 제2이사야의 예언은 여전히 성취되어야 했다.

그럼에도 이스라엘의 상황은 변했다. 강제 이주라는 큰 시련이 재정착과 재건설이라는 보다 작은 시련으로 바뀐 것이다.

그러나 여호와께서는 이 시대를 위해서도 자신의 도래에 관한 메시지를 전했던 예언자들을 일으키셨다. 페르시아 제국 후기의 이런 예언자들에 대한 신학적 판단은 소극적이지는 않으나 대개 조심스럽다. 물론 우리가 제3이사야, 요엘, 학개, 스가랴, 말라기의 메시지를 예레미야, 에스겔, 제2이사야의 견줄 바 없는 깊이와 넓이를 지닌 메시지와 비교할 수는 없다. 그럼에도 우리는 이 예언자들에 대해 "은시대 Silver Age[황금시대 이후라는 뜻 - 역주]에 속한 사람들" 같은 즉각적인 판단을 내리지 않도록 조심해야 한다. 두말할 것도 없이 그런 판단은 이스라엘 백성 일반에게 그리고 특히 예언자들에게 알려지지 않았던 "정신적 독창성"이라는 개념을 상정하고 있다. 유일하게 적절한 질문은 이 예언자들이 자신들의 메시지를 전하면서 그들의 시대를 위해 참된 사역자의 역할을 감당했는지, 혹은 우리가 지금까지 파악한 이스라엘의 예언에 관한 모든 이해에 비추어 볼 때 그들이 그들의 과업에서 실패했던 것인지 하는 것이다.

그 누구도 예레미야나 에스겔의 위대성을 폄하해서는 안 된다. 그러나 그것이 곧 우리가 위대성이라는 개념을 신학적 규준으로 만들어 후기 예언자들을 그것에 비추어 판단해야 한다는 것을 의미하지는 않는다. 예루살렘 멸망 직전의 마지막 몇 년은 임박한 재앙의 불가피성 때문에 위대성을 지니고 있었다. 그와 마찬가지로 바벨론에서 포로 생활을 하던 이들의 상황 역시 그들의 역경이 너무나 분명했기에 위대성을 지니고 있었다. 귀환 이후의 시기는 분명하지도 위대하지도 않았다. 그러나 그 시기와 그 시기가 갖고 있던 모든 문제들은 예언자들의 관심사였다. 그리고 그들의 유일한 성공은 그들이 그 문제들을 다뤘던 방식에 있었다.

제3이사야

6세기 말의 예루살렘 공동체의 상황 – 그것이 어떤 의미로든 분명하지는 않다 – 은 제3이사야(사 56-66)라는 이름 아래 포섭된 메시지를 통해 드러난다. 이 예언자의 소명 기사는 그에게 위임된 위로의 직무에 관해 아주 분명하게 말한다. 이것은 그의 소명에 아주 강력한 목회적 특징을 부여했다. "나를 보내사 마음이 상한 자를 고치며 포로된 자에게 자유를, 갇힌 자에게 놓임을 선포하며"(사 61:1). 그러나 또한 그는 예언자로서 심각한 잘못들, 재앙에 가까운 사회적·법률적 상황(57:1ff.), 그리고 지배층이 그들의 의무를 이행하지 않는 문제(56:9ff.) 등을 다뤄야 했다. 정의와 의에 대한 그의 날카로운 주장은 포로기 이전의 예언자들의 비난에 못지않다. 이것은 특히 그가 헛된 제의적 수행에 대해 내리는 예언자적 비판에서 두드러지게 나타나는데, 그는 그런 행위들보다는 타인을 동정하는 것이 여호와를 훨씬 더 기쁘게 해드린다고 말한다.

그러나 포로기 이전의 예언자들의 경우와 달리 제3이사야가 상관했던 이들은 외적으로 교만한 자들이 아니라 믿음을 잃어버린 자들이었다. 그는 그들과 더불어 과연 여호와의 팔이 짧은지(사 59:1)에 관해 논쟁을 벌인다. 그는 신학적 논증을 통해 구원의 도래가 지연되는 것이 그 공동체가 쌓고 있는 죄책 때문임을 분명하게 밝힌다. "그러므로 정의가 우리에게서 멀고 공의가 우리에게 미치지 못한즉"(59:9). 실제로 여호와께서는 그의 입을 빌어 자신이 자신을 찾지 않았던 이들에게 찾아지고 발견될 준비가 되어 있었다고 항변하신다. 그분은 늘 자신의 백성을 향해 팔을 뻗고 계셨다. 그러나 그 손을 계속해서 거부하는 자들에게는 무서운 징벌이 임할 것이다(65:1ff.). 그러므로 제3이사야 역시 옛 예언자들처럼 지금까지는 아무도 보지 못했던 틈새를 열어젖히고 이스라엘에서 이스라엘을 분리시킨다. 안타깝게도 우리는 당시의 제의적 상황에 대해 아는 것이 거의 없기 때문에 "내 앞에서 항상 내 노를 일으키는 백성"(65:3)에 대해 정확하게 말하기 어렵다. 문제가 되는 죄는 심각하리만큼 혐오스러운 제의적 행위였을 것이다. 그 죄인들은 예언자가 기쁨에 겨워 말하는, 그리고 그들에게 여호와의 구원을 약속하는 여호와의 종들과 대조된다.

제3이사야는 그의 구원 선포에서 제2이사야의 메시지의 핵심적인 주제들을 취할 뿐 아니라, 또한 자신이 제2이사야의 어법과 감정에 아주 강하게 영향을 받았음을 보여준다. 따라서 우리는 제2이사야에 대한 제3이사야의 관계가 학생이나 제자의 관계 같은 것이었다고 추측해도 무방할 것이다. 그러므로 "수축하다", "제하여 버리다" 같은 구절들이 제3이사야에서도 되풀이된다(사 57:14; 62:10). 그리고 어머니 시온이 자기 자녀들이 많음에 놀라는 것에 관한 말 역시 마찬가지다(66:7f.=49:21). 그 전승은 여호와께서 다시 관심을 두기 시작하신 하나님의 도성과 첫 번째 순례자들의 도착을 묘사하는 열광적인 말들로 특별히 강하게 표현된다(사 62). 그럼에도 제2이사야에서 취한 어법이 어떻게 여기에서 외적으로뿐 아니라 내적으로도 크게 변화된 상황을 묘사하는 데 적용되었는지를 이해하는 것은 어렵지 않다. 제2이사야에게 시온은 예언의 정점, 즉 종말론적 회복의 목표였다. 그러나 여기에서 시온은 그 예언자의 사상의 출발점이며, 아직 구속받지 못한 상태에서 여전히 그 구속을 기다리고 있다. 그리고 그것은 여전히 지체되고 있는 하나님의 도성의 영광을 실현해 주실 것을 요청하면서 계속 그분께 졸라야 하는 시온이다. 이것은 제2이사야의 언어가 아니다.

제3이사야의 메시지는 하나님의 약속이 너무 오랫동안 지켜지지 않았다는 느낌을 자아내는 위험한 상황 속에서 제공되었다. 그러나 제3이사야는 여호와께서 곧 그 도시에 도래하시리라는 신탁을 차분하게 제시한다. 그의 메시지는 그가 동시대인들을 향해 여호와께서 오실 것을 경고하고, 또한 그분의 도래로 인한 그 도시의 변화는 지금 약간 지체되고는 있으나 아주 확실하며 세상을 뒤흔드는 사건이 될 것임을 알리려는 시도에서 정점에 이른다(사 56:1; 58:8, 10f.; 62:1-3, 11 등).

학개

학개와 스가랴의 예언적 메시지 역시 여호와의 임박한 도래와 그분의 나라의 설립에서 절정에 이른다. 그러나 적지 않은 주석가들이 이 메시지가 바벨론 사람들에 의해 파괴된 예루살렘 성전의 재건축과 아주 긴밀하게 연관되어 있다는 사실 앞에서 크게 당황한다. 사실 그 연관은 아주 긴밀한 것이어서 이 두 예언자들에게 성전의 재건은 사실상 여호와의 도래와 그분의 나라 건설을 위한 필수적 전제가 될 정도다. 우리가 이사야나 예레미야에게서 그런 생각을 찾아볼 수 없는 것은 아주 분명한데, 그 이유가 그들이 학개나 스가랴보다 훨씬 더 "영적"이었기 때문일 리는 없다. 왜냐하면 포로기 이전의 예언자들 역시 종말론적 구원 및 그것의 실현과 관련해 아주 현실적인 개념들을 갖고 있었기 때문이다.

그들 사이의 차이는 후기 예언자들이 상대해야 했던 이들이 처해 있던 완전히 다른 영적 상황에 의해 간단하게 설명된다. 보다 이른 시기에 이스라엘은 정치적 동맹과 여호와에 대한 신뢰 사이에서 하나를 택해야 하는 상황에 처해 있었다. 또한 그들에게는 성문에서 재판을 올바르게 하는 문제가 신앙고백의 문제 status confessionis가 되었다. 바로 그런 것들이 이스라엘이 여전히 여호와께 속해 있느냐 아니냐를 가름하는 요소들이었다. 그러나 이제 예루살렘 사람들은 안전이 철회된 상태에서 살고 있었고, 경제적 문제에 대한 관심 때문에 보다 고상한 것을 보지 못하고 있었다. 그리고 그런 상태에 있던 이들에게는 성전을 재건하는 문제가 신앙고백의 문제가 되었다. 성전은 여호와께서 그곳에서 이스라엘을 향해 말씀하시고, 이스라엘의 죄를 용서하시고, 이스라엘을 위해 임재하시는 곳이었다. 그러므로 누군가 성전을 향해 취하는 태도는 그가 여호와를 위하느냐 아니면 그분에게 맞서느냐를 판단하는 기준이 되었다. 그러나 당시에 이스라엘 백성은 성전에 대해 관심이 없었다. 경제적 어려움에 처해 있던 그들은 성전 재건을 계속해서 미루고 있었다. 그들은 "여호와의 전을 건축할 시기가 이르지 아니하였다"(학 1:2)라고 말했다. 그러나 학개는 이런 우선순위를 완전히 뒤집었다. 만약 이스라엘이 가장 먼저 하나님의 나라를 구하지 않는다면,

그것은 더 이상 이스라엘이 아니다. 만약 이스라엘이 가장 먼저 하나님의 나라를 구한다면, 이스라엘에게는 그 나라와 함께 다른 것 곧 여호와의 축복이 제공될 것이다(1:2-11; 2:14-19).

그가 말하고 요구했던 것은 원칙적으로 아람-에브라임 연합군과의 전쟁 기간에 이사야가 "믿음"을 요구했던 것과 다르지 않았다. 학개가 그렇게 말한 유일한 이유는 마지막 때에 이스라엘이 어떤 거룩한 중심을 가져야 하며 오직 그것만이 이스라엘의 실존을 보장해 줄 수 있다는 그의 믿음 때문이었다. 이사야가 그런 주장에 반대했을지는 매우 의심스럽다. 우리는 학개가 모든 증거들에 맞서서 그 시대를 구원의 시대로 해석했다는 사실에서, 또 그가 그 시대의 어려운 상황 속에서조차 여호와께서 새 일을 시작하시는 것을 보았고 자기의 동족에게 여호와께서 그들을 위해 이루실 일들을 위해 준비하고 모든 것을 그분의 처분에 맡기라고 촉구했다는 사실에서 그의 예언의 진정성을 보는 편이 훨씬 더 낳지 않겠는가? 만약 그가 달리 생각했다면, 그는 당시에 만연했던 백성들의 낙심을 정당하다고, 또한 여호와는 그런 비참한 상황과 무관하시다고 가정하는 것이 옳다고 여겼을 것이다.

마침내 성전의 재건축이 시작되었을 때, 그리고 기초 작업을 통해 성전 부지의 규모가 어느 정도 확정되었을 때, 학개는 나이 든 사람들을 향해 말하면서 그들이 감히 인정할 수 없었던 감정을 드러냈다. "이것이 너희 눈에 보잘것없지 아니하냐"(학 2:3). 그 하찮은 모습과 그 이야기가 전하는 하나님의 새로운 시작에 대한 솔직한 말 속에는 예언의 위풍당당함이 깃들어 있다. 학개는 이스라엘을 다시 한 번 성전에 묶음으로써 이스라엘의 세계를 제한하려 했던 것이 아니다. 오히려 그는 동시대인들로부터 여호와의 종말론적 구원 사역에 대한 얼마간의 시인을 얻어냄으로써 그 세계를 넓히고자 했던 것이다.

그러나 한 가지 어려운 문제는 여전히 답을 얻지 못한 채 남아 있다. 미래에 성전 예배에 참여할 자, 따라서 그 성전을 재건하는 데 참여할 자들은 도대체 누구인가? 이 무렵에 예루살렘 성전도 이방의 모든 신전들처럼 자신이 다른 이들과 함께 예배하도록 이끌렸다고 느끼는 모든 이들에게 문을 열어야 하는지와 관련해 논쟁이 일어나지 않았을까? 그 성전의 재건을 계획하고 필요한 물자를 제공한 것은 페르시아 정부였다. 그러나 당시에 예루살렘을 관할하는 지방 정부는 사마리아에 있었다. 그러므로 그 건축 작업이 진행되었을 때, 그곳에 있던 관료 집단은 그 일에 흥미를 느꼈고, 비록 그것이 실제로는 쓸데없는 간섭에 불과할지라도 그 일에 참여하기를 원했다. 그들의 이런 바람이 순전히 경제적인 이유에서 예루살렘 공동체 안에서조차 지지를 얻었을 가능성은 충분히 있다. 그러나 학개는 예언적 비유의 형식을 사용해 이런 질문에 대해 단호하게 "아니오"라고 답했다. 현재로서는 그 성전은 전적으로 이스라엘을 위해 그리고 이스라엘에 의해 세워져야 한다. 성전 제의의 틀 안에서 제물을 드리는 모든 이들이 여호와를 기쁘게 해드리는 것은 아니다.

오늘 우리에게 이것은 매우 단호한 결정처럼 보인다. 많은 이들은 오히려 이 예언자가 그것과 반대되는 판정을 내렸기를 바랄 것이다. 그러나 우리가 학개가 십계명 중 첫 번째와 두 번째 계명에 충실했으며, 엘리야와 신명기의 저자가 그들의 시대에 추구했던 분리를 주장했다고 보는 것은 결코 무리가 아니다. 여호와 신앙은 누구나 마음대로 그것의 추종자가 될 수 있는 그런 종교가 아니었다. 그것은 하나님의 선택이라는 행위로 소급되었고, 특정한 민족과 결부되어 있었다. 그러므로 우리는 학개가 마치 제2의 엘리야인 양 종교적 배타성이라는 어려운 문제에서 지난날 이스라엘을 혼란스럽게 했던 문제, 즉 아주 분명한 "이것이냐/저것이냐"의 문제를 보았다는 점에서 그의 중요성을 엿볼 수 있을 것이다.

여기에서 우리는, 만약 학개가 다른 결정을 내렸다면, 그는 근린동맹 정책에 대한 이사야의 전면적인 투쟁, 즉 이사야가 그것을 통해 여호와와 시온의 관계를 모든 정치적 책략과 판단 기준으로부터 분리시키고자 했던 투쟁을 부정하게 되었으리라는 것을 다시 한 번 강조해야 한다. 이사야도 학개도 자신들의 판단을 영적인 것으로 여기지 않았다. 그들에게 그것은 여호와의 행위를 위해 비워 둔 특정한 역사적 자리를 확보하는 문제였다.

학개 자신은 열방이 여호와께 경배하고 보물들을 가져올 때를 상상했다. 그리고, 아주 놀랍게도, 그는 그 때가 이미 임박했다고 믿었다(학 2:6-9). 성전은 바로 이 때, 즉 여호와 신앙이 그것의 민족적 한계를 던져 버리고 보편적 종교가 되는 메시아의 시대를 위해서 재건되어야 했다. 그 이전에 하늘과 땅이 두렵게 흔들릴 것이고, 열방은 서로를 죽이는 전쟁을 벌일 것이다. 그리고 여호와께서 전쟁의 무기들을 파괴하실 것이다— 이것은 "여호와의 날"이다. 그러나 그 후에 기름 부음 받은 자가 나타나 여호와의 인장印章으로서의 직무, 즉 여호와의 명령을 수행하는 자로서의 직무를 수행할 것이다. 학개가 이 예언을 했을 때, 그는 막연하게 어느 불특정한 기름 부음 받은 자를 생각하고 있었던

게 아니다. 그는 분명하게 그리고 명백하게 다윗의 후손 스룹바벨 곧 불행한 왕 여호야긴의 손자를 그 기름 부음 받은 자로 지목했다 (2:21-23).

▌흔히 지적되는 것처럼, 여기에서 학개는 다윗 가문의 한 생존 인물을 다가오고 있는 기름 부음 받은 자로 지명함으로써 포로기 이전의 예언자들과 크게 다른 행보를 보인다. 그리고 이것은 그가 과연 자신을 꿈꾸는 자(예언자-역주)로 보았는지에 관한 질문을 불러일으킨다. 우리는 그 시대의 상황에 관해 잘 알지 못한다. 따라서 우리가 (비록 스룹바벨의 참여 여부는 확실하지 않지만) 페르시아 제국을 뒤흔들었고 학개가 그 대변인 노릇을 했던 거대한 해방 운동이 유다에서 발발하는 것에 관한 그럴 듯한 그림을 재구성하는 것은 얼마든 가능하다. 그러나, 학개서라는 소책자가 그 예언자가 대중 운동에 영향을 받아 움직였다는 그 어떤 인상도 주지 않는다는 사실은 별도로 하더라도, 우리의 자료들은 그런 재구성을 위해 적절하지 않다. 우리가 할 수 있는 모든 것은 학개가 스룹바벨을 다가오고 있는 기름 부음 받은 자로 여겼으나 실제로 스룹바벨은 왕위에 오른 적이 없다는 사실을 시인하는 것뿐이다. 만약 이것이 학개의 예언에 대한 경멸적인 판단으로 이어진다면, 제2이사야 역시 동일한 판단에서 제외될 수 없을 것이다. 왜냐하면 우리는 그가 포로 되었던 자들이 기적적인 여행을 통해 사막을 건너 돌아오리라고 예언했던 것을 기억하기 때문이다. 우리는 또한 왕의 시편들에 나타난 상황을 기억해야 한다. 그 시편들의 저자들은 각각의 경우에 자기들이 찬양하는 대상을 여호와의 기름 부음 받은 자로 여기지 않았던가? 그리고 그들이 처음 지목했던 자들이 포로 후기 시대에, 즉 그런 시들이 메시아에 대한 점증하는 관심과 함께 읽히고 전승되던 때에 여전히

다윗의 왕좌에 앉아 있었던가(참고. 가령, 대상 16:7ff.; 대하 6:41f.)? 이들과 학개의 차이는 학개가 더 이상 존재하지 않았던 왕좌에 대해 생각하고 있었다는 것이다. 그러나 어쨌든 학개가 그의 예언에 동시대의 역사적인 인물을 포함시켰다는 것이 그렇게 중요한 것일까? 이사야는 그가 그의 도래에 관해 예언했던 기름 부음 받은 자 역시 어느 면에서 역사적인 인물이라고 믿었음에 틀림없다. 그리고 학개가 지목했던 기름 부음 받은 자조차 구약의 모든 예언들이 그에게서 "예"와 "아멘"이 되는 어떤 이를 위한 대리인에 불과하다.

우리는 어느 예언이 꿈같은 것인지 혹은 실제적인 것인지를 어떻게 판단해야 하는가? 처음 전해졌을 때는 꿈같은 것으로 규정되었던 예언이 나중에 다른 예언들처럼 그 예언의 첫 번째 대상에는 맞지 않았으나 하나님의 미래의 행위에 적용되었기에 방대한 예언적 전승의 복합체 안으로 흡수될 수도 있지 않았을까?

스가랴

예언자 스가랴의 메시지는 학개의 그것과 아주 유사하다. 그의 선포 역시 당시에 재건축 과정에 있던 성전과, 그리고 그가 임박한 종말론적 구속 사건을 기대하면서 그에게서 메시아적 직무에 대한 전망을 얻었던 다윗 가문의 스룹바벨과 긴밀하게 연결되어 있다. 스가랴는 520년에, 즉 학개보다 불과 몇 달 후에 무대에 등장했고, 그의 예언서가 제공하는 날짜에 따르면, 학개보다 2년 더 예언자로 활동했다. 그가 처음으로 예언했을 때 성전의 재건 작업은 이미 진행중이었다.

그동안 아주 적절하게 지적되어 왔듯이, 스가랴는 (우리가 흔히 생각하듯이) 그 작업의 속도를 늦추지 말고 박차를 가하라는 학개의 요구를 되풀이했던 게 아니다. 스가랴는 사람들에게 훈계를 하거나 그들을 몰아세우지 않았다. 오히려 성전의 완공에 관한 그의 말들은 대개 서술적인 분위기를 갖고 있다. 예컨대, 높은 산처럼 보이던 방해 요소들은 제거될 것이다. "스룹바벨의 손이 이 성전의 기초를 놓았은즉 그의 손이 또한 그 일을 마치리라"(슥 4:9). 물론 학개와 스가랴는 서로 대립하지 않는다. 그가 했던 훈계에도 불구하고 학개 역시 여호와를 앞으로 진행될 일의 실제적인 발기인으로 여겼다. 예루살렘 공동체로 하여금 성전을 재건하도록 위임하고 그 공동체에게 그렇게 할 수 있는 힘을 제공하는 것은 여호와의 영이다(학 1:14; 2:5). 반면에 스가랴는 매우 논쟁적인 성격을 지닌 한 신탁에서 새 예루살렘을 보호하기 위해 인간적인 혹은 정치적인 수단을 도입하려는 모든 생각에 반대한다.

> 만군의 여호와께서 말씀하시되 이는 힘으로 되지 아니하며 능력
> 으로 되지 아니하고 오직 나의 영으로 되느니라 (슥 4:6)

이것은 이스라엘이 거룩한 전쟁에 임할 때 사용했던 오래된 표어였다. 그리고 그것은 마지막 구속 사건이 발생할 때도 적용될 것이다.

스가랴의 메시지의 주제 역시 학개의 경우처럼 여호와의 임박한 도래에 관한 선언이었다(슥 2:10; 8:3). 그 두 사람 모두 자신들의 청중이 시간의 징조를 올바로 이해하도록 하기 위해 애썼다. 그 시대는 재앙의 시대였다. 또 당시에는 성전이 완전히 파괴되어 있었으므로, 제의의

관점에서 본다면 금식을 위한 시기로 간주될 수도 있었을 것이다. 여호와의 축복은 철회되었고 인간의 노력은 아무런 성공도 거두지 못했다(학 1:5f.). 그러나 "이제"부터— 이 두 예언자가 "이제"를 정확하게 확정하는 방식은 구속사에 관한 그들의 사상이 지니고 있는 현실주의적 특징을 드러낸다—구원의 시대가 시작된다. 그러므로 이 두 예언자는 정확하게 자신들이 어떤 갑작스럽고 크고 중요한 변화의 시점에 서 있다고 여겼다. 제3이사야는 여전히 거의 완벽한 어둠 속에 머물러 있었다(이사야 63:7-64:11과 59:9-15에 실려 있는 감동적인 탄식의 기도를 생각해보라). 그러나 학개와 스가랴가 활동했던 시간은 다른 전조前兆를 보이고 있었다. 밤이 이슥하고 낮이 가까이 와 있었던 것이다. 성전의 재건은 구원의 시간의 여명을 밝혔다. 역경의 시간은 끝났고, 이제 곧 축복—완전히 물질적인 방식을 따라 이해되는 바 농업상의 번성—이 나타날 것인데(학 2:15-19), 사실 그것은 이미 시작되어 있었다(슥 8:10-12). 이 예언자들에게서 최종적인 구원 행위를 초래하는 위대한 전환점이 특별히 한정된 제의적 의미를 갖고 있는 역사적 사건에 의해 준비되었다는 사실은 중요하다. 구속 사건으로서 특별한 존엄성을 부여받은 사건은 고레스의 칙령도, 포로되었던 자들의 귀환도 아니었다.

방금 전에 우리는 스가랴가 여호와께서 모욕을 당한 그분의 도시로 서둘러 도래하실 것을 상정했다는 것을 살펴보았다. 그가 보았던 일련의 "밤의 환상들"은 이런 도래에 앞서 일어날 종말론적 새 질서와 관련된 상세한 내용들을 보여 준다.

▎첫 번째 환상(슥 1:7-15)이 분명하게 밝히는 것처럼, 세상의 외적 상황은

여전히 여호와와 그분의 왕국의 도래에 관한 그 어떤 암시도 제공하지 않는다. 하늘의 천사들은 땅을 순찰하고 그곳의 상황을 주의 깊게 살핀 후 하늘로 돌아가 "우리가 땅에 두루 다녀 보니 온 땅이 평안하고 조용하더이다"(11절)라는 울적한 보고를 한다(유다를 지배하고 있던 페르시아 제국의 평안함을 가리키는 말이다-역주). 그러나 이런 보고를 토대로 지금은 여호와께 기대할 것이 아무것도 없다고 결론을 내리는 것은 잘못이다. 사실 여호와께서는 그분의 도성에 대해 너무 큰 애정을 품고 계시다. 그리고 그분의 임박한 구원은 모든 세밀한 부분까지 이미 준비되어 있다. 그것은 땅 위에서는 아직 알려져 있지 않으나 곧 드러날 것이다. 왜냐하면-이것이 둘째 환상의 내용이다(2:1-4)-여호와께 맞서는 제국들을 칠 세력이 이미 준비되어 있기 때문이다. 세 번째 환상(2:5-9)은 극적인 흥분으로 가득 차 있다. 예언자는 어떤 이가 손에 측량줄을 잡고 있는 것을 본다. 그는 새 예루살렘을 측량할 참인데, 그것은 예루살렘 성벽을 세우기 위한 사전 준비임이 분명하다. 그러나 한 천사가 흥분해서 그를 불러들인다. 왜냐하면 하나님의 새 도성은 아무런 방어시설도 없이 오직 하나님의 영광이 제공하는 불벽에 의해서만 보호될 것이기 때문이다. 의심할 바 없이 이 환상은 포로되었다가 귀환한 자들이 갖고 있었던 무너진 성벽을 수축하려는 계획을 반영한다. 스가랴는 그들에게 반대했다. 물론 역사의 흐름은, 그것이 다른 것에 대해 그랬던 것처럼, 이런 예언적 저항을 무시했다. 왜냐하면 그 성벽은 나중에 느헤미야의 특별한 선동을 통해 재건되었기 때문이다(스 4:6ff.; 느 3). 네 번째 환상(슥 3:1-7)은 여호와의 천사가 주관하는 하늘의 궁중 법정 장면을 묘사하는데, 거기에서 고발자(사탄)는 대제사장 여호수아와 맞서는 자로 등장한다. 사탄이 여호수아를 고발했던 죄목은 분명하게 밝혀지지 않는다. 그러나 여호수아가 더러운 옷을 입고 있었다는 사실은 그 고발이 정당한 것이었음을 암시한다. 그러나 여기에서 우리는 여호수아의 개인적인 죄에 대해 생각하기보다는 그가 여호와의 눈에 죄책을 지닌 것으로 보였던 공동체를 대표하고 있다고 여기는 편이 낳을 것이다. 여기에서 다시 하나의 에피소드가 등장한다. 여호와의 천사가 그 고발자를 날카롭게 질책하면서 그가 했던 고발을 파기해 버린다. 여호수아는 새 옷을 입고 성전과 성전 뜰에서 희생 제물을 드리는 일을 주관하도록 위임을 받는다. 그뿐 아니라 그는 천사들의 무리와 왕래할 권리까지 얻는다. (하나님의 세계는 얼마나 실제적이며 인간과 얼마나 가까이 있는가? 만약 여호와께서 용인하시기만 한다면, 그것은 단지 한 걸음의 거리에 불과하다!) 이 환상과 대조적으로, 다섯 번째 환상(4:1-6a, 10b-11, 13-14)에서 스가랴는 아무런 움직임도 없는 어떤 장면을 보게 된다. 49개의 관을 지닌 순금 등잔대가 두 감람나무 사이에 서 있다. 이 두 나무는 "기름 부음 받은 자 둘"로서 "온 세상의 주 앞에 서 있는" 여호수아와 스룹바벨이다(14절). 그렇게 스가랴는 새 이스라엘이 양두兩頭 체제로 구성되어 있음을 알게 된다-제사장 직의 대표자가 왕 직의 대표자와 동등한 지위를 지니고 나란히 서 있는 것을. 여섯 번째 환상(5:1-4)에서는 도둑질하는 자들과 거짓 맹세하는 자들이 공동체로부터 쫓겨나고, 악 자체가 제거된다(이것이 일곱 번째 환상이다, 5:5-11). 여덟 번째 환상(6:1-8)은 첫 번째 환상에서 제공되었던 장면으로 되돌아간다. 그러는 동안 아침이 찾아온다. 하늘의 병거들이 세상 속으로 나아갈 준비를 하고 있다. 그들에게 주어진 직무에 관해서는, 그들이 북쪽(이것은 분명히 바벨론을 가리킨다)으로 가서 그곳에서 여호와의 영을 내려놓으리라는 것 외에는 아무것도 누설되지 않는다. 그리고 분명히 이것은 그 지역의 디아스포라들을 격려해 고향으로 돌아오게 하고 또한 메시아의 왕국 안으로 들어가게 하기 위함일 것이다.

스가랴는 하룻밤 동안 환상을 통해 이런 장면들을 목격한 후에 깨어났다. 그 장면들은 그에게 어떤 영향을 주었을까? 그는 세계사 속의 어느 조용했던 시기, 즉 열방이 자신들의 힘을 바탕으로 스스로 안전하다고 믿었던 시기에, 하늘에서는 하나님의 나라가 이미 준비되어 있었음을 알게 되었다. 그는 여호와께서 예루살렘을 각별하게 생각하고 계시다는 것과 그분이 이미 자신의 도래를 위해 필요한 모든 준비를 하셨다는 사실을 깨닫게 되었다. 그분은 자신의 대리인들을 임명하셨고 모든 문제와 방해들을 극복하셨다. 하늘의 세계가 땅의 세계와 구별되는 분명한 방식은 중요하다. 위에 있는 세상에는 이미 종말론적 구원의 질서와 직무들이 마련되어 있다. 하나님의 나라의 도래에 앞서 반드시 일어나야 할 일들조차 – 예컨대, 악이 제거되는 것 등 – 위에 있는 세상의 관점에서 본다면 이미 성취되어 있다. 따라서 그것들은 이 세상에서 일어날 일련의 사건들을 벌써부터 고대해 왔던 셈이다.

이사야나 예레미야는 종말론적 사건들을 이런 식으로 보지 않았다. 물론 이사야는 여호와의 거처이자 그분의 왕궁인 위에 있는 세상에 대해 알고 있었다. 그러나 스가랴가 하늘에 마련되어 있는 마지막 일들의 원형적 존재를 강조하는 것은 아주 새로운 그 무엇이다. 에스겔은 변화가 시작되고 있음을 보여 준다. 그는 하늘의 책의 형태로 메시지를 받았다(겔 2:8ff.). 제2이사야는 여호와께서 예루살렘으로 돌아오시는 데 필요한 길이 어떻게 위에 있는 세상에 이미 준비되어 있는지에 관해 들었는데, 그로 인해 그는 스가랴와 아주 가까워진다. 페르시아 제국 후기에 들어와 이스라엘은 고대 근동 지역 전체에 공통적으로 존재했던 어떤 관념들을 받아들였음이 분명하다. 왜냐하면 바벨론의 제의적이고 신비적인 세계관은 세상에 존재하는 모든 것은 (특히 그것이 제의적 가치를 갖고 있을 경우) 위에 있는 세상에 그것에 상응하는 원형을 갖고 있다고 여겼기 때문이다. 같은 방식으로, 제사장 문서(P)에 따르면, 성막은 하늘에 있는 모형을 따라 만들어졌다(출 25:9, 40). 이 오래된 개념들은 묵시문학에서 다시 한 번 완전히 새로운 방식으로 표현되었다.

말라기

말라기라는 이름을 지닌 익명의 예언자가 쓴 작은 책은 단지 6개의 신탁만을 포함하고 있다. 그 예언자는 그가 속했던 공동체가 자행하는 죄악들에만 관심을 갖는다. 그는 의식儀式의 문제들을 소홀히 하는 제사장들, 이혼, 그리고 무엇보다도 종교적인 문제들에 대한 무기력한 회의주의를 공격한다. 이것은 그가 학개와 스가랴의 지도하에 일어났던 종교적 부흥과 성전 재건이 완료된 후에 활동했음을 암시한다. 이 예언자의 메시지가 그가 어느 전승에 속해 있는지를 판단할 만한 아무런 단서도 포함하고 있지 않다는 것은 주목할 만하다.

그는 종말론적 개념들을 다른 예언자들보다 상세하게 설명하지 않는데, 아마도 이것은 그가 주로 논쟁적인 대화의 형식을 사용하고 있기 때문일 것이다. 그는 오직 두 개의 신탁에서만 하나님의 종말론적 행위에 관해 언급한다(말 2:17-3:5; 3:13-21). 여호와께서는 예기치 못한 날에 찾아오실 것이다. 그리고 그분의 날은 경건하지 않은 자들에게 심판을 초래할 것이다. 그러나 하나님을 경외하는 자들에게는 "치료하는 광선"(4:2)이 비출 것이다. 여호와께서 최종적으로 도래하시기 전에 그분의 사자使者를 보내시리라는 생각(3:1)은 오직 말라기에서만 나타난다. 이때 예언자가 천사를 생각하고 있었는지 아니면 사람을 생각하고 있었는지에 관해서는 논란이 있다. 어쩌면 그는 자신을 그 사자로 생각하고 있었던 것 아닐까? 이 작은 책의 부록 부분(4:5f.)에서 예언자는 여호와의 두려운 날 직전에 하늘로 들려 올라갔던 엘리야가 돌아와 아비들의 마음과 자식들의 마음이 서로를 향하도록 돌려놓을 것으로 기대하고 있다.

요나

요나서라는 소책자는 구약성서에 속한 그 어떤 다른 책들보다도 그 책의 메시지를 감싸고 있는 문학 양식에 대한 특별한 이해를 요구한다.[1] 여하튼, 이 책에 들어 있는 간단한 메시지는 사람들이 요나가 물고기 뱃속에 머물렀다는 것에 곤혹스러워하기 시작했을 때부터 왜곡되어 왔다. 이것이 실제로 일어난 사건으로 수용될 수 있는가 하는 소소한 문제가 훨씬 더 중요한 쟁점이 되었다. 그리고 그 이야기를 적절하게 해설하는 것은 현대적 비평 — 그것은 구약성서의 많은 본문들에 그것들이 문서화되기 과거의 양식을 찾아줄 수 있었다 — 의 몫으로

---

[1] 이 책의 본문은 특히 한 곳에서 아주 혼란스러워 보인다. 욘 4:5은 잘못된 위치에 놓여 있다. 그것은 3:4 뒤에 놓였어야 할 것이다. 2:2-9에 나오는 감사의 시는 후대에 첨가된 것이다. 참조. E. Haller, *Die Erzählung von dem Propheten Jona* (Theol. Existenz heute, Nr. 65, 1958).

남게 되었다. 아주 분명한 것은, 이 책은 강력한 교훈을 담고 있는 이야기이며, 따라서 역사적인 사건 기사로 읽혀져서는 안 된다는 것이다. 이 책은 이야기를 전하는 화자의 관점에서 본다면 거의 전설적일 만큼 먼 옛날, 즉 여로보암 2세 시대(왕하 14:25)에 살았던 어느 하나님의 사람의 이야기를 다루고 있다.

이 책의 자료는 매우 정교하게 다뤄진다. 그것은 정확하게 상응하는 두 부분으로, 즉 배 위에서의 요나 이야기와 니느웨에서의 요나 이야기로 나눠진다. 두 경우 모두에 이방인들이 그 예언자보다 훨씬 더 훌륭하게 묘사된다. 폭풍 가운데서 주도권을 잡고 요나가 문제의 원인이었음을 알아차린 이들은 이방인들이었다. 니느웨에서는 그 이방인들을 통해 문제가 얼마나 다행스럽게 해결되었는가! 그들은 하나님 앞에서 단순하고 투명했다. 그러나 요나는 알기 어렵고 심리적으로 복잡한 인물이었다. 그의 최악의 상태는 그가 고백적이고 제의적인 용어로 자신의 신앙에 관해 말했을 때, 즉 그가 배 밑창에서 자신의 신앙에 대해 말했을 때("나는 히브리 사람이요 바다와 육지를 지으신 하늘의 하나님 여호와를 경외하는 자로라" 욘 1:9)와 하나님과 더불어 그분의 용서에 관해 논쟁했을 때(4:1-3) 잘 드러난다. 이야기의 전반부는 선원들이 요나를 여호와께 제물로 바치는 것으로 끝난다. 그들이 이스라엘의 하나님을 믿게 되었다는 것은 하나님의 계획들 중 하나가 이미 성취되었음을 의미한다. 그러나 물론 이것은 나중에 니느웨의 구원에서 웅장한 스케일로 되풀이될 일에 대한 전주곡에 지나지 않는다.

그렇게 해서 요나의 이야기는 우리가 이미 살펴본 바 있는 문학 양식, 즉 "예언자에 관한 이야기"라는 양식에 속하게 된다. 그러나 한 가지 차이는 요나의 이야기가 그 이전의 이야기들보다 훨씬 더 교훈적이라는 데 있다. 실제로 요나의 이야기는 오래된, 그리고 거의 소멸된 그 문학 양식이 마지막으로 그리고 가장 강력하게 꽃을 피운 것처럼 보인다. 실제로 그 이야기는 예언 문학 안에서 달리 견줄만한 것이 없을 정도로 우아하고 경쾌하게 전개된다. 그러나 그것은 심각한 문제들, 즉 하나님이 보시기에 그 날이 얼마 남지 않은 한 도시, 악한 사람들, 그리고 무엇보다도 자기의 직무에 대해 터무니없는 태도를 보이는 한 예언자의 문제 등을 다룬다. 물론 예언자들에 관한 그 이전의 이야기들에서도 늘 이야기의 주인공은 예언자가 아니라 그를 통해 영광을 받으시는 여호와이셨다. 그러므로 이런 측면에서 본다면 실제로 큰 변화는 없는 셈이다.

유일한 차이는 여기에서 하나님은 그분의 사자를 통해서가 아니라, 그 사자가 자신의 사명을 완전히 거부했음에도 불구하고 영광을 받으셨다는 점이다. 그 어리석고 완고한 요나는 하나님께서 이방인들에게 자비를 베푸시는 것을 못마땅해 하고, 박넝쿨이 만든 그늘 아래에서 기쁨을 얻지만, 그 후 그 넝쿨이 시드는 것을 보면서 차라리 죽기를 바란다. 하지만 그는 하나님의 구원 계획을 방해하지 못한다. 그분의 계획은 어떤 상황에서든 성취된다. 참으로 이것이 그 책이 갖고 있는 특별한 수수께끼다. 요나는 그의 모든 불순종에도 불구하고 여전히 하나님께서 마치 어느 왕이 그의 신하를 부리듯 사용하셨던 인물이다. 그로 인해 선원들이 여호와께 관심을 갖게 되었고 니느웨의 백성들이 회개하게 되었다. 그러기에 그 책에는 그 예언자가 자신에게 주어진 사명을 거부한 것에 대한 하나님의 그 어떤 분개나 불만도 나타나지 않는다. 요나서의 저자는 하나님의 승리의 사역을 고려하면서 요나의 그런 거부조차 비극적이지 않게 그리고 심지어 경쾌한 말로 서술할 수 있었다.

그 책이 쓰인 목적에 대한 추측이 그 책에 대한 해석을 좌우하게 해서는 안 된다. 우리는 에스라와 느헤미야가 취했던 "분파주의적" 태도에 맞서 일어났던 그 어떤 "보편주의적" 반대에 대해서도 아는 바 없다. 그리고 이 책에는 그런 이론을 지지하는 그 어떤 증거도 들어 있지 않다. 더구나 우리가 이 책이 표방하는 보편주의를 토대로 이 책의 저자가 이스라엘에 국한되었던 언약 및 선택과 결별하고자 했다고 추측하는 것은 잘못이다. 이 책의 독자들은 언약과 공동체에 관해 알고 있었다. 그리고 이 책은 바로 그들을 향해 하나님 앞에서 그들이 갖고 있던 특별한 지위를 이용해 그분이 다른 나라들에 관한 계획을 세우시는 자유를 침해하는 주장을 하지 말라고 경고한다.

어째서 이 이야기가 한 예언자를 이처럼 투덜거리는 신앙을 지닌 자로 묘사하는지를 분명하게 이해하기는 쉽지 않다. 사실 위대한 예언자들은 늘 동료 인간들의 눈을 열어 여호와의 계획에는 세상의 모든 나라들이 포함되어 있음을 알게 하려고 애썼다. 요나의 냉담함은, 그가 갖고 있던 예언자로서의 모든 정통성에도 불구하고, 실제로 나쁜 것이었다. 그것은 배 위에서와 니느웨 사람들 앞에서 잘 드러났다. 니느웨 사람들의 생사가 문제가 되었을 때, 그는 어느 한적한 곳으로 물러가 그곳에 머물렀다. 그 이야기를 이스라엘에서 발생한 예언에 관한 최종적 판단으로 해석하는 것은 분명히 잘못이다. 그것은 예언에 대한 아주 그릇된 판단이 될 것이다. 그러나 우리는 이 작은 책에서 자기 성찰을 향한 예언적 경향-그것은 예언적 정신의 가장 훌륭한 특징들 중 하나다-이 다시 한 번 되살아나는 것을 볼 수 있다. 이스라엘의 예언 전승에서 나타나는 마지막 발언들 중 하나가 이토록 파멸적일만큼 자기 비판적이라는 사실은 주목할 만하다. 왜냐하면 이 책은 그런 발언을 통해 그 예언자에게서 그의 모든 명예를 벗겨내고, 사람들의 눈을 그에게서 돌리고, 오직 모든 영광을 그것을 받기에 합당하신 분에게 돌리게 함으로써 그분의 사자들 중 마지막 사람이 했던 말("그는 흥하여야 하겠고 나는 쇠하여야 하리라", 요 3:30)의 의미를 얼마간이라도 보여 주기 때문이다.

제20장

새 예루살렘에 관한 예언들

　　구원에 관한 학개와 스가랴의 예언의 주제는 성전과 하나님의 도성의 종말론적 회복이었다. 스가랴가 우리가 "종말론적 이스라엘"이라고 불러도 무방했을 것에 제공한 외적 양식은 "도시 국가"였다. 그리고 이것은 그 당시의 역사적 상황을 반영한다. 왜냐하면 당시에 예루살렘은 이스라엘에서 지극히 중요하고 실제적이었던 모든 것을 위한 무대였기 때문이다. 만약 예언자들이 그들 시대의 사람들에게 적실한 무언가를 말하고자 했다면, 그 말은 예루살렘이라는 한정된 지역에 적합한 것이어야 했다. 또한 그들은 그 도시가 온갖 상황에도 불구하고 여호와께서 그분의 종말론적 구원 사역을 시작하시기 위한 기초가 되기에 부족하지 않다는 사실을 선포해야 했다.

　　이것은 왜 제2이사야가 분명히 이스라엘 백성을 의미하면서 그토록 자주 예루살렘이나 시온을 언급하는지를 설명해 준다.[1] 시온 전승이

---

1 사 40:2, 9; 49:14; 51:3, 16 등.

이스라엘이 그렇게 협소한 정치적 영역에 국한되었던 때에 되살아난 것은 놀랄 일이 아니다. 원래 이 시온 전승은 다른 것들과 더불어 "선택 전승"에 속해 있었다.2 선택이라는 개념이 용어상으로 예루살렘 전승으로 넘어가고 시온 전승이 다윗 전승과 밀접하게 연관되었을 때, 그것은 보다 더 체계적이 되었고 그것의 특징은 얼마간 희미해졌다. 그런 일은 신명기 사가와 함께, 즉 여호와께서 "내 종 다윗을 위하고 이스라엘 모든 지파 중에서 택한 성읍 예루살렘을 위하여"(왕상 11:13, 32) 은혜를 베푸시겠노라고 약속하셨을 때 처음으로 일어났다.

그 두 전승은 결코 혼합되지 않았다. 오랫동안 다윗 전승과 시온 전승은 서로 분리된 채 병존했다. 왜냐하면 시온 전승은 여호와의 통치라는 개념과 확고하게 결합되어 있었기 때문이다.3 그러므로 이 시온 전승은 포로 시대 후기에 예기치 않게 발전되었다. 사실 그것과 관련된 모든 구체적인 상像들은 처음부터 그 시대에 속해 있었다 — 하나님의 높은 산,4 하나님의 거처,5 하나님의 나라, 강줄기,6 그리고 묵시 문학에서 처음으로 나타나는 하늘에 있는 하나님의 도성의 선존재라는 개념까지도.7 서로 다른 두 가지 개념군槪念群의 상세한 내용은 시온의 영광에 관한 포로 시대 후기 예언자들의 선포를 통해 찾아볼 수 있다.

---

2 출애굽과 시온 전승은 출 15:17f.에서 결합된다.
3 예컨대, 미 4:7; 습 3:15; 옵 21; 슥 14:9.
4 시 48:3; 사 2:2; 겔 17:22; 40:2; 슥 14:10.
5 시 46:5f.; 76:3; 욜 3:21; 사 8:18 등.
6 시 46:5; 사 47:1ff.; 33:21; 욜 3:18; 슥 14:8.
7 수리아어 「바룩서」 4:2-6.

시온의 보존

시온에 대한 적대적인 공격이 실패하리라는 선포는 분명히 포로기 이전의 예루살렘에 관한 가장 오래된 전승의 일부를 이룬다. 실제로 그 전승이 다윗 이전의 예루살렘에서 나왔다는 암시들도 존재한다. 이미 우리는 그런 전승이 이사야에 의해 어떻게 갑자기 발전되었는지, 그리고 그가 어떻게 그 전승을 마치 둔주곡遁走曲의 주제처럼 자기 시대에 적용함으로써 계속해서 그것에 새로운 변화를 주었는지에 대해 살펴본 바 있다. 이런 개념들을 그 정도로 폭넓게 사용했던 다른 예언자는 달리 없었다. 대조적으로, 미가의 설명이 갖고 있는 간결함(미 4:11-13)은 그가 실제로 과거에 속해 있는 것처럼 보이게 만든다. 이런 인상은 시온이 적과 맞서 싸우도록 소환된다는 사실로 인해 강화되는데, 이것은 그 주제에 관한 후기의 변주들에서는 나타나지 않는 특징이다.

종말에 있을 열방의 공격을 장대하게 묘사하는 장면은 곡과 마곡의 침입과 "이스라엘의 산" 위에서의 그들의 패망에 관한 예언에서 나타난다(겔 38f.). 그 시는, 비록 다른 측면들에서는 아주 상세하게 전개되지만, 정작 그 싸움 자체에 관해서는, 특히 일곱 달 동안이나 이스라엘 백성을 분주하게 만들 시체 처리와 무기 수거(39:12-16)에 관해서는 상세하게 말하지 않는다. 아주 흥미롭게도, 이 예언은 분명히 보다 이른 시기의 예언들에 호소한다(겔 38:17). 즉 이 예언은 보다 이른 시기의 예언적 전승 위에 서 있는 것이다.

우리는 요엘 3:9-17에서도 일찍이 이사야를 통해 표현되었던 개념 곧 시온을 향해 진격하는 열방들이 주도적으로 그리고 각자의 선택에 의해서가 아니라 여호와에 의해 호출되었기 때문에 그렇게 하고 있다는 개념(참고. 겔 38:4; 39:2)과 만나게 된다. 여기에서 다시 문제가 되는 것은 지진과 어둠을 동반하는 "여호와의 날"이다(3:15-16). 여호와께서는 여호사밧 골짜기에서 열국을 심판하실 것이고(3:2), 시온은 보존될 것이다.

시온에 대한 열방의 공격이라는 주제에 관한 이런 변주들의 최종적 발전 단계는 스가랴 12장과 14장에서 나타난다. 거기에서는 이런 개념군과 관련된 기본적인 구성 요소들, 즉 열방에 대한 여호와의 소환, 싸움, 그리고 시온의 보존이 하나씩 차례로 모두 등장한다. 여기에서 특징적인 것은 적들이 실제로 거룩한 도시 안으로 침입해 무시무시한 파괴를 자행한다는 것이다. 그 본문은 또한 그 적들에 대한 징계와 관련해 소름끼칠 만큼 무서운 여러 가지 내용들을 제공한다(슥 14:12). 이 본문의 또 다른 특징은 그것이 완전히 다른 종말론적 표상들로부터 나오는 모티브들을 뒤섞고 있다는 것이다. 즉 그 사건 이후 열방의 생존자들이 시온을 순례하고 여호와께 경배하게 되리라는 것이다. 외적 상황이 기적적으로 변화될 것이다. 온 땅이 평지가 될 것이고, 오직 예루살렘만 산 위에 우뚝 설 것이고, 그곳으로부터 생수가 흘러나올 것이다. 그 도시에서는 낮과 밤이 교차되지 않을 것이고, 영원토록 낮만 있을 것이다. 이 예언이 열방의 예루살렘 공격에 관한 일련의 전래된 표상들을 앞으로 발생할 일에 대한 여러 가지 다른 착상들을 통해 설명하는 것은 이 부분이 후대의 작문임을 보여 준다. 그러나 이런 설명에는 몇 가지 분명한 틈들이 존재하므로, 우리는 보다 후대에 그것에 추가적인 삽입이 이루어졌을 가능성에 대해서도 생각해 볼 필요가 있다.

열방의 시온 순례

종말론적 하나님의 도성과 결부된, 그리고 예언자들이 받아들인 후에 자주 다양한 방식으로 변조했던 또 다른 개념군은 열방이 시온 산 위에 있는 도시를 순례하는 것과 관련되어 있다. 이 개념은 그것이 평화로운 사건을 묘사한다는 점에서 방금 살펴보았던 개념과는 다르다. 이 개념의 주제는 열방의 구원이지 그들에 대한 심판이 아니다. 이와 관련해 우리가 알고 있는 가장 오래된 이야기인 이사야 2:2-4에 따르면, 그 종말론적 사건의 첫 단계는 물리적 지형의 기적적인 변화로 시작된다. "말일에 여호와의 전의 산이 모든 산꼭대기에 굳게 설 것이요 모든 작은 산 위에 뛰어나리니 만방이 그리로 모여들 것이라"(2절). 열방이 즉각 일어나 사방에서 그리로 몰려올 것이다. 그것은 그들이 자신들의 절망적인 상황을 더 이상 견딜 수 없기 때문이다. 그들이 순례자들처럼 여호와께 나아오는 것은 "율법이 시온에서부터 나올 것"(3절)이기 때문이다. 이 예언은, 과거에 매년 이스라엘의 순례자의 무리가 시온으로 찾아왔던 것처럼(그곳에서는 축제가 절정에 이를 때 율법을 통해 드러난 여호와의 뜻이 그들에게 선포되었다), "말일에" 열방이 모든 분쟁의 최종적 해결을 위해 시온으로 찾아와 여호와께서 그것을 통해 구원을 허락하시는 확정된 규례들을 받으리라고, 또한 그들이 그들의 나라로 돌아간 후 "칼을 쳐서 보습을 만들"(4절) 것이라고 기대한다. 만약 이 구절이 그 개념을 가리키는 유일한 것이었다면, 우리는 이사야가 일련의 풍부하고 생생한 개념군으로부터 단지 몇 가지 특징들만 선택했을 뿐이라는 사실을 알지 못했을 것이다.

제2이사야에게서도 열방의 시온 순례와 관련된 모든 개념들 중 일부만 구체화될 뿐이다. 그럼에도 그 예언자가 그것과 관련된 예언을 할 때 단지 우발적인 암시만 하지 않고 늘 그의 예언 전체를 그런 암시들로 채우는 것은 이런 개념들이 갖고 있는 중요성과 독립성을 잘 보여 준다. 그가 전승 자료들을 자신의 시대의 상황에 맞도록 고쳐서 표현하는 방식은 흥미롭다. 이사야 49:14-21에서 그는 전승 자료를 절망에 빠진 예루살렘을 위한 위로의 신탁으로 바꿔놓는다. 사방에서 예루살렘으로 나아오는 자들은 예루살렘의 자녀들이다! 다음 단락(49:22-23)에서 예언자는 전통적인 주제를 취한다. 그는 열방이 나아오는 것에 관해 예언한다. 그러나 이번에 그들에게 나아오라는 신호를 보내신 분은 여호와 자신이시다. 그리고 제2이사야는 여기에서 다시 그 자신의 생각을 전승 자료에 섞어 넣는다. 열방이 나아오는데 그들의 팔에는 시온의 아들과 딸들이 안겨 있다. "왕들은 네 양부가 되며 왕비들은 네 유모가 될 것이다." 이사야 45:14-15에서도 값진 보화를 들고 나아오는 자들은 열방이다. 그러나 이 구절의 특징은 제2이사야가 이스라엘의 하나님께 경배하기 위해 불려오는 민족들의 입에 넣어주는 고백에 있는데, 이것은 그 구절을 전승 자료에 대한 모든 각색들 중에서도 특유한 것으로 만들어 준다.

> 하나님이 과연 네게 계시고 그 외에는 다른 하나님이 없다
>
> (사 45:14)

제20장 새 예루살렘에 관한 예언들 | 449

이 전승 자료의 가장 완전한 발전은 제3이사야(사 60)에서 나타난다. 그리고 이것은 그 장章을 그것과 관련된 다른 본문들에 대한 올바른 평가를 위해 아주 중요한 것으로 만들어 준다. 이사야 2장의 시작 부분처럼 이 장 역시 하나님의 도성의 변형, 즉 빛이 오고 그로 인해 예루살렘이 과거의 무가치함에서 벗어나 열방의 순례를 받을 준비를 하는 것에 대해 말한다.[8] 여기에서 시인은 열방이 찾아오는 모습을 격조 있게 묘사한다. 서쪽으로부터는 항해하는 배들이 마치 비둘기들이 나는 것처럼 속력을 내서 달려온다. 그리고 동쪽으로부터는 미디안과 다른 아랍 부족들의 대상과 낙타들이 나아온다. 그들은 제물로 드릴 양과 황금과 성전에서 사용할 유향을 가져온다. 심지어 그들은 포로되었던 하나님의 백성들을 데려오기까지 한다. 그 후에 무법과 사회적 억압이 그칠 것이다. 그 도시에서는 화평이 관원이 되고 공의가 감독이 될 것이다. 그리고 슬픔의 날이 끝날 것이다.[9]

열방의 순례에 관한 가장 간결한 언급은 학개서에 들어 있다(학 2:6ff.). 여호와께서 열방을 뒤흔드실 것인데, 그 때 그들이 일어나 모든 값진 것들을 들고 시온으로 찾아올 것이다. 왜냐하면 "은도 내 것이요 금도 내 것"(2:8)이기 때문이다. 실제로 학개는 시온 순례와 관련된 모든 개념들 중 오직 하나, 즉 열방의 보화가 엄숙하게 여호와께 전달되는 것 하나만을 취했다. 오직 여호와만이 열방에 흩어져 있는

---

[8] "빛을 발하라"는 이 명령의 전조前兆는 사 52:1에서 나타난다. "시온이여 깰지어다 깰지어다 네 힘을 낼지어다 거룩한 성 예루살렘이여 네 아름다운 옷을 입을지어다."

[9] 또한 56:7; 66:18, 23을 참고하라.

모든 가치 있는 것들에 대해 적법하게 권리를 주장하실 수 있다. 원래 그분의 것이었으나 그동안 열방에 흩어져 있던 보화들은 오직 성전이 준비된 종말에 이르러서야 다시 여호와의 소유가 될 것이다.

다른 한편, 이사야 역시 그 복잡한 개념군에서 오직 한 가지만을 취했는데, 그의 관심은 그 사건의 제의적 측면, 즉 열방이 여호와께 예배를 드리러 와서 제물을 바치는 것이 아니라, 훗날 열방 사이의 지속적인 평화가 오직 그것을 통해서만 보장될 수 있는 여호와의 규례를 받는 것에 있었다. 아마도 여호와께서 시온에 모인 열방을 위해 마련하실 잔치에 대한 기대 역시 "이 산에서 모든 민족의 얼굴을 가린 가리개와 열방 위에 덮인 덮개를 제하시고 사망을 영원히 멸하실 것"이라는 기대(사 25:6-8; 참고. 렘 3:17; 슥 8:22)와 마찬가지로 열방의 시온 순례라는 맥락에 속할 것이다.

그러므로 미래에 있을 열방의 시온 순례에 대한 이런 믿음은 예언자들이 여러 가지 다른 방식으로 구체화할 수 있었던 매우 유동적인 전승처럼 보인다. 스가랴 9-14장의 저자는 분명히 그 전승을 열방과의 전쟁과 연결시켰다.[10] 그 역시 땅이 변하여 평지가 되고 거룩한 도성이 그 위에 우뚝 서는 것에 관해, "이방 나라들 중에 남은 자"가 여호와께 경배하는 것에 관해, 그리고 하나님의 도성의 온전한 성결에 관해 알고 있었다(슥 14:10, 11, 16, 20).[11]

---

10 습 3:8ff. 역시 마찬가지다.
11 겔 40-48장에 실려 있는 새로운 성전과 하나님의 새로운 도성에 관한 환상 역시 이것과 들어맞는다. 전승사적 입장에서 볼 때, 그 환상은 높이 들린 예루살렘과 그 성의 문들을 다시 언급하는 슥 14:10과 병행될 수 있다. 또 다른 전통적 요소(성전에서 흘러나오는 물) 역시 슥 14:8과 겔 47에서 공히 찾을 수 있다. 물론 겔 40장

종말에 열방이 시온을 순례한다는 주제는 외경 문학에서도 종종 발견된다. 예컨대, 토빗 13:9ff.; 14:5ff.; 에녹 90:28-33; 그리고 Syb. Or. 3:703-31 같은 구절들이다. 마지막으로, 묵시문학에서도 새 예루살렘이 완벽한 모습으로 하늘로부터 땅으로 내려온다는 개념이 나타난다(계 21:2; 제4에스라 7:26; 13:36).

이하가 새로운 성전의 구조적 측면과 제도들에 관해 서술하고, 그로 인해 그것이 묘사하는 대상과 관련해 훨씬 더 상세한 데까지 나아간다는 점에서 차이가 나타나기는 한다.

제21장

예언과 역사

회고

몇 가지 단편적인 것들을 제외한다면, 이스라엘에서의 예언은 말라기 및 제3이사야와 더불어 끝났다. 특히 우리는 말라기에서 예언이 시들해지고 있다는 인상을 받는다. 그러나 이런 침묵은 몇 가지 문제를 제기한다. 그것은 종말론적 기대가 실제로 사라졌음을 보여 주는 징표인가? 즉 그것은 예언적 전통을 이어왔던 자들의 맥이 끊어졌음을 가리키는가? 이 모든 현상을 소진消盡이라는 심리학적 개념으로 설명하기는 어렵다. 그보다는 오히려 팔레스타인 지역이 알렉산더 대왕 이후 범세계적 규모의 사건들의 영향을 받지 않은 채, 따라서 여전히 예언자들이 상관했던 사건들의 그림자 안에 머물러 있었다는 것이 더 타당한 설명이 될 것이다.

그러나 무엇보다도 우리는 포로 시대 후기 공동체 내부의 종교적 구조를 기억할 필요가 있다. 학개와 스가랴는 성전의 재건을 전적으로 위대한 종말론적 사건이라는 관점에서 바라보았다. 그러나 그런 비전은 포로 생활에서 돌아왔던 이들과 함께 예루살렘으로 유입되었을 제사장 문서(P)와 그것이 지니고 있던 비종말론적인 제의 신학으로 인해 소멸되었다. 시간이 흐름에 따라, 포로 시대 후기 공동체의 통합-외관상 그것은 포로 생활에서 돌아왔던 많은 이들이 소망했던 회복에 상응하는 것이었다-은 종말론적 개념들을 점차적이고 지속적으로 제거해 나갔다. 이것은 그런 개념들이 더 이상 표현되지 않았다는 의미가 아니라, 예루살렘의 지배층을 구성하고 있던 제사장들의 귀족 정치가 종말론적 기대들을 점점 더 한 구석으로 몰아갔고, 결국 그것을 당시의 종교로부터 억지로 분리시켰다는 의미다.

실제로 우리가 스가랴 14장의 저자가 그와 거의 동시대인이었던 역대기의 저자와 동일한 믿음을 갖고 있었고 그와 동일한 방식으로 예배를 드렸다고 믿기는 어렵다. 아마도 이 시기는 예언자들의 종말론적 기대가 신정정치에 의해 영원히 부서졌던 때였을 것이다. 그 후 신정정치는 율법을 지키는 것으로 발전되었고, 결국은 구속사와 결별한 채 그 자체가 하나의 절대적 실체가 되었다.

그러나 여기에서 우리는 다시 간략하게나마 신학적 고찰을 해 볼 필요가 있다. 이 책의 시작 부분에서 우리는 이스라엘에서 예언과 더불어 나타난 새로운 요소에 적당한 명칭을 부여하는 문제에 대해 고찰한 바 있다. 예언자들에 관한 과거의 주석들은 특히 두 가지 기본적인 개념들에 계속해서 초점을 맞췄다. 첫째는 예언적 선포 안에서 무엇보다도 윤리적 단일신론이 전면에 등장했다는 것이다. 아모스는 거의 도덕법의 화신으로, 그리고 이사야는 보편적 윤리 질서의 선포자로 간주되었다. 둘째는 하나님과 직접 종교적 관계를 맺었던 영적 인간이 출현했다는 것이었다. 예언에 대한 이런 총체적 관점은 종교적이고 철학적인 진리들을 향해 서둘러 나아가고자 했다. 하지만 이제 그것은 포기되었다. 왜냐하면 예언의 특수성은 예언자들의 영적 경험과 만남의 특수성으로부터 나오는 것도, 그들이 취했던 종교적 개념들로부터도 나오는 것도 아니기 때문이다. 아마도 언젠가 우리는 (비록 다른 신학적 전제하에서이기는 할지라도) 과거의 성서 비평이 고려했던 문제들을 다시 고려해야 할 것이다.

옛 전승의 미래에 대한 투사

우리의 특별한 관심사는 예언자들을 구속사 안에서 살피고 그로 인해 나타나는 예언의 여러 양상에 주목하는 것이었다. 우리는 주석적 연구를 통해 이미 입증된 사실, 즉 각각의 예언자들이 하나님과 이스라엘의 관계의 역사 속에서 그들 나름의 자리를 차지하고 있다는 사실에서 출발했다. 그 자리야말로 그들의 메시지와 관련해 결정적인 요소였고, 그들의 모든 담론을 이해하는 데 필요한 유일한 견지見地였다. 과거와 미래 모두에 대해 폭넓은 안목을 지녔던 그들은 자신들이 하나의 역사적 연속체 안에 존재하고 있음을 의식했다. 그러나 그 안에서 그들은 각각 어떤 십자로에, 즉 그동안 거의 멈추어 있었던 하나님과 이스라엘의 관계가 갑자기 그리고 극적으로 다시 시작되는 지점에서 있었다.

그들이 목소리를 높였던 자리는 심각한 위기의 자리였고, 사실상 거의 죽음의 자리였다. 그 시대의 사람들이 더 이상 옛 제도들이 갖고 있는 구원의 능력에 의지해 살아갈 수 없으며, 오직 다가오는 것을 향해 돌아설 때만 생명을 보장받을 수 있다는 점에서 그러했다. 모든 예언자들은 자기들이 정확하게 하나님의 백성의 실존을 위해 중요한 역사의 전환점에 서 있다는 확신을 공유하고 있었다. 그러므로 우리는 그들이 하나님 앞에서 안전을 얻기 위해 필요했던 과거의 (그리고 특히 잘못된) 수단들을 과격하게 폐기한 것을, 또한 그들이 전적으로 새롭고 놀라운 하나님의 구원 행위에 대해 했던 말들을 바로 그런 견지에서 이해해야 한다.

하지만 또한 그들은 자신들이 기대했던 새 일이 이미 옛 일을 통해 예시되었고 그 옛 일이 완전한 형태로 새 일 안에서 나타나리라는 확신을 공유하고 있었다. 그러므로 사실상 그들에게 옛 것은 "예언적 의미"를 갖고 있었던 것으로 보인다. 적어도 그들이 여호와께서 그분 자신이 몸소 시작하고 세우신 것을 파기하지 않으실 것이고, 오히려 그것을 보다 훌륭하게 완성시키시리라고 확신했던 정도만큼은 그랬다. 혹은, 달리 말하자면, 그들은 공통적으로 무언가에 홀린 듯 새 일을 내다보았고 여호와께서 정하신 옛 제도들의 구원의 능력을 부인했다(비록 그런 현상이 예레미야, 에스겔, 그리고 제2이사야에 와서야 철저하게 나타나기는 했지만). 그들에게 이스라엘의 삶과 죽음은 전적으로 오고 계신 주님과의 만남에 달려 있었다. 나름의 철학적 지식으로 무장한 서구인들은 여기에서 옛 전승에 대한 이런 의존과 그것의 현실화가 단지 효과적인 수사적 장치 이상의 것이었음을 기억할 필요가 있다. 이렇게 옛 전승을 미래에 투사하는 것은 예언자들이 하나님과 관련된 미래에 대해 구체적으로 진술할 수 있는 유일한 방법이었다.

내 생각으로는, 구약성서의 예언이 갖고 있는 이런 측면을 다시 핵심적인 것 - 사실 나는 그것이야말로 예언의 가장 중요하고 특별한 내용이라고 여긴다 - 으로 만들기 위한 가장 효과적인 방법은 여전히 각각의 예언자들과 그들의 메시지를 "개별적으로" 다루는 것이다(물론 이것은 그것만이 유일하게 가능한 설명 방식이라는 의미는 아니다). 예언자들에 관한 그 어떤 "체계적인" 설명도 분명히 카리스마적인 특성을 지닌 그들의 모든 발언들에 들어 있는 심각한 난제들과 마주해야 한다. 또한 그런 설명이 그들이 구속사 안에서 차지하고 있는 자리를 모호하게 만들어서도 안 된다. 왜냐하면 예언자들의 가르침은 3세기 이상에 걸쳐 아주 다양한 방식으로 발전되었기 때문이다.

각각의 예언자들의 메시지는 정확하게 어느 특정한 시간에 적합하도록 준비되었으며, 그 예언자가 했던 것과 동일한 방식으로는 반복될 수 없는 약속을 포함하고 있었다. 하나님의 요구와 약속에 관해서 말하자면, 느부갓네살 시대의 그것들은 산헤립 시대의 그것들과 완전히 달랐다. 그러므로, 예레미야 시대에는 - 사실은 701년의 재앙 이후 그 어떤 시대에서든 마찬가지다 - 더 이상 그 누구도 이사야가 예언했던 것과 같은 의미에서 시온이 안전하게 보호 받으리라고 주장할 수 없었다. 그 시절의 예루살렘은 이사야가 예언했던 시간을 경험하지 못했다. 역사의 물결이 시온을 뒤덮었던 것이다. 여호와께서 그분의 백성을 고향으로 인도하시리라는 제2이사야의 예언은 오직 바벨론에 포로되어 있던 자들에게만 해당되었다. 제3이사야조차 그 예언을 크게 변형된 형태로 취할 수밖에 없었다. 역사적 상황이 변했기 때문이다. 그러므로, 모든 예언자들의 메시지는 그것이 전달되었던 역사적 시점에 긴밀하게 묶여 있었고, 그 후에는 그 어떤 메시지도 정확하게 그것의 본래적 의미에서 반복될 수 없었다. 그리고 바로 그런 이유에서 창조적 해석이 시작되었다.

예언의 성취와 미성취의 문제

그러나 이런 조망 과정에서 제기되는 한 가지 문제는 피할 도리가 없다. 그것은 바로 이 모든 예언들의 성취에 관한 문제다. 사실 예언자들이 늘 미래에 있을 일들에 대해서만 말했던 것은 아니다. 하지만 그들은 종종 그렇게 했고, 또한 매우 자주 정치적 영역에서 일어날 사건들에 대해 아주 분명하게 예언했다. 만약 우리가 그들이 예언 과정에서 보였던 수사적 과시나 열정을 기억한다면, 우리는 그들의 예언의 이런 측면을 하찮은 것으로 여겨 무시해 버릴 수도 있을 것이다. 그러나 예언의 정확성이 떨어지는 것처럼 보이는 곳에서조차 여전히 우리는 예언자들이 가장 큰 관심을 기울였던 것이 정치적 영역에서의 변화였음을 발견한다.

물론 주석가들은 이 문제와 관련된 어려움을 회피해서는 안 된다. 그들은 어느 예언이 성취되었음을 어떻게 확증할 수 있는가? 실제로 우리가 예언의 위협이 성취되었다고 말할 수 있는 몇 가지 경우들이 있다. 그런 경우에 우리는 과거에 예언되었던 내용에 어느 정도 상응하는 사건을 지적할 수 있다.[1] 그러나 그것은 단지 "어느 정도"에 불과하

---

[1] 예컨대, 우리는 다음과 같은 구절들이 성취되었다고 말할 수 있다. 사 7:7; 렘 22:10-12; 24-30; 28:15-17; 25:11-12. 그리고 다음과 같은 구절들은 성취되지 않았다고 말할 수 있다. 사 20:1-6; 렘 22:18f.; 36:20-31; 44:29-30; 43:8-13;

다! 왜냐하면 여기에서 논의되는 문제에 대해 잘 아는 이들은 누구라도 여러 사건들이 상당한 시간이 흐른 후에 얼마나 단순화되는지, 그리고 동시대인들에게는 분명했던 어떤 사건의 여러 측면들이 그것을 바라보는 후대 사람들에게는 얼마나 불명확한 것이 되는지를 잘 알기 때문이다. 그 시대 사람들의 이해의 지평을 그 누가 알 수 있는가? 그 시대 사람들은 그 예언을 어떻게 여겼을까? 그 예언 속에 있는 무엇이 그들의 관심을 끌었을까? 그들은 그 예언을 어느 정도나 문자 그대로 받아들였을까?[2]

어떤 문제를 그 문제의 당사자 곧 예언의 청중에 관한 고려 없이 다루는 것은 매우 위험하다. 성취의 문제가 실제로 논란이 된 적이 있었다. 예레미야의 경우가 그러했다. 우리는 몇 가지 경우들(렘 28:7ff. 참고. 신 18:21f.)과 관련해 예언자로서의 예레미야의 삶 전체가 여호와를 "물이 말라서 속이는 시내"(렘 15:18)처럼 여길 위험에 처해 있었다고 말할 수 있을 것이다. 에스겔은 그의 동시대인들의 노골적인 회의주의와 맞서 싸워야 했다. 그들은 다음과 같이 말하며 그를 조롱했다. "인자야 이스라엘 땅에서 이르기를 날이 더디고 모든 묵시가 사라지리라"(겔 12:22). 여기에서는 예언자뿐 아니라 그의 청중 역시 예언의 미성취라는 문제에 직면해 있다. 그 때 이후 그것은 계속해서 문제가 되었던 것으로 보인다. 그리고 훗날 우리는 예언자들이 때로는 성공적

겔 29:17-20.

[2] 사 10:27-32에 실려 있는 앗수르의 공격에 관한 섬뜩하리만큼 정확한 설명은 문자 그대로 이해되었을까? 아니면 그 메시지는 그 시대의 청중에게 예언적 시의 한 형태로 이해되었을까?

으로 그리고 때로는 실패하면서 백성들의 체념과 회의와 맞서 싸우는 모습을 보게 된다.

제2이사야가 몹시 흥분하며 예언했던 위대한 새로운 출애굽은 기대와 달리 여호와의 직접적인 인도하에서 그리고 그로 인한 모든 기적들을 수반하며 일어나지 않았다. 이런 상황은 이사야가 이미 말했던 열방의 백성들이 시온으로 찾아오는 위대한 순례 사건에도 해당되었다. 설령 성취된 예언들의 숫자가 성취되지 않은 예언들의 숫자와 거의 같을지라도, 여기에는 심각한 문제가 있다. 그리고 예언자들의 진술이 갖고 있는 진지함은 우리가 그 문제를 하찮게 여기는 것을 허락하지 않는다. 그러나 여기에서 우리는 이스라엘이 예언의 성취의 지연이라는 문제를 어떻게 다뤘는가 하는 문제에 관해 약간의 언급만 할 수 있을 뿐이다.

예언이 성취되었는지 혹은 성취되지 않았는지를 판단하는 것이 어려운 이유는 (이미 말했듯이) 우리가 처한 현재의 위치 때문이다. 우리는 그 문제를 오직 우리의 관점에서만, 즉 역사적 연구를 통해 알게 된 것을 토대로만 접근할 수 있다. 이것은 우리가 예언자의 예언의 성취로 간주될 수 있는 특정한 역사적 사건을 극도로 고립시켜서, 즉 그것이 그 시대의 종교적 청중에게 제공했을 수도 있는 모든 의미들과 철저히 분리시켜서 바라본다는 것을 의미한다. 그 결과 예언의 성취라는 문제는 단순히 어느 경우에는 들어맞고 어느 경우에는 들어맞지 않는 추측의 문제가 될 위험이 있다. 그러나 그럴 경우 우리는 분명히 예언자들이 했던 말의 의미와 그 말에 대한 그들의 청중의 의미 이해 능력 모두로부터 분리되고 있는 셈이다.

역사상의 어떤 사실은 그것만 따로 분리해서 추상적으로 생각할 경우 옳은 것으로 입증된 예언으로 간주될 수 있다. 그러나 우리가 그것을 여호와에 의해 초래된 예언의 성취와 동일시할 수 있을까? 예언자들의 예언은 이스라엘이 매일 여호와로부터 온 것으로 경험했던 것의 일부에 불과했다. 예언도 그리고 확인될 수 있는 그것의 성취도 독자적 의미를 갖고 있지 않았다. 어느 예언이 선포했던 내용이 옳은 것으로 입증되려면, 그 예언이 그 안에서 그리고 그것으로부터 이해되어야 하는 보다 큰 정황이 필요했다. 그 정황이란 곧 여호와에 대한 믿음이었다. 거기에 이미 존재하는 것은 (비록 우리가 그것을 보다 정확하게 헤아리기는 어려울지라도) 어떤 일반적인 지식, 즉 여호와와 그분의 통치에 대한 일반적인 경험과 인간이 여호와를 향해 취할 수 있는 유일하게 가능한 태도에 관한 지식이다. 간단히 말해, 여호와께서 이스라엘을 다루며 요구하셨던 모든 것은 "추정"이 아니라 "믿음"이었다. 그리고 바로 여기에서 우리의 역사적 이해의 한계가 드러난다!

이스라엘이 겪었던 약속 성취의 지연—가령, 초대 교회가 기대했던 예수의 재림이 지연되었던 것 등—이 고질적인 위기로 발전하지 않았던 이유는 이스라엘이 여호와는 그분의 말씀의 종이 아니라 주인이시라는 사실을 충분히 잘 알고 있었기 때문이다. 그러므로 결국 이 문제는 성취의 문제가 아니라 여호와와 그분의 주권의 문제였던 것이다. 바로 이것이 예언자들의 말에서 그리고 특히 에스겔의 말에서 그토록 자주 등장하는 소위 "시인 공식 formula acknowledgment", 즉 "그들이 내가 여호와인줄 알게 하기 위함이다"라는 문구에 내포된 의미다. 역사 속에 나타난 하나님의 구원 행위에 대한 증명이 그 자체가 목적이 아니라 어떤 목적을 위한 수단임을 이보다 더 분명하게 보여 주는 것은 달리 없다. 그런 증명은 여호와에 대한 시인과 경배를 유발한다. (이런 식으로 긴 여담을 거쳐 이제 우리는 이 책의 시작 부분에서 했던 진술로 되돌아 왔다. 그 진술이란, 예언자들의 메시지는 고대 이스라엘이 이미 갖고 있었던 여호와 경험에 깊이 뿌리를 내리고 있으며, 그런 토대가 없이는 우리는 물론이고 그 예언자들의 동시대인들 역시 그 메시지를 제대로 이해할 수 없다는 것이었다.)

만약 우리가 여호와에 대한 믿음의 특징들을 고려한다면, 이스라엘이 약속들의 성취가 지연되거나 전혀 성취되지 않았음에도 그토록 태연한 것에 대해 크게 놀라지 않을 것이다. 우리는 어느 예언자의 입장이 그런 것 때문에 심각하게 영향을 받았다고 느끼지도 않는다. 우리는 보다 이른 시기의 예언들이 개작되어 다른 환경들에 적용되었던 수많은 예들을 알고 있으나, 어느 경우에서도 그것이 당혹스럽거나 수치스러운 일이라는 느낌을 받지 않는다. 정말로 당혹스럽고 수치스러운 일은 어느 날 갑자기 여호와께서 응답하시지 않는 것이다(미 3:7). 또한 어느 예언자가 여호와께서 그분의 계획을 갑자기 변경하시는 것을 용인하지 못하는 것이야말로 어처구니없고 어리석은 일이다(욘 4).

그러나 그 문제가 단지 성취되지 않은 예언들에만 국한되어서는 안 된다. 그것은 훨씬 더 포괄적이다. 왜냐하면 성취된 예언들조차 이후의 세대에게 예언적인 말 prophetic word로 전해졌기 때문이다. 그런 말들조차 미래를 가리키는 일을 멈추지 않았다. 한때 정확하게 어느 특정한 청중에게 전해진 예언적 메시지가 갑자기 그것이 목표했던 직접적인 대상과 분리되어 그 어떤 설명이나 과거의 정황에 대한 아무런 고려 없이 전혀 다른 때에 적용되는 것은 놀라운 일 아닌가? 여기에서 우리는 여호와께서 역사를 통해 이스라엘을 다루시는 방식의 수수께끼와 접하게 된다. 그 수수께끼란, 한편으로는 여호와께서 아주 진지하게 역사와 어느 특정한 현재에 자신을 묶어 두시고, 다른 한편으로는 아주 쉽게 그 현재로부터 물러나 새로운 방식으로 다른 현재에 대해 자신을 주장하시는 것이다. 예언의 이런 갑작스러운 변화, 즉 한때는 어느 특정한 정치적 상황과 관련되었다가 갑자기 전혀 다른 시대에 적용되는 식의 변화는 구약성서에서 자주 발견된다. 그러나 예언적 본문들의 가장 큰 변용은 그것들이 궁극적으로 그 안에서 등장해야 했던 정황 곧 신약성서의 구속 사건이라는 정황 속으로 들어왔을 때 일어났다.

제22장

묵시문학

묵시문학과 지혜문학

　이스라엘은 예언이 그친 후에도 계속해서 미래에 대해 전망했고 아직 실현되지 않은 종말론적 사건들에 관해 말했다. 이스라엘은 예언자들로부터 많은 것을 배웠다. 그리고 그들의 예언들 중 많은 것이 이스라엘이 그들의 소망―예컨대, 새 예루살렘에 대한 소망 [토빗 13f.] 이나 메시아의 도래에 대한 소망 [Ps. Sol. 17] ―을 표현했던 언어 안으로 흡수되었다. 그러나 이렇듯 이미 어느 정도 표준화된 소망이라는 주제가 보다 단조로워지고 미래에 관한 예언자들의 견해가 갖고 있던 풍부함과 생생함을 유지하지 못했다는 사실은 차치하더라도, 이 때의 종말론은 예언자들에게서 발견되는 것과는 아주 달랐다. 하나님의 완전히 새로운 구원 행위가 나타나는 지평은 더 이상 여호와와 이스라엘 사이의 궁극적 위기라는 지평이 아니었다. 이런 소망에 대한 유쾌한 전망은 이스라엘이 하나님의 계명을 따라 살아가는 때를 내다본다. 예언자들의 선포 안에 여전히 보존되어 있던 종말론적 소망이라는 요소는 이제 율법에 기초한 보수적인 경건 속으로 통합된다. 우리는 이것을 일종의 "먼 기대 distant expectation"로 간주할 수 있을 것이다. 그러나 이스라엘의 종교적 소망은 묵시문학 안에서 다시 한 번 놀라운 방식으로, 즉 아주 다른 전제들에 기초해서 그리고 지금까지는 나타난 적이 없었던 보편주의적 환상을 통해서 표현되었다.

지혜 전승

묵시문학에 관해 말하려면 아직까지 그것에 대한 그 어떤 만족할 만한 정의도 내려지지 않았다는 사실을 우선 기억할 필요가 있다. 여기에는 그럴 만한 이유가 있다. 묵시문학의 저자들이 얻었던 호칭들에 대한 이해가 그 문학의 배경과 특징을 규명하는 데 얼마간 도움을 줄 수 있을 것이다. 다니엘은 궁중생활을 위한 훈련을 받았고(단 1:3ff.), 비록 그의 이방인 동료들과는 전혀 다른 성격이기는 했으나 "현자賢者"로 간주되었다(2:48). 에녹 역시 "서기관" 혹은 "의의 서기관"으로 묘사되었다(에녹 12:3f.; 15:1; 92:1). 마지막으로 에스라는 "지존자에 관한 지식의 기록자"로 불렸다(제4에스라 14:50). 참으로 그들은 천문학과 우주의 문제에 관심을 가졌던 이들과 마찬가지로 역사의 질서의 문제에 관심을 가졌던 (그 말의 엄격한 의미에서) 과학자들이었다. 그 결과 그들의 지식은 늘 "책을 통한 지식"이었다. 묵시문학의 독자들은 거듭해서 이런 포괄적인 지식을 담고 있는 책들에 관해 듣게 된다.[1]

그렇게 해서 이 첫 번째 간략한 조망은 묵시문학과 관련해 한 가지

---

[1] 예컨대, 에녹 14:1; 33:4; 72:2; 81:1; 82:1; 93:1; 108:1; 제4에스라 14:24, 44; Ass Mos. 1:16f. 등.

아주 분명한 설명을 제시한다. 그것은, 묵시문학의 뿌리는 일차적으로 지혜 전승에 있다는 것이다. 만약 묵시문학이 예언의 연속이라면(실제로 묵시문학은 "예언문학의 후예"라고 불리기도 한다), 다른 것은 차치하더라도 그것이 예언의 위인들과 결부된 전승을 취하는 대신 다니엘, 에녹, 에스라 같은 지혜문학의 선조들에게 돌아가는 것을 이해하기가 매우 어려워질 것이다. 다니엘서의 마지막에는 지혜의 교사에 대한 찬양이 나온다(단 12:3). 하지만 우리가 묵시문학의 뿌리를 예언에서 찾지 않는 데에는 그보다 더 심각한 이유가 있다.

묵시문학의 역사관

한 가지 결정적인 요소는 묵시문학의 역사관을 예언자들의 그것과 화해시키는 것이 불가능하다는 점이다. 예언자들의 메시지로부터, 특히 구속사 곧 특별한 선택 전승에 기초를 둔 메시지로부터 역사에 대한 묵시문학적 설명 혹은 종말에 있을 사건들이 태초부터 확정되어 있었다는 개념에 이르는 길은 없다. 다니엘서에 등장하는 두 가지의 커다란 꿈-환상, 즉 왕국들의 형상에 관한 환상과 네 짐승들에 관한 환상 속에는 이스라엘의 역사에 대한 그 어떤 언급도 나오지 않는다. 거기에서 하나님은 오직 세상의 왕국들만 상대하신다. "인자"조차 이스라엘에서 나오지 않고 하늘의 구름을 타고 나타난다. 이런 식의 역사상은 교리적 특성을 결여하고 있는 것처럼 보인다. 그것은 더 이상 과거의 역사의 토대가 되었던 하나님의 구원 행위에 대한 지식을 드러내지 않는다.

예언자들은 늘 자신들의 관점을 공개적으로 그들 자신의 시대와 세대에서 취했다. 또 그들은 바로 그런 관점에서 과거와 미래의 역사를 전망했다. 이에 반해 묵시문학의 저자들은 자신들의 역사적 관점을 감춘다. 대개 학자들은 여러 가지 징표들을 통해 그들의 관점을 어느 정도 정확하게 추론해 낸다. 그러나 묵시문학의 저자들은 세계사의 중요한 사건들이 처음부터 예정되어 있으며 따라서 세상의 모든 일은 그런 예정을 따라 움직인다는 역사관을 제시하는 데 골몰한다. 그로 인해 발생하는 질문은, 그런 묵시문학적 개념이 예민한 역사의식의 상실을 보여주는 징표가 아닌가 하는 것이다, 즉 알려질 수 있고 추론될 수 있는 중요한 사건들이라는 개념이 역사를 배제하는 것은 아닌가 하는 것이다.

여하튼 이로써 역사와 묵시문학의 관계의 문제─혹시 그것이 역사와 무관한 영지靈知나 사변思辨이 아닌가 하는─가 심각하게 제기된다. 특히 그 문제는 왕국들(단 2:31ff.)과 네 짐승들의 환상(7:2ff.)에 대한 다니엘의 서술에서 발견되는 세계사의 불변성이라는 개념과 관련해 제기된다. 세상의 왕국들은 나름의 기원과 특성과 운명을 갖고 있다. 그리고 그 왕국들에서 전개되는 일들은 처음부터 정해져 있다. 이런 상징적 묘사를 통해 생생하게 드러나는 세계사의 움직임은 악이 증대되는 것을 보여 준다. 역사에 대한 이런 관점은 지극히 염세적이다. 세계사 속에서 어떤 부정적인 목표가 달성된다. 즉 반역자들이 가득해지는 상황이 발생한다(단 8:23). 세계사는 "대파멸"(에녹 83:7)에 이른다. 이렇게 악이 증대되는 것은 분명히 인간들과 그들이 세운 왕국들의 본성 때문이다─비록 그것이 각양각색으로 나타날지라도 그러하다.

그러나 비록 묵시문학이 역사에 대한 보다 이른 시기의 해석들에서 나타나는 구속사의 관점을 포기했을지라도(우리가 이미 보았듯이, 구속 사건은 종말에 집중된다), 역사는 여전히 하나님의 통제에서 벗어나지 않는다. 오히려 묵시문학의 저자들은 역사가 완전히 하나님의 통제하에 있다는 사실에서 위안을 얻는다. 그들이 특히 관심을 가졌던 것은 역사의 과정에 내포된 신적 질서의 문제였다. 그들은 이 문제와 관련해 역사의 엄격한 예정을 인정함으로써 답을 찾고 있다. 그들이 확신하는 바에 따르면, 새로운 것은 아무것도 일어나지 않는다. 태초에 "거룩하신 분이 모든 것을 위한 날들을 정해놓으셨다"(에녹 92:2; 참고. 희년서 32:21). 그러나 예언자들은 역사 속에 나타나는 여호와의 인도에 관해 얼마나 달리 말하는가! 때로 그들은 새로운 혹은 예기치 못했던 일들과 관련해 계시를 받았다. 그러나 어떤 경우이든 그들의 선포에서는 역사의 과정의 의미와 중요성에 관한 인간적 의문의 흔적이 발견되지 않는다. 그것은 여호와께서 행하시는 이적이었다. 앗수르에 관한 이사야의 설명이 유동적이었던 것은 그 나라에 대한 여호와의 계획이 유동적이었기 때문이다. 이스라엘은 회개할 수 있고, 여호와께서는 자신이 세우신 계획을 돌이키실 수 있다. 예레미야에 따르면, 여호와께서는 어느 때에는 자신의 백성을 세우시기로, 그리고 다른 때에는 그들을 찢으시기로 결심하신다. "이스라엘 족속아 진흙이 토기장이의 손에 있음 같이 너희가 내 손에 있느니라"(렘 18:5ff.). 묵시문학의 관점은 이와 대조된다.

> [하나님께서] 자로 시간을 재셨고 수로 계절을 헤아리셨다. 그분은
> 이미 정해진 것들이 이루어지기 전에는 그것들을 움직이지도

흔들지도 않으실 것이다 (제4에스라 4:37)

그러므로 우리는 묵시문학에서는 역사에서의 하나님의 통치라는 개념이 전혀 다른 신학적 전제들에 기초해 예언자들의 그것과는 전혀 다른 장면에서 나타났다고 말할 수밖에 없다. 역사에 대한 이런 개념이 필요한 평형추로서 그리고 새로운 신학적 관점을 위한 돌파구로서 이해되어야 하는지, 혹은 여호와 신앙에 대한 치명적인 왜곡으로 이해되어야 하는지는 여전히 답을 찾지 못하고 있다.

▎물론 지금까지 했던 말들이 곧 묵시문학과 예언의 유산 사이에 전혀 아무런 관계가 없음을 의미하는 것은 아니다. 그 연관성은 묵시문학의 저자들이 다른 여러 분야의 학문들뿐 아니라 예언자들의 책에도 관심을 가졌고, 때로 그들 나름의 방식으로 특별한 주석적 문제들의 해결에 공헌했다는 분명한 사실을 통해 드러난다. 그런 신중한 연구가 아무런 영향도 끼치지 않을 리 없다. 그러므로 우리는 묵시문학이 점차적으로 예언문학의 양식들인 환상 이야기나 하나님이 하시는 말씀 등을 사용하는 것을 보게 된다. 그러나 미래를 예견하는 것은 예언자들의 전유물이 아니었다. 우리는 그들이 꿈을 해석하는 기술에 관심을 보이는 것을 거의 보지 못한다. 하지만 그런 기술은 고대 근동 전역에서 현자들의 특권이었고 묵시문학에서 아주 많이 사용되고 있다. 다른 한편, 묵시문학의 저자들 역시 그들의 환상 이야기에서 예언문학의 양식들에 의존하고 있다. 예언문학 양식의 차용이 가장 분명하게 드러나는 것은 수리아어로 쓰인 바룩의 묵시록에서였다.

제23장

다니엘

 마침내 우리는 다니엘서에 이르렀다! 앞 장에서 말했던 것에 유념한다면, 우리 중 다니엘서에서 (예언자들의 경우에서처럼) 명확한 선택 전승에 기초를 둔 예언을 기대하는 이는 없을 것이다. 사실 족장들, 출애굽, 혹은 시온과 관련된 전승들은 다니엘의 사상과는 아무 상관이 없는 것처럼 보인다.[1] 다니엘서의 본문 여기저기에서 나타나는 찬가들(단 2:20-23; 3:33; 4:31-34; 6:27-28)은 창조와 구속사에서 여호와께서 행하신 이적들에 관한 보다 이른 시기의 찬가들과는 분명하게 다르다. 여기에서 화자의 종교적 지평은 역사 속의 실제적인 사건들과는 거의 아무런 관련이 없다. 그는 왕을 세우거나 폐할 수 있는, 그리고 사람들을 구하고 해방시키는 하나님의 위대한 능력을 찬양한다. 사람들을 일깨우는 하나님의 지혜와 파괴될 수 없는 그분의 왕국 역시 찬양의

---

1 단 9:4ff.에 실려 있는 기도에서만 모세의 율법과 출애굽에 대한 언급이 나온다. 그러나 이 구절은 이차적인 삽입구로 보이며 어느 의미로도 예언은 아니다.

대상이 된다. 물론 이것이 곧 다니엘 시대에 이스라엘이 구속사 전승과 완전히 분리되었음을 의미하는 것은 아니다. 다니엘에게조차 이스라엘의 안녕의 토대는 전통적인 계명들을 지키는 것이었고, 가장 큰 위험은 그런 계명들을 지키는 것을 가로막는 것들이었다. 그러나 이제 그런 계명들은 놀라울 만큼 절대적인 방식으로 해석된다. 그리고 그것들과 구속사와의 오랜 연관성은 깨진다. 그것들은 모든 시대를 위한 분명한 의미를 지닌다. 그러므로 이제 하나님의 뜻은 더 이상 과거의 일반적인 관행처럼 새로운 상황에 맞추어 재해석되지 않는다.

포로기의 소망

다니엘 1-6장에 실려 있는 몇 가지 전설들(그것들은 그 책에서 찾을 수 있는 가장 오래된 전승 자료들이다)은 이스라엘이 계명들에 묶여 있는 방식뿐 아니라 그로 인한 각종 분쟁의 가능성 역시 보여 준다. 그 자료들은 하나님의 백성들을 그들의 이전의 공동체로부터 완전히 분리되어 고립되어 있는 것으로 묘사한다. 그러나 그것들은 또한 이스라엘과 그들의 이교도 이웃들이 이방 제국 안에서 공존하는 것이 가능했음을 보여 준다. 또한 그 자료들은 그들의 영웅들이 국가의 관료로서 어려운 직책을 성공적으로 수행했음을 보여 준다. 예컨대, 다니엘은 바벨론의 교육을 받았을 뿐 아니라 느부갓네살로부터 영예로운 직책을 얻었다(단 2:48f.; 6:29). 이런 이야기들에 등장하는 느부갓네살이나 다리오 같은 왕들은 훗날 "멸망하게 할 가증한 것"(12:11)을 세울 안티오쿠스 4세 Antiochus Epiphanes IV(176-164, 강력한 헬라화 정책을 추진함으로써 마카비의 반란을 초래했던 인물-역주)를 예표하는 것으로 보이지 않는다. 다니엘과 그의 친구들이 보였던 느부갓네살에 대한 확고한 충성은 마카비의 반란 시절보다 훨씬 더 평화로운 시절을 반영하고 있다.

분명히 교훈적 목적을 지니고 있는 이런 전설들은 원래 페르시아의 디아스포라에 속한 유대인들을 그 대상으로 삼고 있었다. 그 전설들이 그 시대 사람들에게 전하는 메시지는 다른 신들을 경배하는 자들과의 공존이라는 한계 내에서 그들의 하나님의 계명에 순종하라는 권고였다. 그들은 경계해야 했고, 필요하다면, 아주 극심한 적의와 마주할 준비를 해야 했다. 왜냐하면 선택된 백성들과 그들의 예배 방식에 대한 증오가 제국의 중심으로부터 돌발적으로 솟아오를 수 있었기 때문이다.

이 여섯 가지 이야기들 중 셋(단 1; 3; 6)은 만약 하나님께서 그들을 모든 위험으로부터 지켜 주시지 않았더라면 그 선택된 백성을 완전히 파멸시키고 말았을 적대적 행위들의 실례를 보여 준다. 바로 여기에 그 전설들이 갖고 있는 메시지의 다른 측면이 있다. 그것은 포로 상태에 있던 유대인들은 자기들이 홀로 있는 것이 아님을 알아야 한다는 것이었다. 그들은 모든 외적 상황에도 불구하고 횡포한 세계 제국의 지배에 완전히 내맡겨진 것이 아니었다. 순종하며 견디는 자에게 하나님의 도움이 제공된다(단 3; 6). 바로 여기에서 신학적 지평이 확대된다. 왜냐하면 선택된 백성이 처한 위험과 그들의 구원이라는 문제 배후에서 세계의 역사를 주관하시는 하나님의 손길이 발견되기 때문이다. 그분은 조롱 받지 않으시며(단 5), 황제들조차 폐위시키거나 다시 일으키실 능력을 갖고 계시다(단 4). 이런 메시지는 이방 제국의 삶에 깊이 연루되었던 백성에게는 매우 중요한 것이었다. 이런 전설들에 반영된 확신은 그 기초를 하나님의 신실하심에 대한 믿음에 두고 있다. 그러기에 이런 전설들은 이스라엘 백성에게 경고뿐 아니라 위로의 메시지도 전해 준다.

▌ 이방인들과의 공존 가능성을 그토록 확신 있게 강조하는 이야기들이 다른 한편으로 순종의 궁극적 결과로서의 순교에 관해 말하는 것은 모순처럼 보인다. 순교라는 용어를 기독교 이전의 순교자들에게 적용하는 것이 옳은가에 대해서는 의문이 제기되어 왔다. 왜냐하면 흔히 우리는 어떤 고난이 분명하게 증언(율법에 대한 충성이 아니라)과 관련될 때, 특히 순교자가 자기 안에서 하나님과 인간의 마지막 담론의 일부가 성취되고 있음을 의식할 때, 다시 말해, 순교자가 자신이 종말론적 그리스도 사건에 개입하고 있음을 의식할 때만 순교에 관해 말할 수 있다고 여기기 때문이다(H. von Campenhausen, *Die Idee des Martyriums*, 1936, 3 그리고 특히 106ff.). 확실히 이것은 기독교적 순교에 관한 정확한 정의이며, 우리가 염두에 두어야 할 정의이다. 왜냐하면 그것은 오직 그리스도의 오심과 그분의 수난을 통해서만 분명해지는 순교의 양상을 가리키기 때문이다. 그러나 다른 한편, 예레미야와 "종"의 수난 그리고 다니엘 3장과 6장에서 묘사되는 갈등 역시 기독교적 순교와 아주 흡사하다. 왜냐하면 이스라엘에서도 여호와에 대한 충성은 필연적으로 고난으로 이어진다는 사실이 점점 더 분명해졌기 때문이다. 이런 모순을 경험한 사람들은 고난을 그들과 하나님의 관계가 끝났음을 보여 주는 징표로 여기지 않았다. 여기에서 다니엘을 포함해 세 명의 젊은이가 기적에 의지하지 않고 하나님이 자신을 추종하는 이들조차 멸망하게 하실 자유를 갖고 계심을 인정했던 것(단 3:18)은 의미심장하다. 더 나아가

우리가 다니엘 3장에서 증언이라는 개념이 단지 이차적 중요성밖에 갖지 않는다고 말하기는 어렵다. 왜냐하면 그 젊은이들은 계명에 대한 순종을 통해 이스라엘의 하나님을 증언했고, 또한 자기들이 하고 있는 일이 바로 그것이라고 말했기 때문이다. 물론 증언과 고난의 관계는 예레미야의 경우에서 보다 더 밀접하고 필연적인 것이 된다. 구약성서에서 가장 전형적인 순교자는 다니엘을 포함한 세 청년들이 아니라 예레미야였다.

네 왕국과 네 짐승에 관한 환상

그 전설들(단 1-6장)에서 역사의 완성이라는 후기 묵시록의 특유한 주제는 그저 암시만 될 뿐이다. 그 전설들에서는 세계적인 제국들, 그들의 막강한 능력, 그들의 사라짐, 그리고 그들을 대신할 새로운 제국들의 출현 같은 문제들이 예시되지만, 역사의 차원은 여전히 이 세상에 머물러 있다. 다니엘서의 저자가 우리를 역사와 초월의 영역이 접촉하는 곳으로 이끌어 가는 것은 다니엘 2장과 7장에 나오는 밤의 환상들을 통해서뿐이다— 거기에서 그의 시선은 초월적인 세계 속으로 넘어간다.

네 왕국에 관한 환상(단 2)에서는 연속적인 "세계의 시대들 world ages"에 관한 아주 오래된 개념들(이런 것들은 헤시오드 Hesiod[그리스의 역사학자로 인류의 역사를 황금·은·청동·철기 시대로 구분했다—역주] 같은 이들에게서 나타난다)과 정치적 세계에서의 연속적인 네 왕국들에 관한 유사한 개념들이 혼합되어 나타난다. 안티오쿠스 에피파네스에 관한 언급이 네 개의 왕국들이 네 가지 금속들로 대표되는 도식의 확대를 통해서만 나타난다는 것은 쉽게 간파할 수 있다. 왜냐하면 가장 이른 시기의 양식으로 추정될 수 있는 것 안에서 그 네 왕국의 상像은 아마도 알렉산더의 제국을 가리켰을 것이기 때문이다. 그 상을 안티오쿠스 4세와 그가 초래했던 큰 혼란에 적용하는 조정 과정은 그 자체로는 효과적인 배열이라고 할 수 없다. 왜냐하면 그 본문은 점점 더 폭넓은 해석의 대상이 되었기 때문이다— 특히 그 꿈의 해석과 관련해서 그러하다(단 2:36-45). 물론 그 본문의 요지는 아주 분명하다. 그것은 제국이 네 개의 무서운 왕국들로 나뉘지면서 세계의 역사가 끝나리라는 것이다. "손대지 아니한"(34절) 그리고 왕국을 무너뜨린 후 그 자신이 "태산을 이룰"(35절) 돌은 온 세상을 채울 하나님의 나라의 형상이다.

동일한 것이 네 짐승들에 관한 환상(단 7)에도 해당된다. 여기에서도 역시 어떤 보다 오래된 자료가 안티오쿠스 4세가 이스라엘의 신앙 때문에 그들을 박해할 것을 가리키는 것으로 변용된다.[2] 물론 이 환상에서는 장면이 바뀐다. 우리는 천상에 있는 여호와의 대전大殿을 보게 되는데, 거기에서 일어나는 모든 일에 대한 묘사는 왕들에 관한 환상에서 이야기되었던 것을 훨씬 넘어선다. 네 짐승에 관한 환상의 첫 번째 부분에서 분명하게 드러나는 것은 어떤 힘이 왕국들을 통제하고 있다는 것이다. 이것은 다음과 같은 부정 수동태 문장들을 통해 분명하게 드러난다. "그 날개가 뽑혔고 또 땅에서 들려서 사람처럼 두 발로

---

[2] 창 2:10ff.에 나오는 네 개의 강들 혹은 슥 1:18ff.에 나오는 네 개의 뿔들처럼, 네 짐승들 역시 역사 일반을 대표한다. 단 7:3에서 네 짐승이 동시에 바다에서 올라온다는 개념은 여전히 매우 선명하다. 이것은 네 뿔에 관한 스가랴의 설명과 완전히 일치한다.

서게 함을 받았으며"(4절), "권세를 받았더라"(6절). 이 환상이 분명하게 보여 주는 바 왕국들을 통제하는 힘의 출처는 여호와의 보좌가 있는 그분의 대전이다. 거기에서 심판이 행해지고, 세상에 대한 지배권이 최종적으로 "인자 같은 이"에게 넘겨진다. 묵시적 개념들은 다윗 계열의 메시아 전승과 거리가 멀다. 예언자들이 말했던 "기름 부음 받은 자"는 다윗의 혈통에서 그리고 베들레헴에서 나오지(미 5:2) 하늘로부터 내려오지 않는다. 하지만 우리가 의심할 수 없는 것은 다니엘 7:13에 나오는 "인자 같은 이"가 무엇보다도 그 용어의 보다 넓은 의미에서 메시아적 인물로 묘사되고 있다는 점이다.

"인자 같은 이"

우리는 여전히 이 개념의 기원에 대해 알지 못한다. 하지만 우리는 다음과 같이는 말할 수 있다. 즉 그 환상은 하늘로부터 오는, 그리고 하나님께서 "권세와 영광과 나라"(단 7:14)를 주셔서 세상 모든 나라 백성들이 그를 섬기게 하신 어떤 사람에 관해 말하고 있다는 것이다.[3] 아주 이상하게도, 우리가 방금 말한 것처럼 처음에는 분명히 어떤 개인으로 이해되었던 이 "사람"이라는 인물은 그것을

---

3 "인자"의 기원을 규정하려 했던 무수히 많은 시도들 중 내게 특별히 의미 있어 보였던 것은 하늘의 구름을 타고 오는 사람이라는 개념이, 특히 겔 1:26f.에서 상술되는 것처럼, "여호와의 영광"의 도래라는 개념과 연관되어 있다는 것이다. 에스겔 역시 "사람의 모양" 같은 것이 하늘로부터 내려오는 것을 본다. 게다가, 하나님의 영광이 구름과 더불어 도래하는 것은 제사장 문서(P)에서 나타나는 서술의 특징을 보여 준다.

설명하는 구절에서 집합적 의미로 해석된다(7:17-27). 그 "사람"은 "지극히 높으신 이의 성도들"(18절)의 총체다. 이 "지극히 높으신 이의 성도들"이 이스라엘 백성을 가리킨다는 견해는 이제껏 거의 아무런 도전도 받지 않았으나 최근에 와서 흔들리고 있다. 구약성서와 비정경적인 본문들의 어법을 모두 고려할 때, 우리는 그 "성도들"을 천상의 존재들로 이해하는 것이 옳을 것이다. 즉 그것이 가리키는 것은 종말에 세상에 대한 지배권이 천사들의 수중으로 넘어간다는 것이다.[4]

그것이 어떻든 간에, 이 꿈-환상의 주제는 내용적으로 예언자들의 그 어떤 환상보다도 폭이 넓다. 왜냐하면 그것은 창조로부터 하나님의 나라의 도래 때까지 발생하는 모든 일들을 포괄하기 때문이다. 세상의 왕국들은 혼돈이라는 영역에서 나온다. 그것들의 본성과 행위는 기괴한 방식으로 묘사된다. 네 번째 짐승의 난폭함을 제외한다면, 그 짐승들은 능동적이라기보다는 수동적이다. 그리고 여호와께서는 그들 모두에 대해-심지어 "뿔"(단 7:20)로 인해 초래된 대혼란에 대해서까지도-통치권과 영구한 지배력을 행사하신다. 그 뿔에게서 그것의 힘을 빼앗고 그것을 파멸하기 위해 필요한 모든 것은 법정에서 내려지는 선고다. 다른 한편, 이 "사람"은 무형의 영역에서가 아니라 높은 곳에 있는 하나님의 세계로부터 나온다. 이 환상은 그것을 수령한 자의 역사적 관점으로부터 투사된 것이 아니다. 그는 그가 바라보는 사건들 안이 아니라 밖에 서 있다. 그리고 그가 그 사건들을 바라보는

---

[4] 단 7:21 한 구절만 이런 해석에 적합하지 않다.

동안 세상의 모든 역사가 마치 영화처럼 그의 정신 앞으로 지나간다.

역사적 긴장의 결여

네 짐승에 관한 환상은 다니엘 7:25에서 정점에 이르러 안티오쿠스 에피파네스를 가리키면서 그로 인한 박해가 지속될 기간을 암호를 사용해 지정한다. 그러나 박해의 기간과 구원을 위한 방향 전환이 시작되는 시점을 시간적으로 확정하려는 관심이 현저하게 드러나는 것은 다니엘서에 속한 가장 늦은 시기의 자료인 다니엘 8-12장에서다. 이 장들에 실려 있는 다양한 계산들이 완전히 일치하지 않는 것은 놀랄 일이 아니다. 왜냐하면 당시에 지혜의 교사들은 복잡한 계산을 수행하는 서로 다른 방법들을 갖고 있었기 때문이다. 그들의 한 가지 특별한 관심사는 보다 오래된 예언적 본문들의 설명에 기초해 종말의 시기를 결정하는 것이었다. 예레미야가 예언했던 70년 세월(렘 25:12; 29:10)에 대한 주석은 여러 가지 예들 중 하나에 불과하다. 그리고 이것은 당시에 예언서들이 어떻게 읽혔는지를 보여 준다. 오래되고 가치 있는 본문들에 대한 이런 해석 방법은 묵시문학의 저자들에게 그런 본문들에 대한 완전히 새로운 이해를 제공했다. 왜냐하면 그것은 그런 본문들에 아주 분명한 형식으로 제2의 의미를 제공했기 때문이다. 70년은 "일흔 이레"(단 9:24), 즉 490년으로 재해석되었다.

아마도 이것은 유대교와 초기 기독교 모두에게 아주 중요한 의미를 갖게 될 성서 주석 방식의 첫 번째 실례일 것이다. 비록 이 때 다니엘이 의존했던 자료가 아직까지 발견되지는 않았지만, 종말에 대한 계산에서 틀림없이 중요한 역할을 했을 "한 때와 두 때와 반 때"(단 7:25; 12:7)라는 표현 역시 어떤 오래된 전승에서 취한 것이다. 다른 경우에도 미래에 관한 진술들은 성서의 오래된 구절들에 대한 주석에 불과하다. 안티오쿠스 에피파네스에 대한 예언을 담고 있는 다니엘 9:26에서 "홍수"라는 단어가 나타나는데, 이것 역시 자의적인 선택이 아니라 이사야 10:22로 소급된다. 왜냐하면 바로 그 다음 구절(사 10:23)이 다니엘서의 동일한 구절에서 사용되기 때문이다. 유일한 차이는 "작정된 파멸"(사 10:23)이 여기에서는 셀류시드 왕을 가리키는 데 사용된다는 것뿐이다(단 9:27). 또한 그를 놀라게 하고 그로 인해 최후의 발악을 하도록 만들었던 "소문"(단 11:44)은 이사야 37:7에서 취한 것이다.

성서비평가들은 늘 다니엘 11장 39절에서 40절로의 이행을 사후 예언vaticinium post eventum이 참된 예언genuine foretelling으로 넘어가는 과정에 들어 있는 단절로 여겨왔다. 하지만 그것은 저자가 암시하려 했던 것을 모호하게 만들 수 있다. 왜냐하면 그에게는 모든 것이 예언이기 때문이다. 그에게는 이미 과거가 된 역사와 옛 예언 문헌들이 기대하고 있는 미래 모두가 하나님에 의해 예언된 역사적 사건들의 온전한 과정이었다. 의심할 바 없이, 옛 예언서들을 그런 식으로 해석하려면 정교한 주석적 설명이 필요했다. 왜냐하면 해석자들은 이런 책들이 오직 최초의 계시를 포함하고 있을 뿐이며, 그 계시에는 묵시문학적 주석이 제공하는 적절한 핵심 계시가 여전히 필요하다고 여겼기 때문이다.

역사의 과정이 그 정도까지 예정된 곳에서 인간의 선택 능력은 부수적 의미만 지닐 뿐이다. 인간은 발생하는 일에서 오직 제한된 의미에서만 중개인이 될 수 있을 뿐이다. 그러므로 묵시문학에서 나타나는 설명들은 참된 의미의 역사적 긴장을 갖고 있지 않다. 압제자들이 "가득해져야 한다"(단 8:23). 그리고 압제를 받는 이들은 "마지막 때까지"(11:36) 기다리도록 정해져 있다. 여기에서 저자는 사실상 "언약을 배반하는" 불충한 자들과 "하나님을 아는" 이들을 구별한다. 굳건하게 선 자들 중에 "지혜로운 자들"이 지도적 역할을 감당한다. 그들은 "많은 사람들을 가르친다"(11:33). "지혜 있는 자는 … 많은 사람을 옳은 데로 돌아오게 한다"(12:3). 그리고 그들의 죽음은 정화하고 깨끗하게 하는 기능을 갖고 있는데, 그것은 우리에게 "종"의 대속적 기능을 상기시킨다(사 53:11).

의심할 바 없이, 이 묵시문학의 저자는 박해에 맞서 무기를 드는 자들보다 그것을 견디는 사람들 편에 선다. 또 그렇게 하면서 반드시 이루어져야 하는 일은 이루어진다는 기본적인 신념에 매달린다. 그는 마카비 가문 및 그들의 적극적인 저항 정책과 거리를 둔다. 그가 보기에 마카비 가문을 따르는 큰 무리는 의심스럽다. 그가 그 이야기를 전하면서 그들이 거둔 놀라운 승리를 그다지 중요하게 여기지 않는 태도에는, 즉 그때에 압박을 당하는 자들이 "도움을 조금 얻을 것"(단 11:34)이라고 말하는 데에는 숭고한 무언가가 존재한다. 그의 시선은 하나님께서 역사를 위해 약속하셨던 목표에 침착하게 고정되어 있다. 그리고 이것은 그로 하여금 마카비의 혁명을 인간의 강함의 분출로 여기며 찬양하지 않도록 만든다.

제24장

기대에 관한 책

고대 이스라엘의 문헌들은 – 그것이 이스라엘과 하나님의 과거의 관계에 관한 것이든 미래의 관계에 관한 것이든 – 예수 그리스도에 의해, 그리고 분명히 사도들과 초대 교회에 의해 이스라엘과 세상의 구주이신 분을 가리키는 예언들의 집합으로 간주되었다. 그들은 어떻게 그럴 수 있었을까? 구약성서는 예수 그리스도에 대해 언급하지 않고, 어떤 인물을 복음서나 서신들에서 나타나는 것과 같은 방식으로 묘사하지도 않으니 말이다. 구약성서는 모세 이전 족장들에게 주어진 땅에 대한 약속으로 인해 시작된, 점증하는 기대에 관한 책으로 읽힐 수 있을 뿐이다. 그러나 아주 이상하게도 이 기대와 관련해서는 그 어떤 만족할 만한 역사적 성취나 완성이 존재하지 않았다. 그런 기대의 역사적 성취라 할 수 있는 여호수아의 영도하에 이루어진 가나안 정복은 구약성서에서 아주 상세하게 서술되고 문서화되었다. 하지만 분명히 그 정복은 그것과 관련된 하나님의 약속의 온전하고 최종적인 실현으로 간주되지 않았다. 신명기가 쓰인 때처럼 늦은 시기에조차(여호수아 시절부터 약 6백여 년이 지난 후) 이스라엘은 땅에 관한 하나님의 약속이 여전히 미결 상태로 남아 있다고 믿었다. 그리고 그들은 그 약속이 미래에 가서야 하나님의 말씀의 참뜻에 적합한 방식으로 실현되리라고 기대했다. 그 사이에 여호와께서 새로운 구원의 기구들을 수립하셨다. 즉 시온이 "세워졌고" 다윗이 "선택되었다."

기대의 지평의 확대

이 새로운 토대들은 처음에는 이스라엘의 찬가 안에서 과거의 역사에 대한 진술의 형태로 기념되었는데, 갑자기 이스라엘을 위한 새로운 구원 행위에 관한 예언으로 바뀌었다. 우리는 이런 현상을 예언자들의 메시아 예언과 하나님의 새로운 도성에 관한 예언에서 찾아볼 수 있다. 그렇게 해서 여호와 신앙의 역사는 반복되는 갑작스러운 변화라는 특징을 갖게 된다. 하나님은 새로운 제도들을, 그리고 새로운 전승의 시대를 이끄는 새로운 출발점들을 정하셨다. 그러나 이스라엘은 그런 것들에 익숙해지자마자 놀랍게도 다시 하나님의 새로운 행위에 대한 암시를 받았고, 이제 겨우 편안하게 받아들이게 된 개념들을 포기해야 했다. 이것은 우리에게 이스라엘의 종교적 개념들이 고대 근동에 속한 다른 나라들의 그것들과 얼마나 철저하게 다른지를 다시 한 번 보여준다. 이스라엘이 애굽과 바벨론에서 정치적 혹은 종교적 혼란을 겪은 후 유일하게 얻을 수 있었던 구원은 신화와 축제의 순환을 통해 모습을 드러내는 원시적인 제의 질서들로 돌아가는 것뿐이었다. 그러나 이스라엘은 발생한 일의 독특한 성격을 강조했다. 결과적으로 이스라엘 역사의 위대한 움직임들에 대한 조망은 우리에게 휴식의 결여라는 인상, 즉 그 나라가 늘 순례의 길 위에 있다는 인상을 준다. 또한 새로운 종교적 개념들의 지속적인 출현은 이스라엘을 시간 속의 이방인으로 남겨 놓은 것처럼 보인다.

이스라엘이 되돌아갈 수 없는 길을 따라 여행하고 있다는 인상은 이스라엘의 문헌들 속에 남아 있는 자신에 대한 초상을 통해 강화된다. 그러나 아마도 이스라엘의 제의적 삶은 이런 문헌들을 통해 드러나는 것보다 훨씬 더 지속적이고 재발적인, 즉 훨씬 더 순환적인 요소들을 포함하고 있었을 것이다.[1] 그러나 여호와 신앙은 분명히 하나님의 각각의 새로운 구원 행위들이 갖고 있는 독특성에 대한 이런 집중을 통해 가장 온전하게 모습을 드러냈다. 여호와께서 족장들과 맺으신 언약, 그분의 이름에 대한 계시, 유월절과 관련된 사건들, 기적적으로 홍해를 건넌 일, 시내산에서 맺은 언약, 시온의 건립, 다윗과 맺으신 언약, 여호와께서 언약궤와 함께 성전 안으로 들어가신 일 등은 모두 이스라엘의 실존의 새로운 양식을 향한 출발점들이었다. 그리고 그 모든 것들은 처음부터 심원한 하나님의 약속들을 포함하고 있었다. 그러나, 우리가 예언자들의 예언을 통해 보았듯이, 그것들 중 일부는 강력한 예언의 원형으로서 미래에 투영되었다. 그렇게 해서 이스라엘의 기대는 계속해서 그 폭이 넓어졌다. 이스라엘이 그 어떤 약속도 허튼 것이 되게 하지 않으면서 그것을 무한히 부풀렸던 것과, 또한

---

[1] (유월절의 제정과 관련된) 출 12, 삼하 6, 시 24:7-10 혹은 (언약궤를 성전으로 가져온 일에 관한) 시 132 같은 본문들 배후에는 축제의 주기를 통해 반복되는 제의적 관례들이 있다.

약속을 성취하시는 하나님의 능력에 아무런 제한도 두지 않으면서 그것을 여전히 미완의 것으로 오는 세대에 넘겼던 것은 놀라울 정도다.

심지어 실제로는 그 어떤 종말론적 기대도 포함하고 있지 않은 문헌들 – 예컨대, 신명기적 역사서나 욥기 같은 책들 – 까지도 여전히 수수께끼처럼 미래를 가리키는 무언가를 지니고 있었다. 하나님의 인도와 징계라는 행위 곧 군주 시대의 강력한 특징인 구원의 질서들은 어느 불행한 왕이 마침내 그의 죄수복을 벗고 한 명의 봉신으로서 바벨론 왕의 식탁에 앉았을 때(왕하 25:27ff.) 마침내 정당화되었을까? 반항적이던 욥이 하나님 앞에서 침묵했을 때, 그 노인이 다시 자녀들과 가축들을 얻었을 때, 그와 하나님 사이의 큰 문제는 해결되었을까? 그런 결말과 그동안 제기되었던 주제들 사이의 이와 같은 기묘한 불일치를 고려한다면, 우리는 구약성서를 그 안에서 기대가 막대한 정도로 커져가는 책으로 읽을 수밖에 없다.

이스라엘의 예언자들을 이해하려는 우리의 이런 시도 역시 구약성서가 신약성서에 병합된 것을 구약성서에서 이미 예고되었던 과정으로 여기는 것을 가능하게 해 준다. 왜냐하면 예언자들은 – 우리는 이스라엘의 구원 전승과 그들의 관계 속에서 어떤 커다란 간격을 감지할 수 있다 – 전승의 이런 요소들을 사용하는 데 있어 매우 자유로웠기 때문이다. 사도들과 복음서 기자들이 전승을 자유롭게 수용하거나 변경하거나 거부했던 것은 에스겔이 이미 했던 일과 다르지 않다. 그러므로 우리는 구속 사건에 대한 마지막 새로운 해석이 이루어진 방식 안에 어느 정도의 규칙성 regularity이 존재했음을 알 수 있다.

그동안 자주 우리는 구약성서를 신약성서의 맥락에서 이해하려

해왔다. 그리고 그런 시도들은 여전히 옳다. 그러나 반대의 과정, 즉 구약성서에서 신약성서에 이르는 길을 개괄하는 과정 역시 수행되어야 한다. 신약성서가 전하는 구속 사건이 최초의 기독교 공동체가 구약성서를 받아들이고 그것에 대해 완전히 새로운 관점을 얻는 데 있어서 지침의 역할을 한 것은 사실이다. 그러나 그 반대 역시 동등하게 사실이다. 구약성서에 나타나는 구속사와 하나님에 대한 계시는 최초의 기독교 공동체가 그리스도 사건을 구약성서에 대한 많은 언급들을 포함하고 있는 수난 이야기를 통해서 혹은 여러 사도들의 편지에서 나타나는 신학적 논증 안에서 찾아 볼 수 있는 것으로 이해하고 선포할 수 있게 해준 지침이었다. 신약과 구약은 서로를 정당화한다. 오늘날 첫 번째 원리(구약성서는 그리스도의 빛 안에서 해석되어야 한다)는 두 번째 원리(그리스도를 이해하려면 구약성서가 필요하다)만큼은 논란이 되지 않는 것처럼 보인다. 그러나 참으로 오늘날 우리는 예수 그리스도가 어떤 분인지 너무나 잘 알고 있기에 단지 구약성서와 우리가 이미 알고 있는 그리스도의 관계를 발견하는 문제만 해결하면 되는 것일까?

예언자들의 메시지

2쇄 발행 | 2018년 9월 5일
지은이 | 게르하르트 폰 라트
옮긴이 | 김광남
펴낸이 | 박종태
펴낸곳 | 비전북
출판 등록번호 | 제396-2011-000038호(2011년 2월 22일)
주소 | 경기도 고양시 일산서구 덕이동 1347-7
이메일 | visionbooks@hanmail.net
공급처 | 비전북 031-907-3927
ISBN 978-89-966495-1-9
값 20,000원